JIANNING YEARBOOK

2018/总第八卷

# 建宁年鉴

建 宁 县 人 民 政 府 主 办

建宁县地方志编纂委员会办公室 编

厦门大学出版社

XIAMEN UNIVERSITY PRESS

国家一级出版社

全国百佳图书出版单位

**图书在版编目(CIP)数据**

建宁年鉴.2018/建宁县地方志编纂委员会办公室编. —厦门:厦门大学出版社,2018.12
ISBN 978-7-5615-7280-1

Ⅰ.①建… Ⅱ.①建… Ⅲ.①建宁县—2018—年鉴 Ⅳ.①Z525.74

中国版本图书馆 CIP 数据核字(2018)第 292386 号

| | |
|---|---|
| **出 版 人** | 郑文礼 |
| **责任编辑** | 薛鹏志 |
| **封面设计** | 吴富炫 |
| **技术编辑** | 朱 楷 |

**出版发行** 厦门大学出版社

| | |
|---|---|
| **社 址** | 厦门市软件园二期望海路 39 号 |
| **邮政编码** | 361008 |
| **总 编 办** | 0592-2182177 0592-2181406(传真) |
| **营销中心** | 0592-2184458 0592-2181365 |
| **网 址** | http://www.xmupress.com |
| **邮 箱** | xmup@xmupress.com |
| **印 刷** | 福建二新华印刷有限公司 |

| | |
|---|---|
| **开本** | 889 mm×1 194 mm 1/16 |
| **印张** | 20 |
| **字数** | 600 千字 |
| **版次** | 2018 年 12 月第 1 版 |
| **印次** | 2018 年 12 月第 1 次印刷 |
| **定价** | 180.00 元 |

本书如有印装质量问题请直接寄承印厂调换

厦门大学出版社
微信二维码

厦门大学出版社
微博二维码

# 编辑说明

一、《建宁年鉴(2018)》是在中共建宁县委领导下，由建宁县人民政府主办，县地方志编纂委员会办公室承编，反映建宁历史年轮的大型资料性综合地情丛书，每年一部，公开出版。

二、《建宁年鉴(2018)》编纂工作坚持以马克思主义、毛泽东思想、邓小平理论、"三个代表"重要思想、科学发展观、习近平新时代中国特色社会主义思想为指导，力求全面、系统、翔实地记载 2017 年度建宁县经济社会发展的历史进程，突出时代特征和地方特色，为续志积累资料长编，为领导决策提供依据，为中外人士了解和研究建宁提供信息，录史存真，宣传建宁，服务社会。

三、本年鉴记述时间从 2017 年 1 月 1 日至 12 月 31 日，为保持重要资料和信息的完整性，对个别条目、图片及附录的时限做适当延伸。文中凡简称"省""全省"均指福建省，"市""全市"均指三明市，"县""全县"均指建宁县。

四、本年鉴内容设图片、特载、大事记、专记、县情总貌；主体部分以各类事业条目和各乡（镇）、场条目为撰稿内容；卷末设人物·名录·荣誉榜、附录、索引。

五、《建宁年鉴(2018)》是建宁县第七卷综合年鉴。本年鉴的体例采用条目体，分类目、分目、条目三个层次编撰，使用规范语体文记述，文字、标点符号、计量单位均以国家现行规范为准。全书设 33 个类目、218 个分目、1068 个条目。条目标题统一用黑体加"【 】"表示。

六、本年鉴所刊内容资料，除少数转载外，主要由全县党政机关、人民团体、企事业单位提供，并经各撰稿单位领导审核、确认，国民经济和社会发展综合性数据以县统计局《统计年鉴》公布的数据为准，有关部门的资料数据由主管部门提供。

七、《建宁年鉴(2018)》的编纂工作，始终得到县委、县政府的关怀重视，各撰稿单位及其撰稿人的大力支持和协助，在此表示谢忱。本年鉴的疏漏之处，欢迎各界人士提出宝贵意见，使《建宁年鉴》越办越好。

# 建宁县地图

## 建宁县位置图

邵武市　泰宁

宁德市　福州市　莆田市　泉州市　厦门市
南平市　三明市　龙岩市　漳州市
建宁县

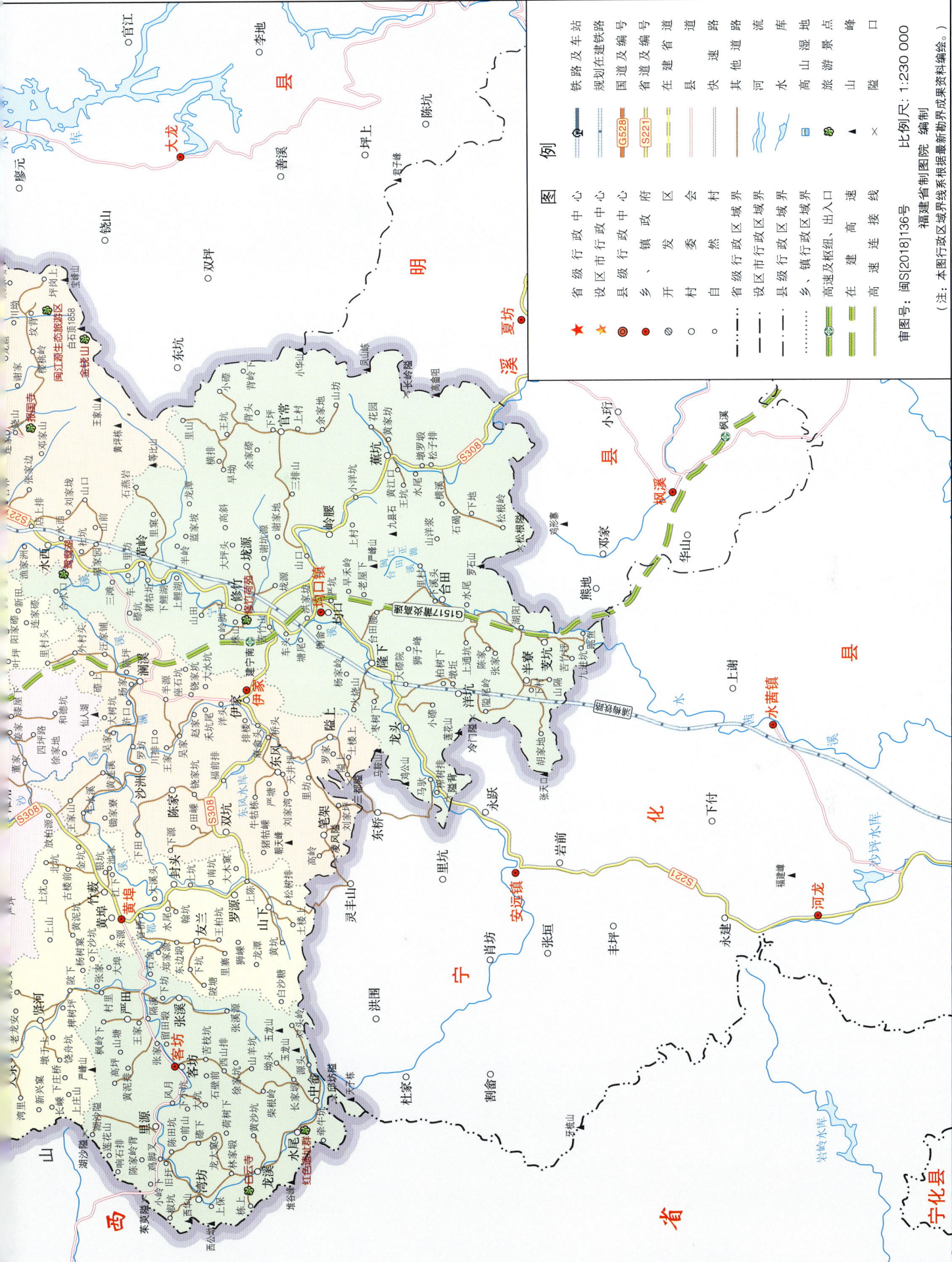

图例

铁路及车站　规划在建铁路　国道及编号　省道及编号　建省道　在建县　县　快速　其他　河　水　高山　旅游景点　山峰　隘口　道路

省级行政中心　设区市行政中心　县级行政中心　乡、镇行政府　区政区　发会　委　村　自然

省级行政区域界　设区市行政区域界　县级行政区域界　乡、镇行政区域界　高速及板枢纽，出入口　高速　在建　高速连接线

G528　S221

比例尺 1:230 000

审图号：闽S[2018]136号
福建省制图院 编制

（注：本图行政区域界线系根据最新勘界成果资料编绘。）

明　溪　县

清流县

宁　化　县

西　省

大龙
闽江源生态旅游区
金铙山
湖口镇
黄埠
客坊
伊家
安远镇
河龙
水茜镇
枫溪
红色石臼群

建宁通心白莲农产品地理标志

建宁黄花梨农产品地理标志

溪源明笋农产品地理标志

建宁红军医院旧址（刘 玲 摄）

2017年3月31日，省纪委书记刘学新（中）到建宁县里心镇调研精准扶贫工作情况（陈晓星 摄）

2017年8月16日，省人大常委会副主任潘征（中）到建宁县溪源乡上坪古村调研（陈晓星 摄）

2018 建宁年鉴
Jianning Yearbook

2017年8月4日，福建省政府副省长、公安厅厅长王惠敏（中）、三明市委书记杜源生（左二）在建宁慰问执勤民警

（杨福明 摄）

2017年5月24日，省纪委捐赠建宁县第一期贫困家庭学生帮扶助学金

（陈晓星 摄）

2017年8月10日，省军区副司令员邢金利（中）到建宁县检查金砖安保执勤情况

（陈晓星 摄）

2018 建宁年鉴
Jianning Yearbook

2017年8月24日，省妇联扶持建宁县贫困村捐赠仪式
（县妇联提供）

2017年4月25日，国家档案局经科司司长李晓明（右二）到建宁县濉溪镇调研"村档乡管"
（陈森强 摄）

2017年3月23日，国家林业局国有林场和林木种苗总站总站长杨超（中）带领调研组一行，到建宁县调研林业发展情况
（陈晓星 摄）

2017年9月1日，中共建宁县委十二届四次全会在县宣传文化中心召开

（黄平柳 摄）

2017年11月29日，中共建宁县委十二届五次全会在县宣传文化中心召开

（黄平柳 摄）

2017年10月30日，市纪委书记游宇飞在建宁县宣讲党的十九大精神

（黄平柳 摄）

2017年12月31日—2018年1月2日，建宁县第十七届人民代表大会第二次会议在县宣传文化中心召开

（黄平柳 摄）

2017年12月30日—2018年1月2日，中国人民政治协商会议第十届建宁县委员会第二次会议在县宣传文化中心召开

（黄平柳 摄）

2017年12月20日，建宁县"两学一做"学习教育第四专题学习讨论

（黄平柳 摄）

2017年7月24日，中共福建省委党校行政学院与中共建宁县委党校行政学校续签《共建教学基地协议书》

（黄 丹 摄）

2017年8月16—18日，全省"推进人大工作创新发展，为再上新台阶、建设新福建提供重要保障"专题研讨会在建宁县召开

（黄平柳 摄）

2017年6月28日，省纪委常委张淑萍到县参加建宁县和闽侯县政府山海协作备忘录签约仪式

（黄平柳 摄）

2017年7月6日，省纪委常委冯新婷到建宁召开省纪委挂钩帮扶项目推进座谈会

（陈晓星 摄）

2017年10月13日，福建省农村电商助力精准扶贫工作推进会在建宁县召开

（县商务局提供）

2017年9月30日上午，建宁县委、县政府举行烈士公祭活动

（陈晓星 摄）

2017年1月7日，浦梅铁路
建宁段开工建设动员大会
（县铁办提供）

2017年8月27日，建设中的
浦梅铁路金溪、武调隧道
（县铁办提供）

2017年12月，建设中的
水西铁路大桥
（谢辅钦 摄）

2017年9月8日，莆炎高速公路明溪枫溪至建宁里心段开工动员大会

（县交通办提供）

2017年2月20日，建宁县旅游基础设施综合开发PPP项目开工仪式在闽江源生态旅游景区入口处举行

（黄建兰 摄）

2017年5月23日，建宁县举行年产6万吨纸箱包装印刷及配套产品生产项目开工奠基仪式（县发改局提供）

2017年9月8日，闽江源隧道立面改造

（黄晓聪 摄）

2017年5月23日，建宁甘家
隘风电场项目开工仪式
（县发改局提供）

2017年9月8日，建宁县医
院建设项目开工仪式
（县卫计局提供）

2017年12月，建设中的明
一企业厂区
（县发改局提供）

2017年12月，新落成的城关公路站

（黎秋艳 摄）

2017年12月，建宁县种业科技中心大楼竣工

（县农业局提供）

2017年7月27日，建宁县早制示范片机插与手插产量对比验收现场会（潘云青 摄）

建宁县黑木耳种植基地（张列红 摄）

2017年9月6日，中国流动科技馆第二轮全国巡展福建省启动仪式在建宁县举行

（县科技局提供）

2017年12月28日，县委书记郑剑波（左二）在北京参加由人民日报社人民论坛杂志社主办的习近平新时代中国特色社会主义思想研讨会暨2017第四届国家治理高峰论坛年会

（县委宣传部提供）

2017年8月28日，福建省中学生篮球锦标赛在建宁县体育馆举行

（县文广局提供）

2017年7月11日，"苏区胜地 红色之约"——庆祝建军90周年走进建宁文化之旅系列活动

（县委宣传部提供）

2017年10月11日，全市第二批"中央红军村"命名大会暨授牌仪式在客坊乡水尾村举行

（县文广局提供）

2017年7月11日，"苏区胜地 红色之约"——庆祝建军90周年福建文艺志愿者艺术团走进建宁惠民演出

（县委宣传部提供）

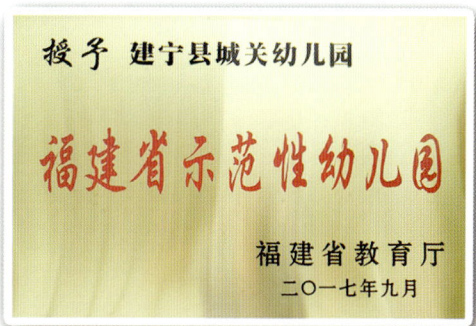

建宁县城关幼儿园被评为省级示范幼儿园

（县文广局提供）

2017年8月25日，建宁县委书记郑剑波、县长陈显卿参加全县教育"补短板、提质量"调研座谈会（县教育局提供）

2017年12月30日，建宁荷韵民乐队宣传十九大走进上坪村慰问演出（县退休协会提供）

2017年9月15日，建宁优秀传统文化莲乡行·走进黄埠（县文广局提供）

2017年7月15日，"为荷而来"第二届中国建莲文化旅游嘉年华开幕式（县文广局提供）

2017年7月15日，"为荷而来""非遗"文化——建宁通心白莲手工制作工艺体验大赛（刘 玲 摄）

2017年7月14日，"为荷而来·好梨相待"桃李采摘季梨农获奖选手（县旅游局提供）

2017年3月28日，建宁县第二届花海跑·传统花朝节文化旅游活动（县旅游局提供）

2017年7月30日，"为荷而来·花海骑行"中国·建宁第二届国际自行车公开赛在建宁举行（县旅游局提供）

2017年11月11日，"蟹蟹你来"福源荷蟹丰收季在均口镇修竹荷苑举行（县旅游局供稿）

## 2018年建宁县新出土的部分宋代澜溪古窑文物

（县文广局提供）

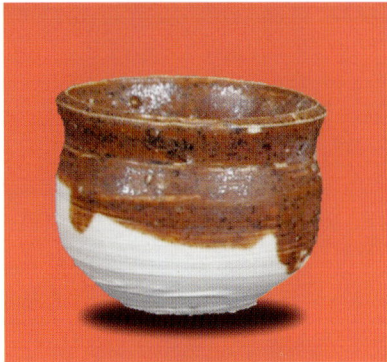

酱釉罐

青白瓷砚滴

青白瓷鸟食罐

青白瓷小碗

青白瓷斗笠碗

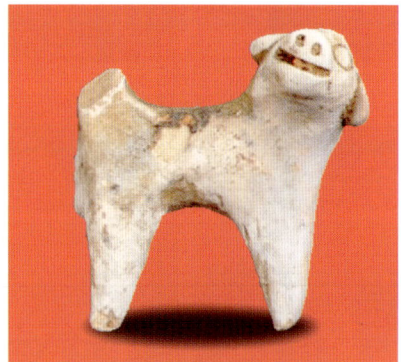

瓷塑狗

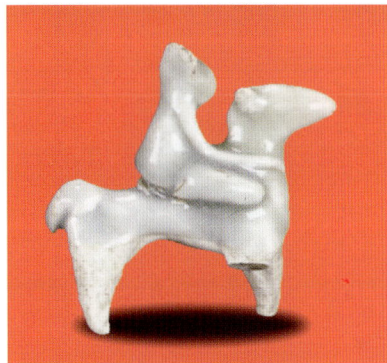

瓷塑骑马俑

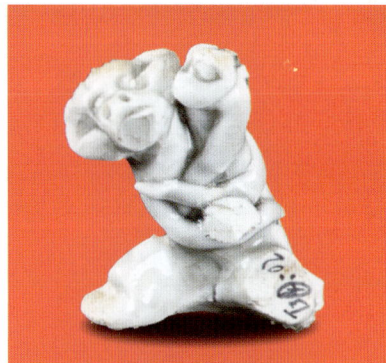

瓷塑亲子猴

瓷塑鸭

青白瓷碗

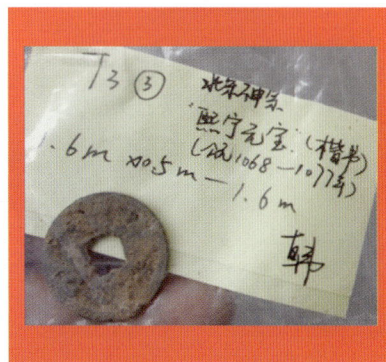

北宋神宗"熙宁元宝"

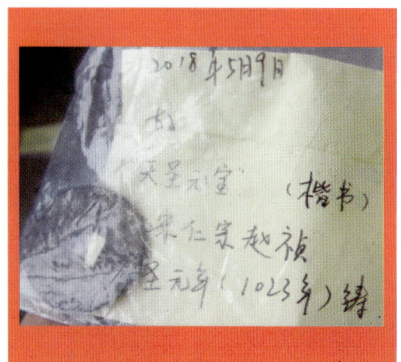

北宋仁宗"天圣元宝"

# 建宁县地方志工作领导小组

组　　长：郑剑波　县委书记

副组长：陈显卿　县委副书记、县政府县长

　　　　吴国根　县人大常委会主任

　　　　陈海涛　县政协主席

　　　　许家源　县委副书记

　　　　阴晓萍　县委常委、宣传部部长

　　　　沙陈龙　县政府副县长

成　　员：邱树青　县委办主任

　　　　黄文峰　县人大办主任

　　　　黄允健　县政府办主任

　　　　杨培先　县政协办主任

　　　　邱　欢　县人武部副部长

　　　　何升高　县纪委副书记、监察局局长

　　　　熊居才　县委组织部副部长

　　　　邹金良　县委宣传部副部长

　　　　龚其根　县委统战部副部长

　　　　范毓刚　县委政法委副书记、县综治办主任

　　　　张党恩　县档案局局长

　　　　陈忠奋　县党史办主任

　　　　邱玖园　县发改局局长

　　　　郑　文　县财政局局长

　　　　罗辉武　县经信局局长

　　　　姜景魁　县人力资源和社会保障局局长

　　　　丁　升　县教育局局长

邓万明　县住建局局长

揭重阳　县农业局局长

吴建清　县林业局局长

刘中宏　县文体广电出版局局长

陈可辉　县民政局局长

艾炳隆　县卫计局局长

陈克明　县统计局局长

谢建中　县商务局局长

邱文辉　人行建宁县中心支行行长

郑建华　县国家保密局局长

肖建泰　县方志办主任

领导小组办公室设在县方志办，肖建泰兼任办公室主任

---

## 建宁县地方志编纂委员会办公室
## 《建宁年鉴》编辑部

主　编：肖建泰

编　辑：艾玲朝　罗瑞忠　黄日辉

编　务：孔　玲　张永春

排　版：吴富炫

地　址：福建省建宁县濉溪镇民主街 12 号

邮　编：354500

电子信箱：jnxzb3982707@163.com

# 总 目

Zong mu

# 目　录

## 中共建宁县委员会

### 建宁县人民代表大会

### 建宁县人民政府

## 政协建宁县委员会

## 纪检与监察

# 群众团体

# 军　事

# 法　治

## 城乡建设与管理

## 交通·运输

## 邮政·通信

## 经济管理与监督

## 人力资源和社会保障

## 民政·民族·宗教

## 乡镇·农场

## 人物·名录·荣誉榜

## 附　录

□ 编辑 肖建泰

# 中共建宁县委工作报告

——在中共建宁县委第十二届五次全体会议上

建宁县委书记 郑剑波

（2017 年 11 月 26 日）

今年以来，在以习近平同志为核心的党中央坚强领导下，县委常委会认真学习贯彻习近平新时代中国特色社会主义思想，围绕"五位一体"总体布局和"四个全面"战略布局，坚持稳中求进工作总基调，全面落实省市决策部署，团结带领全县干部群众主动融入"再上新台阶、建设新建宁"大局，各项工作在原有基础上取得了新的进展、新的成效。1—10月，农林牧渔业总产值、农村居民人均可支配收入、地方公共财政收入、固定资产投资等多项经济指标增幅居全市前列，被评为2017年度福建省县域经济发展"十佳县"。

**一、坚持把方向管大局，不折不扣落实中央和省市决策部署**

充分发挥县委总揽全局、协调各方的领导核心作用，牢牢把握正确政治方向，对中央、省市做出的各项决策部署，坚决贯彻执行，全力推动落实，确保政令畅通。一是把好政治关，扎实做好迎接和学习宣传贯彻党的十九大精神工作。把迎接和学习宣传贯彻党的十九大精神作为首要政治任务。在十九大召开前，开展"砥砺奋进的五年"主题宣传、

"喜迎十九大，我看这五年"建宁发展成就展播等活动，动员各级各部门以高度负责、奋发有为的精神状态，扎实做好各项工作，以优异成绩迎接党的十九大胜利召开。十九大召开时，组织全县党员干部集中收听收看，引导各级党员干部谈体会、谈认识，动员全县各级干部把思想和行动统一到十九大的精神上来。十九大召开后，立即召开县委常委会（扩大）会议、专题学习会，由县委党校老师对党的十九大精神做专题辅导，县委、县人大、县政府、县政协、县法院等主要领导结合各自学习情况和工作实际做了交流发言，做到先学一步、学深一点。迅速组织宣传宣讲，县处级领导带头深入挂包的乡（镇）、分管的部门、帮扶的贫困村开展宣讲，邀请了市委宣讲团到我县宣讲，认真组织县委宣讲团开展宣讲工作，使党的十九大精神家喻户晓、深入人心。同时认真研究谋划，由县领导牵头，围绕十九大部署的新目标新任务，分系统、分部门研究落实落实举措，排出任务表、时间表、路线图，对"实施乡村发展战略"等关系长远发展的重大问题，深入开展调查研究，以更努力的实践、更扎实的作风

推动十九大各项决策部署在建宁落地生根。二是把好落实关，认真贯彻省市全会精神。省委十届三次全会、市委九届四次全会做出民生社会事业补短板部署后，县委先后召开常委会（扩大）会议、十二届四次全会进行部署落实，研究制定教育、养老、卫生与健康、城乡民生基础设施等领域"1+4"政策体系，策划实施153个、总投资39.58亿元的补短板项目，有力促进了民生社会事业发展。今年民生支出占公共财政总支出的83.3%，第二实验幼儿园、县医院整体搬迁、纵八线福新至长吉公路等项目正加快推进，县妇幼保健院业务用房改造、伊家中心小学教学综合楼等项目建成投入使用，棚户区改造已开工76套，提前完成上级下达开工任务。三是把好思想关，常态化制度化推进"两学一做"。聚焦"政治合格、执行纪律合格、品德合格、发挥作用合格"要求，组织全县党员干部开展专题学习研讨。并注重以上率下，由县委常委带头参加学习教育、过双重组织生活会、上党课，推动学习教育持续深化。今年来组织中心组学习15次，其中学习研讨、专题党课7次。特别是县级领导班子带头收看《将改革进行到底》大型政论片、学习习总书记在福建的探索与实践系列报道，召开专题研讨和中心组学习会，示范带动各级党员领导干部学习在前、贯彻在前、实践在前；在全县开展向廖俊波同志学习活动，县党政主要领导带头上党课，推动各级党员干部在开展"学习廖俊波，争做合格党员"活动中体现担当、展现作为。四是把好民主关，凝聚各方力量。加强与县人大、政府、政协班子之间的联系沟通，坚持每周一书记碰头会制度，调动各套班子成员积极性。支持人大对预防金融风险、生态文明建设、农村土地经营权确权登记等工作进行检查、调研和审议，开展环境保护"三严四限六禁"执法检查和专题询问，增强人大对"一府两院"的监督实效。支持政协加强政治协商、民主监督、参政议政制度建设，围绕"四个共同"的工作机制，开展美丽乡村建设重点提案办理、全面推进国家生态文明建设示范县创建、深化医改工作等专题协商。加强新时期统一战线、党管武装和双拥共建等工作，全力推进群团改革，顺利完成团县委、县妇联、科协等群团组织换届工作。加强依法治县工作，深入推进司法责任

制、司法人员分类管理等改革，县法院被评为全国文明单位。五是把好舆论关，落实意识形态责任。完善《建宁县党委(党组)意识形态工作责任制实施细则》，严格落实意识形态"一岗双责"，颁发意识形态工作责任书，开辟专栏专题，开展党委（党组）书记意识形态责任制访谈，传播建宁好声音，预防减少负面炒作，切实把好关口、守好阵地，牢牢掌握话语权。

**二、坚持扩投资增后劲，打好项目建设攻坚战**

坚定不移下大力气推进项目建设，充分发挥投资对稳增长的关键性作用，打好项目建设攻坚战，不断积蓄动能、增强后劲。一是强化实施推进。成立6个项目团队，全面实行一个项目一位县领导挂包、一个项目团队跟进制度，采取挂图作战、竞赛PK、"周碰头、月督查、季点评"等措施，开展"五比五晒"项目攻坚竞赛，全年共策划实施"五个一批"项目269个、年度计划投资70.11亿元。1—10月全县完成项目投资58.53亿元，占年度计划的83.49%。其中：闽江源头拜水溯源等78个项目开工建设；兴辉食品果汁饮料生产线等50个项目建成投产；明一国际生态高新科技园、建连铁路、莆炎高速建宁段等一批重大项目进展顺利。特别是积极把握省纪委挂钩帮扶的机遇，全力推进29个挂钩帮扶项目建设。截至目前，已到位资金7.68亿元，除2个调整项目外，其余27个项目均已完成年度协调事项。二是强化策划招引。注重挖掘政策"金矿"，围绕中央和省上投资导向，积极策划争取项目。今年来已争取到上级各类资金15亿元、创历史新高，建宁至资溪铁路列入省中长期铁路网规划。大力实施"走出去、引进来"战略，借助异地商会、乡友等资源，围绕"五子"产业、特色食品加工、生态旅游等重点产业链，大力推进建商回归，以商招商。今年先后在北京、福州、南京、厦门、漳州等地举办招商推介活动，并积极参加省市组织的赴港澳招商推介活动。同时健全领导挂包推动机制，由县领导挂包一批在谈或已签约产业项目，促进项目尽早落地实施。新三和等一批项目顺利签约，目前已累计签约项目74个，总投资63亿元。三是强化服务保障。对接市里"千名干部服务千家企业"活动，深化"四转四争""三挂三帮"，大力弘扬"马上就

办、真抓实干"精神，开展了两轮"解难题、促落实"攻坚行动，梳理的 57 个难题已突破 30 个，帮助三泉复合包装等企业协调周转资金 3.6 亿元，解决了爱心宾馆拆迁等一批多年想解决而未解决的历史遗留问题。

### 三、坚持调结构优供给，加快推动产业转型升级

以推进供给侧结构性改革为主线，推动产业转型升级、提质增效。一是巩固提升传统产业。实施新一轮技术改造专项行动计划，推动企业"机器换工" 5 套（台），文鑫莲业等 6 家企业进入省级技改项目库，纸业集团通过国家两化融合管理体系贯标评定。支持县内龙头企业通过"二次招商"、股权合作等方式参与兼并重组，融辉集团已向源容生物注资 9000 万元；铙纸与青纸签订青铙山"引线纸"项目投资协议，成立青铙山新材料有限公司。二是做强特色主导产业。实施"六个一"工作机制（即一个县领导主抓、一套班子推动、一个规划引领、一个龙头示范、一批项目带动、一套政策保障），成立专项小组、工作专班，设立 1000 万元的专项资金，持续提升莲子、种子、梨子、桃子、无患子"五子"产业竞争力和荷蟹养殖的带动力。今年建立了 7000 亩建莲核心基地、1000 亩荷蟹养殖基地，提升改造黄桃、猕猴桃面积 3000 余亩，打造生态果园 10 个，开展了桃、梨、莲区域品牌评选大会，建莲、黄花梨、翠冠成为厦门金砖会晤专供农产品，形成示范效应，进一步打响和提升了农产品品牌。三是发展壮大三产服务业。以创建国家全域旅游示范区为抓手，推进枫元百花乡村主题公园、香溪花谷等景点景区提升，加快西门莲塘、闽江源头拜水溯源等建设，成功举办"花海跑"、"插秧季"、第二届"为荷而来"中国建莲文化旅游嘉年华等系列活动，全力打造四季赏花经济，持续唱响"清新花乡·福源建宁"品牌。1—10 月，全县旅游接待人数达 105.4 万人次、旅游收入 9.46 亿元，分别比增 16.85%、19.05%。加快推进电商物流发展，实施"互联网 + 特色水果""互联网 + 建莲产业"、O2O 示范街区二期工程等项目，做大农产品网货集散中心，促进上行产品品种改良、品质提升、品牌升级。电子商务进农村综合示范县中期评估被商务部评为全省第

二名，全省农村电商助力精准扶贫工作推进会在我县召开。1—10 月，全县共培育电商企业 191 家，实现电商交易额 14.71 亿元，比增 77.74%。

### 四、坚持真扶贫扶真贫，抓紧抓实"第一民生"工程

坚持把脱贫攻坚作为政治任务和第一民生工程，举全县之力打好精准扶贫攻坚战。一是压实攻坚责任。制定了《建宁县 2017 年扶贫开发工作要点》《建宁县建立贫困退出机制的实施意见》《建宁县扶贫开发工作成效考核实施办法》等一系列文件，召开了全县精准扶贫工作推进会、社会力量扶贫推进会和其他扶贫业务专题会 53 次，每季度一次召开脱贫攻坚现场会，有针对性地召开两次扶贫领域监督执纪问责工作集体约谈会，进一步压实工作责任、明确工作要求，确保今年实现"1 个重点乡脱帽、30 个贫困村退出，脱贫 2705 人，其中国定贫困人口全部脱贫"目标。二是抓实贫困户脱贫。以"抓增收送项目、抓就业送岗位、抓兜底送保障、抓扶智送技术、抓挂钩送温暖"为载体，县财政统筹资金 1000 万元，重点扶持莲业、种业、果蔬、林业、烟叶、旅游、电商等七大扶贫产业发展，确保每个贫困户都有 2 个以上增收项目。同时出台优惠政策，鼓励贫困户发展黑山羊、荷蟹等特色养殖，今年已为贫困户落实帮扶项目 3288 个，已累计发放扶贫小额信贷资金 2209 万元，下达各类产业补助资金 921 万元。另外，我们持续抓好造福工程扶贫搬迁工作，已落实 259 户 1182 人，占年度任务 900 人的 131.3%，里心镇尊上排、伊家乡伊水家人 2 个造福工程集中安置区正有序推进。三是助力贫困村增收。积极向上争取扶贫项目资金，破除贫困乡、村发展瓶颈，增强发展后劲。目前，全县已落实贫困村道路交通、水利设施、电网改造、电商网络等项目 51 个，总投资 3500 多万元。用好用活 400 万元县财政村级集体经济发展专项扶持资金，采取盘活存量资产促增收、整合项目资金促增收等方式，最大限度盘活存量资产，促进贫困村村财增收。今年培育了 20 个村财增收项目，确保全县 42 个贫困村、22 个空壳村都有 1 个稳定的村财增收项目。同时，利用省上每年安排省级以上专项资金政策，在全县 17 个贫困村开展扶持村级集体经济发展试点（每村补助

60万元），计划用三年时间实现建档立卡贫困村全覆盖。四是认真开展自查自纠。制定出台《建宁县扶贫工作自查自纠实施方案》《建宁县扶贫开发精准监督工作方案》《关于在全县扶贫领域开展"全交叉"专项巡察的工作方案》《建宁县造福工程补助资金管理办法》等系列措施，对照扶贫"六个精准"要求，实行"三必访"（今年脱贫的要"常访"，看政策、项目落实兑现了没有；近年来已经脱贫的要"回访"，看有没有特殊情况，看项目有没有受到影响；特殊家庭的要"查访"，包括碰到天灾人祸、得大病的，避免因病返贫、因灾返贫）、"六必查"（扶贫责任分解落实必查、贫困人口建档立卡准确性和贫困退出机制执行情况必查、扶贫措施制定和落实情况必查、挂钩帮扶落实情况必查、扶贫项目和资金落实情况必查、扶贫工作廉洁自律情况必查），做到"3个100%"（贫困户100%入户核查、扶贫资金项目100%现场核查、脱贫数据100%核对）。同时县里专门成立三个督查指导组，督促指导乡（镇）村开展工作，对自查自纠发现的问题实行台账销号管理，对自查自纠以及动态调整摸排发现的不符合贫困户标准的145户306人予以清退，确保扶贫工作务实、过程扎实、脱贫真实。五是打造扶贫项目廉洁示范工程。加强扶贫项目事前、事中、事后监管，通过政府招标采购，选择质量好、重信誉的地产品材料生产商进行集中供货，以最低价格采购钢材、水泥等大宗建材，在保障工程质量的同时，降低材料采购成本。出台《建宁县加强项目建设管理打造廉洁示范工程实施意见》《建宁县扶贫开发项目监督管理十四条措施》等文件，加强项目全过程监管，确保扶贫资金安全、项目规范有序推进。

**五、坚持增底色扬优势，发力打造建宁生态样板**

牢固树立"绿水青山就是金山银山"和绿色发展理念，在全县开展生态文明建设攻坚战，努力在打造生态样板上走前头、作表率。一是生态理念深入人心。召开全县打赢生态文明建设攻坚战动员部署大会，制定出台《加快打造生态文明建设建宁样板实施方案》《打赢生态文明建设攻坚战的实施方案》等文件，提出"三严四限六禁"工作要求，以政府网站、微信公众号为平台，深入开展"打造生态文明建设建宁样板"系列主题宣传教育活动，进一步形成了生态文明建设人人参与、生态文明成果人人共享的生动局面。二是综合整治持续发力。配合做好中央环保专项督察，省市通报和自查自纠的18项问题已整改到位11项，7项正在加快整改，督察组转办的3件信访件全部按期办理完毕。扎实开展畜禽养殖污染、水土流失、餐饮油烟污染等生态环境治理八大行动，实施山水林田湖草生态保护修复、大气清洁、农药化肥减量化等生态环境保护八大工程，关闭拆除50头以上养猪场57家，新增造林绿化1.27万亩，完成水土流失综合治理3.08万亩，淘汰黄标车42辆，前三季度我县城市空气质量排名全省第一，连续三届入闽全国"百佳深呼吸小城"榜。三是工作机制不断健全。持续完善财政投入机制，建立生态建设专项资金，投入1.97亿元用于城乡环境基础设施建设、污染综合防治工程等生态项目建设。全面深化"河长制"，成立了县河长制办公室，制定出台《建宁县全面深化河长制实施方案》等措施，在全省率先实现所有河道、河段专管员全覆盖，并在全省率先推行"企业河长"制度，全县省控交接断面水质达到Ⅱ类，彻底消除流域内Ⅳ类水质，水源水质达标率达100%。完善生态公益林管护机制，持续推进"乡聘、站管、村监督、县统筹"的管护模式，在6个乡（镇）9个行政村实施禁柴改燃，全县共完成检查验收853户，合格835户，合格率98%。不断推进效益驱动机制，完成1.7万亩重点区位商品林赎买，被列入全省20个碳汇交易试点县之一，实现减排二氧化碳1.29万吨当量，产生经济效益23.3万元。实施差异化考评机制，开展领导干部任期自然资源资产离任审计，先后开展生态文明建设专项考核2次，切实以生态考核"指挥棒"倒逼绿色发展。

**六、坚持保障改善民生，持续提升群众获得感**

践行以人民为中心的发展思想，把人民群众的小事当作自己的大事，不断满足人民群众日益增长的美好生活需要。一是推进公共文化服务均等化。围绕争创第五届省级文明县城，持续开展群众性精神文明创建活动，做精"香香姐姐讲绘本""快乐圩日行"等群众文化活动品牌，荣获创建国家公共文化服务体系示范区品牌项目创新奖。深入实施红色文化保护和弘扬工程，成功举办"苏区胜地·红色之约"庆祝建军90周年走进建宁活动，客坊水尾红色文化旧址群成为省级文物保护单位。加快文化产业发展，扎实推进户外运动休闲公园、上坪书香水村等项目建设，万星影城竣工投入使用，长篇小说《建莲古事》新书发布。二是统筹推进城乡建设。绿化花化彩化荷花路、闽江源路等城区重要节点，实施建莲南路"白改黑"及"一河两岸"休闲健身步道、夜景工程提升等一批市政项目，投入1亿元建设13个省级美丽乡村整治村，有序推进河东经圳头至高峰清新花乡赏花带、城区经修竹至岭腰闽江正源特色景观带建设。三是纵深推进改革创新。深化医改，推进以县总医院为载体的医联体建设，促进医疗资源均衡和下沉，分级诊疗制度有效实施。提升林改，推广林权抵押贷款、福林贷等林业金融产品，全县新增林权抵押贷款2084万元，"福林贷"贷款6232万元，提前超额完成市下达任务。推广园区企业资产按揭贷款，积极推动改革向第三产业延伸，累计为兴辉食品、三泉铝塑等8家企业发放贷款5950万元。全力推进"放管服"改革，推广周末无休、"窗口无否决权"机制，已公布第一批92项"最多跑一趟"办事清单以及第二批86项"一趟不用跑"和202项"最多跑一趟"办事清单，实现审批当日办结率达85.7%。四是维护社会安定维稳。全力防范和化解信贷风险，对14家金融风险防控重点企业实行"四个一"（即一个风险企业、一位县处级领导挂包、一个专项工作小组、一个帮扶化解方案）工作机制。1—10月全县共化解不良贷款1.37亿元，不良率1.69%，全市最低。深化"平安建宁"建设，盯紧厦门金砖会晤、党的十九大等重要节点，抓好安全生产、社会治安、信访维稳等工作，实现十九大会议期间"零进京上访"目标。

**七、坚持全面从严治党，营造风清气正的政治生态**

坚持党要管党，全面从严治党，全面推进党的政治建设、思想建设、组织建设、作风建设、纪律建设，为新建宁建设提供坚强有力的政治保证。一是落实全面从严治党主体责任。认真落实省委"五抓五看"要求，制定出台《县委常委班子成员落实省委"五抓五看"要求责任清单》《各级党委（党组）落实党风廉政建设主体责任清单》《县党政班子成员落实党风廉政建设责任分工》等一系列文件，开展县委常委公开述责述廉、接受点评和群众评议，对各乡镇和县直部门落实全面从严治党主体责任、扶贫领域监督执纪问责工作等进行集体约谈，推动责任层层传导落实。对省、市委主体责任检查组交办的问题清单，主动认领，及时研究制定整改方案，扎实抓好问题整改，目前已基本整改到位。二是加强领导班子和干部队伍建设。加强县委班子自身建设，班子成员带头挂钩重点项目、重点企业、重点贫困村、重点改革，带头践行"一线工作法"和"马上就办、真抓实干"作风。强化一线考核，出台《关于强化在一线考察了解干部的实施意见（试行）》，采取日常考核、专项考察等方式，在"解难题、促落实"攻坚行动、党建促脱贫攻坚、"五个一批"项目攻坚竞赛等一线工作中考察、了解和选拔干部，一些敢于担当、实绩突出、群众公认的干部得到提拔重用，形成在一线选人用人的鲜明导向。强化正向激励，在全市率先出台《激励干部干事创业整治"为官不为"暂行办法》，细化干部减轻问责或免予问责的12种情形，以及中心工作督查中免予效能问责的5种情形；同时制定出台《落实"两个清单"建立正向激励反向惩戒机制工作方案》，在年终考评加分、干部提拔选用、增加优秀名额等6个方面提出了22条正向激励措施，激励干部干事创业。强化反向约束，落实中央《推进领导干部能上能下若干规定（试行）》，大力整治"为官不为"，明确了"不作为""乱作为""慢作为"的30种具体情形，调整不适宜担任现职领导干部8名。三是夯实基层基础。实施以党建工作项目化管理、党建责任具体化考评为主要内容的党建"两化"工程，推进全面从严治党向基层延伸、向纵深发展。深化抓党建促脱贫攻坚工作，实施党建富民强村工程，下派优秀干部担任贫困村第一书记，推行"支部＋企业""支部＋合作社""支部＋基地"等模式，组织全县各级党组织开展"脱贫攻坚见行动"专题组织生活会，发挥基层党组织在脱贫攻坚中的核心作用。加强服务型基层党组织建设，持续深化农村"信誉党员"评选、"党员110"服务、村主干"功德榜"等做法，打通服务群众的"最后一公里"，今年全市"亮承诺、晒成绩、评实效"和"五微"活动现场推进会在我县召开。四是强化监督执纪问责。加强执纪保障，在全市率先对乡镇纪委的人员调配、考核、经费、硬件设施和工作标准等实行"五统一"管理，率先实现向党政机关派驻纪检机构全覆盖；实施乡（镇）纪检干部驻村"四访五必"工作法，建立乡镇纪委片区协作执纪审查机制，各乡（镇）纪委均配备3名纪检专干，1—10月全县49件自办案件中乡（镇）占40.8%。坚持挺纪在前，发挥巡察利剑作用，今年已完成2轮常规巡察和2轮专项巡察，共发现问题341个。把握运用监督执纪"四种形态"，今年来共处置341人次，其中查处违反中央八项规定精神案件17起，处理23人；查处群众身边的"四风"和腐败问题17起，处理31人。

同志们！今年来县委常委会工作的开展和取得的成绩，是以习近平同志为核心的党中央正确领导的结果，是全县上下、方方面面共同努力的结果，各位县委委员、候补委员对常委会工作给予了大力支持。借此机会，我代表县委常委会表示衷心的感谢！进入新时代，我们要更加紧密地团结在以习近平同志为核心的党中央周围，坚持以习近平新时代中国特色社会主义思想为指导，坚决维护习近平总书记在党中央和全党的核心地位，坚决维护以习近平同志为核心的党中央的集中统一领导，全面贯彻落实党的十九大精神，确保中央和省市各项决策部署在建宁落地生根、开花结果，奋力谱写新时代建宁发展新篇章。

2017年11月1日上午，县委书记郑剑波主持召开党的十九大精神专题学习会　（黄平柳　摄）

# 建宁县人民政府工作报告

## ——在建宁县第十七届人民代表大会第二次会议上

建宁县人民政府县长　陈显卿

（2017 年 12 月 29 日）

### 一、2017 年工作回顾

过去的一年，县政府坚持以习近平新时代中国特色社会主义思想为指导，深入贯彻落实党的十八届六中、七中全会和十九大精神，在市委、市政府和县委的正确领导下，在县人大及其常委会和县政协的监督支持下，围绕"再上新台阶、建设新建宁"工作部署，团结带领全县干部群众，迎难而上、改革创新、锐意进取，经济社会呈现平稳较快发展势头。预计全年完成地区生产总值 97 亿元，增长 8%；规模以上工业增加值 30 亿元，增长 8%；农林牧渔业总产值 33 亿元，增长 5%；地方公共财政收入 3.18 亿元，增长 6%；固定资产投资 133 亿元，增长 19%；城镇居民人均可支配收入 26469 元，增长 9%；农村居民人均可支配收入 14083 元，增长 9.6%。较好地完成了第十七届人民代表大会第一次会议确定的各项目标任务。2017 年，再次获评全省县域经济发展"十佳县"。

致力调结构、促转型，产业层次持续提升。做优农业品牌。杂交水稻制种"育繁推"一体化体系更加完善，现代种子产业园、果子产业园列入省级现代农业产业园创建名单。建莲多业态复合型示范园列入全省申报第一批国家农村产业融合发展示范园创建名单，贡莲小镇列入全省第二批特色小镇创建名单。建莲、黄花梨通过国家级农产品地理标志评审，溪源明笋成为全国登记农产品地理标志产品，源华林业被认定为第三批国家林业重点龙头企业。推动工业转型。实施投资千万元以上工业重点项目 35 个，完成投资 10.5 亿元。明一国际生态高新科技园（一期）快速推进。源容公司引入融辉集团增资 9000 万元，加快新产品开发步伐；铙纸集团与青纸集团战略合作，成立青铙山新材料有限公司，新上"引线纸"项目。激发三产活力。扎实推进国家全域旅游示范区创建，加快闽江源生态旅游区、西门莲塘、闽江源头拜水溯源等项目建设，濉溪镇被命名为 2017 "中国慢生活休闲体验镇"，修竹村获评全省"二十佳特色旅游村"。举办第二届"为荷而来"中国建莲文化旅游嘉年华系列活动，承接红色教育异地培训 103 期 5000 余人次，持续唱响"清新花乡·福源建宁"品牌，游客接待量、旅游总收入分别增长 17.1%、18.7%。成功申报闽江源森林特色小镇，闽江源国家湿地公园(试点)通过国家级专家组评审。实施"互联网＋建莲产业"、农产品网货集散中心改造等项目，建成 O2O 示范街区（二期）工程，实现电商交易额 17.2 亿元、比增 73.1%。

致力抓项目、扩投资，发展后劲持续提升。强力推进项目。实施挂图作战、竞赛 PK、"周碰头、月督查、季点评"等机制，大力推进"五比五晒"项目竞赛活动，269 个"五个一批"重点项目完成投资 68.3 亿元，占年度计划的 101.5%。甘家隘风力发电等 73 个项目新开工建设，均伊公路等 70 个项目建成投入使用，浦梅铁路、莆炎高速公路建宁段等一批重大项目进展顺利。强化招商引资。围绕中央和省市投资导向，积极策划争取上级各类项目资金 16.2 亿元，创历史新高。大力实施"走出去、引进来"战略和建商回归工程，重点围绕"五子"、特色食品加工、机电制造、生态康养旅游等产业，先后举办北京、福州、南京、漳州等专场招商推介会，成功签约项目 54 个，总投资 63.5 亿元。强化要素保障。连续开展两轮"解难题、促落实"攻坚行动，解决了爱心宾馆拆迁、尚和国际及南方国际复工等一批多年想解决而未解决的历史遗留问题。协调企业周转资金 3.6 亿元，落实园区企业资产按揭贷款 6450 万元，带动全年增贷 6.27 亿元。积极防控金融风险，不良贷款率为 1.62%，全市最低。

致力美城乡、筑屏障，宜居环境持续提升。城市功能日趋完善。推进荷花路、闽江源路、东山公园等城区重要节点绿化花化彩化，实施荷花东路、荷塘北路、建莲南路改造提升及"一河两岸"休闲健身步道、夜景提升等市政工程，建成河南西路、水南片区公共停车场，新增泊车位164个。启动餐厨垃圾无害化处理项目建设，完成城区生活垃圾填埋场（三期）扩建。实施雨污分流，新建及改造排水（污）管网16公里。开发东山御景豪庭、文庭公馆，增加房地产市场有效供给。完善数字化、网格化城市管理平台，大力开展交通秩序、"两违"等专项整治，持续提升城市建管水平。乡村面貌不断改善。实施新一轮"千村整治、百村示范"工程，完成13个美丽乡村建设，加快推进河东经圳头至高峰清新花乡赏花带、城区经修竹至岭腰闽江正源特色景观带建设。里心、均口、黄坊污水处理厂及配套管网开工建设，启动40个行政村污水治理，3846户三格化粪池建设任务全面完成。生态环境保持优良。大力实施"三严四限六禁"，开展生态环境治理八大行动，实施生态环境保护八大工程，积极打造生态文明建设建宁样板，全年空气质量优良率达100%，位居全省前列，连续三届入围全国"百佳深呼吸小城"榜单。全面深化"河长制"，开展生态治水五项攻坚行动，成功列入福建省"第二批综合治水试验县"。配合做好中央环保专项督察，全面整改省市通报的12项生态环境问题。顺利完成福建省领导干部自然资源资产离任审计试点工作。

致力惠民生、办实事，群众获得感持续提升。脱贫攻坚蹄疾步稳。大力实施"五抓五送"，推进建莲、制种、电商、荷花蟹等产业扶贫，落实贫困户脱贫增收项目3288个，切实增强"造血"功能。推广量化折股投资水电企业、整合项目资金发展光伏产业等方式，新培育村财增收项目25个，实现每个贫困（空壳）村至少有1个稳定增收项目。扶贫重点工作有序推进，累计发放扶贫小额信贷3908.5万元，落实造福工程易地扶贫搬迁1201人。顺利完成1个市级扶贫开发重点乡（黄埠乡）摘帽、25个建档立卡贫困村及5个空壳村、2773个贫困人口退出的年度脱贫任务。扶贫工作成效居全市前列，全省农村电商助力精准扶贫推进会和全市脱贫攻坚现场

会在建宁召开。民生事业协调发展。持续增加民生投入，民生支出占财政总支出的79%。坚持教育优先发展，实验幼儿园新校区建成投入使用，第二实验幼儿园启动建设。深化"三医联动"改革，组建县总医院和乡（镇）分院，县域内就诊率明显提高。做强县医院龙头，启动实施县医院整体搬迁项目。推广社区居家养老服务，社区养老服务日间照料中心建设有序推进。实施保障性安居工程，完成棚户区改造76套、农村危旧房改造123套。加快推进公共文化网络全覆盖，荣获创建国家公共文化服务体系示范区品牌项目创新奖，水尾村获评第二批"中央红军村"和省级传统村落。社会保障不断完善，农村低保连续提标，企业职工养老保险和工伤保险持续扩面。社会治理成效显著。深化"平安建宁"建设，实现县乡村三级网格化服务管理全覆盖，群众安全感率达95.5%、矛盾纠纷调解成功率达96.7%，顺利完成厦门金砖会晤期间辖区内安保工作，实现十九大会议期间"零进京上访"目标。强化安全生产隐患排查整治，安全生产形势持续好转。

致力转作风、提效能，政府形象持续提升。干事创业更富激情。大力弘扬"马上就办、真抓实干"精神，实施"两张清单"管理，建立健全"正向激励、反向惩戒""容错纠错"等工作机制，动真碰硬抓督查，着力整治"为官不为""庸懒散拖"等突出问题，全面提振干事创业精气神。行政服务更为规范。深化"放管服"改革，落实"一趟不用跑""最多跑一趟"办事清单，行政许可、中介服务、前置审批事项精简率分别达47%、39%、35%。主动接受县人大法律监督、政协民主监督和社会各界监督，累计办理落实人大建议及意见137件，政协《建议案》3件、提案107件、社情民意42件，办复率均达100%。从严治党更加有力。推进"两学一做"学习教育常态化制度化，严肃党内政治生活，扎实推进全面从严治党向纵深发展。严格落实中央八项规定精神，严控一般性支出，"三公经费"同比下降13.5%。推进钢材、水泥等大宗材料集中采购，积极打造廉洁示范工程。全面履行党风廉政建设主体责任，落实"一岗双责"，充分发挥审计监察作用，全面加强土地招拍挂、工程招投标及扶贫资金使用等重点领域和关键环节监管，严肃查处违纪违法案件，

提升政府公信力。

此外，扎实推进国防教育和国防动员工作，民兵预备役建设水平不断提升。支持工会、共青团、妇女儿童、残疾人等各项事业发展，统计、人防、档案、供销、水文、气象、地方志、防震减灾、外事侨务、民族宗教、检验检疫、老龄老干、优抚安置、市场监管、住房公积金管理等工作有序推进。

各位代表，过去一年取得的成绩来之不易，这是我们深入贯彻中央和省、市决策部署，不断解放思想、开拓进取、真抓实干的结果，是县委正确领导、人大依法监督、政协积极参政议政的结果，是全县人民奋力拼搏、激情创业的结果。在此，我谨代表县人民政府，向为我县经济社会发展付出辛勤劳动的全县人民，向给予政府大力支持和有效监督的人大代表和政协委员、离退休老同志、社会各界人士，向为建宁发展做出积极贡献的省、市属单位、驻军部队、武警官兵、公安干警，向所有关心、支持建宁发展的同志们、朋友们表示衷心的感谢和崇高的敬意！

在看到成绩的同时，我们也清醒认识到存在的困难和问题，主要表现在：经济总量小，企业发展困难多；招商引资难度大，大项目、好项目落地少，税源增收乏力；民生领域短板较多，公共服务和社会保障体系不够健全；政府自身建设和服务发展的能力有待加强等。这些问题，我们将高度重视，在今后工作中采取有力措施加以改进。

## 二、2018 年主要工作

2018 年是全面贯彻党的十九大精神的开局之年，是改革开放 40 周年，是决胜全面建成小康社会、实施"十三五"规划承上启下的关键一年，也是我县实现赶超目标的关键一年。县政府将全面贯彻党的十九大精神和中央经济工作会，以及省委十届五次全会、市委九届六次全会、县委十二届六次全会精神，以习近平新时代中国特色社会主义思想为指导，坚持稳中求进工作总基调，坚持新发展理念，紧扣社会主要矛盾，按照高质量发展的要求，统筹推进"五位一体"总体布局和协调推进"四个全面"战略布局，坚持以供给侧结构性改革为主线，全力打好防范化解重大风险、精准脱贫、污染防治三大攻坚战，切实保障和改善民生，促进经济社会持续健康发展，推动"再上新台阶、建设新建宁"迈出新步伐。主要预期目标是：地区生产总值增长 9%；农林牧渔业总产值增长 5%；规模以上工业增加值增长 10%；固定资产投资增长 16%；社会消费品零售总额增长 13%；地方公共财政收入增长 6.5%；城镇居民人均可支配收入增长 9%；农村居民人均可支配收入增长 9.1%；城镇登记失业率控制在 3.2%以内。重点做好七个方面工作：

（一）坚持精准扶贫、精准脱贫，坚决打赢脱贫攻坚战

全面凝聚扶贫合力。坚持把脱贫攻坚作为头等大事和第一民生工程，强化党政一把手负总责，狠抓"县领导挂乡（镇）、县直单位挂村、干部包户"三级挂包责任落实，层层传导压力。紧抓省纪委和"5+1"单位挂钩帮扶的机遇，加快构建专项扶贫、行业扶贫、社会扶贫"三位一体"的大扶贫格局。

真实完成脱贫目标。按照"工作务实、过程扎实、脱贫真实"的要求，以贫困发生率低于 2%为主要衡量标准，强化精准扶贫、精准脱贫，确保 2018 年实现省级扶贫开发重点县摘帽，客坊乡、伊家乡 2 个市级扶贫开发重点乡脱帽，17 个贫困村、11 个空壳村退出，所有建档立卡贫困户全部脱贫的目标，再巩固两年，到 2020 年与全国同步全面建成小康社会。强化动态管理，规范退出机制，防止"假脱贫""被脱贫""数字脱贫"等问题，做到"脱真贫""真脱贫"。

持续巩固脱贫成果。以"五抓五送"为载体，大力发展建莲、水果、制种、烟叶、乡村旅游、荷花蟹养殖、光伏发电等增收产业，积极推广量化折股、产业整乡整村推进等扶贫模式，确保贫困村村财稳定增收，贫困户脱贫不返贫。完成扶贫小额信贷 2800 万元以上，着力解决贫困人口发展资金瓶颈问题。全面完成年度造福工程易地扶贫搬迁任务。坚持扶贫与扶志、扶智相结合，大力开展就业扶贫、教育扶贫，不断激发贫困户内生动力。全面落实医疗叠加保险、第三次精准补助等保障政策，进一步巩固提升"两不愁、四保障"水平。

（二）坚持农业、农村优先发展，大力实施乡村振兴战略

加快发展现代农业。坚决落实粮食安全省长责

任制，稳定粮食播种面积25.8万亩，完成粮食生产功能区划定建设19万亩。落实烟叶收购任务6.61万担。以国家农村产业融合发展试点示范县创建为抓手，大力实施"农业＋"战略，持续做强"五子"产业。落实制种面积14.5万亩，加快种子产业园建设，做大做强禾丰种业等龙头企业，加快完善"育繁推"一体化产业体系。稳定建莲种植面积5万亩，建立优质品牌创建核心区1万亩，加快"互联网＋"建莲区域化链条化试点项目建设。落实"两桃一梨"面积13万亩，持续优选品种、提升品质、做精品牌。创建生态果园1万亩，加快打造以里心花果山、欧洲风情园等生态休闲观光果园为核心的现代农业产业园。全面提速世代牧业生态观光牧场建设，加快实施"水乡渔村"和莲田养殖综合示范项目，示范推广莲田荷花蟹标准化养殖。

深化农村改革创新。巩固完善农村基本经营制度，用好第二轮土地承包到期后再延长三十年的政策，盘活土地承包经营权，全面完成农村土地确权登记颁证工作。鼓励开展形式多样的适度规模经营，新增土地流转面积5000亩。培育壮大新型农业经营主体，新增县级以上示范家庭农场、农民专业合作示范社30家，加快培养一支懂农业、爱农村、爱农民的"三农"工作队伍。创新农村金融服务产品，扩大村级融资担保基金覆盖面。推进集体产权制度改革，积极拓展"福林贷""福田贷"业务，落实重点生态区位商品林赎买1.4万亩。推动农业科技创新，大力推广农业"五新"技术，提升水稻耕种收综合机械化水平达77.3%。强化农业品牌保护，加快建立完善建莲、水果等农产品安全信息可追溯体系，完成农业"三品"认证3个以上。加强"餐桌污染"治理，推进"食品放心工程"建设，积极创建国家农产品质量安全县。

全力打造美丽乡村。按照产业兴旺、生态宜居、乡风文明、治理有效、生活富裕的总要求，加快制定乡村振兴战略规划，推进城乡融合发展。实施新一轮12个美丽乡村规划建设，注重因地制宜，保护、保留乡村风貌，塑造"一村一品""一村一景"。以农村垃圾、污水治理和村容村貌提升为主攻方向，大力开展农村人居环境整治行动，加快7个乡（镇）污水处理厂及配套管网设施建设，建成18

个村污水处理设施。大力推广"户分类、组保洁、村收集、乡（镇）转运、县处理"收处模式，实现所有行政村垃圾治理常态化。加强农村基础设施建设，重点实施2017-2019年交通建设攻坚行动，完成农村公路项目建设里程103公里、生命安全防护工程124公里。探索实施"路长制"，争创省级"四好农村路"示范县。

（三）坚持质量第一、效益优先，构建产业发展新格局

做优做强工业支撑。深化供给侧结构性改革，持续推进"三去一降一补"，着力在"破""立""降"上下功夫，扶持实体经济实现更高质量发展。加快传统产业优化升级，推动饶纸集团、源容公司通过技术改造、战略重组实现转型升级，做大做强。加快明一国际生态高新科技园建设，拓展乳制品加工上下游产业链。加快文鑫莲业重组做大，推进绿田食品退城入园、新三和冻干食品加工、上海昌颐水资源开发等项目落地，推动食品加工产业集聚集群发展。推进重型机械配件加工、液氮加注机生产等项目落地，促进新动能持续快速成长，全年新增规模以上工业企业15家以上。大力推进园区扩园，完成园区征地500亩，新增土地开发300亩，完善基础设施配套，提升项目综合承载力。深化"三挂三帮"活动，指导企业用好工业经济稳增长政策，发挥产业发展专项资金和应急转贷资金作用，深化"手拉手"活动，积极搭建服务平台，着力解决企业在融资、市场、用工等方面难题。

大力发展全域旅游。围绕国家全域旅游示范区创建，积极推进闽江源生态旅游区创5A景区，加快闽江源头拜水溯源、中央苏区反"围剿"纪念园提升、报国寺对台慈航文化交流基地、上坪书香水村、西门莲塘、修竹荷苑提升等项目实施，启动贡莲小镇建设。开发枫源梨花驿站、梅花坳等赏花项目，完善点、线、面相结合的清新花乡产品体系，全力打造全域赏花地。加快城区旅游集散服务中心建设，大力推进"厕所革命"，完善景区直通车、旅游标识等配套设施，支持乡村特色民宿发展。继续开展花海跑、采摘季、"为荷而来"中国建莲文化旅游嘉年华等特色主题活动，提升"清新花乡·福源建宁"美誉度知名度。力争2018年游客接待量、旅游收入

均增长 20% 以上。

全面繁荣现代商贸。注重发挥金融服务实体经济作用，全年落实增贷 7 亿元。坚持化旧控新，优化金融环境，严控不良贷款率在 2% 以内。刺激消费增长，积极打造"一街一特色"商业街区，建成江滨西路美食一条街，争取大型商贸连锁超市入驻。做旺贸易市场，推进建莲、水果、种子等农产品交易中心建设。鼓励工业企业实施产销分离，积极拓展外贸业务，全年新培育限上商贸企业 11 家以上。大力发展"互联网+"经济，重点深化国家电子商务进农村综合示范县建设，加强农产品网货改造和供应端建设，拓展农产品上行广度和深度。鼓励各类企业和新型合作组织"上网触电"，大力发展跨境电商，积极打造电商强县。加快县乡村三级物流体系建设，大力发展第三方物流和冷链物流，着力构建大流通、网络化、全覆盖的商贸物流新局面。

（四）坚持项目带动、扩大投资，进一步强化发展支撑

加快重点项目建设。创新实施"单双月工作调度"、末位约谈、"预警函"等机制，大力推进"五比五晒"项目竞赛活动，加快"五个一批"重点项目建设，完成固定资产投资 155 亿元以上。重点加快浦梅铁路、莆炎高速公路及西互通连接线、福新至长吉公路建设，推进建宁经宁化至长汀高速公路、建宁至资溪铁路前期工作。加快甘家隘风力发电、城区管道燃气等项目建设，确保 220KV 输变电工程开工。推进全省"第二批综合治水试验县"建设，加快实施濉溪安全生态水系等 15 个项目。

加大招商引资力度。注重多元化招商，瞄准重点区域、重点企业，大力开展小分队招商、以商招商、产业专场招商、驻点招商，加强与建宁异地商会等联系合作，实施建商回归工程。强化"三维"对接，重点抓好与国电投集团、省交通运输集团、省轻纺控股集团、省建工集团等央企、省属企业合作，推动一批大项目好项目落地。落实"一个项目、一个领导、一支队伍、一个方案"的服务机制，推动意向项目早签约、签约项目快落地，全面提升招商实效。

加强项目策划对接。精准对接国家支持革命老区、贫困地区加快发展政策，以及中央、省、市投资导向和扶持重点，积极争取交通水利、能源环保、社会事业等项目资金支持，重点抓好新一轮省纪委挂钩帮扶项目的对接协调，力争全年向上争取资金 12 亿元以上，并确保财政资金使用效率。强化项目建设要素保障，加快落实项目规划、用地、环评等前期手续，大力推进征地拆迁，鼓励多元化投融资模式。

（五）坚持生态优先、绿色发展，推动人与自然和谐共生

树牢绿色生态理念。牢固树立和践行"绿水青山就是金山银山"的生态理念，推进"三严四限六禁"，加快打造生态文明建设建宁样板。加快"绿色转型"，倡导简约适度、绿色低碳的生活方式，开展创建节约型机关、绿色家庭、绿色学校、绿色社区和绿色出行行动。加强殡葬管理，推广生态墓葬，支持村级公益性骨灰楼堂建设。强化生态环保"党政同责、一岗双责"，完善绿色差异化考核评价机制，加大环境损害、生态效益等指标权重，开展乡（镇）领导干部自然资源资产离任审计试点，引导广大干部牢固树立"绿色政绩观"。

强化绿色生态保护。严守生态红线，制定生态红线负面清单。以开展生态环境治理八大行动，实施生态环境保护八大工程为抓手，扎实推进水、大气、土壤污染防治行动，坚决整改中央、省环保督察及领导干部自然资源资产离任审计发现的问题，确保全县流域内水质达到Ⅲ类以上，空气环境质量优良天数达标率保持 100%，土壤土质总体稳定并趋好。统筹山水林田湖草生态保护修复工程，推进国家湿地公园、国家森林公园、闽江源森林特色小镇建设，完成造林绿化 0.7 万亩、果园生态修复 1 万亩、林分改造 0.36 万亩，实现森林覆盖率 78% 以上。创新绿色生态机制。建立环境监察制度，充分发挥环境监管网格运行平台作用，运用"生态通"APP、电子监控等形式，逐步将网格细化延伸到自然村，实现全县环境网格化监管。深化"河长制"，加快完善覆盖全流域、全时段、全方位的"智慧河长"管理平台，进一步发挥企业河长作用。拓展"禁柴改燃"范围，推进碳汇交易试点，积极探索市场化、多元化生态补偿机制。发挥生态综合执法局作用，坚决制止和严厉惩处破坏生态环境行为。

（六）坚持保障民生、补齐短板，更好满足美好生活需要

完善城市功能。坚持规划先行，推进城市"双修"，完成火车南站、高沙洲—下长吉等片区控制性详细规划编制。加快将军路、闽江源路等路网改造提升，启动闽江源路至火车南站道路建设。加快实施"一河两岸"休闲慢道（二期）、城区至枫源绿道、城区至金铙山绿道工程，推进东山公园等重要节点和标志性建筑的提升改造。全面推进城区餐厨垃圾无害化处理，完成城区污水处理厂（一期）扩建，新建及改造城区排水（污）管网7公里以上、供水管网8公里以上，加快启动县城第二水源地建设。提升城市公交水平，城市公交全部使用新能源电动汽车，加快交通运输综合服务中心、公交首末站建设和公交站点提级改造，完善公共停车场、充电桩布局。积极盘活房地产存量，推进南庄排等新地块开发，实现房地产市场健康发展。落实扶持建筑业发展壮大政策，做大做强建筑产业。积极创建省级文明县城，加强小区物业管理，持续开展"两违"、占道经营、交通秩序等专项治理。完善"数字城管"平台，提升城市网格化、数字化、精细化管理水平。

补齐民生短板。坚持民生导向不动摇，大力实施为民办实事项目12个。围绕打造教育强县目标，全面推进"强基壮腰筑梦"工程，大力实施薄弱校改造、中小学扩容提升、农村教师周转房等项目，重点加快第二实验幼儿园建设，启动福源小学、闽江源幼儿园、溪口中心幼儿园等建设。深化"三医联动"改革，扩大家庭医生签约服务覆盖范围，推进优质医疗资源有序有效下沉。加快县医院整体搬迁项目建设，做强总医院中医科，全面落实村卫生所标准化建设。推进医养融合，加快县康养中心、社区养老服务日间照料中心、乡（镇）敬老院建设，提升农村幸福院标准化、规范化水平。大力发展文化产业，推进红色文化遗址和兰溪古窑遗址保护开发，推动"建宁通心白莲制作工艺"申报国家级非物质文化遗产。促进公共文化设施提档升级，启动户外运动休闲公园、工人文化宫等建设。大力发展体育事业，开展全民健身活动，积极承办省级以上体育赛事。推进广播电视事业发展，丰富群众文化生活。

促进社会和谐。落实就业创业各项扶持政策，统筹做好下岗失业人员、农村富余劳动力、就业困难人员和建档立卡贫困人口等群体的就业。进一步扩大社会保险征缴覆盖面，完成新老农保过渡衔接工作，推进全民参保。加大社会救助，完善失地农民保障制度和城乡医疗救助制度，提高高龄老人、城乡低保、农村五保补助标准。发展社会福利、慈善和残疾人事业，做好关心下一代工作，切实维护和保障妇女、儿童合法权益。坚持计划生育基本国策，实施好全面两孩政策，改革完善计划生育服务管理。深化"平安建宁"建设，加强矛盾纠纷排查化解，依法处理信访事项，加强和完善城乡社区治理，构建全民共建共享社会治理格局。深化重点领域安全生产排查整治，突出道路交通安全专项治理，坚决遏制重特大安全事故，不断提升安全生产水平。密切与工商联、无党派人士的联系与协商，支持工会、共青团、妇联等群团组织发挥更大作用，做好外事侨务、民族宗教工作。深化双拥共建，加强国防动员、国防后备力量和人民防空建设，推进军民深度融合发展。统筹抓好统计、档案、地方志、水文、气象、防震减灾等工作。

（七）坚持转变职能、高效廉洁，全力提升行政能力

旗帜鲜明讲政治。把学习宣传贯彻党的十九大精神和习近平新时代中国特色社会主义思想作为当前和今后一个时期的首要政治任务，在学懂弄通做实上下功夫。牢固树立政治意识、大局意识、核心意识、看齐意识，坚决维护以习近平同志为核心的党中央权威，坚决用习近平新时代中国特色社会主义思想武装头脑、指导实践、推动工作。扎实推进"两学一做"学习教育常态化制度化，开展"不忘初心、牢记使命"主题教育。严格遵守《关于新形势下党内政治生活的若干准则》，增强党内政治生活的政治性、时代性、原则性、战斗性。

坚持依法行政。把依法行政贯穿于政府工作的各个领域、各个环节，不断提高运用法治思维和法治方式解决问题的能力。坚持民主集中制，主动听取社会各界意见建议，发挥专家咨询和集体讨论作用，提高决策科学化、民主化、法制化水平。自觉

接受人大法律监督和政协民主监督，主动接受社会公众和新闻媒体的舆论监督，认真办理落实人大代表建议和政协委员提案。深入开展"七五"普法，大力实施法治宣传教育"1234"工程，增强全民法治意识，持续完善覆盖城乡的公共法律服务体系。

持续转变作风。强化责任担当，大力弘扬"滴水穿石"精神和"四下基层""马上就办"优良作风，持续推进"解难题、促落实"攻坚行动，坚决纠正"慵懒散拖"、不作为、乱作为、慢作为等行为，营造全县上下雷厉风行抓落实的工作氛围。深化"放管服"改革，进一步精简优化行政审批和公共服务项目，大力推广周末无休、"窗口无否决权"，全面推行网上审批、并联审批、代办审批，进一步拓展"最多跑一趟""一趟不用跑"办事清单。

坚决廉洁履职。严格遵守党内法规，强化纪律约束。坚持以上率下，全面落实中央八项规定实施细则有关精神，驰而不息纠治"四风"。严格落实党风廉政建设主体责任，认真履行"一岗双责"，运用监督执纪"四种形态"，抓早抓小，防微杜渐。坚持无禁区、全覆盖、零容忍，坚持重遏制、强高压、长震慑，加强重点人群和扶贫资金使用、工程招投标、政府采购、公共资源交易等重点领域的监察监督，严肃查处各类违纪违法案件，坚决整治群众身边的腐败问题，营造风清气正的政务环境。

各位代表，站在新的征程上，我们信心满怀。让我们更加紧密地团结在以习近平同志为核心的党中央周围，以习近平新时代中国特色社会主义思想为指导，在县委的正确领导下，围绕"再上新台阶、建设新建宁"工作部署，团结和依靠全县人民，不忘初心、牢记使命，锐意进取、奋力赶超，为实现党的十九大描绘的宏伟蓝图而努力奋斗！

2017年3月28日，"悠然三明四季行"建宁花海跑活动 （县旅游局 提供）

# 专 记

□ 编辑　肖建泰

# 拥抱新时代　开启新征程　续写新篇章

## ——县委书记谈学习贯彻十九大精神

### 中共建宁县委书记　郑剑波

党的十九大胜利闭幕后，建宁县迅速召开县委常委会（扩大）会议、县委理论中心组学习会进行传达学习，把全县上下的思想和行动统一到十九大精神上来，统一到十九大提出的各项目标任务上来，确保十九大精神，特别是习近平新时代中国特色社会主义思想在建宁落地生根、形成生动实践。

**一、深刻领会，把握内涵，迅速掀起学习贯彻热潮**

全县各级各部门把学习宣传贯彻十九大精神作为首要政治任务，精心组织，周密部署。一是深入学习，学深悟透。结合推进"两学一做"学习教育常态化制度化，采取中心组学习、专题辅导等方式，组织党员干部原原本本、原汁原味研读报告和党章。二是领导带头，率先垂范。党员领导干部先学一步、学深一点、学好一些，同时要求县级领导干部深入挂包的乡镇、分管的部门宣讲十九大精神，为广大党员干部做好示范、当好表率。三是广泛宣传，家喻户晓。充分发挥电视台、网站、"两微一端"等媒介作用，采取开设专栏、组织专题等形式，大力宣传解读党的十九大精神，推动十九大精神进企业、进农村、进机关、进校园、进社区、进网络。

**二、不忘初心，高举旗帜，更加坚定自觉维护核心**

进入新时代，建宁县将不忘初心，继续前进，团结带领广大干部群众走好新时期的长征路。一是坚决拥护爱戴核心。将维护核心、追随核心、捍卫核心、爱戴核心作为最大的政治和最重要的政治规矩，一切听从党中央指挥，努力建设向习总书记绝对看齐、让党中央绝对放心的新建宁。二是以新思想指导实践。要把习近平新时代中国特色社会主义思想，作为坚定信念、正本清源、释疑解惑、指导实践的教科书和"金钥匙"，做到在学思践悟中融会贯通，在考验磨砺中提高觉悟，在实践运用中增强本领。三是推动全面从严治党。切实增强干部的紧迫感和责任感，重点加强政治、思想、组织、作风和党风廉政建设，并将制度建设贯穿始终，不断提升党的创造力、凝聚力和战斗力。

**三、牢记使命，真抓实干，在伟大新时代新征程上奋力建设新建宁**

全县上下立即行动，马上就办、真抓实干，推动十九大精神转化为"再上新台阶、建设新建宁"的生动实践。一是推动经济发展提质增效。坚持新发展理念，不断培育新动能，加快推进县医院整体搬迁、闽江源头拜水溯源等一批重点项目建设；不断壮大新产业，做大做强铙纸、明一等重点企业，做深做细种子、莲子等特色农业；不断激发新活力，充分发挥博士后工作站、院士工作站的带动作用，突破种子、莲子等研发和加工技术，推动科技成果转化为现实生产力。二是全面落实乡村振兴战略。坚持农业农村优先发展原则，持续做大做强农业"五子"特色主导产业，大力发展绿色、精细、高效农业，推进农业供给侧结构性改革；加快发展"农业+电子商务""农业+休闲观光""农业+民俗文化""农业+文化创意"等产业，促进农村一二三产业融合；加大农业农村基础设施建设力度，持续推进美丽乡村建设；不断推进农村改革，抓好农村金融改革、农村土地流转等重点工作，让改革红

利更好惠及广大群众。三是不断保障和改善民生。自觉践行以人民为中心的发展思想，大力实施"五抓五送"，开展扶贫领域"全交叉"专项巡察，坚决打赢脱贫攻坚战；加快补齐教育、医疗、养老、城乡基础设施短板，深化群众性精神文明创建活动，提高群众幸福感；以"平安建宁"建设为载体，以"三化一龙头"为抓手，加强社会治理防控，持续增强人民群众的安全感。四是打造生态文明建设建宁样板。坚持绿色发展理念，严格执行"三严四限六禁"要求，开展生态环境治理八大行动，实施生态环境保护八大工程；注重发展的可持续性，重点发展生态工业、生态农业、生态旅游等绿色产业；进一步提升城乡污水处理能力，完善市政配套设施，加快垃圾分类处理，构建宜业宜居的良好环境。

（摘自《三明决策参考》2017年第10期）

## 福建省中长期铁路网规划出炉
# 三明规划新建永安至长汀快速铁路、建宁至资溪普速铁路

2017年11月22日，福建省发改委公布《关于印发实施福建省中长期铁路网规划的通知》。我省中长期铁路网规划建设5条高速铁路、4个快速铁路项目、1条普速铁路和4条港口后方铁路通道，其中三明规划新建永安至长汀快速铁路、建宁至资溪普速铁路。

我省中长期铁路网规划包括：建设龙岩至龙川铁路、漳汕高铁、福温高铁、南昌至厦门（福州）高铁、赣龙厦高铁等高速铁路，预留福州至龙岩、福州经平潭至台北台海铁路通道；建设温武吉铁路、厦门翔安和福州长乐机场快速通道、南平至丽水铁路、永安至长汀铁路等快速铁路项目；建设建宁至资溪普速铁路；建设可门港后方货运铁路、江阴港后方货运铁路、莆田港后方货运铁路、厦漳港区后

方货运铁路等港口后方铁路通道项目。

我省中长期铁路网规划建设的多条铁路与三明市民出行息息相关。

永安至长汀铁路。线路自永安地区引出，向西经罗坊镇、四堡镇、新桥镇，至赣龙铁路长汀站；东连南三龙、兴永泉铁路，中部与建宁至冠豸山铁路沟通，西接赣龙铁路。规划线路全长105km，全部位于福建境内。

建宁至资溪铁路。自福建建宁经江西黎川至鹰厦铁路资溪，同时研究了光泽接轨、全部位于福建省内方案，北接鹰厦铁路，南连在建建宁至冠豸山铁路，打通了建宁至冠豸山铁路北上通道。规划项目福建境内合计里程15公里，投资11亿元。

（摘自《三明侨报》2017年11月30日）

# 建宁"溪源明笋"获得农业部地理标志登记保护农产品

2017年8月24日，农业部农产品质量安全中心在北京组织召开了2017年第二次农产品地理标志登记专家评审会，建宁县溪源乡提交的"溪源明笋"成功通过了国家农业部专家评审，成为获得国家农产品地理标志登记保护的农产品。这是建宁县首个获得农业部地理标志登记保护的农产品。

"溪源明笋"加工工艺有上千年历史，2010年被列入第三批三明市非物质文化遗产保护名录。溪源明笋产品主要出口东南亚，销往江浙、上海等地，年产值达到4亿多元。"溪源明笋"成为国家农产品地理标志登记保护产品，不仅意味着"溪源明笋"有了自己独特的"身份证"，受法律保护，还有效提

升产品的知名度和市场竞争力，有利于进一步打响"溪源明笋"的品牌，促进溪源笋竹产业乃至整个农业事业的健康发展。

今年来，溪源乡党委、政府高度重视笋竹产业的发展和提升，主动融入闽赣省际生态产业集聚区发展定位，着力打造闽赣笋业集散地，相继出台一系列措施扶持助推企业的转型升级，实现溪源乡笋业增效、笋民增收、农村发展。截至目前，已培育国家级示范社一家，获得ISO产品认证的企业一家，县级龙头企业一家。

（摘自《三明日报》2017年8月30日　林芳）

# 建宁县举办通心白莲手工制作工艺体验赛

"清新花乡·福源建宁"为荷而来——2017年第二届中国建莲文化旅游嘉年华闪亮登场！问君"荷"处相逢，坪上莲海梯田！

2017年7月15日，在建宁县濉溪镇大源村坪上莲海梯田，海内外50多户亲子家庭嘉宾云集，建宁通心白莲手工制作工艺体验赛隆重举行。建宁县委副书记、建莲产业领导小组组长许家源致辞，建宁县委书记郑剑波宣布建宁"非遗"通心白莲手工制作工艺体验赛开赛。参加活动的海内外亲子家庭观看了建宁通心白莲采制师傅和4名身着农家服饰美少女展示省级"非遗"建宁通心白莲采剥技术后，他们自己动手采剥通心白莲，学习、感受、传承建宁"非遗"文化。裁判组进行评分，主持人宣布比赛成绩，并对优胜组亲子家庭举行颁奖。

此次活动不仅让海内外亲子家庭亲身体验建宁非物质文化遗产的魅力，更让建宁的这项文化瑰宝能够传承四海，进一步打响和提升建宁县"清新花

乡·福源建宁"的旅游品牌形象，丰富建宁特色产品，吸引更多游客前来建宁观光旅游。

（建宁县濉溪镇　曹　露）

（陈森强　摄）

# 第二届建莲产业发展研讨会暨建莲文化展示
# 系列活动（修竹荷苑开园）

2017 年 7 月 2 至 3 日，第二届建莲产业发展研讨会暨建莲文化展示系列活动（修竹荷苑开园）在福建省建宁县召开。这次研讨会在中国花卉协会荷花分会、中国园艺协会水生蔬菜分会支持下，由建宁县建莲产业工作领导小组和建宁县建莲产业协会主办。出席本次研讨会的分别来自湖北、湖南、江西、浙江、山东和福建等国内主要莲子产区的代表，以及来自科研院校的专家、学者。会议主要研讨内容：我国莲子产业发展现状与前景、荷花育种及其潜力分析、莲的药用与标准化栽培、莲子病虫害防治技术、莲子等保鲜加工研究与产业化和莲与休闲农业发展等。通过这次会议，对建莲及周边省份的子莲产业发展现状进行了总结交流，对未来的研究和发展进行探讨，这必将促进建莲乃至整个子莲行业良性快速发展。

## 在第二届建莲产业发展研讨会暨建莲文化展示系列活动
## （修竹荷苑开园）上的致辞

建宁县委副书记　许家源

（2017 年 7 月 2 日）

尊敬的各位领导、专家、同志们：

大家上午好！

在这荷香飘溢、桃梨满枝的盛夏时季，建宁县隆重举行第二届建莲产业发展研讨会。来自省内外著名专家学者及相关领导、企业家、社会贤达，拨冗莅临本次活动，畅叙友情、交流成果、建言献策，共商建莲产业发展大计，让我们深感荣幸，也倍加珍惜。在此，我谨代表县四套班子向各位领导、专家和嘉宾表示诚挚的欢迎和衷心的感谢！对修竹荷苑景区顺利开园表示热烈的祝贺！

建宁地处闽赣边界、武夷山麓中段，这里是清新花乡、四季花海。一年四季各色鲜花竞相绽放，形成了"春看梨花夏观荷，秋赏格桑冬品梅，五月云端杜鹃红，九月黄玉金针香"的赏花格局，绘就了美丽独特的清新花乡，成为了全省十大新兴旅游县、全国知名乡村旅游目的地和国家全域旅游示范县创建单位。这里山水润泽、是福源建宁。为闽水之源、闽山之巅、闽地之母，地质结构形成于 26 亿年前，福建"母亲河"千里闽江发源于此，"秀起东南第一巅"的金铙山为福建境内最高峰，海拔 1858 米。境内青山环抱、生态优美，森林覆盖率达 80%，全年空气优良天数指数达 100%，是国家级生态县、全国百佳深呼吸小城、中国建莲之乡、黄花梨之乡、无患子之乡、梨产业龙头县和全国最大杂交水稻生产基地县；曾为闽赣省苏维埃政府和红一方面军总司令部、总前委、总政治部驻地，毛泽东、周恩来等老一辈无产阶级革命家和 8 位开国元帅均在建宁战斗生活过。毛主席还曾在建宁西门同百姓一起挖莲塘，留下了"百口莲塘吐清香"的佳话，成就了"建西伏莲"的建莲品牌。

建莲是建宁一张最为亮丽的名片，已有千年种植历史，为历代皇家贡品，全年种植面积稳定 5 万亩，荣获中国驰名商标、国家地理标志产品保护、中国十佳区域公用品牌。长期以来，县委、县政府高度重视建莲产业发展，大力实施"建莲＋"产业战略，推动建莲产业链条不断发展、做大做强。"互联网＋建莲"被列入全省首批"互联网＋"区域化链条化试点，两家莲产品加工企业成功登陆"新三板"，"为荷而来"旅游品牌闻名遐迩，全县建莲产业产值突破 20 亿元。现在我们所在的修竹荷苑是国家级农业旅游示范点、国家 3A 级景区，也是建宁县展示"建莲＋"产业发展的一个重要窗口。

继 2013 年成功举办第一届建莲产业发展研讨会，时隔四年，我们再次举办建莲产业发展研讨会，主要目的是汇聚四海之才智、挖掘建莲之潜力、提升建莲之发展、助推建莲之辉煌。我们相信此次研讨会，必将为我们进一步做大做强建莲产业、实现"建莲胜似大红袍，莲子卖出茶叶价"的美好愿景，提供强大智力支撑，发挥积极推动作用。我们真诚地希望各位领导、专家在本次研讨会上建净言、献良策，帮助会诊把脉、指点迷津，我们将集思广益，学习借鉴、转化运用研讨成果，推动建莲产业发展迈上"新台阶"。

本次研讨会议程分为两个部分，上午在修竹荷苑景区考察莲文化系列展示，下午在建宁大饭店进行学术研讨。

最后，祝第二届建莲产业发展研讨会取得圆满成功！祝各位领导、专家、来宾们身体健康、工作顺利、万事如意！

谢谢大家！

## "第二届建莲产业发展研讨会"学术交流主持辞

闽江源自然保护区管理局局长　陈炳云

（7 月 2 日下午 2：40－6：00）

尊敬的各位领导、各位专家，同志们，朋友们：

大家好！首先对百忙之中前来参加本次研讨会的领导和专家表示热烈的欢迎！衷心感谢大家长久以来对建莲产业发展的大力支持。出席本次研讨会的代表分别来自湖北、湖南、江西、浙江、山东和福建等国内主要莲子产区，有来自科研院校的，如华中农业大学、武汉菜科所、湖南农科院、福建农科院、福建农林大学、福建中医药大学、三明学院等。有莲子产区代表，如：江西广昌、石城、吉水，浙江武义，福建宁化的代表。有涉莲企业精英，如山东临沂新程金锣集团、三明市千合投资集团公司，也有来自生产一线的，以及各级媒体记者。参加会议的还有建宁本地有关县领导和部门领导、乡（镇）领导；农业局领导与骨干、莲业相关企事业单位代表。特别要提的是中国花卉协会荷花分会会长陈龙清先生和中国园艺学会水生蔬菜分会常务理事王清章先生，这两位华中农大教授均是首次到建宁指导，还有来自福建省农科院的余文权副院长，福建农林大学的郑宝东副校长，三明市农业局领导张世芳先生。今天，省内外一百三十多名代表欢聚一堂，畅谈莲事，同商大计，共谋发展，必将有力地推进建莲产业的持续健康发展。

借此机会，我先简要介绍一下建宁县建莲产业发展现状与展望。建宁县具有一千多年种莲历史，是中国建莲之乡、建宁白莲的原产地，也是全国通心白莲的主产区之一。全县九个乡（镇）均有种莲，构建了莲子种植万亩带、千亩片、百亩点，常年种莲面积 5 万亩左右，总产通心白莲 4000 吨。近年来，我县建莲在优良品种选育推广、系列标准制定与实施、深加工新产品研发、市场开拓品牌创建等方面都取得了丰硕成果。为全面推进建莲产业科学发展，促进农民增收，《中国建莲产业十三五发展规划》提出了建设建莲种业、高优系统、加工提升、观光体验、流通创新等五大重点工程。力争在"十三五"期间，依托互联网＋建莲产业和创业创新示范基地建设，稳定种植规模，着力打造优质区域品牌，全县建莲产业总产值达20亿元以上。

下面，让我们把宝贵的时间留给演讲的专家们。

为了会议交流更加高效，在此提醒注意会场纪律，请大家共同遵守：请大家将手机调至静音模式，不要随意走动和接听电话；因时间关系，请各位演讲的专家把握好演讲时间，控制25分钟内。

首先，有请来自湖北省武汉市蔬菜科学研究所的朱红莲高级农艺师作题为《我国子莲产业发展现状与前景》的报告，朱红莲女士长期从事子莲等水生蔬菜育种和技术推广工作，对我国莲产业有较全面的了解，让掌声欢迎朱红莲女士。

………………

（朱红莲演讲完后）。谢谢朱女士的精彩报告。接着有请华中农业大学教授、博士生导师、中国花协荷花分会会长陈龙清先生作题为《我国荷花品种选育及其潜力分析》的报告。掌声欢迎。

………………

（陈龙清演讲完后）。感谢陈会长的精彩演讲。接着有请华中农业大学食品科学技术学院副教授严守雷博士作《莲子加工产业现状及湖北莲藕等水生蔬菜保鲜加工研究与产业化》的学术报告，严博士是湖北省水生蔬菜保鲜加工工程技术研究中心主任。他们团队在莲等水生蔬菜加工方面取得了丰硕成果，让我们一起分享吧。大家掌声欢迎。

………………

（严守雷演讲完后）。感谢严先生的精彩演讲。同时也谢谢大家的会场配合。现在请以下人员移步到一楼大堂门口，集体合影，其他人员就近休息，25分钟后准时回到会场继续开会。主要合影人员：县外代表；有关县领导和部门领导；乡（镇）领导；莲科所、莲文化研究会负责人，相关企业负责人。照片将以电子邮件型式发给大家。

（休会25分钟，合影后）。

各位领导、各位专家，同志们、朋友们，大家辛苦了！现在我们继续开会。

莲子病虫害防治是我们莲产区一大难题。接着有请湖南省农科院植保所研究员、对莲子病虫害有独到研究的植保专家魏林女士作题为《莲子主要病虫害及其防治技术》的报告，掌声欢迎。

………………

（魏林演讲完后）。感谢魏研究员莲病虫防治技术的解说。莲子属药食两用作物，在福建被列为中药材"福九味"之一。接着有请福建省农科院副教授、福建省中药材产业协会副秘书长林忠宁先生谈谈《福九味之建莲子产业发展的一些思路》。掌声欢迎。

………………

（林忠宁演讲完后）。感谢林先生的生动报告。产业融合，农旅结合是我们莲业发展方向。接着有请三明学院副教授、三明休闲旅游发展研究中心曾祥添主任作题为《推进农业供给侧结构性改革，促进建宁休闲农业旅游发展》的演讲，大家鼓掌欢迎。

………………

（曾祥添演讲完后）。非常感谢曾先生激情洋溢的精彩演讲。

让我们再次以热烈的掌声感谢各位专家的精彩演讲。

今天，还有许多出席会议的代表带来宝贵的建议和资料，由于时间关系，还不能一一上台演讲，请见谅！我们会以资料形式分发给大家。

最后，有请建宁县人民政府副县长沙陈龙先生作研讨会总结发言。

（总结发言后）。提醒县外代表到五楼餐厅就餐。

# 第二届建莲产业发展研讨会交流总结发言

建宁县人民政府副县长 沙陈龙

（2017 年 7 月 2 日）

各位专家学者、各位嘉宾：

经过紧张有序的交流，第二届建莲产业发展研讨会已进入尾声。此次研讨会在会务组以及与会同仁的共同努力下，顺利完成了大会预期的议题，获得了圆满成功！

今天，出席本次会议的有来自国内主要子莲产区的代表一百多人，有湘莲、赣莲、宣莲和建莲产区的代表，有科研院校研究莲子的顶尖专家学者，有中国花卉协会荷花分会和中国园艺学会水生蔬菜分会的代表，有莲子产区有关领导和专家，有涉莲企业老板，也有来自一线的莲子科技示范户，各路精英汇聚建宁莲乡，实属业界喜事、莲乡盛事！

会上，有六位专家作了精彩的学术报告和经验交流。还有许多专家和莲子产区代表带来了宝贵的交流材料。在此，我代表本次大会向你们致以诚挚的谢意！

我们通过这次会议，对建莲及周边省份的子莲产业发展现状进行了总结交流，对未来的研究和发展进行探讨，这必将促进建莲乃至整个子莲行业良性快速发展。会议成果至少有四项：

一是形成了共识。交流会上，湖南、湖北、江西、浙江以及山东等莲子产区带来的宝贵经验，让我们更加全面了解了国内主要子莲产区的发展现状，更加深刻地认识到莲子用途广泛，可从多方面开发利用。如，子莲产业正从以食用为主向药用、观光旅游和文化等多方位发展，莲业效益稳步提升，子莲新区不断涌现，"美丽乡村"莲花飘香，等等。所有这些都表明莲子产业的发展方兴未艾！

二是明确了方向。实现莲产业持续健康发展，即要做好良种良法高效生产工作，又要坚持多元开发，发挥莲食用、药用、观赏和文化等价值的作用。良种是高效生产的基础。正如陈龙清教授提倡的那样，要重视培育优良新品种，"一粒种子可以改变一个世界"。要进一步开发莲子深加工产品和莲子药用保健产品，提高莲产品附加值，实现效益倍增。莲文化开发，莲休闲旅游建设，许多地方正拉开序幕。从而推进二三产业融合发展。

三是增进了友谊。出席这次研讨会的，有许多是长期以来通过项目或科技成果支持帮助建莲产业发展的领导、专家，也有不少是通过协作或品种、技术示范交流而结识的同行，当然还有许多新朋友。这次研讨会也可算是一次总结联谊会，不仅交流了莲业发展经验，开阔了视野，而且增进了国内主要子莲产区间同行的友谊。

四是推动了合作。长期以来，建宁莲子产业与各地有着广泛的交流。不论是生产领域，还是加工销售，涌现了许多成功的典范。通过研讨交流，为今后进一步合作打下了坚实基础。

今后，我们将以这次研讨会为契机，致力于推动莲子产业发展，更加重视莲子基础研究、高效栽培和新产品开发，延伸莲子产业链，充分开发莲子价值，广泛开展同行间协作，为促进我国莲产业繁荣兴盛做出应有贡献。

各位专家学者、各位嘉宾，这次研讨会时间虽然短暂，但大家在交流过程中产生和增进的友谊，形成的影响将是长远的，我们必将倍加珍惜并努力发扬光大。此次研讨会的成功举办与会务组全体同志的辛勤努力、各位专家和嘉宾的关心与支持是分不开的，在此我谨代表建宁县委、县政府向大家致以衷心的感谢和崇高的敬意！由于我们组织办会的经验不足，本次研讨会尚有许多需要改进的地方，还有不少子莲专家未能邀请到会，有些代表未能安排发言等等，一些不周之处，还敬请大家海涵。

最后，我真诚地祝愿各位工作愉快、身体健康、合家幸福、万事如意！

# 第二届建莲产业发展研讨会会议总结

2017年7月2日，第二届建莲产业发展研讨会在福建省建宁县召开。这次研讨会在中国花卉协会荷花分会、中国园艺协会水生蔬菜分会支持下，由建宁县建莲产业工作领导小组和建宁县建莲产业协会主办，建宁县莲籽科学研究所、福建省闽江源莲业发展有限公司、建宁县九县石乡村旅游投资有限公司承办；福建闽江源旅游发展有限公司、福建文鑫莲业股份有限公司、福建绿田股份有限公司、建宁县托斯卡纳葡萄庄园协办。

出席本次研讨会的代表分别来自湖北、湖南、江西、浙江、山东和福建等国内主要莲子产区，有来自科研院校的，如华中农业大学、武汉菜科所、湖南农科院、福建农科院、福建农林大学、福建中医药大学、三明学院等，有莲子产区代表，如：江西广昌、石城、吉水，浙江武义，福建宁化的代表，有涉莲企业精英，如山东临沂新程金锣集团、三明市千合投资集团公司，也有来自生产一线的，以及各级媒体记者。参加会议的还有建宁本地有关县领导和部门领导、乡（镇）领导、农技站长；农业局技术骨干、莲业相关企事业单位代表。特别要提的是中国花卉协会荷花分会会长陈龙清先生和中国园艺学会水生蔬菜分会常务理事王清章先生，这两位华中农大教授均是首次到建宁指导，还有来自福建省农科院的余文权副院长，福建农林大学的郑宝东副校长，三明市农业局领导张世芳先生。参会人员共一百三十余人。

7月2日上午，结合修竹荷苑正式开园仪式举行研讨会开幕式。建宁县委书记郑剑波、县长陈显卿、人大主任吴国根、政协主席陈海涛、县委许家源副书记、闽江源国家级自然保护区管理局局长陈炳云，以及荷花分会会长陈龙清先生、水生蔬菜分会常务理事王清章先生、福建农科院余文权副院长、福建农林大学郑宝东副校长等上主席台，共同按动研讨会启动球。县委副书记许家源致欢迎词并介绍建宁县情。

在建宁县均口镇修竹村的千亩莲田花海中，国家AAA级景区莲文化主题公园——荷苑正式开园，成为福建首个以赏荷为主题的清新景区。活动当天，盛开的荷花吸引了5000多名游客"为荷而来"，徜徉在花海中赏荷游玩，流连忘返。活动现场，除了歌舞表演、情景朗诵等节目，还设计了荷叶接水、你问我答、莲花开放知多少等游戏闯关内容。

7月2日下午，与会省内外专家学者以及莲子产区代表、涉莲企业代表欢聚一堂，畅谈莲事，共同研讨莲产业发展大计。研讨会由陈炳云主持，他分别介绍了与会佳宾和建莲产业概况。建宁具有一千多年的种莲历史，是全国通心白莲的主产区之一，常年种莲面积5万余亩，总产通心白莲4000吨。近年来，建宁建莲在优良品种选育推广、系列标准制定与实施、深加工新产品研发、市场开拓品牌创建等方面取得了丰硕成果，提出了建设建莲种业、高优系统、加工提升、观光体验、流通创新等五大重点工程，力争在"十三五"期间，依托互联网建莲产业和创业创新示范基地建设，着力打造优质区域品牌，提升莲文化旅游产业优势，扩大"为荷而来"品牌形象。

会议主要研讨内容：我国莲子产业发展现状与前景、荷花育种及其潜力分析、莲的药用与标准化栽培、莲子病虫害防治技术、莲子等保鲜加工研究与产业化、莲与休闲农业发展等。

在研讨会上，湖北省武汉市蔬菜科学研究所高级农艺师朱红莲教授作了题为《我国子莲产业发展现状与前景》的报告；华中农业大学教授、博士生导师、中国花协荷花分会会长陈龙清作了题为《我国荷花品种选育及其潜力分析》的报告；华中农业大学食品科学技术学院副教授严守雷博士作了题为《莲子加工产业现状及湖北莲藕等水生蔬菜保鲜加工研究与产业化》的报告；湖南省农科院植保所研究员魏林作了题为《莲子主要病虫害及其防治技术》的报告；福建省农科院副教授、福建省中药材产业协会副秘书长林忠宁作了题为《福九味之建莲子产业发展的一些思路》的报告；三明学院副教授、三明休闲旅游发展研究中心主任曾祥添作了题为《推进农业供给侧结构性改革，促进建宁休闲农业旅游发展》的报告。这些报告分别对建莲及周边省份的莲产业发展现状进行了总结交流，对未来的研究和发展进行了深入探讨，具有很强的针对性与指导性，有利于促进莲产业良性快速发展。

最后，建宁县人民政府副县长沙陈龙作研讨会总结发言。大会在全体与会代表的热烈掌声中闭幕。

研讨会期间，与会代表还考察了建宁莲科所莲子育种基地、修竹荷苑、闽江源绿田公司、文鑫莲业公司、闽江源生态景区等。

《福建日报》社、新华社、中新网、东南网、福建新闻中心、《三明日报》社、三明电视台、建宁电视台和报道组等新闻单位对大会情况进行了专门报道。

第二届建莲产业发展研讨会在县委、县政府的高度重视下，在支持单位、主办、承办和协办单位及全体与会代表的共同努力下，获得圆满成功，达到了预期目标，取得了较好的成效。主要表现在：

（一）参会人员代表性强。国内主要子莲产区湖北、湖南、江西、浙江、山东和福建等均有代表参会；既有协会学会、科研院所和高校的专家学者，又有莲产区领导、莲业企业精英，还有生产一线的科技工作者。与会代表的构成表现出较高的层次，基本体现了中国子莲产业界的代表性、广泛性。

（二）本届研讨会引起了一些地方政府和涉莲企业的关注和重视。如子莲新区江西吉水县、山东金锣集团公司等组团参会。

（三）大会内容充实，格调较高。研讨会交流安排时间紧凑。与会代表普遍反映专家讲学水平高，较全面地了解了各子莲产区的概况及科研、产品开发进展与方向。

（四）形成了共识。会上，湖南、湖北等莲子产区带来的宝贵经验，让我们更加全面了解了国内主要子莲产区的发展现状，更加深刻地认识到莲子用途广泛，可从多方面开发利用。

（五）明确了莲产业今后发展的方向。实现莲产业持续健康发展，即要做好良种良法高效生产工作，又要坚持多元开发，发挥莲食用、药用、观赏和文化等价值的作用。良种是高效生产的基础。要重视培育优良新品种。要进一步开发莲子深加工产品和莲子药用保健产品，提高莲产品附加值，实现效益倍增。莲文化开发，莲休闲旅游建设，许多地方正拉开序幕。从而推进二三产业融合发展。

（六）增进了莲业同行间友谊与合作。出席这次研讨会的，有许多是长期以来通过项目或科技成果支持帮助建莲产业发展的领导、专家，也有不少是通过协作或品种、技术示范交流而结识的同行，当然还有许多新朋友。这次研讨会也可算是一次总结联谊会，不仅交流了莲业发展经验，开阔了视野，而且增进了国内主要子莲产区间同行的友谊。通过研讨交流，为今后进一步合作打下了坚实基础。

（七）增强了我们发展建莲产业的信心和决心。通过这次会议的成功召开，主办、承办和协办单位以及各乡镇、各有关部门的负责人，提高了认识、统一了思想，增强了推进建莲产业发展的责任感、使命感。通过借鉴各地莲业发展的宝贵经验，必将有力推动建莲产业持续健康发展。

总之，第二届建莲产业发展研讨会是一届圆满成功的会议。本届研讨会以莲为媒，汇集群智，弘扬建莲文化，共享莲业文明，同商兴莲大计，对提升建莲产业文明，推进建莲产业现代化进程将起到积极作用。

第二届建莲产业发展研讨会组织委员会

2017 年 7 月 10 日

# 大事记

□ 编辑 肖建泰

## 1月

1月7日上午，县长陈显卿参加新建浦梅铁路（建宁段）开工建设动员大会。

1月9日下午，国家林业局规划设计院卜楠博士一行到均口镇现场勘查国家湿地公园工作，县领导王楠等陪同。

1月12日下午，福建省委常委、省纪委书记刘学新、省纪委副书记黄汉升、省委组织部副部长林承通一行，在市委书记杜源生、市委常委、市纪委书记游宇飞和县委书记郑剑波的陪同下到建宁县调研，参加指导建宁县委常委班子专题民主生活会，并开展慰问。

1月20日上午，县纪委召开十二届二次全会，县委书记郑剑波出席会议并讲话，县长陈显卿传达十八届中央纪委七次全会、省纪委十届二次全会和市纪委九届二次全会主要精神，县纪委书记邓军安作题为《推动全面从严治党向纵深发展，为"再上新台阶、建设新建宁"提供坚强保障》

的工作报告。市纪委第二纪检监察室主任尤明勃到会指导。

1月24日下午，三明市委书记杜源生、市委副书记黄建平、市政府副市长肖华鑫到濉溪镇高峰村调研生态环境保护工作。

## 2月

2月8日下午，三明市长余红胜、副市长肖华鑫带领市直有关部门一行，在县领导郑剑波、陈显卿陪同下，先后到明一国际生态高新科技园、中铁十一集团公司斗埕拌和站、濉溪镇高峰村等地进行实地调研精准扶贫、产业发展和项目建设等情况。并看望慰问了革命"五老"遗孀张春香。

2月11日上午，建宁县举办"建商"回乡创业座谈暨招商推介会，县委书记郑剑波致词，副县长余传贵主持。

2月14日下午，福建省委常委、副省长周联清一行在市领导杜源生、余红胜、程鹏鹰陪同下，先后到铙山纸业集团生产车间、

明一生态营养品有限公司建设现场调研工业经济发展情况。

2月20日上午，建宁县举行闽江源头拜水溯源旅游基础设施建设、闽江源头生态旅游区提升改造工程、禾丰种业加工仓储物流中心、天力种业科研仓储加工中心等四个2017年重点项目开工仪式。县领导郑剑波、陈显卿、吴国根、陈海涛、许家源、王楠、余传贵、林大茂、许银燕、沙陈龙、陈华秀等分别出席开工仪式。

2月24日上午，县委书记郑剑波主持召开干部到任宣布大会，宣布三明市委人事任免决定，陈华伟、黄立辉、陈一龙、钟宏华等四位新任命的同志依次在会上作了表态发言，县副处级以上领导参加。

2月25日，"福源建宁·乐享森林"嘉年华暨2017建宁特色旅游与招商项目推介会在北京福建大厦成功举办。该推介会由中共建宁县委、建宁县人民政府、中国绿化基金会共同主办，建宁县人民政府县长陈显卿、中国绿化基金会副秘书长杨旭东博士等

领导出席会议。会上，建宁县人民政府和中国绿化基金会双方共同成立了"中国绿化基金会福源建宁生态发展专项基金"。该基金是中国绿化基金会与地方政府联合成立的首个县域生态发展专项基金。

## 3月

3月2日下午，县长陈显卿陪同莆炎高速尤溪中仙至建宁里心段专家组现场踏勘，副县长钟宏华参加。

3月8—9日，国家林业局林产工业规划设计院郑学良博士等一行前往溪口镇规划设计国家森林公园建设工作。

3月13日下午，国际佛教联合会秘书长、博鳌论坛创始人之一释弘化大师和加拿大中国企业促进会主席张穗生一行，到县报国寺、闽江源生态旅游区实地考察佛博园项目周边地形地势和风土民情等情况。

3月14日，全国供销总社农资局局长李殿平一行到县调研春耕农资情况。

同日，福建省人大常委会副主任刘群英带领省财政厅、国土厅等部门一行到建宁县调研检查脱贫攻坚"春季攻势"行动，在市政府副市长肖华鑫，县领导陈显卿、吴国根、黄立辉分别陪同下，先后到溪口镇、客坊乡、里心镇各贫困村入户调查，并前往福建文鑫莲业公司、福建海宏达生态农业公司、枫源农机专业合作社等企业调研精准扶贫工作。

3月20日，建宁县2017年创建省级文明县城总评筹备工作动员大会召开。县四套班子有关领导、各乡镇党委书记、县直各单位和省市属各单位主要负责人、城区八个责任片区联系人、社区居委会书记、创城巡查队成员等共160余人参加会议。

3月23日，国家林业局国有林场和林木种苗总站站长杨超带领调研组一行，到县濉溪镇高峰村、溪口镇枫源村、高圳村调研林业发展情况并召开了汇报座谈会。

3月28日上午，中国绿化基金会、三明深呼吸旅游联盟、市旅游局、建宁县人民政府联合主办，县旅游局、三明品牌营销中心承办的"悠然三明四季行""福源建宁·乐享森林"嘉年华——建宁花海跑活动在溪口镇枫源桃梨观赏园成功举办。中国绿色时报社社长张连友，中国绿化基金会副秘书长陈英歌，市政协副主席、市旅游局局长陈欣，市旅游局党组书记廖荣华，市体育局局长张清水，国家林业局退耕办总工程师刘再清，县领导陈显卿、陈海涛、许家源、王楠、许银燕、陈华秀、陈炳云出席。

3月29日上午，国家统计局农村司司长杜克成一行到县调研，并召开座谈会。

3月30日，福建省院士专家工作办公室主任连长相等一行到县开展企事业人才高地建设单位考评。

3月30—31日，福建省委常委、省纪委书记刘学新一行，到里心镇政府、大南村和闽赣省际农机植保服务中心等实地调研精

准扶贫和基层纪检组织建设工作，并召开挂钩帮扶扶贫开发工作现场会。

## 4月

4月5日上午，建宁籍老红军潘峰、老八路李枫夫妇骨灰安葬仪式在建宁县革命烈士陵园举行，县领导陈显卿、许家源、阴晓萍、林金明、陈一龙、吴碧英、沙陈龙、杨宗群等出席仪式。

4月10日，福建省检察院李明蓉副检察长在三明市院李剑平副检察长的陪同下到县检察院视察指导工作。

4月16日，中央环境保护督查组到县督查。

4月25日，国家档案局经科司司长李晓明一行在省档案局副局长黄建峰、市档案局局长李永松的陪同下到县调研"村档乡管"工作。

4月26日，三明市委常委、纪委书记游宇飞先后到建宁县溪口镇、濉溪镇、均口镇、伊家乡等实地督察环境保护工作。

## 5月

5月7日上午，国防大学马列主义研究所原所长、教授、少将黄宏一行在副市长张文珍，县领导郑剑波、陈显卿、许家源、阴晓萍分别陪同下到西门莲塘、红一方面军政治部旧址暨周恩来旧居、中央苏区反"围剿"纪念馆考察调研。

5月8日上午，福建省纪委副书记、监察厅厅长陈善光带领扶贫开发工作组在市委常委、市纪委书记游宇飞陪同下到建宁县调研并主持召开座谈会，县领导郑剑波、陈显卿、许家源、陈华伟、邓军安、连云进、钟宏华、陈炳云分别陪同调研或出席座谈会。

5月16日，省侨联主席陈式海到建宁应德农产品有限公司(台资)，就"百侨帮百村"和侨青"宁夏固原行"技术扶贫工作开展调研。

5月17日，县长陈显卿深入浦梅铁路施工现场检查安全生产工作，并主持召开专题会议研究铁路建设税收有关事项。

5月23日，建宁县甘家隘风电场建设项目举行开工仪式。县领导郑剑波、陈显卿、吴国根、陈海涛、陈华伟、邓军安、阴晓萍、余传贵等参加开工仪式。

5月24日，省纪委副书记黄汉升，省监察厅副厅长柳红、肖仁辉，市委常委、纪委书记游宇飞一行到建宁县户外运动休闲公园、农业综合开发区域生态循环农业、闽江源国家湿地公园、农村综合环境整治、全省综合治水试验试点等项目点调研。

## 6月

6月7日，建宁县召开创建"全国青少年普法教育示范区"座谈会，市关工委主任林纪承到会指导，县领导陈一龙、连云进、谢冬林出席会议。

6月6—7日，省农业厅农产品加工推广总站站长唐航鹰带领省国土厅、林业厅有关人员组成的督导调研组到建宁县开展农村产业融合发展工作调研。

6月9日，建宁县科学技术协会第五次代表大会召开，县领导许家源、吴碧英、牛弋、陈朝利出席会议。

6月23日，建宁县举行国省干线纵八线福新至长吉公路建设项目开工仪式，县领导吴国根、陈一龙、谢忠喜、钟宏华等出席仪式。

6月28日，福建省纪委常委张淑萍一行率领福州市闽侯县委书记李永祥一行到县开展建宁县与闽侯县签署国土资源"1+N"山海协作备忘录签约仪式。

6月28日，福建省交通厅厅长黄祥谈一行在县领导郑剑波、钟宏华陪同下到莆炎高速公路建宁西互通连接线项目、国省干线纵八线建宁福新至长吉公路项目、清石线、乡道洪均线等项目点现场调研。随后，省纪委副书记洪仕建、省交通厅长黄祥谈主持召开交通运输精准扶贫工作专题会议。

## 7月

7月1日，在溪源乡都团村陈家地成功举办闽江公社"插秧季"第三季活动暨项目签约仪式。县领导郑剑波、许家源、阴晓萍、陈朝利等领导参加项目签约仪式。

7月2日，建宁县举办第二届建莲产业发展研讨会暨3A景区——修竹荷苑爱莲说主题园开园仪式。

7月4日，省委原副书记、中国作协会员、高级编辑何少川率领省炎黄文化研究会、省作家协会采风团一行到县开展文学采风创作活动。

7月6日，建宁县召开县总医院成立暨揭牌仪式，县领导郑剑波、陈显卿出席会议并揭牌，阴晓萍致辞。

同日，县人武部举行宣布命令大会，市委常委、军分区政委陈龙德到会宣读任职命令并讲话，县委书记郑剑波出席会议并讲话，林金明、唐建吉作就职表态发言。

7月11日，建宁县举行"苏区胜地，红色之约"——庆祝建军90周年走进建宁文化之旅系列活动启动仪式，中国作家协会副主席廖奔，中国电影家协会分党组成员、秘书长饶曙光，省政协副主席、省文联主席、省社科院院长张帆，省文联党组书记、副主席张作兴，省文联党组成员、书记处书记、副主席陈毅达，三明市政府副市长张文珍，省文联副主席、福建文艺志愿者艺术团团长、福建省慈善总会副会长范碧云出席，县委书记郑剑波出席启动仪式并致辞。晚上，"苏区胜地 红色之约"福建文艺志愿者艺术团走进建宁惠民演出在县体育馆举行。

7月10—12日，中国林学会副秘书长刘合胜率中国林科院、南京林业大学、中南林业科技大学相关专家一行到县考察林业建设情况。

7月12日，国家文联副主席廖奔、省政协副主席张帆到溪源乡上坪村调研古村文化，县委副书记许家源陪同调研。

同日，三明市人大常委会主任徐铮一行先后到明一国际生态高新科技园、溪口镇半源村、县莲科所种子资源圃、梅花坳等地查看，并走访部分基层人大代表。

7月13日，建宁县举行长篇小说《建莲古事》新书发布暨作品创作研讨会，省文联副主席、省作家协会主席杨少衡，省作家协会副主席杨际岚，海峡文艺出版社社长林玉平，市委宣传部副部长、三明日报社社长洪华堂，市文联党组书记、主席、市作家协会主席黄莱笙，市作家协会副主席、《建莲古事》作者绿笙，县领导郑剑波、阴晓萍出席新书发布暨作品创作研讨会。

7月15日，"为荷而来"——第二届中国建莲文化旅游嘉年华开幕式在建宁县修竹荷苑举行，三明市政府副市长张元明，市政协副主席、旅游局局长陈欣，三明深呼吸（四县）旅游联盟分管领导，县领导郑剑波、陈显卿、吴国根、陈海涛、许家源等参加开幕式。

同日，建宁县举办非物质文化——建宁通心白莲手工制作工艺体验赛。

7月24日，中共福建省委党校行政学院与中共建宁县委党校行政学校续签《共建教学基地协议书》，省校院徐小佶、王海英与建宁县领导郑剑波、陈一龙等代表出席签约。

7月25日，三明市脱贫攻坚现场推进会在建宁县召开，与会代表实地察看了里心镇精准农机专业合作社量化折股＋精准监督助推精准扶贫示范点，黄埠乡造福工程集中安置区易地搬迁扶贫、福建海宏达生态农业有限公司"公司＋农户＋贫困户"扶贫、福建文鑫莲业股份有限公司村企合作扶贫项目，市委书记杜源生出席会议并讲话，市长余红胜主持会议。

7月28日，福建省住建厅厅长林瑞良到县调研城市规划建设工作。

7月30日，建宁县举办"为荷而来·花海骑行"中国·建宁第二届国际自行车公开赛暨2017追FUN·中国自行车俱乐部联赛，省体育局局长王维川，省政协教科文卫体委员会副主任徐正国，三明市副市长张文珍，三明市体育局局长张清水，福建省户外运动协会王建华莅临指导并出席启动仪式，县领导郑剑波、陈显卿、许家源、陈华伟、阴晓萍、吴碧英、孙元玲、陈华秀出席或参加启动仪式。

## 8月

8月1日，由黄埠乡人民政府、建宁县旅游局、游道道（福建）影视公司联合出品的红色旅游电影《黄埠往事》在福建电视台电视剧频道《全民一起拍》播出。该影片主要角色——青年阿贵由青年演员詹景豪担纲，老年阿贵由著名表演艺术家何今压轴演绎，网络红人、双截棍辣妈雷缤倾情加盟，片中的喜妹、黄四狗、游击队长、红军战士等角色均由当地海选出来的演员担任。

8月4日上午，福建省副省长、省公安厅厅长王惠敏到县调研指导重大活动安保工作。

8月5日上午，由省农业厅主办，建宁县人民政府和三明市农业局承办的"为荷而来·殷果香莲"桃梨莲区域品牌评选大会暨第二届桃梨采摘季在里心花果山举行，省农业厅种植业技术推广总站站长陈文生，市农业局副局长杨敏等出席活动。

8月16—18日，福建省"推进人大工作创新发展，为再上新台阶、建设新福建提供重要保障"专题研讨会在建宁县召开。

8月17日，农业部种子管理局副局长周云龙、福建省农业厅副巡视员邹荣贵带领督查组到县开展制种大县专项督查，并召开座谈会。

8月17—18日，福建省烟草专卖局党建工作处处长石建闽等一行8人到党建挂钩联系点建宁县烟草专卖局，了解服务品牌窗口的建设情况，开展挂钩联系主题座谈会。

8月18日，中共福建省直机关工委党校与中共建宁县委党校行政学校签署现场教学基地《共建协议》，省直纪工委书记陈金城、省直机关工委党校张文胜与建宁县纪委书记邓军安、建宁党校陈国钊代表出席签约。《协议》旨在共同探索"合作双赢"基地办学模式，有效实现资源、文化、发展的结合。

8月24日，农业部在北京组织召开2017年农产品地理标志登记专家评审会。建宁县溪源乡申报的"溪源明笋"以其鲜明的地域特色，突出的产品品质特点及浓厚的人文历史等，成功通过了国家农业部专家评审，成为建宁县首个获得农业部地理标志登记保护的农产品。

同日，福建省纪委副书记黄汉升，省妇联主席吴洪芹到建宁县开展扶持贫困（空壳）村捐赠活动。为建宁县捐资100万元，用于扶持10个贫困（空壳）村。

同日，三明市长余红胜率领市发改委、财政局、农业局等部门负责人到建宁县，就精准扶贫工作展开现场调研。

8月25日，建宁县邮储支行成立"三农金融事业部建宁县营业部"，并举行揭牌仪式。

8月28日，"美丽中国"项目支教老师欢迎仪式在客坊乡水尾村红军礼堂举行。福建省教育工委书记、教育厅党组书记、厅长黄红武，"美丽中国"项目副总裁陈志宇，副市长张文珍出席仪式。

同日，福建省教育厅厅长黄红武一行到县教育部门，就基础教学工作进行现场调研，对建宁县义务教育均衡发展、推进素质教育工作方面取得的成绩给予充分肯定。

8月29日，三明市政协主席朱昌贤、副主席伍成康到建宁县托斯卡纳（福建）葡萄庄园、兴辉食品有限公司、明一国际生态高新科技园调研。

## 9月

9月1日，县委书记郑剑波主持召开中共建宁县委十二届四次全会，全会审议通过了《中共建宁县委关于加快社会事业发展补齐民生短板确保如期全面建成小康社会的决定》《县委十二届四次全体会议决议》。

9月6日，共青团建宁县第二十五次代表大会召开，大会总结过去三年的工作，规划今后三年的目标和任务，选举产生了共青团建宁县的新一届领导班子，团市委书记余志伟、县领导郑剑波、陈显卿、吴国根、陈海涛、黄立辉、孙元玲出席开幕式。

9月8日，省纪委副书记、监察厅厅长陈善光带队到县纪委机关、均口镇、濉溪镇就扶贫领域精准监督工作进行调研。

同日，莆炎高速公路明溪枫溪至建宁里心段在均口镇举行开工动员会，市委常委、常务副市长、市高指总指挥黄建波出席动员会。

9月11日，建宁县红色文化研究会成立暨第一届会员大会召开，黄建平当选为会长。

9月12日，福建省工商联王光远主席到建宁县工商联机关，并走访县电商中心、福建信龙农产品有限公司等地，调研"县级"五好工商联创建情况，市委常委、统战部部长肖明光陪同。

9月15日，县长陈显卿在均口镇主持召开浦梅铁路（建宁段）征迁工作现场推进会，进一步推进浦梅铁路（建宁段）的房屋拆迁、安置地建设和杆线迁改工作，安排部署下一阶段工作目标和任务。

9月16日，建宁（漳州）食品产业对接会在漳州市举行。漳州市人大常委会原党组书记、副主任、漳州市食品工业协会会长何红孙，省经信委产业协调处处长黄幼林，县领导郑剑波、陈显卿、余传贵、钟宏华出席对接会。

9月18日，建宁县与厦门大学环境与生态学院签署战略合作框架协议，厦门大学环境与生态学院党委书记沈小平出席签约仪式。

同日，建宁县在厦门国际会展中心与中葡电子商务商会、新大陆万博科技有限公司签署三方战略合作协议，澳门特别行政区贸易投资促进局行政委员刘关华，福建省贸促会会长张秋，县领导郑剑波、陈显卿、陈华伟、牛弋出席签约仪式。

9月21日，福建省纪委挂钩帮扶第二次联席会在建宁县召开，省监察厅副厅长柳红、省妇联、省交通运输集团、省监狱管理局、福建海事局、福州文化旅游投资集团、台江区等扶贫开发工作组成员单位有关负责人，县领导郑剑波、陈显卿、邓军安、黄立辉、沙陈龙参加会议。

同日，建宁县不动产登记中心举行搬迁揭牌仪式，副县长连云进出席揭牌仪式并揭牌。

9月30日，县委书记郑剑波参加烈士公祭活动，县副处以上领导及各乡（镇）、县直各部门负责人出席。

同日，首届建宁里心稻草艺术节在里心镇成功举办。县领导许家源、邓军安、何志高、牛弋等出席。

## 10 月

10月11日，三明市第二批"中央红军村"命名大会暨授牌仪式在客坊乡水尾村举行。建宁县水尾村、桂阳村被授牌。省委党史研究室副主任汪一朝，市委常委、秘书长王刚，县领导郑剑波、许家源、陈一龙出席会议。

10月13日，福建省农村电商助力精准扶贫推进会在建宁召开。副省长李德金一行会后实地考察县电子商务县级服务中心、网货中心、"食尚三明"建宁体验馆。

10月16日，福建省农业厅厅长黄华康、副厅长陈明旺一行到建宁县种子产业园、建宁县种业科技中心、福建禾丰种业有限公司、福建六三种业有限公司、闽赣省际农机植保综合服务中心、溪口万亩双季标准化制种核心示范基地、福建文鑫莲业股份有限公司调研农业农村工作，并召开省农业厅农业农村工作（建宁）调研座谈会，市政府党组成员陈瑞喜，市农业局局长郑加录，县领导郑剑波、陈显卿、许家源、沙陈龙陪同调研或参加座谈会。

10月17日，福建闽江源自然保护区管理局举办"福建省第27届保护野生动物宣传月"专场活动。

10月25日，福州台江区区长孙利一行到建宁县开展挂钩帮扶对口协作交流活动。

10月30日，三明市委常委、市纪委书记游宇飞到建宁县，就党的十九大精神进行专题宣讲。县委书记郑剑波主持宣讲报告会。

## 11 月

11月11日，均口镇人民政府、县旅游局、农业局等单位共同主办的"为荷而来"中国建莲文化旅游嘉年华——"荷风冬韵"活动之"蟹蟹你来"荷蟹丰收季活动在修竹荷苑举办，省水产推广总站站长林竹明，市农业局副处调研员张世芳出席活动。

11月17日，建宁县法院荣登第五届全国文明单位光荣榜。

11月28日，三明市委书记杜源生、省纪委副书记黄汉升、省纪委监察厅副厅长肖仁辉、市纪委书记游宇飞一行在县委书记郑剑波、纪委书记邓军安陪同下到建宁调研指导学习宣传贯彻党的十九大精神和脱贫攻坚工作，先后查看了中央苏区反"围剿"纪念园、国道G528和省道S221建宁绕城公路项目、国家杂交水稻制种生产基地产业园建设项目、明一国际生态高新科技园项目，并在均口镇隆下村召开座谈会。

11月29日，县委书记郑剑波主持召开中共建宁县委十二届五次全会。

## 12 月

12月4日，省级文明县城测评组到县实地测评验收文明县城创建工作，并召开创建省级文明县城总评汇报会。

12月17日，由建宁县旅游局、黄坊乡政府、三明市自驾车旅游协会主办，CFCC（中国汽车房车露营联盟）厦门分会成员单位承办的"福建三明首届'明台'自驾房车旅游交流暨建宁县黄坊乡生态旅游项目推介"活动在黄坊乡举行，来自各地的自驾车旅游协会160余人参加巡游发车仪式。建宁县委常委、副县长陈华伟在开幕仪式上致辞。

12月19日，县委书记郑剑波主持召开第五批省、市驻村任职干部座谈会。

12月22日，县委书记郑剑波到黄坊溪1#大桥、斗埕福兴1#弃土场、武调3#隧道弃渣场、濉溪大桥、建宁南站及南铺架基地实地督查浦梅铁路、莆炎高速项目建设工作，并召开项目推进会。

12月28日，县委书记郑剑波在北京参加由人民日报社人民论坛杂志社主办的习近平新时代中国特色社会主义思想研讨会暨2017第四届国家治理高峰论坛年会。

12月30日，建宁县举办新能源纯电动公交车启用仪式。

12月，濉溪镇被中国林业产业联合会森林休闲体验分会授予"中国慢生活休闲体验区、村（镇）"荣誉称号，全国仅20个，是全省唯一获得此殊荣的乡镇。

# 县情总貌

□编辑 黄日辉

建宁县位于福建西北部闽赣边界、武夷山脉中段,地质结构形成于26亿年前。史载新石器时期已有人类定居,春秋战国时期,建宁属越国地。秦属闽中郡。汉属会稽郡冶县地。三国吴永安三年(260)置县始称绥安县,属建安郡。东晋义熙元年(405)改绥安为绥城县。南唐保大四年(946)先改为永安镇,后又易为永安场。南唐中兴元年(958),升永安场为建宁县,隶属建州,为千年古邑客家县,闽地最早设立的10个县之一。第二次国内革命战争时期为中央苏区21个县之一,毛泽东、朱德、周恩来率红一方面军总部两度进驻建宁,新中国的八位元帅曾在这里战斗生活过。改革开放以来,建宁先后被列为全国商品粮基地县、国家级杂交水稻种子生产基地县、全国南方林区重点县、国家级生态示范区、国家粮食产能县、国家农业综合标准化示范县、全国国土资源节约集约模范县、全国电子商务进农村综合示范县、国家级农村产业融合发展试点示范县、

全国"平安农机"示范县、福建省全域旅游试点县、十大新兴旅游县和省定边贸重点县。是著名的"中国建莲之乡""中国黄花梨之乡""中国无患子之乡""中国梨产业龙头县"。"建宁水稻种子"成为全国唯一水稻种子地理标志证明商标。向莆铁路、建泰高速、建(宁)广(昌)高速建成通车,乘动车至福州2小时、厦门3小时、南昌1.5小时、武汉4小时,已初步形成了2小时经济圈。公路通车总里程1384公里。浦梅铁路建宁至冠豸山段进入全面建设,建宁至资溪普速铁路已列入省中长期铁路网规划。莆炎高速、福新至长吉公路已在建,建宁经宁化至长汀高速公路列入规划。建宁县中央苏区反"围剿"纪念园被国家国防教育办公室命名为第二批国家国防教育示范基地,是全国百家红色旅游经典景区之一,"省委党校、省行政学院教学基地",也是全国爱国主义教育示范基地、国家AAAA级景区和全国廉政教育基地。千里闽江正源头位于境内,闽江源

国家级自然保护区被中国科学技术协会授予"全国科普教育基地"称号。建宁县通过国家级生态县验收,成功入选全国全域旅游示范区创建单位、全国"百佳深呼吸小城榜",获评全国森林旅游示范县、"中国森林氧吧""中国森林体验基地"。2017年,成功申报闽江源森林特色小镇,闽江源国家湿地公园(试点)通过国家级专家组评审,建宁县申报的"建宁黄花梨""建宁通心白莲""溪源明笋"获得农业部"农产品地理标志登记"。建宁县再次获评全省县域经济发展"十佳县"。

## 自然环境

【境域位置】 位于东经116°30′18″~117°03′49″,北纬26°32′23″~27°06′19″。地处三明市西北部,也是福建省的西北部。东邻泰宁县,东南与明溪县相接,南连宁化县,西与江西省广昌县接壤,西北与江西省南丰县毗连,北与江西省黎川县

连接，东北与邵武市毗邻。辖区东西最大距离54公里，南北最大距离61公里，总面积1718平方公里。其中陆地1686.86平方公里，占98.2%；水域31.14平方公里，占1.8%。县政府驻濉溪镇黄舟坊葫芦坑1号，电话区号0598，邮政编码354500。

【地形地貌】　地处武夷山脉东侧中段；自北向东南走向，显条状分布的小山脉共有8条；地形以丘陵和中低山为主，山地丘陵占总面积的87.4%，平原、盆谷占12.6%。地势四周高，中部呈阶梯状下降，表现为明显的层状地貌特征。县境峰峦叠嶂，有关隘26处。境内海拔千米以上山峰35座，多分布于境域四周。主要山脉为金铙山脉，位于辖区东南部。境内最高峰白石顶为金铙山脉主峰，海拔1858米，是福建省境内最高峰；最低处为濉溪镇的大源、器村，海拔290米。

（肖建泰）

【气候】　建宁县属中亚热带海洋性季风气候，又具有大陆性山地气候特征。四季分明,日照充足,降水充沛,昼夜温差大。春季气候多变，冷热无常，寒流频发，春播期常受低温冷冻侵害；夏季多局部雷阵雨；秋季晴热少雨，昼夜温差大；冬季寒冷多霜雪。冬季多偏北风，夏季多偏南风，夏季受海洋季风影响明显，冬季与江西赣南气候较为接近。多年平均气温17.1℃。

（一）2017年气候：年平均气温异常偏高，降水偏少，日照

正常。全年无"倒春寒""五月寒"天气。"20型"秋寒出现10月12日，比常年偏迟8天。2月22—26日持续出现寒潮天气过程。

1.气温：2017年平均气温18.2℃，比常年（17.1℃）偏高1.1℃；35℃或以上高温天数40天，比上年偏多14天。极端最高气温38.9℃（9月27日），比上年偏高0.5℃。极端最低气温零下2.9℃（12月21日）。2017年终霜日为2月14日，终冰日为2月14日；2016年初霜日为12月16日，初冰日为12月16日。

2.降水：2017年总降水量1518.9毫米，比常年(1840.5毫米)偏少321.6毫米，降水日数179天。24小时降水量≥50毫米的暴雨天数3天。

汛期（5—9月）：2017年汛期总降水量843.4毫米，降水日数77天。

3.日照：2017年日照时数1623.1小时，比常年（1521.4小时）偏多101.7小时。

4.相对湿度：年相对湿度81%。

（二）2017年各季节气候特点
1.冬季前期（1—2月）
气温偏高，降水偏少，日照时数偏多。

平均气温9.6℃，比常年（7.1℃）偏高2.5℃,各月平均气温分别为1月9.4℃、2月9.7℃，分别比常年（5.9℃）偏高3.5℃，（8.2℃）偏高1.5℃。极端最低气温为零下1.4℃（1月22日、2月13日）。降水量114.2毫米，比常年(209.6毫米)偏少95.4毫米（偏少46%）。降水日数25天。日照

时数196.1小时，比常年（152.1小时）偏多44.0小时。平均相对湿度82%。

冬季后期（12月）气温偏高，降水偏少，日照时数偏多。

平均气温8.0℃，比常年（7.3℃）偏高0.7℃。极端最低气温零下2.9℃（21日）。降水量17.0毫米，比常年（48.4毫米）偏少31.4毫米（偏少65%）。降水日数9天。日照时数130.3小时，比常年（123.2小时）偏多7.1小时。平均相对湿度77%。

2.春季（3—5月）气温偏高，降水偏少，日照偏多。

平均气温17.1℃，比常年（17.0℃）偏高0.1℃，各月平均气温为3月11.9℃、4月17.7℃和5月21.8℃，分别比常年（11.9℃、17.6℃、21.6℃）持平、偏高0.1℃、偏高0.2℃。降水量610.3毫米，比常年（743.7毫米）偏少133.4毫米。降水日数58天。日照时数335.3小时，比常年（290.9小时）偏多44.4小时。平均相对湿度83%。

3.夏季（6—8月）气温偏高，降水量偏多，日照时数偏少。

平均气温26.7℃，比常年（26.1℃）偏高0.6℃。各月平均气温为6月24.5℃、7月27.8℃和8月27.7℃，分别比常年（24.7℃、27.2℃、26.5℃）偏高0.2℃、偏高0.6℃、偏高1.2℃。极端最高气温38.1℃（7月25日）。最高气温≥35℃的天数为31天。降水量676.8毫米，比常年（623.2毫米）偏多53.6毫米。降水日数54天。日照时数544.7小时，比常年（557.3小时）偏少

12.6 小时。平均相对湿度 78%。

4.秋季（9—11月）气温偏高，降水量偏少，日照时数偏少。平均气温 19.8℃，比常年（18.2℃）偏高 1.6℃，各月平均气温为 9 月 25.9℃、10 月 19.3℃、11 月 14.1℃，比常年（23.4℃、18.5℃、12.8℃）偏高 2.5℃、偏高 0.8℃、偏高 1.3℃。降水量 100.1 毫米，比常年（215.7 毫米）偏少 115.6 毫米。降水日数 33 天。日照时数 416.7 小时，比常年（397.9）偏少 18.8 小时。平均相对湿度 82%。

（三）2017 年灾害性天气及影响

暴雨洪涝：全年共出现 3 场暴雨。受切变南压影响，6 月 1 日和 26 日出现暴雨天气过程；8 月 2 日受第 9 号台风纳沙及第 10 号台风海棠的共同影响，出现暴雨天气过程，雨量为 58.3mm。对农业生产造成较大损失的主要是 6 月 26 日出现的暴雨天气过程，造成全县 8 个乡镇受灾，受灾人口 23601 人，紧急转移安置人口 1305 人。农作物受灾面积 1420 公顷，其中成灾面积 909 公顷，绝收面积 511 公顷。全县直接经济损失 12211 万元，其中农业损失 3595 万元，工矿企业损失 540 万元，基础设施损失 4777 万元，公益设施损失 2710 万元，家庭财产损失 589 万元。

（刘　星）

【水文】　2017 年，建宁县发生了两次超警戒水位洪水，洪水场次少。受强降雨影响，6 月 26 日建宁县发生了超警戒水位，水位 292.86 米，超警戒 1.36 米，洪峰流量 1410 立方米/秒。建宁站全年降水量 1511.8 毫米，日最大降雨量 83.7 毫米（6 月 1 日），为县域内最大日降雨量。建宁站全年蒸发 793.0 毫米，最大日蒸发量 6.4 毫米（7 月 29 日），最小日蒸发量 0.3 毫米（11 月 16 日），最大断面平均含沙量 1.10 千克/立方米（6 月 26 日），断面平均含沙量 0.063 千克/立方米。建宁县金溪河警戒水位 291.50 米，保证水位 295.0 米（黄海高程）。

（黄华伟）

### 建宁县 2015 年至 2017 年历次最大洪水情况

表1

| 发生时间 | 流量（立方米/秒） | 水位（米） | 年平均流量（立方米/秒） |
|---|---|---|---|
| 2017 年 6 月 26 日 | 1410 | 292.86 | 37.9 |
| 2016 年 5 月 8 日 | 2180 | 294.87 | 84.4 |
| 2015 年 7 月 2 日 | 1280 | 292.20 | 59.1 |

### 建宁县 2015 年至 2017 年雨水情况

表2　　　　　　　　　　　　　　　　　　　　　　　　　　　　　　　　　　　　　　　　单位:毫米

| 年份＼雨量　月份 | 1 | 2 | 3 | 4 | 5 | 6 | 7 | 8 | 9 | 10 | 11 | 12 | 年总量 |
|---|---|---|---|---|---|---|---|---|---|---|---|---|---|
| 2015年 | 45.3 | 52.0 | 152.7 | 119.3 | 447.9 | 156.4 | 299.8 | 231.1 | 232.6 | 123.3 | 172.6 | 195.1 | 2228.1 |
| 2016年 | 249.8 | 106.8 | 238.3 | 350.5 | 617.8 | 374.1 | 228.5 | 72.8 | 232.0 | 81.1 | 228.2 | 13.0 | 2792.9 |
| 2017 年 | 63.2 | 52.4 | 276.1 | 198.1 | 139.1 | 405.1 | 98.0 | 168.7 | 26.6 | 10.2 | 58.6 | 15.7 | 1511.8 |
| 2017 与 2016 年比较（%） | −74.7 | −50.9 | 15.9 | −43.5 | −77.5 | 8.3 | −57.1 | 131.7 | −88.5 | −87.4 | −74.3 | 20.8 | −45.9 |

### 建宁县 2017 年洪水情况表

表3

| 时间 | 警戒水位（米） | 保证水位（米） | 出现警戒水位时间 | 洪峰时间 | 洪峰水位（米） | 超警戒水位（米） | 相应流量（立方米/秒） | 退至警戒水位以下时间 | 超警戒历时（时） |
|---|---|---|---|---|---|---|---|---|---|
| 6 月 26 日 | 291.5 | 295.0 | 12:50 | 16:40 | 292.86 | 1.36 | 1410 | 23:00 | 10.2 |

## 自然资源

【水资源】 境内河流属闽江流域。主要溪河 13 条，其中濉溪及其 11 条支流属闽江支流富屯溪的金溪水系；发源于境内均口镇严锋山的台田溪为宁化县水茜溪的上游支流，其源头为闽江的正源头。境内河流总长度 1005.9 公里，年径流总量 9.26 亿立方米。河流流域面积 1685.7 平方千米。濉溪是境内主要河流，也是金溪水系上游的主要河流。濉溪境内河道长 45 千米，其上游支流宁溪、澜溪于合水口回合后自南向北流经县城，然后折向东，出境后注入泰宁县金湖。濉溪境内流域面积 207.3 平方公里，年均流量 86.3 立方米／秒。其中主要支流有宁溪、澜溪、杨林溪、开山溪、黄坊溪等。

**2017 年建宁县地表水资源量情况**

表 4                    单位：亿立方米

| 当年地表水资源 | 多年平均 | 与多年平均比较（±%） |
|---|---|---|
| 11.96 | 18.39 | -35.0 |

【土地资源】 全县土地总面积 17.16 万公顷，2017 年末实有耕地面积 1.84 万公顷。其中：水田 1.75 万万公顷，旱地 0.09 万公顷；年末实有耕地面积中，有效灌溉面积 1.75 万公顷，旱涝保收面积 1.67 万公顷。

【森林资源】 县境具有典型的"八山一水一分田"地貌，是南方重点林区县。2017 年，全县有林地面积 13.15 万公顷，其中生态公益林面积 4.47 万公顷，重点生态区位内商品林 2.29 万公顷，森林覆盖率 76.56%。现有活立木蓄积量 1153 万立方米。

【矿藏及其他自然资源】 境内北东向以上杉溪、嵊背、百丈隘为金、钨、钽、锡、铷、黄铁矿化构造带，长 30 公里，宽 9 公里。还派生出有微斜长石型伟晶岩脉，产钾长石、白云母、绿柱石、铌钽铁矿等。西北部分布云母片岩、石英片岩、绿泥石片岩等矿产。西部有混合花岗岩带，普遍含独居石、磷钇矿及伴生的锆英石，地质储量为 4.89 万吨，矿床有一定规模。中部中温热液型铜、铅、锌、银等多种金属矿点分布甚广。铌、钽、绿柱石等金属矿及钾长石、石英、云母、高岭土、瓷土、硅石、花岗岩石等非金属矿在境内广泛分布。1986 年 8 月 22 日在均口、修竹白垩系石帽山群地层中发现石膏矿层。该矿层矿体厚度 40～70 米，矿物以硬石膏为主，也有少量透石膏，为三明市首次发现的硬石膏矿。至 2017 年，全县共有非金属矿采选和建材加工企业 13 家，市级发证矿山 3 个，县级发证矿山 10 个。

## 建置沿革与区划

【历史沿革】 建宁县历史悠久，远在新石器时期已有人类在此繁衍生息。春秋战国属越国地。秦置三十六郡，以其地为闽中郡。汉属会稽郡冶县地。东汉建安元年（196）置建安县，属会稽郡建安县地。东汉顺帝永和六年（141）分会稽为东南二郡，南部为建安都尉。三国吴景帝永安三年（260），升建安县为建安郡与会稽郡分置，并将建安郡校乡西偏地置绥安县，属建安郡，绥安县地含今建宁、泰宁、宁化三县及清流、明溪部分地区。县治在今建宁县城南约三里处的高沙州。西晋仍属建安郡绥安县，隶江州。东晋义熙元年（405），避帝（安帝）讳，改绥安县为绥城县，仍属建安，隶江州。从三国吴永安三年置绥安县到这年改名，绥安县存在 145 年。隋文帝开皇九年（589），绥城与将乐并入邵武，隶泉州（今福州）。开皇十三年（593），废绥城并入邵武，隶抚州。唐高祖武德四年（621），以邵武分出绥城故地复置绥城县（治所在原建宁县濉城镇境内，后同），隶建州（今建瓯县）。唐贞观三年（629），绥城再次并入邵武县后，称金泉场，隶建州。唐垂拱四年（688）复置绥城县。唐肃宗乾元二年（759），又分绥城县为归化、黄连二镇，归化镇即今泰宁，黄连镇就是现在的建宁县。建宁、泰宁两县历史上曾合属了 500 年（260—759）。唐乾符五年（878），朝廷以黄连镇人陈岩率军抵御黄巢,守土有功，赐黄连镇为义宁军，置鼓角，赐牌印，治永安，即里心保。不久军废，改为永宁镇，属建州。南唐保大四年（946），永宁镇改为永安镇，次年又改为永安场。中兴元年（958），升永安场为建宁县，境域与今同。治所迁至葛藤窠，今濉溪镇，属建州。北宋太平兴国五年（980），建州之邵武县地置邵武军，领邵武、光泽、归化、建宁四县。元代至元三十年（1276），改邵武军为邵武路。明洪武元年（1368），改路为府。清代（1644）沿明制，建宁县均属邵武府。民国元年（1912），撤邵武府，在南平设北路观察使。民国三年（1914）改北路观察使为建安道，建宁属之。民国17年（1928），实行新的省、县制，废建安道，改县知事为县长，建宁县直属福建省政府。第二次国内革命战争时期的民国二十至二十三年，建宁县建立了苏维埃政权，初属江西省苏维埃。民国二十二年（1933）3月，建宁溪口区（指溪源、鲇坑、楚尾、陈岭、武调等村）划归泰宁苏维埃管辖，后归还。5月，建宁县划归闽赣省苏维埃。8月，建宁均口区和澜溪区的一部分划归刚成立的彭湃县苏维埃管辖。12月起，为闽赣省苏维埃政府驻地。民国二十三年（1934）1月，建宁的溪口区（指溪源、鲇坑、楚尾、陈岭、武调等村）划归刚成立的黎南县苏维埃。是年，国民政府将建宁县划归第九行政区（邵武专员公署）管辖。民国二十四年（1935）10月，建宁改隶福建省第七行政区（长汀专员公署）。民国二十九年（1940）起，建宁改隶第二行政区（南平专员公署），直至1950年2月11日建宁县解放。1950年至1970年6月，建宁县隶属福建省政府南平专员公署。1970年7月起，建宁县划归三明专区。1978年3月，划归三明地区行政公署。1983年4月，三明改为省辖市，建宁为市辖县。

【区划人口】 2017年，全县设濉溪、溪口、里心、均口4镇与伊家、黄坊、溪源、黄埠客坊5乡，共9个乡级政区；辖有92个村民委员会，1个综合农场和7个社区；下设1080个村民小组，80个居民小组。截至2017年9月30日，全县户籍户数41060户，全县期末总人口158928人。全县出生人口2245人，出生政策符合率95.5％，出生性别比趋于平衡。

（肖建泰）

## 国民经济与社会发展

【概况】 2017年，全县生产总值99.36亿元，同比增长8.1%。第一产业19.83亿元，同比增长5.1%；第二产业48.67亿元，同比增长4.2%；第三产业30.87亿元，同比增长17.0%。规模以上工业增加值30.87亿元，同比增长8.5%，增幅全市排名第三。公共财政总收入完成4.28亿元，完成年初预算94.96%，同比增长9.0%。其中:地方公共财政收入完成3.18亿元，完成年初预算的104.01%，同比增长6.1%，全县公共财政总支出19亿元，同比增长29.5%。基金收入23079万元，同比增长67.69%，基金支出25884万元，同比增长44%。固定资产投资131.52亿元，同比增长17.4%；出口总值8.7亿元，同比增长14.9%；验资口径实际利用外资1107万美元，同比增长8.7%；社会消费品零售总额24.12亿元，同比增长11.8%；全体居民人均可支配收入18733元，同比增长9.7%；城镇居民人均可支配收入26647.47元，同比增长9.7%；城镇居民人均消费性支出19063元，同比增长5.3%；农村居民人均可支配收入14094元，同比增长9.7%。农村居民人均消费性支出9076元，同比增长9.2%；

【农业】 2017年，农林牧渔业总产值31.57亿元，同比增长5.19%，增幅全市排名第一；其中农业总产值19.15亿元，畜牧业总产值23.11亿元，渔业总产值1.53亿元。全县农作物播种面积4.16万公顷，全县粮食播种面积1.75万公顷，实现粮食总产10.99万吨，同比增长4.1%；种植莲子0.33万公顷，实现莲子总产4149吨，同比增长2.9%；水果种植面积0.87万公顷，总产13万吨，同比增长5%；落实杂交水稻制种面积0.94万公顷，总产3118万公斤，同比增长4.6%；完成生产食用菌4128万袋，总产量9920吨，同比增长7.93%。当年大力发展"五子"产业。杂交水稻制种"育繁推"一体化体系更加完善，现代种子产业园、果子产业园列入省级现代农业产业园创建名单。建莲多业态复合型示范园列入全省申报第一批国家农村产业融合发展示范园创建名单，贡莲小镇列入全省第二批特色小镇创建名单。建宁通心白莲、黄花梨、溪源明笋通过国家级农产品地理标志评审，成为全国登记农产品地理标志产品。

【林业】 2017 年，全县林业总产值 7.44 亿元，同比增长 8.9%。全县有林地面积 13.14 万公顷，其中生态公益林面积 4.47 万公顷，重点生态区位内商品林 2.29 万公顷，森林覆盖率 76.56%。活立木蓄积量 1129.35 万立方米，毛竹立竹量 5495.98 万根，全社会木材产量 130910 立方米。全县共完成造林绿化面积 848 公顷，完成森林抚育 0.93 万公顷，封山育林面积 0.27 万公顷。2017 年 4 月，建宁县获"全国木本油料特色区域示范县"称号。

【工业】 2017 年，全县工业生产总值 25.49 亿元，同比增长 7.9%；其中建筑业 23.18 亿元，同比增长 0.4%；全县规模以上工业企业总产值 143.39 亿元，同比增长 13.69%。规模以上工业增加值 30.87 亿元，同比比增 8.5%；规模以上工业企业利税总额 48775 万元，税金总额 14577 万元；全县规模以上工业企业累计完成产销率 99.74%，同比增长 -0.49%；累计完成工业出口交货值 4.69 亿元，同比增长 9.58%。全县规模以上工业企业 123 家，其中：农副食品加工业 30 家，林产加工及家具制造业 30 家，非金属矿产业 7 家，纺织服装业 6 家。

【财政税收】 2017 年，建宁县公共财政总收入完成 4.28 亿元，同比增长 9.0%。全县地方级公共财政收入完成 3.18 亿元，同比增长 6.1%；公共财政总支出 19 亿元，同比增长 29.5%。2017 年共组织入库税收收入 3.09 亿元，增

收 2689 万元，同比增长 9.54%，其中：国税税收收入 1.71 亿元，完成年度计划 14600 万元的 117.04%，增收 4719 万元，同比增长 38.15%；地税税收收入 1.38 亿元，完成年度计划 13818 万元的 99.77%；国地税中，完成县本级收入 1.82 亿元，同比增收 697 万元，增幅 3.99%。基金收入 2.31 亿元，同比增长 67.69%，基金支出 25884 万元；国有土地使用权出让金收入 2.27 亿元。落实好各项税收优惠，累计减免税 2633 万元，其中促进小微企业发展减免 772.74 万元，支持三农减免 1377 万元。

【城市建设】 2017 年，县城区规划面积 33 平方公里，建成区面积 5.2 平方公里，城镇化率 44.4%。县城区公共绿地面积 63 万平方米，人均公共绿地面积 14.8 平方米，绿化覆盖面积 184 万平方米，绿化覆盖率 45%，公共绿地面积占建成区面积的 14%。全县安排市政建设项目 39 个，其中续建项目 10 个、新建项目 29 个，年度投资 2.11 亿元。完成建莲南路、荷塘北路市政道路建设，启动闽江源路"白改黑"项目。重点提升城市品质，加大进城路口绿化、花化、彩化力度，完成城区夜景景观提升工程和东山公园二期提升工程，一河两岸市民健身慢道项目按照目标任务有序进行，西门莲塘公园提升改造完成设计方案。全年棚户区改造开工 76 套，开工率为 100%。

【环境保护】 2017 年全县水环

境质量：地表水省控交接断面（金 1）水质达标率保持 100%；地表水水质环境功能区达标率 100%；集中式饮用水源地水质达标率 100%。大气环境质量：建宁县空气环境质量按功能区划保持在国家 II 级标准以上；城区大气环境质量达到国家 II 级标准，2017 年全年空气质量排名居福建省第 3 名，其中 3 月、4 月、5 月排名为全省第一名。声环境质量：声环境质量较好，城区以及交通干线噪声达到功能区标准要求。6 月，建宁县荣登第四届中国"百佳深呼吸小城"榜。

【交通旅游】 2017 年，向莆铁路经停建宁县北站列车共 41 趟，境内铁路里程 19.32 公里。浦梅铁路建宁至冠豸山段工程建设顺利进行中。莆炎高速公路建宁西互通连接线项目，路线全长约 8 公里，项目已完成地质勘察，通过专家组审查并完成修编，设计单位已完成施工图设计文件编制，正组织专家审查。全县公路里程 1383.68 公里，其中，高速公路 1 条 43 公里，国道 1 条 64.3 公里，省道 2 条 109.4 公里，县道 8 条 98.2 公里，乡道 69 条 415.1 公里，村道 576 条 653.67 公里。全县拥有客运企业 2 家、公交企业 1 家，出租车企业 3 家，营运客车 48 辆 1169 座位，公交汽车 38 辆 602 座位，出租汽车 50 辆 250 座位，客运总座位 2021 座。开通省际线路 8 条，市际线路 4 条，县际线路 5 条，县境内线路 17 条；有二级、三级客运站各一家。全县有和兴、承辉、莲乡、同程、

乘龙 5 家物流企业，货车 113 辆，货车总吨位 1140 吨。2017 年建宁旅游共接待游客 102.2 万人次，同比增长 17.15%，旅游收入 10.8 亿元，同比增长 18.73%。当年，建宁再次入选 2017 中国"百佳深呼吸小城"榜（第四届）、2017 中国候鸟旅居小城榜，以"建宁贡莲小镇"入选福建省第二批特色小镇，金铙山以"八闽屋脊"名号入选"2017 中国避暑名山百佳榜"。均口镇均口村、里心镇花排村获评省级乡村旅游特色村，濉溪镇高峰村鑫源农家乐、林家福园农家乐、长贵农家乐和均口镇修竹村大树下农家乐获评市级"绿野乡居"民宿。

【商务贸易】 2017 年，建宁县实际利用外资 1107 万美元，同比增长 8.7%；出口总额 8.70 亿元，同比增长 14.9%。全县固定资产投资 131.52 亿元，同比增长 17.4%；项目投资 129.07 亿元，同比增长 17.9%；截至 2017 年底，共有入园企业 41 家，其中规模以上企业 32 家，投产企业 35 家，在建企业 6 家，投资亿元以上企业 5 家，已在"新三板"上市企业 2 家，为文鑫莲业、绿田食品。社会消费品零售总额完成 24.12 亿元、同比增长 11.8%。

【金融保险】 至 12 月末，全县金融机构本外存款余额为 75.59 亿元，比年初增加 5.05 亿元，同比增长 7.2%；各项贷款余额为 36.16 亿元，比年初增加 4.76 亿元，增长 15.2%；其中农村中小企业贷款余额 8.41 亿元，比年初增加 5111

万元、同比增长 6.47%。全县不良贷款余额 6469.53 万元，不良贷款率 1.79%，比年初下降 1.11 个百分点，不良率始终保持在全市的较低水平。年末，全县机关事业养老保险参保单位 254 家，在职参保 3779 人，参保率达 100%;企业参保 270 家，参保职工 10945 人;城乡居民参保 70475 人，缴费 48943 人，参保率为 95.23%，缴费率为 94.75%;60 周岁以上领取待遇人数为 21532 人，待遇发放率 100%;工伤保险参保企业 403 家，参保职工 13169 人;基金征收 263.18 万元;失业保险基金征收 263.35 万元，失业保险基金支出 168.36 万元，其中失业金 134.12 万元,代缴职工医保 34.24 万元。

【教育科技】 2017 年，全县有普通高中、职业中学、教师进修学校、特殊教育学校、九年一贯制学校各一所；初级中学 7 所，完全小学 12 所，农村小学教学点 16 个，幼儿园 14 所（其中县直属幼儿园 2 所，乡镇幼儿园 8 所，民办园 4 所）；青少年学生校外活动中心、中小学生社会实践基地、中小学生法治教育基地各一个；城区有一所普高、一所职高、两所初级中学、四所小学。全县在编教师 1487 人。在校学生 19835 人；其中，小学学生 8943 人，初中学生 3570 人，普通高中学生 1947 人，职业高中学生 433 人（全日制），特教学生 72 人，在园幼儿 4870 人。小学适龄人口入学率 99.82%，初中适龄人口入学率 98.37%，幼儿园入园率 94.53%，

三类残疾人口入学率 96.88%。全县设置中央补助支教点 26 个，招募志愿者 27 名。

【文体广电】 2017 年，建宁县荣获创建国家公共文化服务体系示范区品牌项目创新奖。县图书馆通过全国第六次公共图书馆评估定级检查，创建国家一级馆。以"红色文化""莲文化""闽江源文化"为主的文化品牌影响更加广泛。县广播电视台共播出《建宁新闻》262 期，新闻 1600 多条，《一周新闻纵横》52 期。当年，200 多条新闻在《福建新闻联播》等省台播出；400 多条新闻被《三明新闻》《都市全接触》采用。2017 年，建宁县参加国家级体育竞技比赛再获丰收，姜李韵喆、陈烈旺、黄自辉、艾鹏等选手参加国家级体育竞技比赛多次获得前三名。

【医药卫生】 2017 年，建宁县总医院正式成立，县总医院对 9 个乡镇卫生院人、财、物实现真正意义上的接管。县医院整体搬迁项目 10 月启动。全县有公立医疗卫生机构 13 个，其中县直医疗单位 4 个，乡镇卫生院 8 个(中心卫生院 2 个)，社区卫生服务中心 1 个。全县卫生事业单位人员核编共 431 名，2017 年底在编人员 349 名。

【群众生活】 2017 年，建宁县全体居民人均可支配收入 18733 元，同比增长 9.7%；城镇居民人均可支配收入 26647 元，同比增长 9.7%；农村居民人均可支配收

入 14094 元，增长 9.7%。全体居民人均消费支出 12997 元，同比增长 7.7%；城镇居民人均消费支出 19063 元，同比增长 5.3%；农村居民人均消费支出 9076 元，增长 9.2%。当年城镇登记失业率 2.38%。社会消费品零售总额 24.12 亿元，同比增长 11.8%。

# 建宁特产

【建宁黄桃】　　建宁黄桃的生产历史悠久，据民国《建宁县志》记载："西门池外，一百口种莲。池旁遍种桃李，春夏花时，游人络绎不绝。"《福建省志·农业志（1991—2005）》记载："建宁种植黄桃面积曾达 266.67 公顷。与'建莲''建宁黄花梨'并称为'建宁品牌三佳'。"2017 年，建宁黄桃的种植面积稳定在 566.67 公顷，产量可达 8500 吨以上。建宁黄桃果实圆整，外观艳丽，果顶圆平，缝合线较浅，两侧较对称，单果重 200 至 400 克；果皮淡黄色至金黄色，有玫瑰红晕，果皮厚韧，果实成熟后易于剥离；果肉呈金黄色，黏核，香气浓郁，果质柔韧，纤维含量少，汁液丰富，口味香甜，无苦涩感，无明显的酸味，可溶性固形物含量达 13% 以上。建宁黄桃的主要品种是锦绣黄桃，含有人体所需的蛋白质、维生素和矿物质微量元素，具有很高的营养价值。建宁黄桃中总糖含量≥6.3%，还原糖含量 4% 至 5%，总酸含量仅 0.4% 至 0.5%，维生素 C 含量≥0.4 毫克/100 克。建宁县发展黄桃产业的自然条件得天独厚。该地处中亚热带，属海洋性季风气候区，又有大陆性山地气候特点，四季分明，降水充沛，光照充足，昼夜温差大，气候三要素光、温、水年际变化分布基本一致，雨热同期。年平均气温 16.7℃，大部分地区活动积温 4,800 至 5,100℃左右，无霜期 243 天，年平均降雨量 1,830 毫米，能充分满足建宁黄桃对水分和光照的需求。种植区域内土质偏碱性，土层深厚，土壤中有机质含量高，富含铁、硼、硒等多种微量元素，速效钾含量 200 毫克/千克以上，非常适宜建宁黄桃的生长。

【里心大红桃】　　"里心大红桃"是建宁县的特色名产之一，其果型较大且端正，不易畸形，果色红而不艳，带有玫瑰色条纹，果皮稍厚，易于剥离；果肉甜而不腻，以富含人体所需的铁元素为显著特点而深受广大消费者的青睐。里心镇的双溪村、新圩村、代家村、里心村、汪家村、芦田村、上黎村是"里心大红桃"的产地，地处北纬 26°34′～27°10′，东经 116°35′～117°06′之间，位于县西部，闽西北武夷山中段。境内地势北高南低，丘陵与溪流交错，山泉水常年喷涌，水质洁净且富含铁、锌等多种矿物质。山地丘陵占该地总面积的 85%，呈阶梯状下降，表现为明显的层状地貌特征。该地丘陵坡地排水性、通透性好，土层深厚，土壤多为红壤、黄壤或紫色土，呈微酸性，土壤肥沃，有机质含量高，植被覆盖率高达 82%，可有效防止水土资源流失。该地地处中亚热带，属海洋性季风气候区，又有大陆性山地气候特点，四季分明，阳光充足，太阳全年有效辐射 54.7 千卡/平方厘米气候暖湿，年均气温 16.8℃，年有效积温 3600℃，积温时效 2150 小时，雨量充沛，年降水量达 1822 毫米，昼夜温差大。因该地地形复杂，立体气候及地区小气候差异显著，故有"一山有四季，十里不同天"之说。该地特有的地域环境和气候条件非常适宜"里心大红桃"的生长及其营养成分的沉淀、积累。"里心大红桃"的生产历史悠久，当地果农积累了丰富的种植、管理经验，这些共同造就了"里心大红桃"的独特品质。

【建宁伊家稻花鱼】　　建宁伊家稻花鱼，当地俗称"建鲤"。当地农家人讲究农田的综合利用，于是会在插秧苗的时候，往稻田里投放一些鱼苗，因土地肥沃，降雨充沛，适合鱼儿的生长。稻田里的杂草、害虫等就成为建宁伊家稻花鱼的"粮食"，鱼的粪便又成了稻田的肥料。建宁伊家稻花鱼肉质细嫩，味道香美，适合煮汤。其脂肪含量低，富含人体所需的氨基酸和微量元素，特别是其所含的蛋白质是普通鱼的 3～5 倍。

【建宁伊家伊米】　　建宁伊家伊米具有颗粒饱满，质地坚硬，色泽清白透明；饭粒油亮，香味浓郁，蛋白质、支链淀粉含量丰富的独特品质，是当地稻农种植在山垄田，与稻花鱼、田螺混合在一起培植的优质稻米，由于当地气温高于12℃持续天数达230天，昼夜温差平均达10℃以上，使得建宁伊家伊米植株的营养生长和生殖生长时间延长，植株体内的有机养分不断积累转化，是造就建宁伊家伊米品质优良的关键。全乡粮食播种面积超过1037公顷。

**【建宁伊家熏鱼干】** 建宁伊家熏鱼干是以当地的"建宁伊家稻花鱼"为原料，使用了传统的腌制工艺，后经自然风干、太阳晾晒制作而成。当地全年日照时数在1650～1850小时，活动积温4990～5250℃，满足熏鱼干的生产需要，使得建宁伊家熏鱼干具有干松酥香、肉香浓郁、香脆的独特品质并很好地保存了建宁伊家稻花鱼的营养成分。

2017年7月15日为荷而来第二届建莲嘉年华开幕式——万象太极 （县旅游局提供）

# 中共建宁县委员会

□编辑 黄日辉

## 综 述

【概况】 2017年，中共建宁县委在省、市委的正确领导下，深入学习贯彻习近平新时代中国特色社会主义思想和党的十九大精神，围绕"五位一体"总体布局和"四个全面"战略布局，坚持稳中求进工作总基调，全面落实中央和省市决策部署，"再上新台阶、建设新建宁"的中心任务有序推进，各项工作取得了新进展，开创了新局面。市对县考核的12项指标中，有10项指标增幅高于全市平均水平，其中农林牧渔业总产值、规模以上工业增加值等6项指标增幅居全市前三；成功争取到国家农村产业融合发展示范园、全省综合治水试验县、贡莲小镇等一批国家和省级创建项目；连续两年被世界著名品牌大会评为"中国最具投资潜力特色魅力示范县"，获评全省县域经济发展"十佳"县。

【把好"四个关"】 2017年，建宁县充分发挥县委总揽全局、协调各方的领导核心作用，牢牢把握的正确政治方向，确保政令畅通。把好政治关。把迎接和学习宣传贯彻党的十九大精神作为首要政治任务。在十九大召开前，开展以"砥砺奋进的五年""喜迎十九大·我看这五年"为主题的建宁发展成就展播系列宣传活动；十九大召开时，组织全县党员干部集中收听收看十九大盛况，动员全县各级干部把思想和行动统一到十九大精神上来；党的十九大胜利闭幕后，县委通过召开常委（扩大）会议、县委全会和举办科级干部专题研讨班等形式，对学习宣传贯彻党的十九大和省市全会精神进行全面部署，确保习近平新时代中国特色社会主义思想和党的十九大精神在建宁落地生根。把好思想关。县委常委带头参加学习教育、过双重组织生活会、上党课，县处级领导干部带头收看《将改革进行到底》大型政论片，带头学习习总书记在福建的探索与实践系列报道，召开专题研讨和中心组学习会，

示范带动各级党员领导干部学习在前、贯彻在前、实践在前。聚焦"政治合格、执行纪律合格、品德合格、发挥作用合格"要求，组织全县党员干部深入开展"学习廖俊波，争做合格党员"等专题学习活动，推动"两学一做"学习教育常态化制度化。把好民主关。严格落实民主集中制各项制度，加强与县人大、政府、政协班子之间的联系沟通，坚持每周一书记碰头会制度，对"三重一大"事项及时召开县委常委会进行研究。加强新时期统一战线、党管武装和双拥共建等工作，全力推进群团改革，顺利完成团县委、县妇联、县科协等群团组织换届工作；深入推进司法责任制、司法人员分类管理等改革，县法院被评为全国文明单位。把好舆论关。完善《建宁县党委（党组）意识形态工作责任制实施细则》，严格落实意识形态"一岗双责"，颁发意识形态工作责任书，开辟专栏专题，开展党委（党组）书记意识形态责任制访谈，传播建宁好声音，预防减少负面炒作，

切实把好关口、守好阵地，牢牢掌握话语权，全年没有发生重大舆情事件。

**【全县项目建设】**　2017年，全县成立6个项目团队，实行挂图作战、竞赛PK、"周碰头、月督查、季点评"等机制，大力推进"五比五晒"项目竞赛活动。当年，269个"五个一批"重点项目完成投资68.3亿元，占年度计划的101.5%。其中，甘家隘风力发电等85个项目新开工建设，兴辉食品新厂区等71个项目建成投入使用，浦梅铁路、莆炎高速公路建宁段等一批重大项目进展顺利，在2017年全市"五比五晒"项目竞赛活动中获评一等奖。强化策划招引。围绕中央和省市投资导向，争取上级各类项目资金16.58亿元、创历史新高。大力实施"走出去、引进来"战略和建商回归工程，重点围绕"五子"、特色食品加工、生态康养旅游等产业，先后举办北京、福州、南京、漳州等专场招商推介会，成功签约项目54个，总投资63.5亿元。强化服务保障。大力弘扬"马上就办、真抓实干"精神，对接市里"千名干部服务千家企业"活动，开展两轮"解难题、促落实"攻坚行动，解决了爱心宾馆拆迁、尚和国际及南方国际复工等一批数年想解决而未解决的历史遗留问题，共协调企业周转资金3.6亿元，落实园区企业资产按揭贷款6450万元，带动全年增贷6.27亿元。积极防控金融风险，不良贷款率为1.79%、不良率全市第二低。强化对接帮扶。

把握省纪委挂钩帮扶的机遇，成立了对接省纪委挂钩帮扶工作领导小组，制定《建宁县对接省纪委挂钩帮扶工作实施方案》，明确会商协调、督查反馈、对接汇报、联络沟通等工作机制。县党政主要领导、县分管领导及各对口部门主动跟进，多次赴省纪委、"5+1"对口帮扶单位和省直有关部门汇报挂钩帮扶进展情况，对接政策项目，积极争取支持，全力推进29个挂钩帮扶项目建设，全年到位资金7.86亿元。同时策划对接2018年挂钩帮扶项目23个，项目总投资61.1亿元。

**【产业转型升级】**　2017年，建宁县以推进供给侧结构性改革为主线，推动产业转型升级、提质增效。做强特色主导产业。坚持以产业融合为抓手，着力推进"五子"产业转型升级，建宁县被列为首批国家农村产业融合发展示范园创建单位。加快种业发展步伐，种业科技中心竣工验收，禾丰种业等3家企业入驻产业园，国家级种子产业园初具雏形，正朝着种子种植、加工、销售、仓储、物流一体化方向迈进；建宁县国家级种子基地建设作为典型案例被农业部推广，形成了"北张掖、南建宁"的全国种业格局。实施"百亩点千亩片万亩带"建莲种植规划，建立466.67公顷核心基地，贡莲小镇列入全省第二批特色小镇创建名单。实施黄花梨、黄桃品种改良提升工程，黄花梨、翠冠成为厦门金砖会晒专供产品。源容生物无患子手工皂进入永辉超市等大卖场销售。巩

固提升传统产业。实施投资千万元以上工业重点项目35个，完成投资10.5亿元，明一国际生态高新科技园（一期）等重点项目有序推进。实施新一轮技术改造专项行动计划，推动企业"机器换工"5套（台），文鑫莲业等6家企业进入省级技改项目库，饶纸集团通过国家两化融合管理体系贯标评定。支持县内龙头企业通过"二次招商"、股权合作等方式进行兼并重组，源容公司引入融辉集团增资9000万元，饶纸集团与青纸集团战略合作成立青饶山新材料有限公司、"引线纸"项目正在加快推进。发展壮大现代服务业。以创建国家全域旅游示范区为抓手，推进修竹荷苑、香溪花谷等景点景区提升，加快西门莲塘、闽江源头拜水溯源等项目建设，成功举办"苏区胜地·红色之约"、第二届"为荷而来"中国建莲文化旅游嘉年华等系列活动，全力打造四季赏花经济，"清新花乡·福源建宁"知名度和美誉度持续提升，游客接待量、旅游总收入分别增长17.1%、18.7%。加快推进电商物流业发展，实施"互联网+特色水果""互联网+建莲产业"、O2O示范街区二期工程等项目，做大农产品网货集散中心，促进上行产品品种改良、品质提升、品牌升级，电子商务进农村综合示范县中期评估被商务部评为全省第二名。

**【精准扶贫攻坚】**　2017年，建宁县坚持把脱贫攻坚作为政治任务和第一民生工程，举全县之力打好精准扶贫攻坚战。压实攻坚

责任。制定《建宁县 2017 年扶贫开发工作要点》《建宁县建立贫困退出机制的实施意见》《建宁县扶贫开发工作成效考核实施办法》等一系列文件，全年共召开县委常委会、县政府常务会专题研究部署精准扶贫有关工作 12 次，每季度召开一次脱贫攻坚现场会，有针对性地召开三次扶贫领域监督执纪问责工作集体约谈会，进一步压实工作责任、明确工作要求。全县 961 户 2781 人贫困人口、17 个贫困村、5 个空壳村和 1 个市级扶贫开发工作重点乡实现脱贫脱帽。抓实贫困户脱贫。以抓增收送项目、抓就业送岗位、抓兜底送保障、抓扶智送技术、抓挂钩送温暖的"五抓五送"为载体，重点扶持莲业、种业、果蔬、林业、烟叶、旅游、电商等七大扶贫产业发展，鼓励贫困户发展黑山羊、荷蟹等特色养殖，确保每个贫困户都有 2 个以上增收项目。年内累计为贫困户落实帮扶项目 4993 项、帮扶资金 4758 万元、解决问题 3271 个，累计发放扶贫小额信贷资金 3908.5 万元。落实造福工程易地扶贫搬迁 286 户 1201 人，完成年度任务的 133.4%。助力贫困村增收。进一步加大扶贫资金投入、贫困户发展产业奖补、贫困村村财增收等项目，全县 17 个贫困村、5 个空壳村每村都有一个以上稳定的增收项目，村财平均增收 4 万元。积极向上争取扶贫项目资金，全县落实贫困村道路交通、水利设施、电网改造、电商网络等项目 51 个，总投资 3500 多万元。同时在 17 个贫困村开展

扶持村级集体经济发展试点，每村补助 60 万元。认真开展自查自纠。制定出台《建宁县扶贫工作自查自纠实施方案》《建宁县扶贫开发精准监督工作方案》《关于在全县扶贫领域开展"全交叉"专项巡察的工作方案》等系列措施，对照扶贫"六个精准"要求，开展"三必访"（当年脱贫的要"常访"，看政策、项目落实兑现了没有；已脱贫的要"回访"，看有没有特殊情况，看项目有没有受到影响；特殊家庭的要"查访"，包括碰到天灾人祸、得大病的，避免因病返贫、因灾返贫）、"六必查"（扶贫责任分解落实必查、贫困人口建档立卡准确性和贫困退出机制执行情况必查、扶贫措施制定和落实情况必查、挂钩帮扶落实情况必查、扶贫项目和资金落实情况必查、扶贫工作廉洁自律情况必查），做到"3 个 100%"（贫困户 100% 入户核查、扶贫资金项目 100% 现场核查、脱贫数据 100% 核对）。同时专门成立三个督查指导组，督促指导乡（镇）村开展工作，对自查自纠发现的问题实行台账销号管理，对自查自纠以及动态调整摸排发现的不符合贫困户标准的 145 户 306 人予以清退，确保扶贫工作务实、过程扎实、脱贫真实。

【生态样板建设】 2017 年，建宁牢固树立和践行"绿水青山就是金山银山"的绿色发展理念，在全县开展生态文明建设攻坚战，在打造生态样板上走前头、做表率。生态理念深入人心。召开全县打赢生态文明建设攻坚战动员

部署大会，制定出台《加快打造生态文明建设建宁样板实施方案》《打赢生态文明建设攻坚战的实施方案》等文件，以政府网站、微信公众号为平台，深入开展"打造生态文明建设建宁样板"系列主题宣传教育活动，进一步形成生态文明建设人人参与、生态文明成果人人共享的局面。综合整治持续发力。大力实施"三严四限六禁"，开展畜禽养殖污染、水土流失、餐饮油烟污染等生态环境治理八大行动，实施山水林田湖草生态保护修复、大气清洁、农药化肥减量化等生态环境保护八大工程，全年空气质量优良率达 100%、位居全省第三，连续三届入围全国"百佳深呼吸小城"榜单。工作机制不断健全。持续完善财政投入机制，建立生态建设专项资金，投入 2.1 亿元用于城乡环境基础设施、污染综合防治工程等生态项目建设。全面深化"河长制"，成立县河长制办公室，制定出台《建宁县全面深化河长制实施方案》，扎实开展生态治水五项攻坚行动，在全省率先推行"企业河长"制，水源水质达标率达 100%，成功列入全省第二批综合治水试验县。完善生态公益林管护机制，持续推进"乡聘、站管、村监督、县统筹"的管护模式，在 6 个乡（镇）9 个行政村实施禁柴改燃，完成 866.67 公顷重点区位商品林赎买，成为全省 20 个碳汇交易试点县。实施差异化考评机制，开展领导干部任期自然资源资产离任审计，先后开展生态文明建设专项考核 2 次，切实以生态考核"指挥棒"

倒逼绿色发展。

**【民生得到改善】** 2017 年，建宁加力补齐民生短板。制定教育、养老、卫生与健康、城乡民生基础设施等领域"1+4"政策体系，策划实施 153 个、总投资 39.58 亿元的补短板项目。2017 年民生支出占公共财政总支出的 84.5%，县医院整体搬迁、第二实验幼儿园、农村道路"单改双"等项目加快推进，县妇幼保健院业务用房改造、伊家中心小学教学综合楼等项目建成投入使用。统筹推进城乡建设。绿化花化彩化荷花路、闽江源路等城区重要节点，实施建莲南路"白改黑"及"一河两岸"休闲健身步道、夜景工程提升等一批市政项目，建设 13 个美丽乡村，完成 76 套棚户区改造，实施农村危旧房改造 123 户，启动 40 个行政村污水治理，全面完成 3846 户三格化粪池新建改造，城区至金铙山（高峰）、城区至均口台田闽江源特色景观带建设有序推进。持续深化改革创新。深化医改，推进以县总医院为主体的医联体建设，促进医疗资源均衡和下沉，分级诊疗制度有效实施。提升林改，推广林权抵押贷款、福林贷等林业金融产品，全县新增林权抵押贷款 3351 万元，"福林贷"贷款 6406 万元，提前超额完成市下达任务。深化"放管服"改革，落实"一趟不用跑""最多跑一趟"办事清单，行政许可、中介服务、前置审批事项精简率分别达 47%、39%、35%。维护社会安定维稳。深化"平安建宁"建设，实现县乡村三级网格化服务管理全覆盖，群众安全感率达 96.07%，矛盾纠纷调解成功率达 94.46%，在 2017 年度全市综治平安建设考评中获得一等奖。

**【从严治党责任传导落实】** 2017 年，建宁坚持党要管党、从严治党，为加快建宁各项事业发展提供坚强保证。认真落实省委"五抓五看"要求，制定出台《县委常委班子成员落实省委"五抓五看"要求责任清单》《各级党委（党组）落实党风廉政建设主体责任清单》《县党政班子成员落实党风廉政建设责任分工》等一系列文件，开展县委常委公开述责述廉、接受点评和群众评议，对各乡镇和县直部门落实全面从严治党主体责任、扶贫领域监督执纪问责工作等进行集体约谈，推动责任层层传导落实。对省、市委主体责任检查组交办的问题清单，及时研究制定整改方案，扎实抓好问题整改。以党建"两化"工程夯实基层基础。推行党建工作项目化、党建责任具体化"两化"工程，实施基层组织强基、党建群建同心、惠民连心温暖等九大工程，完善党员领导干部党建工作联系点制度，在全市率先推行农村"信誉党员"评选、"党员 110"服务、村主干"功德榜"等一系列创新做法，推广"党支部 + 新型经营主体 + 贫困户"等模式，增强村级组织履职能力，推动党建富民强村，全市"亮承诺、晒成绩、评实效"和"五微"活动现场推进会在建宁县召开。加强干部队伍建设。把一线作为发现干部的"赛马场"，出台一线考察了解干部《实施意见》，采取"考核 +"方式，把一线推进项目、征地拆迁、破解难题、深化改革等内容纳入考评体系，引导干部在一线经受锻炼、施展才华，形成干事创业的良好氛围。2017 年在一线专项考核中，25 名表现突出的干部被提拔使用（其中正科 8 个、副科 17 个），调整不适宜担任现职的领导干部 8 名。强化监督执纪问责。加强执纪保障，在全市率先对乡镇纪委人员调配、考核、经费、硬件设施和工作标准实行"五统一"管理，率先实现向党政机关派驻纪检机构全覆盖，顺利完成县监委组建。坚持把纪律挺在前面，把握运用监督执纪"四种形态"，年内共查处违反中央八项规定精神问题 23 件，比增 130%，给予党政纪处分 25 人；查处群众身边的"四风"腐败问题 23 起，比增 360%，给予党政纪处分 27 人。同时，加大通报曝光力度，对典型问题点名道姓通报曝光，全年共发出通报 17 期。

## 重要会议

**【县委十二届四次全会】** 9 月 1 日，中共建宁县委十二届四次全会召开，全会审议通过了《中共建宁县委关于加快社会事业发展补齐民生短板确保如期全面建成小康社会的决定》《县委十二届四次全体会议决议》，讨论研究了教育、卫生与健康、养老、城乡民生基础设施等相关配套文件。

县委书记郑剑波在会上讲话，县长陈显卿作有关文件说明，许家源、陈华伟、余传贵、邓军安、阴晓萍、林金明、黄立辉、陈一龙以及县委委员、候补委员出席会议。

**【县委十二届五次全会】** 11月29日，中共建宁县委十二届五次全会召开，全会深入学习贯彻党的十九大精神，认真落实省委十届四次和市委九届五次全会决策部署，审议通过了《中国共产党建宁县第十二届委员会第五次全体会议决议》，在家的县副处级以上领导参加。

**【县委常委（扩大）会】** 1月18日，县委书记郑剑波主持（下同），召开县委常委（扩大）会议，学习十八届中央纪委第七次全会精神，传达贯彻省、市纪委全会精神，通报《建宁县旅游基础设施综合开发PPP项目合同》和《建宁县旅游基础设施综合开发PPP项目股东协议》，通报省道纵八线建宁福新至长吉公路PPP项目实施方案，通报2016年县十大新闻评选活动，研究召开县纪委全会事宜，研究2016年度乡镇和部门工作考评结果，研究2016年县级文明单位名单，研究2017年春节期间慰问活动安排，研究推荐上报省三八红旗手（集体）名单，研究2017年重点项目建设工作，研究2017年县处级领导联系乡镇和村安排，研究2017年度县处级领导联系老干部安排。

1月24日晚上，召开县委常委（扩大）会议，传达市委杜源生书记等市领导在建宁县调研检查生态文明建设工作的指示精神，研究贯彻落实推进措施。

2月15日，召开县委常委（扩大）会议，传达中央和省委政法工作会议精神，听取县人大常委会、县政府、县政协、县法院、县检察院党组工作汇报、政法综治工作汇报，研究2017年党政领导环保目标责任、2017年项目攻坚竞赛活动方案、《关于在项目攻坚竞赛活动落实"马上就办、真抓实干"精神中开展干部专项考核实施方案》《关于在项目攻坚竞赛活动落实"马上就办、真抓实干"精神中加强督查问责工作方案》和《关于乡镇纪委统一管理体制改革试点工作实施方案》。

2月27日上午，召开县委常委（扩大）会议，传达贯彻福建省领导干部"学习十八届六中全会精神专题研讨会"精神，省对市全面从严治党主体责任落实情况集体约谈会议精神和全省组织部长会议精神，传达学习市委政法工作暨金砖会晤维稳工作部署动员会精神，听取党建、组织、党校工作汇报和生态文明建设工作汇报。

4月5日上午，受郑剑波委托陈显卿主持召开县委常委（扩大）会议，传达贯彻市委常委扩大会议精神；通报建宁县提请省直部门协调解决的相关事项；通报部署中央环保督查迎检工作相关事宜；听取安全生产工作情况汇报，研究安全生产工作。

5月3日上午，召开县委常委会（扩大）会议，传达贯彻省市委学习廖俊波同志先进事迹座谈会精神，听取一季度经济工作和弘扬"马上就办、真抓实干"精神开展"解难题、促落实"攻坚行动进展情况汇报。

5月15日上午，召开县委常委会（扩大）会议，传达全市贯彻省委、省政府工作检查总结会暨市委一季度经济形势分析会议精神、省、市"两学一做"常态化制度化工作座谈会精神、全省纪检监察机关精准监督助推精准扶贫工作推进会精神，传达学习2016年度全市落实全面从严治党主体责任检查情况报告精神，研究建宁县科学技术协会第五届代表大会相关事宜、组建建宁县总医院工作实施方案、推荐上报省优秀教师和优秀教育工作者名单以及有关干部人事工作。

7月3日上午，召开县委常委会（扩大）会议，传达贯彻全市林业金融改革工作推进会、全省全市基层党建工作会议精神，研究建宁县林业金融改革、《建宁县委巡查工作五年规划（2017—2021）》《建宁县重点县管国有企业领导人员管理改革试点工作方案》和有关干部人事工作。

7月27日上午，召开县委常委会（扩大）会议，传达贯彻全市精准扶贫现场推进会和市委上半年经济形势分析会精神，传达学习省市《关于认真学习贯彻习近平总书记重要指示进一步强化防汛防台风抢险救灾工作的通知》文件精神，研究下半年经济和项目工作、《市对县落实2016年度全面从严治党主体责任"回头看"

问题清单整改方案》《建宁县扶贫开发精准监督工作方案（试行）》《关于全面落实县纪委向县一级党政机关派驻纪检机构的方案》和推荐第二批"中央红军村"候选名单有关事宜，通报《建宁县2017—2019年交通建设攻坚行动方案》和建宁南站站房综合楼扩容建设相关事宜。

8月29日，召开县委常委会，传达贯彻市委九届四次全会精神，研究县委十二届四次全会、团县委换届工作相关事宜，研究县总工会、团县委、妇联、科协改革方案、《关于加强和改进新形势下党校工作的实施意见》《中共建宁县委党校行政学校"十三五"建设和发展规划纲要》《关于对部分党委、党组进行调整的建议方案》和有关人事干部工作。

9月11日下午，召开县委常委会（扩大）会议，传达学习习近平总书记对信访工作的重要指示和在深度贫困地区脱贫攻坚座谈会上的重要讲话精神，及省纪委刘学新书记在《建宁县快速反应打好扶贫精准监督组合拳》上的批示精神，研究《建宁县扶贫领域问题清单整改方案》、新二轮"解难题、促落实"攻坚项目、《中共建宁县人大常委会党组增补部分县十七届人大代表的请示》《建宁县2017年度党委意识形态工作考评方案》。

10月9日上午，召开县委常委会（扩大）会议，传达贯彻全省脱贫攻坚现场推进会精神、全市乡镇工作现场会议精神、省市党的督查工作座谈会精神和全省

纪检监察机关推动移风易俗工作座谈会精神，传达学习省委保密委员会2017年第二次全体会议和全市保密工作会议精神以及中央、省委有关文件精神，研究《建宁县党政机关国内公务接待管理实施办法》。

10月29日上午，召开县委常委会（扩大）会议，传达学习贯彻党的十九大精神和省、市委常委会（扩大）会议精神，研究建宁县初步贯彻意见。

11月13日上午，召开县委常委会（扩大）会议，传达学习《中共中央关于认真学习宣传贯彻党的十九大精神决定》、省市第三季度经济形势分析会精神和中共中央办公厅、国务院印发《关于划定并严守生态保护红线的若干意见》《关于全面推进河长制的意见》，听取关于中央环保督察发现问题整改落实进展情况汇报，研究整改工作方案、研究《建宁县加快农业"五子"优势特色产业发展的意见》（送审稿）、传达学习全国推开国家监察体制改革试点动员部署电视电话会议精神。

11月26日晚，召开县委常委会议，传达贯彻省委十届四次、市委九届五次全会、全省推开国家监察体制改革试点动员部署电视电话会议和习近平总书记在全国卫生与健康大会上的讲话等会议精神，研究县委十二届五次全会有关事项、《建宁县深化医改重点工作督查问题整改方案》、县十七届人大二次会议和政协第十届建宁县委员会第二次会议、增补建宁县第十七届人民代表大会相关事宜和政协建宁县第十届委员

会届中委员调整、《政协建宁县委员会委员履职考核办法（试行）》、县直部门党委和纪委换届选举工作和全县党委系统聘用法律顾问等相关事宜。

12月12晚上，召开县委常委会（扩大）会议，学习习近平总书记关于进一步纠正"四风"、加强作风建设重要批示精神、《习近平谈治国理政》第二卷出版座谈会精神及中办、省委办公厅转发《关于认真组织学习〈习近平谈治国理政〉第二卷的通知》精神有关事项和中办、国办印发《脱贫攻坚责任制实施办法》和刘学新书记在《建宁县工作情况汇报》上重要批示精神，研究2018年省纪委挂钩帮扶项目。

12月22日上午，召开县委常委（扩大）会议，传达学习习近平总书记撰写的《弘扬"红船精神"，走进时代前列》和中共福建省委《关于认真贯彻习近平总书记重要指示大力学习弘扬"红船精神"的通知》，中共中央、国务院《关于加强完善城乡社区治理的意见》，省委、省政府印发《关于加强和完善城乡社区治理的意见》和福建省社区治理工作视频会会议和习近平总书记关于"厕所革命"的重要指示精神，研究2018年为民办实事项目相关事宜。

## 专题会议

【全县经济工作会】　1月3日下午，县委书记郑剑波主持，传达贯彻省、市经济工作会议、市委

经济工作务虚会、省市县巡察工作推进会精神，研究 2017 年县委工作要点，研究组建 2017 年项目团队和"五子"产业推进机制。

2月6日上午，县委召开全县经济工作会议，县委书记郑剑波讲话，县长陈显卿回顾总结 2016 年度全县经济工作情况，安排部署 2017 年经济工作任务。会议传达贯彻中央和省、市经济工作会议精神，表彰 2016 年度完成工作责任目标先进单位和先进企业，颁发 2017 年度乡镇发展目标工作清单，在家的县副处级以上领导及担任过副处级以上领导职务的老同志出席。

8月1日上午，县委召开上半年经济形势分析暨"五比五晒"项目竞赛活动通报会，贯彻落实省、市委上半年经济形势分析会精神，总结分析建宁县上半年经济运行情况和项目建设情况，研究部署下阶段工作，县委书记郑剑波主持会议并讲话，县长陈显卿部署下半年经济工作。

10月20日上午，县委书记郑剑波主持召开县委第三季度经济形势分析暨"五比五晒"项目督查通报会。总结分析三季度工作成效，研究冲刺第四季度，确保全年工作目标任务完成。

【全县扶贫攻坚工作会】 1月5日上午，县委书记郑剑波主持召开全县脱贫攻坚工作推进会，县委常委、副县长陈华伟通报了 2016 年全县脱贫工作情况，县长陈显卿安排部署 2017 年扶贫工作任务。

9月1日下午，县委书记郑

剑波主持召开落实全面从严治党主体责任"回头看"暨扶贫领域监督执纪问责工作第二次集体约谈会。传达贯彻市委落实全面从严治党主体责任"回头看"暨扶贫领域监督执纪问责工作第二次集体约谈会精神，通报县委主体责任"回头看"检查情况和全县扶贫领域"全交叉"巡察发现的问题情况。

【"解难题 促落实"项目攻坚行动现场办公会】 3月30日，县委召开"解难题、促落实"项目攻坚行动现场办公会，郑剑波、陈显卿带领与会人员先后进入高速路入城口提升改造项目、兴辉食品果汁饮料及农副产品加工建设项目、闽赣汽贸旅游集散中心项目、文鑫莲业厂区原农械厂宿舍拆除项目、尚和国际建设项目、万家财富广场开发项目、国省干线公路纵八线项目、西门莲塘红色提升改造项目，实地查看"解难题、促落实"攻坚行动现场点；郑剑波主持会议并作讲话，陈显卿就各项目团队提出的问题作了解答并提出解决办法，县纪委书记邓军安通报了 42 个"解难题、促落实"攻坚行动项目进展情况。

【生态文明建设攻坚动员会】 7月20日上午，召开全县打赢生态文明建设攻坚战动员部署会，县委书记郑剑波讲话，县长陈显卿对《建宁县打赢生态文明建设攻坚站的实施方案》进行情况说明。县副处级以上领导、各各乡镇党委书记、乡镇长、分管领导、县直有关单位主要负责人参加会议。

【创建省级文明县城动员会】 3月20日上午，建宁县召开创建 2015—2017 年度省级文明县城动员大会，县长陈显卿讲话，县委副书记许家源安排部署了创建省级文明县城迎总评各项工作。

## 调研与活动

【生态建设和河长制工作专题调研】 5月16日下午，郑剑波到濉溪镇高峰村、黄坊乡仍田村、城区容驷桥和县河长制办公室等地检查指导生态建设和河长制工作，阴晓萍、沙陈龙分别陪同。在濉溪镇高峰村，郑剑波实地查看了村里绿化景观提升工程进展情况，听取了相关情况汇报。在黄坊乡仍田村，城区容驷桥和县河长制办公室等地，郑剑波实地察看了县河长制工作落实情况。郑剑波强调，各乡镇和相关部门要把河长制工作引向深入，进一步明确工作职责，着力做到各条河段一天一巡，做好巡查记录，对发现的问题要及时反馈，及时处理。要健全机制体制，完善协调会商机制，建立县、乡、村三级联动机制，对跨流域河段要进一步明确责任分工，确保不出现管理盲区。

【精准扶贫户增收项目落实情况督查】 6月21日，县委书记郑剑波到伊家乡沙洲村、东风村，就精准扶贫户增收项目落实情况进行专项督查指导。在伊家乡沙洲村，郑剑波到2016 年底脱贫的精准扶贫户黄小重阳家，详细了解他家目前的生产生活情况后因地制宜地作出具体指导，并对乡村干部提出具体要求；在伊家乡天井坪生态食材开发有限公司，郑剑波详细了解公司在精准扶贫工作中的举措，并对公司下一步的发展提出具体要求。

**【项目工作现场督查】** 7月5日上午，县委书记郑剑波、县长陈显卿一行到建宁县部分项目建设现场，实地督查项目工作进展情况，协调解决遇到的问题和困难，确保各项迎接检查项目准备工作落到实处。县领导许家源、余传贵、黄立辉、许云燕、沙陈龙、钟宏华分别陪同督查。郑剑波一行先后到高峰生态旅游村建设示范点、种子产业园核心区、六三种业公司、三泉铝塑复合包装公司、兴辉食品新建加工生产车间、枫元生态葡萄产业园等地进行现场督查。在认真听取各个项目主要负责人的情况介绍，详细了解项目建设进展情况后，郑剑波对项目建设中出现的问题和困难提出了指导性意见。濉溪镇、溪口镇、水利、国土、农业、住建、经信、经济开发区、旅游等县有关部门负责人分别参加督查。

**【县委书记为项目建设现场办公解难题】** 8月9日上午，县委书记郑剑波带领县纪委、县委办、县发改局等部门单位主要负责人到本县部分重点项目建设点，就项目推进工作进行现场办公。先后进入户外运动休闲公园项目、国道G528和省道S211建宁绕城公路项目、220千伏变电站项目、莆炎高速建宁西互通连接线、县医院整体搬迁等项目现场，认真听取有关情况汇报，详细了解各项目规划设计、开工安排、计划进度等情况，就项目建设中遇到的困难和问题，给予现场指导与协调解决。

**【全域旅游及特色小镇开发建设情况调研】** 8月15日上午，县委书记郑剑波到濉溪镇、金铙山景区开展全域旅游及特色小镇开发建设情况调研，县委常委、副县长王楠，县委常委、副县长陈华伟，闽江源国家级自然保护区管理局书记余贵龙陪同调研。郑剑波一行先后进入濉溪镇圳头村、大源村、高峰村，金铙山景区樱桃岭等地进行实地调研，通过看现场、听介绍的方式，了解各个调研点前期规划设计准备工作开展情况，并对全域旅游及特色小镇开发建设提出具体的指导意见。

**【教育"补短板、提质量"工作调研】** 8月25日上午，县委书记郑剑波一行到县第三中心小学、溪口小学、实验幼儿园进行教育"补短板、提质量"工作实地考察调研。随后，郑剑波主持召开全县教育"补短板、提质量"调研座谈会，与会人员听取了教育部门贯彻落实习总书记对教育工作的重要指示和省市委全会精神，致力于教育"补短板、提质量"的情况汇报，了解全县教育工作的薄弱和短板，共商教育发展大计。县长陈显卿、县人大常委会原主任李良臣、宣传部长阴晓萍、副县长孙元玲，县教育局、发改局、财政局、编办、公务员局等相关部门有关负责人，部分学校校长、教师代表参加了座谈会。

**【环保信访件整改落实情况专题督查】** 5月5日下午，县委书记郑剑波到均口镇黄岭村石材开采现场，与县直有关部门负责人现场办公，专题督查环保信访件整改措施落实情况。郑剑波一行上矿山、看现场、查实情，详细听取富强石材和东方石材矿区环境整改情况汇报，并对存在的困难与问题给予现场指导和解决。县领导陈华伟、连云进、陈炳云参加督查。

**【农村生猪养殖场整改工作督查】** 5月6日，县委书记郑剑波到溪口镇枫源村和均口镇黄岭村、台田村，专题督察农村生猪养殖场整治工作。县委常委、副县长陈华伟陪同督察。郑剑波一行先后到溪口镇枫源村上庄养猪场、均口镇黄岭村三滩养猪场、均口镇台田村养猪场，实地督察各个养猪场拆除、整治工作进展情况。郑剑波指出，这次生猪养殖场的拆除工作时间紧、任务重，各级各部门要从思想上高度重视，结合各地实际情况，科学制定生猪养殖污染整治实施方案，成立生猪养殖污染整治工作领导小组，立即采取有效工作机制，确保拆除整治工作顺利推进。

（孙健清）

## 组织工作

【概况】 2017 年，全县组织工作认真贯彻党的十八大和十八届三中、四中、五中、六中全会精神，深入学习贯彻习近平总书记系列重要讲话精神和治国理政新理念新思想新战略，以及省市县党代会精神，增强政治意识、大局意识、核心意识、看齐意识，紧紧围绕"五位一体"总体布局和"四个全面"战略布局，以迎接党的十九大和学习贯彻党的十九大精神为主线，突出严肃党内政治生活和强化党内监督的重点，落实全面从严治党要求，坚持稳中求进工作总基调，聚焦主责主业、强化担当作为，围绕开展"干事创业精气神提振年""基层组织建设提升年""人才强县推进年"活动，着力提升全县组织工作质量水平，为"再上新台阶、建设新建宁"提供坚强的组织保证。截至 12 月 31 日，全县共有科级干部 621 名，其中妇女 61 名、少数民族 6 名；全县共有党的基层组织 339 个，其中，党委 24 个、党工委 2 个、党总支 9 个、党支部 306 个（机关事业党支部 121 个、村（社区）党支部 99 个、非公有经济组织党支部 35 个、社会组织党支部 25 个）；党员 7718 名。

【"两学一做"学习教育】 2017 年，制定"两学一做"学习教育常态化制度化实施方案，对照"政治合格、执行纪律合格、品德合格、发挥作用合格"要求，设置四个专题，督促各级党组织围绕学习习近平新时代中国特色社会主义思想和党的十九大精神、习近平总书记对福建特别是对建宁工作的重要指示精神开展学习讨论。贯彻落实全省"三会一课"制度现场推进会精神，印制统一规范的基层党组织工作手册，对基层党务干部特别是党组织负责人落实"三会一课"制度进行培训，同时组织开展了两轮交叉检查和随机暗访，并根据明察暗访情况制定《关于对落实"三会一课"制度暗访情况的整改方案》和《落实"三会一课"制度责任清单》，各基层党组织组织生活制度进一步规范。开展"戴党徽、亮身份、树形象、做表率""学习廖俊波、争做合格党员"等主题实践活动，充分发挥中央苏区反"围剿"纪念园、客坊水尾红色教育基地的作用，引导党员在思想上对齐、在作风上对照、在行动上对标。结合省级文明城创建工作，在全县各级党组织中开展"交通文明我先行"主题活动，增强党员干部文明意识、文明素养，带动形成良好社会风尚。

【党的基层组织建设】 2017 年，建宁结合深化"驻村工作法"，在全县实行"'党员 110'集中服务日"制度，乡村干部每周驻村服务 2 天以上。探索建立党员"网格化"教育管理体系，组织服务队开展"结对帮亲、精准扶贫"活动。2017 年，服务队共帮扶困难群众 1580 余名，解决实际困难 3300 多件。按照"两年评选一批"的要求，2017 年评选出第三批"信誉党员"566 名、第二批星级"信誉党员"86 名。截至 2017 年底，"信誉党员"共获得信用贷款 770 笔计 6338 万元，带头发展项目 270 余个；结对帮扶 920 户贫困户，受益群众达 4300 余人。进一步完善历任村主干工作业绩"功德榜"做法，全面开展现任村主干工作实绩评定制度，督促村"两委"班子比学赶超、力争上游。10 月下旬，全市"亮承诺、晒成绩、评实效"和"五微"活动现场推进会在建宁县召开。同时，稳妥做好不合格党员处置试点工作，2016 年确定的 5 名不合格党员已转化到位，转化合格率达 100%；2017 年确定的 5 名不合格党员，已责令限期改正工作。

【党建工程实施】 2017 年，建宁以党建"两化"（党建工作项目化、党建责任具体化）为抓手，围绕县委中心任务，将党建工作细化为理论武装深化、党员意识牢筑、基层组织强基等九大工程、41 个项目，使党建工作"软任务"变成"硬指标"。同时，指导各基层党委围绕在全面从严治党、抓党建促脱贫攻坚等方面，探索村级后备干部"四季成长"班组化管理，突出水尾红色教育基地"十大套餐"等 31 个特色、亮点。下发《建宁县党建工作项目表》等配套文件，督促各党委、党组制定操作性强、能够考核落实的项目实施计划书，将工作任务层层落实到支部、落实到党员。同时，将党建"两化"工程落实情况纳入年终绩效考评体系，并作为党组织书记述职评议的重要内容、评先评优的重要依据。先后组织开展3次专项督查、2次暗访抽查、1次集中约谈，推动落实党建"两化"工程各项任务；结合一线专项考核，25名表现突出的干部被提拔任用，2名表现一般的干部被调整。

**【干部选任机制的完善】** 2017年，建宁强化一线导向，出台《关于强化在一线考察了解干部的实施意见（试行）》，提拔25名、重用6名"解难题、促落实"攻坚行动、党建促脱贫攻坚一线专项考核表现优秀的干部，调整2名表现较弱的干部。探索开展绿色差异化考察，将推动绿色发展作为干部考察重要内容之一，市委组织部将建宁县推荐为省生态文明建设差异化试点县。出台《建宁县重点县管国有企业领导人员管理改革试点工作方案》，优化干部资源配置，畅通干部晋升渠道。建立健全科级干部工作实绩季度分析评价制度，每季度对全县县管领导班子和科级领导干部工作实绩进行分析评价。该做法先后获省委党建办"优秀调研成果三等奖"、全市"2016—2017年度党建工作重点创新项目三等奖"。

**【干部激励机制的落实】** 2017年，县委组织部严格执行《建宁县激励干部干事创业整治"为官不为"暂行办法》，大力整治"为官不为"，调整8名不适宜担任现职的领导干部；出台《落实"两个清单"建立正向激励反向惩戒机制工作方案》，制定出年终考评加分、优先提拔选用、增加优秀名额等6个方面22条正向激励措施，并在全市率先探索推行容错纠错机制，细化干部减轻问责或免予问责的12种情形，以及中心工作督查中免予效能问责的5种情形，相关做法得到省委组织部肯定，省委组织部为此专题到建宁县开展调研。

**【干部能力素质的提升】** 2017年，县委组织部举办十八届六中全会精神轮训、第28期科级干部理论培训、党外干部培训、中青年干部培训班；举办十九大精神专题研讨班，选送52名领导干部参加省市主体班次及专题培训班，并围绕防汛减灾、精准扶贫、美丽乡村等内容，组织全县各级领导班子成员参加专题培训班；同时，积极适应互联网时代干部学习方式的新变化，在全县分批次开展干部网络培训；组织干部到韶山进行异地学习考察，开阔干部视野、拓宽发展　思路。

# 宣传工作

**【概况】** 2017年，全县宣传思想文化工作始终坚持"党管宣传、党管意识形态"的原则，按照守土有责、守土负责、守土尽责的要求，以高度的政治自觉，牢牢掌握意识形态工作的领导权、主动权，把宣传思想文化工作同经济建设、政治建设、社会建设、生态文明建设和党的建设工作紧密结合，形成了县委统一领导、部门齐抓共管的格局，宣传思想文化工作取得了一定成效。荣获2017年度三明市意识形态工作责任制和宣传思想文化工作考评一等奖。

**【十九大精神的学习宣传贯彻】** 2017年，县委宣传部把学习宣传贯彻十九大精神作为一项重大政治任务，突出抓好理论进基层。成立建宁县业余讲师团，制定学习贯彻党的十九大精神县委宣讲团宣讲日程安排，开展学习宣传贯彻党的十九大精神"百千万"基层宣讲活动；组织政治素质好、理论水平高、宣讲能力强的党政领导干部宣讲队、党委宣讲队、挂包村工作队宣讲队、文艺工作者和实际工作部门等成员组成百个宣讲小分队（实际149个），动员千名党员宣讲志愿者（实际1081人），深入万户群众中，开展进机关、进校园、进企业、进农村、进社区解读宣传十九大精神。

**【理论武装】** 2017年，县委宣传部办好"莲乡讲坛"，坚持开展"一把手讲党课"活动。县委主要领导带头上党课"学习俊波精神、争当合格党员"等专题4次，邀请市人大常委会法工委主任余荔苹、市委宣传部副部长陈红兴等领导和知名学者为县委中心组授课12次。创新编印《莲乡讲堂》12期。向党员干部推荐一批必读和选读学习书目，已订阅《我国生态文明建设的理论创新与实践探索》《青山绿水忆英魂》《在深度贫困地区脱贫攻坚座谈会上的讲话》《习近平谈治国理政第2卷》等相关理论读物8本。结合"干部讲坛"活动，每月安排1次集体学习，认真组织落实机关基层党组织"三会一课"制度和机关干部"周二学习"制度，推动党员干部理论学习制度化、常态化，确保学习实效。6月份新组建成立建宁县业余讲师团，为全县开展形势政策宣传和理论研究、调查实践研究增添了力量。11月份县委成立学习贯彻党的十九大精神县委宣讲团，深入乡（镇）、县直单位开展十九大精神宣讲。组建乡（镇）和村组建立理论宣讲员队伍，针对群众提出的难点、重点问题及时答疑解惑、理清思路。鼓励乡（镇）挂包村干部利用平常的走村入户，通过与村民喝茶聊天、拉家常等方式，讲身边事、品身边人、话身边理，在与群众众互相问答交流中，把政策理论"送"入群众头脑中。据不完全统计，年内共有720多人次参与田间讲坛活动，受众8200余人。

【宣传报道】 2017年，县委宣传部以宣传贯彻十九大精神为主导，在电视台、新闻网站的重要版面、重点时段和重要位置开设"砥砺奋进的五年·喜迎党的十九大""我的十九大情怀"专栏专题，建宁精准扶贫报道登上福建日报——"喜迎十九大砥砺奋进的五年""红土地上吹响脱贫新号角"栏目头版头条。开展"五比五晒"重点项目主题宣传。围绕建宁县"清新花乡·福源建宁"品牌建设，宣传建宁主动适应经济发展新常态、致力脱贫脱帽新举措、新亮点。2017年开展的"福

源建宁·乐享森林"嘉年华——建宁花海跑活动、红色文化高端论坛、"味解之谜第三季走进建宁""为荷而来"2017年第二届中国建莲文化旅游嘉年华系列活动受到中央、省、市媒体的关注和报道。其中，《全国最大梯田莲海举行文化旅游嘉年华》7月15日在央视直播4分钟；《桃花、梨花漫山开，烂漫花海成赛场》《做足"莲"文章、打造"全莲"产业链》《福建建宁：冷空气来袭、金铙山现雾凇景观》竞相在央视报道。全年在新华网、人民网、东南网等媒体发表文章500余篇（条）、福建日报198篇（条）、三明日报320篇（条）；各版头条共计80余条。广播电视新闻被三明台采用658条篇（条），被省级台采用86条篇（条），建宁上稿篇（条）数位列三明各县前列。推行大数据，加强舆论引导。截至年底，编发《网络舆情动态专报》12期；与福建米花信息科技有限公司达成合作，推行"大数据"应用服务，对影响力较大的网站、微信公众号进行网络数据采集分析，定期形成分析报告，及时排除防患和化解网络舆情。

（饶炳林）

## 统战工作

【概况】 2017年，建宁县统战工作认真贯彻落实党的十九大精神和习近平同志7月26日在省部级主要领导干部专题研讨班上，以及在全国政协十二届四次会议民建、工商联界委员联组会上的重

要讲话精神，围绕中央、省、市委统战工作的部署，充分发挥统战工作优势，通过召开工商联常（执）委会议、会员大会、座谈会、讲座和印制宣传资料等多渠道、多形式，积极引导统一战线成员深刻理解和把握十九大的精神实质，做到在思想上政治上行动上坚决与以习近平同志为核心的党中央保持高度一致，进一步凝聚统一战线成员和非公经济人士的发展共识，深入开展"两学一做"学习教育活动，紧密团结在以习近平同志为核心的党中央周围，在促进县域经济发展、维护社会和谐稳定、实现自身科学发展方面体现新作为，做出新贡献。

【服务经济发展】 2017年，县统战部主动服务改善民生。开展"百企帮百村"精准扶贫行动，引导民营企业家采取不同的就业帮扶、产业帮扶等方式参与脱贫攻坚，年内带动200多户贫困户增收。组织党外代表人士开展"三下乡"活动，为群众提供义诊服务3场，服务群众2000多人。积极助推招商引资。发挥商会信息多、联系广的优势作用，以异地商会开展"周年庆、年会等活动"为契机，先后赴南京、广东、陕西、江苏、江西等地开展招商活动，宣传推介建宁天然的农业资源优势，促成一批项目落地。通过一系列的招商活动，为有力引导"人才回乡、信息回传、资金回流、项目回归、企业回迁"奠定了良好的基础。2017年，共接待了厦门、福州、广东、南京等

客商、建商 100 余人到建宁县参观考察并进行投资环境和重点项目推介，引进项目 5 个，投资额 5.4 亿元。服务非公领域"两个健康"。进一步落实"非公企业反映问题每季专报制度"和"非公企业评议县直部门制度"，深入企业了解情况，及时掌握企业在生产经营中存在的困难和问题，当年帮助企业解决困难 18 个。利用工商联网络优势，致力搭建高等院校、科研院所与民营企业的合作平台，为民营企业引进多层次的科技和管理人才，先后选送 10 余名非公企业家参加"企业家领导力创造奇迹"公益讲座、市企业家发展创新研修班学习，帮助企业家提高自身素质和管理水平。推进"五好"工商联建设，县工商联获评"2017 年度福建省'五好'县级工商联"。

**【协商民主建设】** 2017 年，县统战部贯彻落实中央《关于加强社会主义协商民主建设的意见》和省委《实施意见》，协助县委、县政府做好民主协商会、通报会、座谈会有关工作。根据人事变动情况，对党政党员领导干部与党外代表人士交友联系对象进行调整，促进联谊交友工作制度化、规范化。加大对党外干部的培训力度，选送 4 名党外干部参加省、市社会主义学院培训。联合县委组织部、县委党校举办 1 期党外干部理论培训班，培训党外代表人士 50 名。在建言献策方面，2017 年"两会"期间，县统战成员共提交提案、议案、建议意见 70 余件，约占总数的 65%。

**【民族宗教工作】** 2017 年，县统战部做好民族服务工作，年内审核变更少数民族成份 1 人，为 12 名少数民族考生争取到中考加分优惠政策。2017 年春节看望慰问少数民族困难家庭及宗教界困难人士 16 户，每户送去了 300 元慰问金。积极向上争取民族发展专项资金项目，争取到 15 万元少数民族发展资金，重点帮扶民族村发展特色农业产业和实施村庄整治、旧村改造等基础设施建设。继续深化和谐寺观教堂创建活动，认真组织开展宗教政策法规学习月活动，组织民宗干部、宗教团体、宗教活动场所学习交流会 45 场次，开展新修订《条例》宣传 2 期。对全县依法登记场所进行安全检查，发现和整改问题 11 个。协调县国土、住建、濉溪镇等有关部门，落实天主教新建教堂选址工作，同时，向省委统战部、省民宗厅和市民宗局争取天主教教堂建设资金 12 万元。协调推进福建省对台慈航文化交流基地扩建项目建设，截至 11 月底，已投入资金 670 万元，完成报国寺的整体改造，正式对外开放。推进基督教私设聚会点综合治理，做好佛、道教去"商业化"工作。

(阮承杰)

## 对台工作

**【概况】** 2017 年，建宁县对台工作按照习近平总书记对台工作重要思想，把握"八个坚持"，贯彻落实中央、省、市对台工作会议精神，紧紧围绕经贸合作、乡镇交流、对台服务，结合建宁实际，开拓创新，主动作为，促进建宁与台湾的经贸合作和文化交流。

**【建宁和台湾经贸合作】** 2017 年，建宁县围绕建宁特色农业优势，发挥莲子、果子、种子、无患子、食用菌、笋竹等特色产业和闽赣边界区域性交通枢纽区位优势，充分利用"海峡论坛""6·18""9·8""11·6"等活动平台，邀请台商到建宁县考察投资。年内，引进台湾黄花菜精深加工和包装生产设备、台湾软包装饮料生产设备 2 台套；由台商林秀莹牵头成立的建宁县天宝花卉家庭农场，从美国、加拿大、意大利、台湾等地引进名贵观赏性茶花 780 种花系，已繁育出 328 种花系品种，承接了厦门、福州、龙岩、宁德等城市的园林绿化工程。该农场入选"第七届海峡论坛·两岸特色乡镇交流暨休闲农业对接会"——《闽台农业合作助推休闲农业发展》宣传画册，并与花莲屏东茶花协会签约。同时，引进释耀峰团队着手建设报国寺，计划投资 2 亿元，项目总占地约 21.73 公顷，建有慈航文化中心、五佰罗汉山及配套辅助设施等。项目建成后，将成为诚心敬佛、生态康养、休闲旅游知名目的地和对台慈航文化交流的重要基地。

**【台湾企业在建宁的发展】** 2017 年，建宁县强化对接帮扶，助力台企发展。扎实开展"大走访、查民情、谋发展"主题活动，帮台企渡难关、帮项目破难题。加大台商政策宣传力度，让台企用好台商政策，增强企业竞争力，坚定投资信心。组织协调产融合作政银企对接，建宁农信社与福建兴辉食品有限公司达成融资意向，给予900万元授信，并当即办理放款850万，期限长达8年；打通用气管网，协调中海油公司配送天然气，降低企业生产成本，解决该公司资金难、锅炉用气难等问题。同时，组织安全、环保、质监等相关专业人员到台企进行"一对一"指导，现场解决相关问题，让企业不因环保、安全等问题出现停产停业。

**【建宁与台湾的交流】** 2017年，县对台工作强化人员互动，助力对台交流。开展乡镇对口交流，组织濉溪镇、里心镇赴台中市太平区宜昌里、宜欣里开展交流合作，促成建宁县建莲产业协会与台湾中华能源环保研究发展协会就学习能源利用、引进农业新品种方面达成初步合作意向，并邀请其组团来闽参加"11·6"林博会。6月份，组织闽江源国家级自然保护区管理局有关人员赴台参加2017年生态保育研讨会及参访台湾"国家公园"等地区，进一步推动两岸生态环境保育交流。12月份，邀请台湾自驾游旅游协会张美玉会长一行，到黄坊乡参与福建三明首届"明台"自驾房车旅游交流会，感受建宁县绿色生态文化底蕴和乡村旅游的独特魅力。2017年，建宁县濉溪镇、里心镇列入省、市乡镇对台交流补助项目，落实到位补助资金16万元。

(孙健清)

## 机构编制与管理

**【概况】** 2017年，中共建宁县委机构编制委员会办公室(简称县委编办)围绕年初制定的工作目标，统筹推进政府职能转变，进一步深化"放管服"改革，强化机构编制管理，大力加强自身建设，推动机构编制工作科学化、规范化和制度化建设，为全县经济社会发展提供良好的体制机制保障。2017年，被三明市编办表彰为三明市机构编制工作先进单位，获三明市机构编制系统"喜迎十九大、展现新形象"风采展示活动综合评比三等奖；1名同志被评为福建省机构编制工作先进工作者。

**【"放管服"改革】** 2017年，县委编办按照县委、县政府关于行政审批制度改革的总体部署，简政放权、深化行政审批制度改革工作有序推进。持续推进简政放权。2015年以来，共取消和调整减少行政审批事项186项，委托乡（镇）4项，保留207项，精简率达47%。取消或规范县级前置审批事项77项，保留118项，精简率达39%。对应取消或规范中介服务事项24项，保留44项，精简率达35%。完善清单动态管理。制定实施《建宁县行政审批事项清单动态调整管理办法（试行）》，推动清单动态管理。累计审核部门提交调整行政权力和公共服务事项共1009项。其中：取消188项；依据新颁布或新修订的法律、法规规章和纵向清单列入县级清单管理468项；涉及更

名、拆分合并、规范事项分类等353项。完成权力清单和责任清单"两单融合"。按照省、市部署，全面完成县直部门单位权责清单梳理编制、公布实施工作。保留全县县直36个部门单位权责事项5015项。其中：行政权力事项3924项；公共服务195项；其他权责事项896项。强化事中事后监管。会同县市场监督管理局，进一步明确"双随机一公开"监管工作职责分工，推进全县"双随机一公开"监管工作的全面落实，实现监管全覆盖。开展"减证便民"专项行动。梳理公布县级证照及证照年检事项目录，明确保留证照和证照年检事项154项，取消和调整37项。

**【行政体制改革】** 2017年，县委编办贯彻落实省、市编办改革决策部署，扎实推进重点领域行政体制改革工作，细化任务台账，协调组织推进，确保重点领域行政体制改革工作有序推进。推进监察体制改革。充分发挥机构编制部门的服务保障作用，认真研究中央、省、市关于改革推开的相关政策、文件精神，就监委机构设置、人员编制、职责等相关问题，积极争取上级业务指导，反馈工作中的问题，加强同县纪委的沟通联系，交换意见，达成共识，确保改革过程中机构、编制相关工作按序时推进，监委组建工作顺利实施。全面落实纪检派驻机构全覆盖。按照全面派驻、统一管理、精简高效的原则，对县直各单位的纪检机构认真梳理，厘清人员编制和领导职数；积极

同县纪委进行沟通对接，提出有关人员编制和机构设置建议，采取"综合派驻＋单独派驻"形式，设置9个县纪委派驻机构，综合派驻6个，单独派驻3个，实现纪检派驻的高效全覆盖。深化医药卫生体制改革。认真分析研究县医院人员编制实际，结合周边县（医院、中医院）编制总数和县总医院组建方案，提出总医院人员按控制数管理，在控制数内招考、进人的建议，得到采纳实施，总医院人员编制备案管理迈出探索性步伐。

**【机构编制管理】**　2017年，县委编办按照"总量控制、动态调整、严格管控"的原则，严格规范机构编制管理。坚持机构编制集中统一管理和"一支笔"审批制度，凡涉及机构编制的事宜，严格按程序和审批权限报批。严格执行核编证管理制度、人员编制和领导职数使用申请核准制度、人员进出核编制度，确保人员编制、领导职数和实有人员及时更新、准确无误。推进机构编制总量控制和落实动态调整机制。坚持"严控总量、盘活存量、增减平衡"原则，研究拟定并实施编制动态平衡管理办法，有效提高机构编制资源使用效益。重新核定全县教师编制。根据省、市文件精神和各校学生数、班级数和学科教师结构数，重新核定全县各类公办学校教师编制，进一步理顺教师编制使用情况，优化教育编制资源配置。

**【事业单位管理】**　2017年，县委编办贯彻执行《事业单位登记管理暂行条例实施细则》和省、市有关文件精神，推进事业单位登记管理便捷化。重点做好法人事业单位变更调整事项的落实工作，全年共办理变更登记事项86项。完成全县235家符合登记条件的事业单位年度报告公示，完成率达100%。做好统一社会信用代码工作。完成机关、群团的赋码工作，占应完成总数的100%。

## 机关党的工作

**【概况】**　2017年，县直机关党工委（简称县党工委）指导管理的部门党委共12个，直属机关党总支3个，直属机关党支部42个，原公务员局支部与人社局支部合并。2017年，县直机关共发展26名新党员（其中：工委直属6名）；收缴上交党费8.2万元。2017年末，全县机关中共党员总数为2765名。

**【机关思想政治工作】**　2017年，县党工委坚持以党的政治建设为统领，以喜迎十九大、学习贯彻党的十九大精神为主线，推进"两学一做"学习教育常态化制度化。围绕四个专题学习，6月26日，县委书记郑剑波以会议形式给全县党员干部上了一堂《学习俊波精神，争做合格党员》专题党课，随后全县各级机关党组织负责人普遍开展上党课活动，推动"两学一做"学习教育常态化制度化向纵深发展。组织机关各党组织收听收看党的十九大开幕式盛况，举办学习贯彻党的十九大精神报告会，对县直机关全体科级干部进行十九大精神集中轮训。成立"十九大精神宣讲小分队，进机关、下基层宣讲。运用本地宣传媒介及"党员e家"平台等媒体学习宣传贯彻党的十九大精神，有针对性地做好舆论引导，工委购买赠阅2000余册十九大学习辅导书刊。做好机关党建重点课题调研，各党组织形成重点课题调研文章18篇，通过筛选、初评，推选出3篇调研文章到市工委参评，其中县烟草公司支部《坚持四个从严，推动管党治党从"宽松软"走向"严实硬"》获得市机关党建暨思想政治工作理论研讨会二等奖。

**【机关组织建设】**　2017年，县党工委根据新形势任务的要求，调整充实党的组织设置，2017年新成立2个党委（水利局党委和总医院党委），县委对原县直10个党委的设置和名称进行了调整，并全部进行换届选举。对工委直属期满到届或人事变动的支部班子进行了调整，共指导9个（总支）支部进行了换届选举，3个支部进行了增补。组织开展"喜迎十九大，庆'七一'"系列活动。"七一"期间，机关各党组织，围绕"两学一做"学习教育常态化制度化和县党建"两化"工程要求，集中安排上党课、红色教育、廉政教育、"戴党徽、亮身份、树形象、做表率""党员奉献日"、走访慰问、颂歌献给党等系列活动，县直机关党员参与活动达4500余人次。

【机关党建活动】 2017年，县党工委加强机关党组织班子建设。坚持一岗双责的支部领导班子配备原则，制定年度机关党建考评标准等文件，把管党治党的要求进行总部署，并实行工委成员挂包联系制度，强化对基层组织的具体指导，对机关各党组织"三会一课"开展情况进行2轮集中检查，列出问题清单，组织开展2017年度机关党建述职评议会。在全县推行党建"两化"工程，推进主体责任和党的建设各项目标任务落到实处，强化全面从严治党主体责任落实。继续把"党员110"活动作为建宁县机关党建工作品牌来抓，在机关党员中倡导服务、奉献精神。抓党建促脱贫攻坚，认真落实党员领导干部挂包帮扶贫困户工作的落实，确保每月至少一次入户了解一次贫困户的家庭情况，宣传扶贫政策。年终对机关各党组织进行党建工作考评。全年2次走访慰问生活困难党员40人，发放慰问金2.5万元。

【机关文明创建】 2017年，县党工委发挥党的组织动员优势，引导机关广大党员干部积极参与文明城市总评迎检工作。打造志愿服务品牌、规范服务活动运行管理，促进机关党员志愿服务常态化开展。全年县机关各党组织开展志愿服务达1.8万余人次。发挥文明单位示范作用，落实"党建带群建"要求，关心重视群团工作，扎实有效开展文明单位、青年文明号、巾帼文明岗等创建活动，机关工会、团建、妇建、

统战工作各有特色。组织机关党员干部参与"我推荐、我评议身边好人"等文明活动。

（潘必清）

## 老干部工作

【概况】 2017年，县委老干部局（简称县老干局）宏观管理与服务的离退休干部共50人（离休干部25人，5.12退休干部7人，处级退休干部18人）。年内离休干部去世2人，5.12退休干部去世1人，新增处级以上退休干部1人。当年，县老干部工作以党的十八届五中、六中全会、十九大精神为指导，认真贯彻党的老干部工作方针政策和省市老干部工作会议精神，着力加强老干部思想政治建设和党支部建设，切实抓好老干部政治生活待遇落实，积极探索离退休干部服务管理机制，组织引导广大老同志为党和人民的事业发挥正能量作用。

【老干部政治待遇的落实】 2017年，县老干局坚持每月一次老干部政治学习日和每周一次文件传（送）阅制度，组织老干部学习上级和县委、县政府的有关文件和新出台的相关政策，学习贯彻十八届五中、六中全会和十九大精神，共组织召开各类会议7场次，老干部参加人数80余人次。每半年一次向老干部通报工作，重要会议邀请老干部参加，当年先后3次召集离休干部及副处以上退休干部通报全县工作。坚持县处级领导干部联系老干部制度，每

个县处级领导分别联系1至2名离退休老干部，以县委文件发至各单位，做到每个离退休老干部都有在职领导联系。为老干部订阅老年报刊，做到人均订"两报"，即中国老年报、福建老年报，大部分单位还为老干部订阅了其他党报党刊，为老干部学习政治和了解形势、掌握政策提供条件。加强离退休干部党支部建设，在单独成立离退休党支部的单位，探索推进"116"党建工作机制。

【老干部生活待遇的落实】 2017年，县老干局贯彻落实《关于进一步加强和改进离退休干部工作的意见》（中办发〔2016〕3号）精神。10月份，继续报送1名离休干部为省级扶贫开发工作重点县特困家庭帮扶对象，每月补助服务费1500元，年补助18000元。12月报送3名困难离休干部、5名困难离休干部遗偶。调整离休干部无工作遗偶定期定额生活补助标准。将离休干部无工作遗偶定期定额生活补助由原来的1130元每月调整为1280元每月。提高部分离休干部护理费。根据闽委组通〔2017〕91号《关于提高部分离休干部护理费标准的通知》精神，对生活长期完全不能自理的离休干部护理费标准由原来的每人每月1100元提高到每人每月2500元。做好老年节慰问。2017年老年节，为一位百岁老干部，两位80岁、90岁寿星及三对钻石婚夫妇举办了祝寿慰问活动。进一步健全完善"双高期"离休干部就医绿色通道，为

老干部提供方便快捷的医疗保健服务，县总医院医生联系老干部和一年一次的老干部体检制度。

**【老干部精神文化生活】** 2017年，县老干局推进文化养老，开展"展阳光心态，看建宁变化"增添正能量活动。开展喜迎党的十九大系列活动。通过举办十九大夕阳综艺演出、组织老干部收听收看十九大开幕盛况，举办十九大讲座、座谈会，举办"红心向党"等活动，喜迎党的十九胜利召开。组织开展公益演出、助力县域旅游事业。组织老年大学腰鼓队学员30人助力花海跑暨"福源建宁、乐享森林"嘉年华活动，向省内外游客展现建宁老干部健康向上的风采。组织老同志参加第二届"读吧！福建"读书征文活动，音乐班黄淑平学员所写《图书馆——给了我心灵的栖息地》获省级一等奖。举办"庆五一"太极拳剑展示，参加拳剑展示的退休干部50余人。继续开展"健身康乐家园"创建。在原有7个村获得"老年人健身康乐家园"的基础上，继续在乡（镇）村开展27个康乐家园的创建工作。并组织开展太极拳、柔力球、门球、气排球、广场舞、健身操等活动20期，560多人次参加。争创省级社区"四就近"服务示范点。利用社区资源，开展服务老干部工作，让老干部能就近开展学习、就近参加活动、就近得到关心和照顾、就近发挥作用。2017年12月复兴社区、新生社区同时获评福建省社区服务老干部工作示范点称号。

**【老干部慰问帮扶工作】** 2017年，县委、县政府拨专款，用于慰问离退休干部及离退休干部无工作遗偶。春节前夕，县委、县人大、县政府、县政协四套班子成员组成两个慰问组，由县委书记郑剑波、县长陈显卿分别带队带领相关部门人员走访慰问安置在本县的离退休干部34人，给老同志送去温暖和关怀。组织部、老干局慰问组登门慰问安置在三明等地的离退休老干部。

**【老年大学工作】** 2017年，建宁县老年大学工作以创建、巩固、提升老年大学示范校为抓手，注重在拓宽服务对象、科学设置学习活动内容、丰富学习活动方式、完善制度建设、提升管理能力上下功夫，把老同志的乐、学、教融为一体。全年在校学员500余人次，继续开设原有的诗词、音乐、二胡、舞蹈、医疗保健、书画、摄影等13门学科外，当年新增时政班，招收23名学员，举办时政讲座，老同志们通过时政班学习，及时了解国家大事、老干部最新政策、社会热点，真正做到与时俱进，思想常新。诗词班编印《潊溪诗词》刊物，收集学员诗词作品300余篇，当年印刷100本。加大资金投入，改善教学设备，强化师资力量，争创省（市）级老年大学示范校。

（谢 琼）

## 精神文明建设

**【概况】** 2017年，全县精神文明建设工作始终以培育和践行社会主义核心价值观为主线，以创建省级文明县城为目标，实现"三个"突破，落实"三个"结合，实施"六大工程"，城乡面貌焕然一新，物质文明、政治文明、精神文明、社会文明、生态文明建设取得明显成效。当年，县法院获评全国文明单位，溪口镇杨林村村民林丽华获评省级道德模范，建宁县"保护闽江源、关爱母亲河"志愿服务项目入围全国"四个一百"优秀志愿服务项目（三明全市仅此一个，全省十个）。

**【省级文明县城创建】** 2017年，县文明办加大省级文明县城创建力度，落实"三个"结合措施。分片挂包与专项整治结合。将城区分成八个片区，分别由六个委口牵头单位和潊溪、溪口两个乡镇总负责，八个片区再细划出若干个责任片区，由委口所辖单位和两个乡镇负责整治。其余7个乡镇，各自负责所在乡镇、社区、行政村的整治及管理工作。每个片区确定一名县领导挂包、一个单位牵头总负责、一个路段一个责任单位。城管、公安交警、交通、文化、市场监管等职能部门，按照城市管理职能，组织开展溪口红军街、溪口农民安置小区、下坊农机厂、城北巷、熊家岭、衙前巷、福城小区、城关农民安置小区、西门农贸市场、水南村农民安置小区、水南街、将屯路口、河东廉租房片区、胡芦坑安置小区、黄舟坊货场等重点部位的环境卫生、餐饮行业、小修理店及乱堆放、乱占道、油烟乱排放、乱种养、牛破癣等专项整治。补齐短板与提升管理结合。对照创城考评体系，社区办公场所、社区居民小区物业、城中村、城乡结合部、绿化亮化、设施配套等缺失、卫生保洁不到位、城市管理滞后等历史欠账问题，城市建设部门结合夜景工程、绿化美化亮化和道路硬化、小区环卫、园林提升、排污管网改造、道路"白改黑"等，开展城市配套设施的补短板工作；城区重要路段增设人车隔离护拦，补上或划明公交停车区、斑马线、减速带、震荡线、车辆停放区域等道路交通标识线，有效改善了城区交通秩序；城区主次街道的垃圾桶设置调整，落实垃圾分类、定时定点收集清运垃圾等措施，在一定程度上改善了城区卫生状况。日常性巡查与阶段性督查结合。研究出台《创建省级文明县城，提升城区环境卫生和市容市貌，推行县领导及部门分片包干责任制工作方案》《建宁县进一步落实县（处）级领导联系城区共建片区责任制》和《建宁县创建省级文明县城工作奖惩问责暂行办法》等一系列创建工作制度，组建创城巡查队和督查队，采取"任务清单""问题清单"和"整改时限清单"的做法。巡查队按照任务清单对创建工作和城市管理，开展日常巡查，每周发出内部巡查通报 2~3 期，限期整改清单 1~2 期。督察队按照阶段性工作要求，对突出问题、重点难点问题、必检点及"三不管"地带，每半个月开展一次督察，发出督察通报件 16 期，通报约谈工作落实不到

位、整改不及时或不达标的单位 6 个。同时发挥数字城管的"天眼"作用，开设"不文明行为曝光台"进行媒体监督，组织人大代表、政协委员监督评议及市民群众监督。

**【文明基础设施工程建设】**　2017年，城区道路"白改黑"，建设休闲绿道慢道。主干道建设隔离护拦，实行人车分离。改造提升垃圾处理、污水排放管网等，全面实行"河长制""路长制"。2017年，城区改造公厕 7 座，更新果皮箱 600 个、垃圾桶 500 个，实现垃圾"减量分类"定点定时处理，并在全县 9 个乡镇、92 个行政村和 7 个社区全面推开。

**【文明素质提升工程建设】**　2017年，全县开设"莲乡讲坛""道德讲堂""中华传统文化讲坛"，开展"社会主义核心价值观""中华传统美德""八不行为规范"和文明交通我先行等系列活动，倡导文明新风尚。结合"中国好人"评选活动，组织开展"建宁县最美人物评选""五好文明家庭""诚信文明村""诚信户"等系列评选活动。2017年，共推选"福建好人"1 人、全国"五好文明家庭"1 户、省"最美家庭"2 户、省道德模范 1 人。

**【人文环境优化工程建设】**　2017年，县文明办优化政务环境，深化县委领导班子内部制度建设，建立健全县委工作制度，完善行政服务中心建设，建立公共资源交易平台，规范招投标工作制

度，打造服务优、效率高、清正廉明的政务环境。优化法治环境。建设青少年法治教育基地、法治主题公园，组建普法宣讲员队伍，开展进农村、进机关、进企业、进社区、进学校"五进"普法活动。开设青少年"模拟法庭"，以身边案例说法，使抽象的法律知识成为可看见可听闻可触摸的故事、事件、身边事。优化市场环境。深入开展"诚信经营""诚信做产品"等诚信宣传教育，建立不诚信"红黑榜"。优化创建环境。在莲花公园，建设"建宁县 2015—2017 年度精神文明创建巡礼"主题园；在蘑菇公园，建设"建宁县好人建设"主题园；在体育公园，建设"建宁县社会主义核心价值观"主题园；在"一河两岸"和东山公园，建设"讲文明树新风"公益广告宣传长廊。

**【利民惠民工程建设】**　2017年，建宁县统筹城乡教育发展。扩大普惠性学前教育，推动义务教育均衡发展，做优做实普通高中，推动职业教育产教深度融合。统筹城乡医疗发展。不断推进医疗卫生体制改革，组建总医院，实行公立医院医务人员年薪制和药品零差率等制度。当年投资 5 亿元，对县医院进行整体搬迁。统筹城乡文化发展。构建起县、乡、村三级公共文化服务网络，实现县文化图书馆、乡镇文化站、行政村和社区农家书屋、农民体育健身全覆盖。开展地方民俗文化调研活动，开发"过半年""食尚伊家"、宜黄戏等特色文化。建

立电影下乡、"图书漂流"等文艺服务团体，开展送文化下乡活动。统筹城乡建设发展。从环境改善入手，建立农村环境卫生保洁机制，推行垃圾统一收集清运处理，从改变生活习惯和改变生活方式上根除脏乱差的陋习。开展移风易俗，倡导节俭养德新风尚。

**【未成年人关爱工程建设】** 2017年，建宁县文明办健全和完善未成年人思想道德教育联席会议制度，整合社会资源和力量，形成全社会关爱支持未成年人健康成长的良好氛围。关爱未成年人阵地建设。充分发挥中央苏区反"围剿"纪念园——全国爱国主义教育基地、国家生态保护区和红一方面军"三总部"遗址等国家文物保护单位和体育 中心、文化馆、图书馆等场所的作用，落实免费向未成年人开放政策措施。广泛开展"向国旗敬礼""网上祭英烈""我的中国梦""做一个有道德的人"等主题教育实践活动，开展文明学校、文明班级、美德少年、红领巾志愿者、小小交通劝导员等创建和实践活动。

**【志愿服务品牌建设】** 2017年，县文明委成功打造了"保护闽江源·关爱母亲河"环保志愿服务、"同心圆3+1"助学计划和"福源家长成长学校"三个志愿服务品牌，其中"保护闽江源·关爱母亲河"环保志愿服务入围全国"四个一百"志愿服务优秀项目，并连续多年获省志愿者协会资金补助。2017年，黄首元、廖永华和卢小群等一批志愿者先后荣获省

市相关部门的表彰，幸福种子社工服务中心被省教育厅列为"省社区教育示范基地"，并入选团省委、省人才办"林文镜慈善基金会——榕树伙伴"十大项目之一。

（许兆明）

## 县委党校

**【概况】** 2017年，中共建宁县委党校（县行政学校）为中共建宁县委和建宁县人民政府的直属单位，核定编制15人，在编在岗干部教职工人员12人，借调1人。县委党校（县行政学校）实行委员会管理体制，下设办公室、教务室、对外培训室和总务室。

**【党校班子建设】** 2017年2月27日，中共建宁县委任命陈一龙（建宁县委常委、组织部部长）为中共建宁县委党校校长、建宁县行政学校校长。陈华伟不再担任中共建宁县委党校校长、建宁县行政学校校长（建委干〔2017〕64号）。3月，为贯彻省、市《加强和改进新形势下党校工作的实施意见》，增设副科级组织员岗位职数1个，专职负责学员管理及对外培训联络工作。

**【县内培训】** 2017年，县委党校坚持"党校姓党"原则，深化党校教学改革。培训课程突出党的理论教育和党性教育主课，紧贴"福源·建宁"战略发展实际要求。主体班坚持党的理论教育和党性教育课不低于总课时的70%，其他班次设置专门的"党性教育

单元"，党性教育课不低于总课时的20%。规范班次学制，5月份开始，主体班由原来的学制半个月，调整为1～2个月。全年举办主体班4期，短期培训班12期，累计培训学员1700余人次。组织骨干教师到县委中心组、县直机关、各乡（镇）部门就党的十九大及习近平新时代中国特色社会主义思想等专题辅导讲座42场次，参加人数1600人次。

**【基地办学】** 2017年7月24日，中共福建省委党校行政学院与中共建宁县委党校行政学校续签《共建教学基地协议书》，省校院徐小倩、王海英与建宁县郑剑波、陈一龙等代表出席签约。8月18日，中共福建省直机关工委党校与中共建宁县委党校行政学校签署现场教学基地《共建协议》，省直纪工委书记陈金城、省直机关工委党校张文胜与建宁县纪委书记邓军安、建宁党校陈国钊代表出席签约。《协议》旨在共同探索"合作双赢"基地办学模式，有效实现资源、文化、发展的结合。6—8月，福建省海事局、省监狱管理局、惠安县委党校行政学校与建宁县委党校行政学校签署《现场教学基地共建协议》。协议签署标志立足红色苏区文化传承与闽江源绿色生态发展教育的"山海合作"基地办学格局初步形成。截至2017年12月底，中共建宁县委党校（行政学校）建成中央苏区反"围剿"纪念园、闽江源生态保护区、水尾红军村、上坪古村、电商园、隆下精准扶贫村、里心镇精准农机

专业合作社、闽赣农机服务中心、均口司法所社区矫正中心、"无患子"工业园区、绿田公司等成熟教学点11个。开发新的理论课题2个：《清新花香，福源建宁——浅析建宁县休闲农业与乡村旅游的发展》《说莲倡廉》。丰富和完善旧课题2个：《建宁苏区史及给我们的启示》《中央苏区的反"围剿"斗争》。承接山西吕梁、福州、泉州、南平、三明等地区县外培训班次（培训期2—5天）50期3000余人次。效果影响：以客坊水尾村现场教学点为例，2017年基地培训帮助贫困户提供讲解员、遗址管护员、卫生保洁员、红军剧演员等就业岗位，并带动食宿、交通、电商、农特产品销售等服务业发展；实现7户贫困户12人"家门口就业"，当年兜底贫困户分红股金3.7万元，促进村财增收8.7万元。

【教学科研】 2017年，县委党校完成2016年度福建省委党校、行政学院系统中国特色社会主义理论研究基地立项课题（项目编号：92号）/2016年度三明市规划立项课题（项目编号：X1602）立（结）项1项，即何小乔的《建莲文化的挖掘与利用研究》。三明市2017年度社科规划课题立项1项，黄丹的《结合"两学一做"加强农村基层学习型党组织建设》编号：X1703。三明市委党校（市行政学院、市社会主义学院）校级课题立（结）项3项：即温兆熙《构建三明现场教学基地一体化教学布局的思考》，宁美

德《原中央苏区红色文化的保护、挖掘和弘扬——以建宁为例》，张瑾《探讨研究建宁县休闲农业和乡村旅游的发展路径》。当年课题成果如下：何小乔《关于上坪村突出忠孝廉文化主题建设的建议》（咨政件）、温兆熙《构建三明现场教学基地一体化教学布局的思考》分获2017年度三明市校（院）系统市（县）情科研成果一、二等奖，建宁县委党校获得2017年度三明市（县）情科研成果科研组织奖。

（温兆熙）

## 党史编研

【概况】 2017年，建宁县党史研究室（简称县党史办）围绕县委县政府和省、市党史研究室的重大工作部署，以实现党史"资政育人、服务现实"为目标，重点做好挖掘红色历史资源、加强革命历史研究和做好革命遗址保护开发利用、服务经济社会发展两个方面的工作。

【红色历史资源的挖掘和研究】
2017年，县党史办做好"开国将帅与建宁"史料征集、编辑的前期准备工作。全面梳理开国将帅简历，完成开国10位大将、57位上将、177位中将简历的梳理，初步确认有5位大将、26位上将、64位中将在苏区时期到过建宁。撰写党史论文3篇，即《毛泽东〈给周以栗谭震林等指示信〉中"二崇""宁安"两处地名释读辨析》《刘忠将军回忆录

涉及建宁的三个史实商榷》《正确对待革命回忆录中的史料问题——以刘忠中将回忆录和张文碧少将回忆录为例》；其中《毛泽东〈给周以栗谭震林等指示信〉中"二崇""宁安"两处地名释读辨析》一文与2016年论文《毛泽东"千里回师"福建路径问题探讨》一并寄送中央文献研究室一部参考，被认为有参考价值。参与涉史书稿的编写、审稿。先后参与了《建宁苏区红色记忆》《闽西北中央苏区党的宣传工作——建宁卷》、全国爱国主义教育基地巡礼纵书《建宁县中央苏区反"围剿"纪念园》编写、审稿工作。受建宁县委书记委托审读建宁剿匪小说《终极剿匪》，就审读稿本能否发表出版及修改方向提出建议，避免了审读稿本发表出版可能引起的读者历史认识错误和可能引发的名誉权、专著权纠纷。

【革命遗址的保护、开发与利用】
2017年，县党史办做好革命旧址申报省级文保单位工作。撰写水尾革命旧址群和桂阳革命旧址群申报省保单位的历史背景和价值评定文稿，水尾革命旧址群通过专家评审进入公示阶段。全省第四批党史教育基地申报工作。当年申报2处，其中水尾革命旧址群列为全省第四批党史教育基地。第二批中央红军村申报命名工作。水尾村、桂阳村被认定为中央红军村，并承办了全市第二批中央红军村命名暨授牌大会。协助县文物主管部门做好全市革命旧址分级管理保护规划涉县

工作。协助做好西门莲塘红色旧址、周恩来旧居、水尾革命旧址等红色项目的开发利用工作，对周恩来旧居陈展设计方案提出重大修改意见，对水尾革命旧址红色项目工作提出意见建议并审定解说词。

**【三明市第二批"中央红军村"命名大会暨授牌仪式在水尾村举行】** 2017年10月11日上午，在客坊乡水尾村闽赣基干游击队司令部旧址，举行三明市第二批"中央红军村"命名大会暨授牌仪式，市直有关单位负责人，各县（市、区）区委副书记、党史研究室主任和第二批"中央红军村"及首批"中央红军村"代表村的村党支部书记等参加了会议。会上宣读了《中共三明市委党史研究室关于命名第二批"中央红军村"的决定》，并为第二批"中央红军村"授牌。省委党史研究室副主任汪一朝，三明市委常委、秘书长王刚到会祝贺并讲话。建宁县委书记郑剑波到会致辞。首批"中央红军村"代表——清流县林畲村、永安市马洪村党支部书记作了交流发言，第二批"中央红军村"代表——建宁县水尾村党支部书记作了表态发言。与会人员还参观了客坊乡水尾村革命旧址群。

（陈忠奋）

2017年9月6日,共青团建宁县第二十五次代表大会 （县团委提供）

# 建宁县人民代表大会

□ 编辑 罗瑞忠

## 综 述

【概况】 2017 年，建宁县人大常委会依法履职，主动融入"再上新台阶、建设新建宁"大局，各项工作取得了新进展、新成效。全年共召开常委会会议 8 次，主任会议 9 次，做出决议决定 16 项，听取审议"一府两院"专项工作报告 13 项，组织开展执法检查 7 项，开展专题询问 1 次、满意度测评 1 次，开展视察、检查和专项调研 51 项，任免国家机关工作人员 47 人次，圆满完成县十七届人大一次会议确定的各项目标任务。

【落实县委决策服务大局】 2017 年，县人大常委会围绕县委以脱贫攻坚为总揽，以推进供给侧结构性改革为主线，以提高发展质量和效益为中心的总体部署，致力在服务和促进稳增长、促改革、调结构、惠民生、防风险等方面开展监督，形成建议意见及时报送县委，为县委决策提供参考。贯彻落实县委《关于加快打造生态文明建设建宁样板的实施方案》，深入调查研究，做出《关于加强"三严""四限""六禁"工作的决定》，通过法定程序，将县委深入践行"绿水青山就是金山银山"和绿色可持续发展理念的决策部署，转化为全县人民的共识共为。审查批准 2017 年新增地方政府债券资金分配方案，为教育、卫生与健康、养老等民生领域补短板工作提供法治保障。组织常委会组成人员和人大代表就城区环境卫生整治、交通专项整治等工作开展视察调研，促进省级文明县城创建工作。

【促进经济和社会协调发展】 2017 年，县人大常委会班子成员分别在基础设施、现代农业、文化旅游、城乡建设等项目团队担任指挥长、副指挥长，深入一线参与全县重点项目建设，全力落实县委打好重点项目攻坚战的决策，与县几套班子领导一起，通力协作、尽职尽责，较好完成各项目标任务。在解难题、促落实专项攻坚行动中敢于担当，针对爱心宾馆征迁、尚和国际和南方国际房地产复工等"老大难"问题，积极助推，持续攻坚，取得了有效突破，负责和参与的浦梅铁路、种子产业发展、户外运动休闲公园、城市管理等一批重点项目进展顺利。

【提升依法履职能力】 2017 年，县人大常委会坚持民主集中制原则，集体行使职权，集体讨论决定问题。规范常委会会议、主任会议召集程序，明确时间规定，依法按程序办事。建立常委会每月三次定期集中学习交流制度，实现政治思想、法律法规和业务知识学习制度化、常态化，全年组织开展集中学习和研讨 39 次。

## 重要会议

【概况】 2017 年，建宁县召开县第十七届人民代表大会第二次会议，召开人大常委会会议 8 次，主任会议 9 次。圆满承办了全省"推进人大工作创新发展，为'再上新台阶、建设新福建'提供重要保障"专题研讨会。开展乡镇人大"一年两例会"试点工作和代表向原选区选民述职试点工作。

**【县第十七届人民代表大会第二次会议】** 2017年12月31日至2018年1月2日，建宁县第十七届人民代表大会第二次会议在县宣传文化中心召开。会议听取和审议建宁县人民政府县长陈显卿关于建宁县人民政府工作的报告；审议关于建宁县2017年国民经济和社会发展计划执行情况与2018年国民经济和社会发展计划（草案）的报告；批准建宁县2017年国民经济和社会发展计划执行情况与2018年国民经济和社会发展计划；审议关于建宁县2017年财政预算执行情况和2018年财政预算（草案）的报告，批准建宁县2017年财政预算执行情况和2018年财政预算；听取和审议建宁县人民代表大会常务委员会主任吴国根关于建宁县人民代表大会常务委员会工作的报告；听取和审议建宁县人民法院院长陈晶关于建宁县人民法院工作的报告；听取和审议建宁县人民检察院检察长许秀婷关于建宁县人民检察院工作的报告。

**【县十七届人大常委会第一次会议】** 2017年2月27日，县人大常委会听取和审议县人民政府关于"七五"普法工作规划的报告；审议县人大常委会主任会议关于提请设立代表资格审查委员会的议案；审议县人民检察院提请免职的议案；审议县人民政府副县长的辞呈；审议县人民政府提请副县长任职的议案；审议县人民政府提请各工作部门负责人任职的议案。

**【县十七届人大常委会第二次会议】** 2017年3月29日，县人大常委会听取和审议县政府关于"三严""四限""六禁"工作情况的报告，并做出决定；听取和审议县政府关于食品加工行业水污染治理工作情况的报告；听取和审议县政府关于公安刑事侦查工作情况的报告；听取县人大常委会关于全县国有资本收益情况的调研报告；审议县检察院提请职务任免的议案。

**【县十七届人大常委会第三次会议】** 2017年4月11日，县人大常委会审议县人民检察院关于提请许可对县十七届人大代表谢晓玲采取强制措施的报告。

**【县十七届人大常委会第四次会议】** 2017年5月27日，县人大常委会听取和审议县政府贯彻实施《环保法》及2016年环保责任目标完成情况的报告，一并听取和审议常委会执法检查组关于《环保法》实施情况的检查报告；听取和审议县政府关于人口和计划生育工作情况的报告；听取县人大常委会调研组关于县十七届人大一次会议代表建议办理情况的调研报告；听取县人大常委会调研组关于历史文化名镇名村保护工作情况的调研报告；听取县人大常委会视察组关于全县重点税性项目情况的视察报告；审议

个别县十七届人大代表的辞呈。

**【县十七届人大常委会第五次会议】** 2017年7月28日，县人大常委会听取和审议县检察院关于贯彻落实《市人大常委会关于加强生态检察监督推进生态环境保护的决定》工作情况的报告；听取和审议县政府关于2016年县本级财政预算执行和其他财政收支情况审计工作的报告；听取和审议县政府关于2016年县本级财政决算情况的报告；听取和审议县政府关于调整部分2016年新增地方政府债券资金安排的议案；审议县法院提请职务任免的议案。听取和审议县法院关于执行工作情况的报告；听取和审议县政府关于全县种子产业发展情况的报告；听取常委会视察组关于县城市规划管理工作情况的视察报告；听取常委会调研组关于侨务和民宗工作情况的调研报告；审议《建宁县人民代表大会常务委员会议事规则》《建宁县人大常委会组成人员守则》《建宁县人大常委会关于加强和改进调查研究工作的意见》三项制度。

**【县十七届人大常委会第六次会议】** 2017年9月21日，县人大常委会听取和审议县政府关于全县公共文化体育工作情况的报告；听取和审议县政府关于2017年1—7月财政预算执行工作情况的报告；听取和审议县政府关于2017年上半年国民经济和社会发展计划执行工作情况的报告；审议县政府关于2017年新增地方政府债券资金分配方案（草案）的

议案；听取和审议县政府关于县十七届人大一次会议代表建议办理情况的报告；听取县人大常委会调研组关于农村土地承包经营权确权登记颁证情况的调研报告；审议《建宁县人大常委会关于加强与"一府两院"工作联系的制度》；审议个别县十七届人大代表的辞呈；审议县政府提请职务任免的议案。

【县十七届人大常委会第七次会议】 2017年11月30日至12月1日上午，县人大常委会听取和审议县法院关于刑事审判工作情况的报告；听取县人大常委会调研组关于全县金融风险防范工作情况的调研报告；听取和审议代表资格审查委员会关于个别县十七届人大代表的代表资格的报告；听取和审议县公安消防大队"争创人民满意消防大队"工作情况的报告；审议县检察院提请免职的议案；审议县政府提请任职的议案；审议关于召开建宁县第十七届人民代表大会第二次会议的决定（草案）；审议关于建宁县第十七届人民代表大会第二次会议列席人员安排原则的决定（草案）；审议县人大常委会工作报告（审议稿）；听取县人大常委会调研组关于全县不动产统一登记工作情况的调研报告；听取县人大常委会检查组关于2017年人大重要信访件办理情况的检查报告；听取和审议县政府关于重点督办建议办理情况的报告，并进行满意度测评；"四限"（限制河道采沙、限制使用化肥、限制使用催长素、限制矿产开发）工作专

题询问。

【县十七届人大常委会第八次会议】 2017年12月21日，县人大常委会审议代表资格审查委员会关于个别代表的代表资格的报告。审议个别市十三届人大代表的辞呈；补选1名市十三届人大代表。审议个别县十七届人大代表的辞呈。

## 重大事项决定与人事任免

【重大事项审议决定】 2017年，县人大常委会听取和审议了2016年县本级财政决算的报告和2016年度县本级财政预算执行和其他财政收支情况的审计工作报告。根据县人民政府的提请，批准调整了部分2016年新增地方政府债券资金安排，批准了2017年新增地方政府债券资金分配方案。

【人事任免】 2017年，县人大常委会坚持党管干部和依法任免有机统一，使市委、县委推荐的人选经过法定程序成为建宁县国家工作人员，全年共任免国家工作人员47名。在任免工作中，不断完善宪法宣誓和任前法律知识测试制度，推动"一府两院"任命人员的宪法宣誓工作，国家机关工作人员的宪法意识和法治观念得到强化。

## 监督工作

【稳增长监督】 2017年，县人

大常委会加大"同级审"结果运用，审计工作情况和审计问题整改落实情况向人大常委会报告制度进一步落实，维护了审计监督的严肃性。听取和审议国民经济和社会发展计划执行情况报告，强化了分时段动态掌握计划目标完成情况，对经济运行情况实行经常性监督。对全县国有企业经营现状开展了深入调研，从规范国企管理、国资经营预算、完善现代企业制度、实现国有资本保值增值等方面提出对策。围绕拓展重点税性项目、防范金融风险开展视察调研，提出了促进税收增长和预防金融风险的对策建议，为促进全县经济持续健康发展提供了有力的监督支持。

【生态美监督】 2017年，县人大常委会将生态文明建设工作列为年度监督工作的重中之重，持续加大监督力度，以检查、视察、专题调研等多种方式跟踪决定执行情况。组织开展"四限"工作专题询问，注重广泛听取基层代表、专业技术人员、种养大户等各方面意见，掌握一线实情，精心筛选询题，严格规范程序。通过专题询问，政府及有关部门进一步发现了问题，改进了措施，推动了工作，取得了良好的社会反响。联动开展市人大常委会《关于加强生态检察监督推进生态环境保护的决定》贯彻实施情况检查，有效推动检察机关从社会影响大、监管薄弱、问题突出的环节入手，找准当前河道流域综合治理、饮用水水源地保护、畜禽养殖污染等方面突出问题，有

重点地开展专项检察监督，促进了有关部门积极履行监管职责，严厉惩治生态环境领域违法犯罪行为。扎实开展环保法执法检查，常委会提出的加强城镇和乡村生活污水、生活餐厨垃圾处理设施建设等方面意见列入政府重要工作内容。听取和审议食品加工行业水污染治理工作情况报告并提出建议，有效促进了政府加大治污投入，增加监管力量，强化督查力度，食品加工行业水污染治理工作扎实有效。

【民生监督】　2017 年，县人大常委会听取和审议人口和计划生育工作情况报告，围绕全面"两孩"政策，提出工作重心由管理型向服务型转变，做到工作标准不降、投入保障不减、服务管理更好的建议。听取和审议公安刑事侦查工作情况报告，促进公安部门以更加有效的措施遏制流窜犯罪、涉毒违法犯罪、"两抢一盗"、电信诈骗等案件多发趋势，守护全县人民生命财产安全。关注杂交水稻制种这一重点民生产业，组织开展深入调研，提出按照"基地建设标准化、种子生产产业化、生产全程机械化、管理手段信息化"的发展思路，推进全县种子产业转型升级，加快实现从种业大县到种业强县跃升。采取检查、走访、座谈、测评等方式，掌握消防法、福建省消防条例在建宁县的贯彻执行情况，扎实开展"人民满意消防大队"评议工作。聚焦全县公共文化体育工作开展专项调研，建议县政府将公共文化体育工作纳入民生补短板的重要内容，完善公共文化体育设施管理与服务标准，健全财政投入保障机制，适应人民群众日益增长的文化体育需求。扎实开展城市规划管理视察，促进政府及部门依法落实福建省实施规划法办法，在城乡规划的编制、实施、修改等方面主动接受常委会监督，不断增强规划先行意识，提高规划成果转化实施效果，提升公共服务规划理念。就农村土地经营权确权登记、历史文化名镇名村保护、侨务和民宗、不动产统一登记等工作情况开展调研，提出加强和改进工作的意见建议。

## 代表工作

【健全"双联"制度】　2017 年，县人大常委会健全"双联"制度即联系代表和代表联系群众制度。采取走访、座谈、通信等形式向代表通报工作、听取意见，及时了解代表履职动态。主动公开代表信息，试行县代表向原选区选民报告履职情况，回答选民询问，接受选民监督。代表列席常委会会议，参加常委会执法检查、视察、专题调研等活动全面落实，全年共有 160 多人次代表列席会议或参加常委会组织的履职活动。及时向代表通报常委会年度工作计划和重要工作安排，代表反映有关情况及意见建议得到支持和保障。推动"一府两院"加强与代表的联系，代表知情知政渠道不断拓宽。

【建设代表履职服务平台】　2017 年，县人大常委会在全市率先开展县乡村三级代表履职服务平台建设，按照"实现代表联系选民常态化，代表提出建议常态化，督办代表建议常态化"工作目标。结合开展"三联一转"活动，搭建代表与选民面对面交流、收集社情民意、化解社会矛盾、促进代表履职、提升代表形象的全新平台。全年依托平台开展代表活动 531 次，联系选民 2.7 万余人次，提出意见建议 249 件。各级代表先后联系项目 112 个，贫困户 219 户，调处矛盾纠纷 120 余起，为民办实事 50 多件。县乡村三级代表履职服务平台建设得到市人大、基层人大代表和选民的充分肯定，在全市推广并形成示范效应，促成全市人大人事代表工作现场会在我县召开。代表履职服务平台手机客户端全面推行，代表履职更加便捷、高效。

【督办代表建议】　2017 年，县人大常委会加强代表建议的综合分析和组织交办工作，在开展代表建议"督办月"和办理结果"回头看"活动的基础上，常委会会议对年初主任会议确定的提升小区物业管理水平、油烟直排整治问题两件重点建议办理情况进行了满意度测评，有力推动了建议所涉事项的解决。全年共督办代表建议 137 件，在大会期间收到的 96 件代表建议中，代表对办理结果满意的有 87 件、占 90.6%，基本满意的有 9 件、占 9.4%。两件重点督办建议测评结果为满意，代表建议办理工作取得良好成效，一批群众关心关注的热点难点问题通过建议办理工作得到有效解决。

## 信访与视察检查活动

【信访工作】 2017年对于重大疑难信访问题，实行常委会领导包案制，全程跟踪办信单位的办复情况。全年共接待群众来访35批63人次，受理群众来信14件，督促解决信访问题29个，维护了群众合法权益和合理诉求。

【视察调研检查活动】 2017年组织县十七届人大代表对建宁县重点税性项目情况、城市规划管理工作情况、人大重要信访件办理情况等开展视察检查。2017年对建宁县国有资本收益情况、县十七届人大一次会议代表建议办理情、历史文化名镇名村保护工作情况、侨务和民宗工作情况以及农村土地承包经营权确权登记颁证情况等开展调研。扎实开展种子法、福建省法治宣传条例、福建省违法建设查处条例、城市市容和环境卫生"一例一办法"等法律法规执法检查，推进政府依法行政、规范行权。

(廖兆祥)

### 建宁县第十六届常委会 2017 年人事任免表

表5

| 会　议 | 任 | 免 |
|---|---|---|
| 县十七届人大常委会第一次会议 | 1.陈华伟为建宁县人民政府副县长<br>2.钟宏华为建宁县人民政府副县长<br>3.黄允健为县政府办办公室主任<br>4.邱九园为发展和改革局局长<br>5.丁升为县教育局局长<br>6.罗辉武为县经济和信息化局局长<br>7.詹钟坤为县民宗局局长<br>8.江长青为县公安局局长<br>9.何升高县监察局局长<br>10.陈可辉为县民政局局长<br>11.吴登峰为县司法局局长<br>12.郑文为县财政局局长<br>13.姜景魁为县人力和社会资源保障局局长<br>14.邱春祥为县国土资源局局长<br>15.黄炜宇为县环境保护局局长<br>16.邓万明为县住房和城乡规划建设局局长<br>17.曾进发为县交通运输局局长<br>18.揭重阳为县农业局局长<br>19.吴建清为县林业局局长<br>20.柯国华为县水利局局长<br>21.黄渊兴为商务局局长<br>22.吴良森为县卫生和计划生育局局长<br>23.宁邦清为县审计局局长<br>24.吴跃仁为县安全生产监督管理局局长<br>25.艾炳隆为县统计局局长<br>26.邹晓英为县市场监督管理局局长 | 免去张亦景人民检察院检察员职务 |

续表5

| 会　议 | 任 | 免 |
|---|---|---|
| 县十七届人大常委会第二次会议 | 陈上赟为县检察院检察员、检察委员会委员、副检察长 | 免去温永平检委会委员、李锡庆检察员职务 |
| 县十七届人大常委会第五次会议 | 1.包东明为县法院执行庭庭长<br>2.陈琳为县法院立案庭庭长<br>3.谢建军为县法院民事审判第二庭庭长<br>4.杨香梅为县法院少年与家事庭庭长<br>5.钟庆阳为县法院生态环境庭庭长<br>6.杨铖为县法院执行庭副庭长 | 1.免去孔新光执行庭庭长<br>2.免去包东明立案庭庭长<br>3.免去陈琳生态环境审判庭庭长<br>4.免去谢建军民事审判第二庭副庭长<br>5.免去钟庆阳行政审判庭副庭长<br>6.免去刘建宁执行庭副庭长 |
| 县十七届人大常委会第六次会议 | 谢建中为县商务局局长 | 免去黄渊兴县商务局局长 |
| 县十七届人大常委会第七次会议 | 林雄为建宁县人民政府副县长 | 1.免去许伟的建宁县人民检察院检察员职务<br>2.免去肖玲芳的建宁县人民检察院检察员职务 |

2017年8月8日，省人大代表到建宁县调研　（黄平柳　摄）

# 建宁县人民政府

□ 编辑　艾玲朝

## 综　述

【概况】　2017 年，建宁县人民政府在市委、市政府和县委的正确领导下，坚持以习近平新时代中国特色社会主义思想为指导，深入学习贯彻落实党的十九大精神，围绕"再上新台阶·建设新建宁"工作部署，团结带领全县干部群众，迎难而上、改革创新、锐意进取，实现经济社会平稳较快发展。全年完成地区生产总值 99.36 亿元，增长 8.1%；规模以上工业增加值 30.87 亿元，增长 8.5%；农林牧渔业总产值 31.57 亿元，增长 5.19%；地方公共财政收入 3.18 亿元，增长 6.1%；固定资产投资 131.52 亿元，增长 17.4%；社会消费品零售总额 24.12 亿元，增长 11.8%；实际利用外资 1107 万美元，增长 8.7%；城镇居民人均可支配收入 26647 元，增长 9.7%；农村居民人均可支配收入 14094 元，增长 9.7%。2017 年，建莲、黄花梨通过国家级农产品地理标志评审，溪源明笋成为全国登记农产品地理标志产品，源华林业被认定为第三批国家林业重点龙头企业。建宁县再次获评全省县域经济发展"十佳县"。

【现代特色农业凸显】　2017 年，建宁县以国家农村产业融合发展试点示范县为抓手，大力发展"五子"（莲子、梨子、桃子、种子、无患子）产业。杂交水稻制种"育繁推"一体化体系更加完善，现代种子产业园、果子产业园列入省级现代农业产业园创建名单。建莲多业态复合型示范园列入全省申报第一批国家农村产业融合发展示范园创建名单，贡莲小镇列入全省第二批特色小镇创建名单。积极打造"两桃一梨"示范基地，欧洲风情生态创意产业园、里心花果山等休闲观光果园。示范推广"荷花蟹"养殖 1000 亩，启动上黎、竹薮生态牧场建设。

【工业转型升级】　2017 年，建宁县实施投资千万元以上工业重点项目 35 个，完成投资 10.5 亿元。明一国际生态高新科技产业园快速推进，1 号、2 号厂房完成主体施工；源容公司引入融辉集团增资 9000 万元，无患子液态产品开发步伐加快；铙纸集团与青纸集团战略合作，成立青铙山新材料有限公司，新上"引线纸"项目；兴辉食品果汁饮料及农副产品加工、三泉复合包装材料生产等一批工业项目竣工投产。出台建宁县工业经济稳增长 6 条、进一步降低实体经济企业成本 11 条等政策措施，解决企业融资、成本、市场等难题 60 个，协调企业周转资金 3.6 亿元，落实园区企业资产按揭贷款 6450 万元，带动全年增贷 6.27 亿元，有效稳住工业发展大盘。

【三产提速增效】　2017 年，县政府推进国家全域旅游示范区创建，加快闽江源生态旅游区、西门莲塘、闽江源头拜水溯源等项目建设，濉溪镇被命名为 2017 "中国慢生活休闲体验镇"，修竹村获评全省"二十佳特色旅游村"。举办第二届"为荷而来"中国建莲文化旅游嘉年华系列活动，承接红色教育异地培训 103 期 5000 余人次，持续唱响"清新花乡·福源建宁"

品牌，游客接待量、旅游总收入分别增长 17.1%、18.7%。成功申报闽江源森林特色小镇，闽江源国家湿地公园(试点)通过国家级专家组评审。实施"互联网＋"建莲产业区域化链条化试点、农产品网货集散中心改造等项目，建成 O2O 示范街区（二期）工程，实现电商交易额 17.2 亿元、比增 73.1%。

**【"五个一批"项目推进】** 2017年，县政府实施挂图作战、竞赛PK、"周碰头、月督察、季点评"等机制，大力推进"五比五晒"项目竞赛活动，269 个"五个一批"重点项目完成投资 68.3 亿元，占年度计划的 101.5%。甘家隘风力发电、国家级种子产业园、闽江源头拜水溯源 PPP 等 73 个项目新开工建设，均伊公路等 70 个项目建成投入使用，浦梅铁路、莆炎高速公路建宁段等一批重大项目进展顺利。一季度获省上"五个一批"正向激励前期经费 100 万元，年终在全市"五比五晒"项目竞赛活动考评中获一等奖。

**【招商引资创新高】** 2017年，县政府把握省纪委和"5+1"单位挂钩帮扶机遇，进一步强化对接、积极沟通，共争取上级各类项目资金 16.29 亿元，创历史新高。其中 29 个省纪委挂钩帮扶项目争取到位或部分到位资金 7.68 亿元。实施"走出去、引进来"战略，成立六支招商小分队，落实"一个项目、一个领导、一支队伍、一个方案"的服务机制，围绕"五子"产业、特色食品加工等重点产业链大力推进建商回归、以商招商，先后在北

京、福州、南京、漳州等地举办专场招商推介会，推动新三和冻干食品、澳门新大陆跨境电商等 74 个项目顺利签约，总投资 63 亿元。

**【宜居环境建设】** 2017 年，县政府进一步城市完善功能，推进荷花路、闽江源路、东山公园等城区重要节点绿化花化彩化，实施荷花东路、荷塘北路、建莲南路改造提升及"一河两岸"休闲健身步道、夜景提升等市政工程，建成河南西路、水南片区公共停车场，新增泊车位 164 个。启动餐厨垃圾无害化处理项目建设，完成城区生活垃圾填埋场（三期）扩建。实施雨污分流，新建及改造排水（污）管网 16 公里。完善数字化、网格化城市管理平台，大力开展交通秩序、"两违"等专项整治，持续提升城市建管水平。乡村面貌不断改善。实施新一轮"千村整治、百村示范"工程，完成 13 个美丽乡村建设，加快推进河东经圳头至高峰清新花乡赏花带、城区经修竹至岭腰闽江正源特色景观带建设。里心、均口、黄坊污水处理厂及配套管网开工建设，启动 40 个行政村污水治理。全面实行"村收集、乡（镇）转运、县处理"的垃圾处理模式，在黄坊乡等乡（镇）试点将全乡河道、公路、居民点等环境卫生保洁工作整体外包给服务公司，加快推进行政村垃圾治理常态化和保洁专业化。

**【生态优势凸显】** 2017 年，县政府积极打造生态文明建设建宁样板，全年空气质量优良率达 100%，位居全省前列，连续三届入围全国

"百佳深呼吸小城"榜单。全面深化"河长制"，开展生态治水五项攻坚行动，水源地饮用水质达标率始终保持 100%，地表水质保持 III 类及以上标准，成功列入福建省"第二批综合治水试验县"。

**【脱贫攻坚稳步开展】** 2017年，县政府推进建莲、制种、电商、荷花蟹等产业扶贫，落实贫困户脱贫增收项目 3288 个，增强"造血"功能，推广量化折股投资水电企业、整合项目资金发展光伏产业等方式，新培育村财增收项目 25 个，实现每个贫困（空壳）村至少有 1 个稳定增收项目。扶贫重点工作有序推进，累计发放扶贫小额信贷 3908.5 万元，落实造福工程易地扶贫搬迁 1201 人。顺利完成 1 个市级扶贫开发重点乡（黄埠乡）摘帽、25 个建档立卡贫困村及 5 个空壳村、2773 个贫困人口退出的年度脱贫任务。扶贫工作成效居全市前列，全省农村电商助力精准扶贫推进会和全市脱贫攻坚现场会在建宁召开，"量化折股"扶贫模式在"习近平新时代中国特色社会主义思想研讨会暨 2017 年第四届国家治理高峰论坛年会"上获评"2017 精准扶贫十佳典型经验"。

**【民生事业协调发展】** 2017 年，县政府持续增加民生投入,民生支出占财政总支出的 79%。坚持教育优先发展，实验幼儿园新校区建成投入使用，第二实验幼儿园启动建设。深化"三医联动"改革，组建县总医院和乡（镇）分院，县域内就诊率明显提高。做强县医院龙头，启动实施县医院整体搬迁项

目。推广社区居家养老服务，社区养老服务日间照料中心建设有序推进。实施保障性安居工程，完成棚户区改造76套、农村危旧房改造123套。加快推进公共文化网络全覆盖，荣获创建国家公共文化服务体系示范区品牌项目创新奖，水尾村、桂阳村获评第二批"中央红军村"，水尾村同时获评省级传统村落。社会保障不断完善，农村低保连续提标，企业职工养老保险和工伤保险持续扩面。

【简政放权】 2017年，县政府持续深化"放管服"改革，大力推进并联审批、集中审批、容缺审批模式，推广周末无休、"窗口无否决权"，公布第一批"最多跑一趟"办理事项146项，进一步精简行政许可、中介服务、前置审批事项，精简率分别达47%、39%、35%，审批平均承诺时限压缩至法定时限的60%，审批当日办结率达85.7%。

## 县政府常务会议

【第一次常务会议】 2017年1月6日，县长陈显卿主持召开县政府常务会议，研究闽江源旅游集团公司申请银行贷款事宜，审议《建宁县旅游基础设施综合开发PPP项目合同（送审稿）》《建宁县旅游基础设施综合开发PPP项目股东协议（送审稿）》。

【第二次常务会议】 2017年1月20日，县长陈显卿主持召开县政府常务会议，研究县政府与中国绿化基金会开展战略合作有关事宜，审议《2017年建宁春季"乐享森林·花海跑"活动方案（送审稿）》《建宁县行政审批事项清单动态调整管理办法（试行）（送审稿）》。

【第三次常务会议】 2017年2月15日，县长陈显卿主持召开县政府常务会议，研究兑现明一国际营养品集团有限公司奖励金、明一宏业电子商务有限公司2016年度税收奖励、收购华阳公司林木资产、气象作业专项经费、干部人事等事宜，审议《建宁县2016年制种大县奖励资金使用方案（送审稿）》。

【第四次常务会议】 2017年3月6日，县长陈显卿主持召开县政府常务会议，研究收购施园才联营山林村级股权、增加科技工作经费、处置县政府原驻邵办事处资产等事宜，审议《建宁县全面深化河长制实施方案（送审稿）》《建宁县2017年荷蟹养殖实施方案（送审稿）》。

【第五次常务会议】 2017年3月20日，县长陈显卿主持召开县政府常务会议，研究县市政工程公司股权变更及要求县国资公司注资、建宁县旅游大厦和国有林业经营管理中心规划条件变更、清理以前年度专项资金结存资金、公务用车服务平台建设相关费用等问题，审议《莆炎高速公路（建宁段）征地拆迁补偿安置实施方案（送审稿）》《建宁县禁柴改燃试点工作方案 （送审稿）》

国绿化基金会开展战略合作有关
《2017年建宁县政府工作要点（送审稿）》《进一步加强乡（镇）林业站建设实施意见（送审稿）》《2017年县直行政事业单位经费预算安排方案（送审稿）》。

【第六次常务会议】 2017年4月10日，县长陈显卿主持召开县政府常务会议，研究迎接中央环保督察、兑现明一国际营养品集团有限公司有关优惠政策、建宁县斗埕工业园区两宗闲置土地处置等问题，审议《建宁县农村生活污水垃圾治理工作方案（送审稿)》，传达全市医改工作现场会精神。

【第七次常务会议】 2017年4月24日，县长陈显卿主持召开县政府常务会议，研究污泥安全处置项目污水处理服务费调价、福建省兴辉食品有限公司退城入园所得税缴交、闽江源生态旅游区登山步道提升改造、建宁县医院建设项目融资、干部人事及处分等问题，审议《建宁县"十三五"消防事业发展专项规划（送审稿)》《建宁县河长制工作目标责任考评办法（送审稿）》《建宁县改进耕地占补平衡推进土地整治工作2017年实施方案（送审稿）》《建宁县2017年度烟叶生产工作意见（送审稿）》《2017年种子产业发展工作方案（送审稿）》《建宁县莲子产业双创示范基地上级专项资金使用方案（送审稿）》《建宁县医院项目建设用地征地补偿安置实施方案（送审稿）》《建宁县总医院组建工作实施方案（送审稿）》。

【第八次常务会议】　2017 年 5 月 31 日，县长陈显卿主持召开县政府常务会议，研究协调解决乡（镇）污水处理厂建设模式、2017 年重点流域生态补偿金安排、调整部分 2016 年新增地方政府债券资金安排、农村公路养护配套资金及灾毁保险资金列入县级财政预算、有关人事等问题，审议《落实"三严、四限、六禁"加强森林资源保护工作的实施意见（送审稿）》《建宁县农村生活垃圾收集转运系统建设工作实施方案（送审稿）》《建宁县城区餐厨废弃物资源化利用和无害化处理工作实施方案（送审稿）》《促进总部经济发展实施办法（送审稿）》。

【第九次常务会议】　2017 年 6 月 8 日，县长陈显卿主持召开县政府常务会议，研究协调"放管服"改革项目清单调整、促进 2017 年工业经济稳增长、推进数字建宁地理空间框架建设、县医院项目建设等问题，审议《建宁县道路交通安全综合整治"三年提升工程"2017 年工作考评方案（送审稿）》《建宁县拟命名更名的地名方案（送审稿）》《建宁县"十三五"加快残疾人小康进程规划纲要（送审稿）》。

【第十次常务会议】　2017 年 7 月 5 日，县长陈显卿主持召开县政府常务会议，研究扩建福建省对台慈航文化交流基地、建宁县铁路及高速公路建设临时用地占用基本农田复垦、浦梅铁路建宁南站站前广场、通站道路和地方

代征项目用地征收、县医院 EPC 工程总承包招标及项目监理招标、县医院用地报批、划转坪岗酒店使用权、县第二实验幼儿园项目建设方式、干部人事处分等事宜，审议《2017 年度市对县绩效管理考评工作方案（送审稿）》《建宁县 2017 年事业单位公开招聘工作人员实施方案（送审稿）》，研究《十届建宁县政协常务委员会关于提升美丽乡村建设水平的建议案》。

【第十一次常务会议】　2017 年 7 月 26 日，县长陈显卿主持召开县政府常务会议，研究建宁南站站房综合楼扩容建设、兑现明一国际营养品公司有关优惠政策、新增视频监控点联网建设、县公安局增加警务辅助人员、建立优质建莲防伪溯源体系和打击假冒建莲专项执法、上半年经济运行形势、开展全县安全生产大检查等问题，传达贯彻全省、全市食品安全工作会议精神，审议《建宁县 2017—2019 年交通建设攻坚行动方案（送审稿）》。

【第十二次常务会议】　2017 年 7 月 31 日，县长陈显卿主持召开县政府常务会议，研究闽源电力公司增加注册资本金及成立售电公司、2017 年新增地方政府债券资金安排等问题，审议《建宁县打造廉洁示范工程管理办法（送审稿）》。

【第十三次常务会议】　2017 年 8 月 25 日，县长陈显卿主持召开县政府常务会议，研究创建"福建

省综合治水试验县"竞争立项、确定翔飞变 10KV 明一双回线路等工程代建、开展第 33 个教师节庆祝表彰活动、拨付莆炎高速公路（建宁段）建设项目县级资本金等事项，通报全县"五比五晒"项目开展、向上争取项目资金支持等情况，传达贯彻全市中央环保督查情况反馈会议精神，审议《加快城乡民生基础设施建设实施意见（送审稿）》《加快养老事业发展实施意见（送审稿）》《加快医疗卫生事业发展实施意见（送审稿）》《加快教育事业发展实施意见（送审稿）》。

【第十四次常务会议】　2017 年 9 月 12 日，县长陈显卿主持召开县政府常务会议，研究解决不动产登记存量数据（中心城区）整合工作经费、干部人事处分等事项，审议《关于进一步降低实体经济企业成本的实施办法（送审稿）》《2017 年土地整治增减挂钩考评办法（送审稿）》《商品住宅专项维修资金使用方案（送审稿）》。

【第十五次常务会议】　2017 年 9 月 29 日，县长陈显卿主持召开县政府常务会议，研究调整建宁县翔飞工业发展投资有限公司为福建铙山纸业集团有限公司贷款担保合同期限内还款计划事项。

【第十六次常务会议】　2017 年 10 月 20 日，县长陈显卿主持召开县政府常务会议，研究解决铙山纸业重组、城区餐厨垃圾无害化处理项目建设、分配 2016 年和 2017 年省级扶贫开发重点县基本

农田保护补助资金、调整完善《建宁县基本农田保护补助资金使用管理办法》、审定国省干线纵八线建宁福新至长吉公路PPP项目合同、调整甘家隘风电场项目征地标准、返还明一公司办理土地使用权出让所缴纳各项费用、明确向福建闽江源建设发展有限公司派驻人员及注资等事项，审议《建宁县管道燃气特许经营权招投标实施方案（送审稿）》《建宁县乡（镇）农村生活污水处理PPP项目实施方案（送审稿）》《建宁县加强重点建设项目弃渣管理的规定（试行）（送审稿）》《十届建宁县政协常务委员会关于全面推进国家生态文明建设示范县创建的建议案》。

【第十七次常务会议】 2017年11月2日，县长陈显卿主持召开县政府常务会议，研究前三季度经济运行形势、调整扶贫小额信贷风险担保金、禁毒工作等有关事宜，审议《建宁县贫困户扶贫小额信贷资金集中投资闽源电力实施方案（送审稿）》《建宁县将屯小学、闽江源幼儿园、溪口中心幼儿园项目建设用地征地拆迁补偿安置实施方案（送审稿）》《建宁县属国有林场组建方案（送审稿）》。

【第十八次常务会议】 2017年11月12日，县长陈显卿主持召开县政府常务会议，研究拍卖出让建宁县水南片区I-43北侧地块国有建设用地使用权和县工人文化宫建设事宜。

【第十九次常务会议】 2017年11月24日，县长陈显卿主持召开县政府常务会议，研究莆炎高速公路建宁西互通连接线项目施工图设计和勘察费用、招聘反邪教协理员及选任反邪教宣传员、国有企业办市政及社区管理等职能分离移交、县直部门权力清单和责任清单融合、人事等有关事项，审议《建宁县进一步扶持建筑业发展壮大若干规定（送审稿）》《建宁县乡村医生养老保障实施意见（试行）（送审稿）》《建宁县规范公安机关警务辅助人员管理工作实施方案（送审稿）》。

【第二十次常务会议】 2017年12月16日，县长陈显卿主持召开县政府常务会议，研究建宁县新一轮城镇（乡）基准地价修订、建宁县城市燃气管道特许经营协议、建宁县闽江源路"白改黑"、将屯小学、工人文化宫等项目建设、建宁经宁化至长汀高速公路前期工作、建宁县城投公司收取项目代建管理费、调整2017年县本级行政事业单位经费预算及干部处分等事宜，审议《2017年政府工作报告》《2017年国民经济和社会发展执行情况和2018年国民经济和社会发展计划（草案）报告》《建宁县2017年财政预算执行情况和2018年财政预算（草案）的报告（送审稿）》《建宁县2017年中央专项彩票公益金扶贫项目实施方案（送审稿）》《建宁县建设生态文明试验区——国家储备林质量精准提升工程PPP项目实施方案（送审稿）》。

## 县政府办工作

【概况】 2017年，建宁县人民政府办公室（简称县政府办）深入学习贯彻党的十八大、十八届历次全会和党的十九大精神，认真学习领会习近平新时代中国特色社会主义思想，推进"两学一做"学习教育常态化制度化，自觉践行党风廉政建设要求，内强素质、外树形象，立足服务领导、服务中心、服务基层，扎实做好综合协调，充分发挥参谋助手作用，为确保政府工作的高效运转和"再上新台阶、建设新建宁"提供有力保障。

【综合协调】 2017年，县政府办共筹办各类协调落实会议（含现场协调推进会）90余场。牢固树立全县工作一盘棋的思想，围绕县政府重点工作和日常运转，主动对上请示汇报、对下加强联系衔接，加强与县委、人大、政协办公室之间的联络协调，及时交流情况、沟通信息、衔接工作，进一步增强工作合力，保证政府工作高效运转。积极协调有关项目建设、土地征迁、城市建设、安全生产、金融风险防控等重点工作，有力地推动全县各项重点工作的进程，取得良好的工作效果。

【信息工作】 2017年，县政府办信息工作紧贴中央和省、市、县委、政府的中心工作，围绕大局、突出创新、挖掘特色、精益求精，充分履行信息综合、社情民意等信息服务职能，通过加强信息队伍建设、找准信息工作方向、加大信息报送力度、强化信息参考作用，为政府科学决策和落实工作提供全面、及时、准确地信息服务。全年与县委办联合编刊《建宁快讯》正刊20期，增刊32期，编发《扶贫简报》42期；采编报送省、市各级刊物信息503条，其中被采用71条（篇）次。

**【督查工作】**　2017年，县政府办始终注重工作实效，围绕县委、县政府中心工作，把加强工作的督促落实作为重要工作紧抓不放。助力"五比五晒"项目建设，每季度定期开展督查督办。全年承办市政府交办督办事项31次，转办承办县人大代表建议、政协提案203件（其中人大代表建议96件，政协提案107件），问题解决率66.2%，代表、答复率100%；转办承办市政府领导批示件7件，办结率100%；承办县长重要批示件4期，对90件县长批示件进行了跟踪督办，就有关问题的贯彻落实下发刊发《督查反馈》30期。

**【后勤保障】**　2017年，县政府办全面落实中央"八项规定"，本着过紧日子的思想，以"保运转，促工作"为目标，量力而行、尽力而为，坚持厉行节俭、减少开支的原则，严格报账审核流程，严控财务支出关，严把财务管理纪律关，勤俭持"家"，杜绝浪费。积极配合县车改办完成公务用车制度改革，严格按照用车制度，合理车辆调度，加强对车辆

驾驶人员的安全教育和知识培训，确保车况良好和安全行车。严格落实公务接待制度、严格落实党政干部因公出（境）报备制度。

**【网站建设】**　2017年，建宁县人民政府门户网站围绕"信息公开、网上办事、公众参与"三大功能，对现有网站进行栏目调整、内容补充和软硬件整改。县政府拨款10万元经费用于县政府网站加入市政府网站统一技术平台，并将每年网站维护费用列入预算。县政府网站现有1名专职人员和1名临时外聘人员，负责网站管理、内容发布等网站建设相关工作；各部门确定办公室主任为网站第一责任人，并配备专职或兼职人员负责网站日常信息收集、上报。认真做好在线访谈栏目，在线访谈邀请相关乡（镇）和县直单位共制作7期在线访谈，进一步增强政府部门和公众的互动性。及时更新动态政务信息。每天第一时间发布重要信息、重要活动、重要文件、重大政策等信息，通过文字和图片的形式在网上进行同步解读。全年网站共采用各类信息3353条，其中聚集莲乡栏目378条、政务信息栏目892条、莲乡动态栏目963条。

**【电子政务】**　2017年，建宁县数字建设办公室具体承担县政府门户网站规划、建设、管理工作，县数字办为县政府办下设参公事业单位，现有编制6名，在编人员2人，实际工作人员2人（2017年新招录2人）。建宁县政府门户网站紧紧围绕政府政务公

开要求，设有动态与公告、走进建宁、信息公开、网上办事、招商引资、公众参与、与民交流、在线办事、专题专栏等9个主栏目。在县政府网站上公布了政府各部门的《信息公开目录》《信息公开指南》，让政务信息公布于民。并在首页链接建宁县12345服务平台、咨询求助、网上调查、建言献策等通道，为群众投诉、反映情况开辟了绿色通道和"直通车"。在网上开展了最美人物评选等互动活动，引起了广大网友的关注和参与。

# 外事侨务工作

**【概况】**　2017年，建宁县人民政府外事侨务办公室（简称县外侨办）在省市外事、侨务部门的指导下，围绕县委、县政府的中心工作，主动作为，积极服务于外事、侨务各项工作，取得较好的成效。

**【外事工作】**　2017年，县外侨办加强因公出国（境）管理，为文鑫莲业、龙威生物科技有限公司2家重点出口型企业出国（境）的中高层管理人员，办理多次往返港澳通行证续签，提供快速便捷的服务。全县APEC商务旅行卡办理4本。

**【侨务工作】**　2017年，县外侨办积极开展下访活动，加强涉侨法律法规和政策的宣传，继续做好送政策、送医疗下乡服务等工作；配合县侨联开展侨情调查，

建立困难归侨、侨眷情况、侨企情况等资料库；认真做好侨务信访工作，对来信来访进行逐一登记，及时帮助协调有关部门进行处理反馈，维护侨胞侨属的合法权益；做好扶贫济困工作。落实上级有关政策，继续做好散居农村无房困难归侨户的摸底核实、困难归侨生活补助资金发放，以及困难归侨、侨眷和侨企困难职工的走访慰问和扶贫济困工作。做好《建宁华侨史》的修改审核。对《建宁华侨史》进行修改完善以及审校工作。认真开展侨捐项目信息库建设工作。对侨捐项目进一步收集、整理、汇总工作，确保做到不遗漏。2017 年，为建宁县第二中学和智华中学争取到侨胞陈祖昌捐款合计 50 万元，用于学校图书馆建设。

## 金融工作

【概况】　2017 年，建宁县人民政府金融工作办公室（简称县金融办）深入贯彻落实中央、省、市金融工作会议精神和各项金融政策，以改革创新为动力，积极作为、主动靠前，为全县经济持续平稳发展提供了有力的金融支撑。围绕市所下达的任务，率先在全市范围内将不良率压降在 2% 以内，实现"双下降"。2017 年，全县各银行业金融机构不良贷款 6576 万元，比年初减少了 2660 万元，不良贷款率从 3.26% 下降到 1.82%，比年初下降了 1.06 个百分点，在全市从低到高排行第二位。全年累计有效化解不良贷款总额 20882 万元，其中以现金清收 4785 万元、转化 66 万元、核销 10537 万元、其他 5495 万元。

【金融风险防控】　2017 年，县委、县政府始终将全县金融风险防控工作作为重点工作推进，出台了《建宁县进一步提升金融服务水平防控金融风险的工作方案》等系列文件。加大防控化解力度，重新梳理了一批已经形成或者即将进入不良的重点企业（或系列）贷款，实行"四个一"工作机制，即"一个风险企业、一位县处级党政领导挂包、一个专项工作小组、一个帮扶化解方案"，将梳理的项目列为重大难题破解内容由牵头县领导和责任单位进行重点攻关。成功化解了福城房地产、闽赣汽贸等历史遗留问题，涉及不良贷款 4583 万元。关注类贷款从年初的 7.16 亿元降至 4.32 亿元，降幅达 65.64%。成功化解华新食品及股东系列贷款、旅游大厦等关注类贷款劣变，涉及金额 4000 余万元。2017 年，公布了首批恶意逃废债务人员"黑名单"，涉嫌拒执罪 1 起、信用卡诈骗 4 起。梳理出 193 个公职人员不良贷款 1651 万元，通过约谈督促其还款或制定还款计划。

【服务实体经济】　2017 年初，建宁县通过向县域内各银行业机构颁发责任状，压实增贷任务。多次组织县内银行与文鑫莲业、莲蓉集团、裕芳粮食加工等企业开展对接，共帮助 37 家企业协调资金 3.6 亿元。一企一策，全力

帮扶企业渡难关。全年共帮助铙山纸业、三泉铝塑、兴辉食品等 10 家企业协调临时周转资金 8360 万元。大力推行园区企业资产按揭贷，推进园区企业资产按揭贷款模式向第三产业和园区外企业延伸，不断增加合作银行数量，扩大贷款规模。全年累计发放园区企业资产按揭贷款 6230 万元，比去年新增 6010 万元，实现了较大的突破，惠及 8 家企业，并由双创资金发放贴息 29.23 万元。2017 年，全县各银行业金融机构各项存款余额为 74.26 亿元，比年初增加 6.02 亿元；各项贷款余额为 36.16 亿元，比年初增加 4.06 亿元；存贷比 48.69%，比年初增加了 2.72 个百分点，有力支持县实体经济的发展。

【推进金融改革】　2017 年，建宁县积极开展农村金融改革试点。以建宁县溪源乡为改革试点乡，溪源乡已实现信用乡（村）全覆盖，各项贷款余额达 1.2 亿元，引导银行机构加大对"三农"信贷支持。推出了"福田贷"，为 362 户农户发放贷款 2052 万元，保障了莲农、烟农、制种农的资金需求。推进绿色金融发展。充分利用森林资源的天然优势，推行"福林贷"行政村全覆盖，盘活林业资产，让资源变资本，确实解决林农"融资难"、银行"难贷款"等问题。全县 92 个行政村已成立 94 个林业专业合作社，设立林业担保基金 91 个，发放 550 笔贷款 6418 万元，是三明全市除试点县外发放最快的县。做好金融精准扶贫工作，全力推进金融

精准扶贫示范县创建，打造无缝式金融扶贫链。全县建立2个金融扶贫示范乡，3个金融扶贫示范村和6个金融扶贫示范企业，各类精准扶贫贷款金融为1.69亿元，共扶持建档立卡贫困户921户。2017年，全县涉农贷款余额28.2亿元，同比增长12.98%，其中农户贷款发放16.08亿元。

# 信访工作

【概况】　2017年，建宁县信访局全面推动"阳光信访、法治信访、责任信访"建设，营造和谐稳定的良好社会环境，全县信访总量呈明显下降态势。全省、全国"两会"、金砖国家领导人厦门会晤以及党的十九大会议期间，建宁县没有人员越级上访，受到市信访联席办充分肯定。安保信访工作有序推进，实现了"四下降一好转"（即信访总量、群众进京非访、赴省和到市上访下降，信访秩序持续好转）。全年共受理群众信访件100批348人次，集体访18批208人次，县党政主要领导共接访58批208人次。受理"12345"便民服务平台诉求1147件，同比大幅度上升，群众网上信访的意识明显增强。

【信访责任落实】　县委、县政府高度重视信访工作，主要领导经常听取信访工作汇报，研究解决信访工作中存在的问题。县委主要领导深入建宁县伊家乡沙洲村了解黄水龙积案化解情况，对12345便民服务平台群众反映问题做出指示，县政府主要领导多次对征地拆迁、交通事故等方面的热点难点信访问题提出要求。严格落实信访工作责任制，将信访工作列入全县综合考评范围，层层下达信访工作责任制。扎实推进县委、县政府主要领导每月15日定期接待群众来访活动，其他县处级以上领导主动接访，有效化解了一批信访突出问题。

【源头信访预防】　积极开展"三大"（大排查、大化解、大整治）活动，通过制定方案，推动活动深入开展。对排查出来的苗头性、倾向性、突发性问题，及时向乡（镇）和县直部门通报，职能部门按照依法处理信访事项"路线图"，做好化解稳控工作。2017年在元旦、春节、全国"两会"、"一带一路"、金砖国家领导人厦门会晤、党的十九大会议期间等特殊敏感时期，开展不定期的信访矛盾排查，排查出各类矛盾纠纷63件次，县领导与相关单位及时就地解决群众合理诉求，化解了一大批突出信访问题。建宁县已连续多年保持在各级重大活动期间无到市到省进京非正常上访。注重"三无"（无越级进京上访、无进京非访、无到省市集体上访）创建。坚持把开展创建"三无"乡（镇）、村活动摆上重要议事日程，对各乡（镇）、县直单位活动开展情况适时跟踪，每季度一通报，并作为年终考评依据。

# 行政服务

【概况】　2017年，建宁县行政服务中心管委会（简称县行政服务中心）落实"马上就办"，按照"简政放权、放管结合、优化服务"的工作要求，正确把握标准化与特色化、实体化和网络化、规范化和人性化三个关系，不断强化集中、效率和创新三个理念，着力提升示范带动、协调沟通、督查落实三个能力，持续推进行政服务机制体制改革创新，为加快建设福源建宁营造更加优良的政务环境。2017年被三明市总工会评为"模范职工小家"，全县办理审批业务30241件，制作、获取的政府信息总数为2537条，完成进场各类公共资源交易223宗。

【服务平台建设】　2017年，县行政服务中心购置近3200平米闽赣汽贸城新业务用房，已完成二次装饰装修的招投标。按照标准化建设要求，全县所有9个乡（镇）、97个村（社区）均建成便民服务中心（便民服务代办点）。结合新业务用房搬迁，坚持"应进必进"原则和审批服务"三集中"要求，推动具有审批服务职能的部门单位和事项（除涉密事项外）入驻县中心。

【行政审批服务】　2017年，县行政服务中心精减办理事项收件材料，全年精减审批事项61项，精减审批材料89个，精减率10.6%。规范审批服务的时限环节和审查工作细则。压缩办理时限，全县共403项审批服务事项，其中356项审批服务事项的法定时限由原先的6478工作日，压缩3649个工作日，压缩比例达56.3%。减少办事环节，再造和优化审批服务事项流程事项数118项，个别复杂事项的审批服务流程统一整合为"受理、审查、决定"3个环节，总体上办件实行"一审一核"两环节制和当场办结制，并规范审批特殊环节。落实"一趟不用跑"和"最多跑一趟"办事清单。已公布建宁县第一批92项"最多跑一趟"、第二批86项"一趟不用跑"、202项"最多跑一趟"办事清单，占总事项数的71.5%，转化率42.5%。开展"减证便民"专项行动。取消各类奇葩证明材料共52项，其中：无法律依据取消的23项；实现部门间信息共享并取消的9项；通过行政部门主动调查核实取消的13项；采取申请人书面承诺取消的5项；通过提交有效证件取消的2项。

【推行周末轮班办事制度】 2017年，县行政服务中心按照市县统一部署，在全县窗口单位推行实施便民服务事项周末无休和项目审批服务事项周末预约无休制。县效能办、行政服务中心通过政府门户网站、微信等平台发布宣传信息，提高公众知晓率，并组成专项督查小组，加强对窗口单位落实周末无休制情况的督促检查，有效推动这一机制的落实，方便企业和广大群众周末办事。2017年，全县周末无休日办件量达7923件，周末无休日办件量占办件总量的4.41%左右，极大地方便企业和群众办事。

【网上审批服务】 2017年，县行政服务中心建立审批服务电子证照库。配合县数字办，督促各职能部门将本单位存量纸质证照转换为电子证照，全部录入电子证照库，推行在行政审批中能调用电子证照的，不再要求办事企业群众提供纸质证照。推进智能审批和全程网办。督促审批服务单位将全部审批事项进驻网上办事大厅，自建系统单位依照市县网上办事大厅提供的接口标准，开发自建系统与网办系统接口，打通网上办事大厅与部门自建系统数据共享瓶颈，实现数据互联互通，解决二次录入问题。推进网上办事向乡镇延伸。统一安装部署乡（镇）网上办事系统，打造社区15分钟便民服务圈，开辟24小时自助服务区，已组织乡（镇）清理规范网上办事服务事项，将事项在网上录入。

【公共资源交易】 2017年，县行政服务中心进一步转变工作作风，提升服务效能。重点配合做好与市级交易平台对接整合成统一的公共资源交易平台的前期工作。对入驻县行政服务中心的中介服务综合窗口的125家中介机构实行挂牌入驻，备案登记，统一管理，鼓励中介机构开展服务比选，促进中介机构为项目靠前服务、提升服务。按照市里的统一部署，新建电子招投标系统，添置相关设施设备，推进市政、水利、房建及交通等项目的电子招投标。2017年，进入中心的各类交易223宗，交易宗数同比增加-7.85%，交易总金额69311.55万元，同比增加86.35%。223宗各类交易中：工程建设110宗，中标金额59287.42万元，节支5909.2万元；政府采购106宗，中标金额885.87万元，节支49.66万元；产权交易4宗，交易额72.26万元，增收1.74万元；土地招拍挂3宗，中标金额9066万元，增收3990万元。

【政府信息公开】 2017年，县行政服务中心认真落实福建省政府《关于认真贯彻施行福建省政府信息公开办法的通知》精神，深入推进政务公开、政府信息标准化建设，将政务公开工作列入"建绩效工程，创三优单位"考核考评内容，稳步推进全县政府信息公开工作，促进权力规范运行。印发政务公开工作主要任务分解表，突出抓好重点领域、行业的信息公开，明确部门单位职责任务，开展政务公开第三方评估等等。2017年，全县政府信息公开2537条，其中：主动公开2424条；依申请公开35条；不予公开78条。

## 机关效能建设

【概况】 2017年，建宁县机关效能建设领导小组办公室（简称县效能办）认真学习领会习近平总书记系列重要讲话精神和治国理政新理念、新思想、新战略，为全面完成省、市、县经济工作会议明确的任务目标，在全县范围内形成大力弘扬"马上就办、真抓实干"工作氛围，扎实推进"解难题、促落实"攻坚行动落到实处、取得成效，强化督查督办，深化绩效管理，在提升服务水平上下功夫，以强力的问责倒逼机制促进各级各部门履职尽责。全年受理效能投诉件10件，办结10件，办结率100%。

**【效能督查】** 2017年，县效能办对签约项目、动工项目、投产项目情况跟踪督察，特别是对列入省市重点项目的，进行重点督查督办，推动项目有序推进，促进项目有效接续。对于每月在项目竞赛攻坚活动中最后一名的项目团队，责任单位要向县委县政府做出书面说明，并对连续倒数第一名的责任领导、责任单位予以严肃问责。全年共通报滞后项目58个（次），效能问责2人。脱贫攻坚方面。采取督查到户、明察暗访、电话抽查等形式，对扶贫政策落实兑现、干部进村入户、项目落地等情况开展经常督察，保证扶贫项目、政策落细落实。体制机制创新方面。以"机制活"为牵引，推动重大改革举措落细落实，重点督查企业技改升级、房地产去库存、金融风险防范、"放管服"改革等的落实情况，及时发现好经验好做法并加以推广。全年共组织各类督查80余次，发出预警函50个，对18名干部进行约谈，对11名干部进行效能问责，有效推进全县各项重点工作的顺利完成。

**【效能服务】** 2017年3月以来，县效能办按照省市统一部署，推行周末轮班办事。全县窗口单位推行便民服务事项周末无休和项目审批服务事项周末预约无休制，并通过政府门户网站、微信等平台发布宣传信息，全年周末无休办件量达7923件。大力推行一次办结。在即办制度和限时办理承诺制度的基础上，要求审批部门建立审批和服务事项一次办结机制，做到一次递件、即时审查、一审一核，有效降低群众办事成本。大力推行联审联办。实行分阶段会商会审、跨部门联动审批，对涉及多部门办理的事项，明确每个联审联办事项的牵头部门居中协调，其他部门积极配合，对不予配合的要求坚决问责处置。推行县重点项目全程代办。特别是围绕服务"明一生态乳业"重点项目开展全程代办。

**【受理效能投诉】** 2017年，县效能办做到用制度管事、按制度办事，切实转变全县干部工作作风。及时受理群众提出的效能投诉、民生诉求、政务投诉件，规范投诉办理，用好3980253效能投诉电话、12345政务服务平台，采取直查快办、联合办理、现场办公、"一事一通报"等方法，认真查办投诉案件。全年受理效能投诉件10件，办结10件，办结率100%，推动廉洁高效、勤政务实机关作风建设。

**【绩效考评】** 2017年，县效能办以创"三优"活动为开展政府绩效评估，推进行政管理体制改革和政府绩效管理的重要载体。把每一项绩效指标落实到责任单位，把绩效管理与履行职责、落实工作紧密结合，提高了全县干部依法履职、服务发展、为民办事的效率，营造了良好的绩效考评工作氛围。深入贯彻落实《政府绩效管理规范》，督促各级各部门深入推进绩效管理标准化建设，强化绩效监控。进一步健全责任分解落实、绩效奖惩等保障制度，定期分析全县绩效运行状况，加强对年度绩效指标落实情况的监督检查，督促各绩效考评指标完成责任单位按序时进度完成指标，提高绩效管理规范化水平。

## 机关事务管理

**【概况】** 2017年，建宁县机关事务管理局贯彻《机关事务管理条例》和《党政机关厉行节约条例》，认真做好县政府机关后勤服务工作，以及全县公务用车、办公用房、公务接待和公共机构节能管理等相关工作，进一步提高服务水平。

**【公务用车制度改革工作】** 2017年1月，县机关事务管理局采取多项措施加强公车管理，确保公务用车"规范、安全、节约、有效"，取得良好的成效。根据《三明市车改办关于做好涉改留车单位公务用车管理工作的通知》精神，各留车单位健全完善了车辆管理制度，并照章用车。截至4月30日，各留用车辆单位统一喷涂公务标识车辆59辆，公务用车平台统一喷涂公务标识车辆38辆，其中平台49辆公务用车已安装北斗定位系统。做好封存车辆的处置工作，对54辆需处置的参改车辆按规定程序进行鉴定评估并进行公开拍卖，公开拍卖全程由审计、财政等相关单位进行现场监督，拍卖总成交价160.14万元，扣除相关税费，共上缴国库148.56万元。严格执行公务用车更新程序，成立建宁县县直机关公务用车更新（大修）评估小组，公务用车更新执行最低更新年限和行驶里程。年内，更新中巴车1辆、商务车1辆、轿车3辆。

【公务接待管理】　2017年，县机关事务管理局严格执行《建宁县党政机关国内公务接待管理实施办法》，严格遵循"先审批、后接待、再报销"的程序，严管接待人数，严控接待支出，严把吃、住、行关，实行接待"统一管理、统一标准、统一报批"。指导、协调各乡（镇）、各部门按照公务接待管理办法开展公务接待活动，提升公务接待规范化管理水平。

【办公用房清理工作】　2017年，县机关事务管理局贯彻落实中办国办印发《党政机关办公用房管理办法》，进一步规范党政机关办公用房管理，推进办公用房资源合理配置和节约集约使用，保障正常办公，降低行政成本，促进党风廉政建设和节约型机关建设。对全县领导干部办公用房进行摸底排查，对其办公地点、单位性质、单位级别、编制人数、存在问题的人员数量和面积及办公用房使用情况进行再梳理、再统计、再汇总。对照国家发改委和住建部颁布的《党政机关办公用房建设标准》，对办公用房超标单位督促其进行整改，使办公用房清理工作落到实处。

【安全保卫工作】　2017年，县机关事务管理局始终把维护机关安全稳定作为首要任务，落实好安全生产管理责任，坚持集中整治与日常检查相结合的方针。对政府机关大院办公楼实行昼夜值班、巡防、查楼和监控，并组织开展各项安全大检查。加强消防安全。消防设施齐全，安全通道畅通无阻，每月进行一次消防器材检测、维护工作，对电梯等特种设备定期进行维护、保养、检查；落实安全用电措施，更新已老化线路。对办公楼、重要通道安装监控摄像头，并时时进行监控。投入5万元对视频监控增加硬盘容量，达到92天存储标准。加强政府机关大院的安全保卫工作，维护机关大院正常办公秩序，大厅安装一部与110联动电话，并投入经费4万多元，安装地下停车场车辆自动识别系统。

【机关后勤管理】　2017年，县机关事务管理局对办公区整体环境实行分类管理和定时跟踪，加大环境绿化长效管理，做好花圃的养护、修剪、补种。保洁工作通过招投标由中标保洁公司负责档案馆及办事服务中心和旧政府机关大院的保洁，确保垃圾日产日清，创造一个优雅洁净的工作环境。对会议室音响、灯光、监控室监控设备等设施进行维护保养，确保正常、安全。加强日常工作检查，确保办公区水、电、空调使用安全。做好全县大型会议和重大接待任务的后勤保障工作。在接待方式、方法和内容等方面不断推陈出新，积极创新服务，不断提高服务质量和保障水平。

# 政协建宁县委员会

□编辑　罗瑞忠

## 综　述

【建言献策】　2017 年，政协建宁县委员会（简称县政协）注重运用全会协商、议政协商、对口协商、调研视察等多种形式，积极参政议政。就加快脱贫攻坚、城市建设管理、民营经济发展、产业转型升级、公共卫生和人口资源、教育均衡发展、生态文明建设等重大问题坦诚建言，助力有关工作加快落实；就美丽乡村建设重点提案办理、全面推进国家生态文明建设示范县创建、深化医改工作等议题开展议政性专题协商，形成十届建宁县政协常委会 3 篇《建议案》，提交县委、县政府做决策参考。就闽江源头溪河流域环境保护、加快推进建宁果子产业科技创新、注重发挥异地商会作用、学前教育、公共租赁住房建设管理情况等课题进行了调研，组织委员对国家级杂交水稻种子示范基地建设、城区景观建设、《土地管理法》及相关法规执行、宗教场所管理等执行情况开展视察，形成调研视察报告，为县域经济社会发展献计出力。就"建莲文化提升""加大农业新型经营主体培育力度，加快推进全县农村一二三产业融合发展"等课题，与县直有关部门进行协商，推进协商民主建设进程。

【履职能力建设】　2017 年，县政协注重抓好提案征集、审查、立案、督办、反馈等各个环节的工作，创新提案督办机制，委员与提案办理单位面对面沟通，激发了委员撰写提案和部门办理提案的积极性和主动性。全年收到委员提案 109 件，经审查立案 107 件，经 25 个承办单位办理，107 件立案提案全部办复，其中：经济建设的提案 33 件，占 30.8%；文化建设的提案 21 件，占 19.6%；社会建设的提案 38 件，占 35.6%；生态文明建设的提案 15 件，占 14%。承办单位反馈全部采纳或部分采纳委员建议的有 104 件，采纳率 97.2%。委员对提案办理反馈意见的 102 份，满意或基本满意率 95.3%。开展提案办理情况视察和督办工作，由县政协领导分头带队，县政府督查室和政协委室主任、提案人组成视察组，对所有立案的提案进行办理情况全视察，一件不落。依托《建宁政协》，把未完全办理落实的 3 件提案转化为社情民意信息予以刊登，推动澜溪古窑遗址保护发掘等提案建议的进一步落实。年内，共编发《建宁政协》63 期，报送社情民意信息 43 条，32 条社情民意信息被党政主要领导和分管领导批示，一批群众普遍关注、社会反映强烈的热点难点问题得到了及时解决和妥善处理。被《人民政协报》《省政协信息》《市政协信息》《政协天地杂志》《三明政协杂志》等上级媒体共采用各类信息文章 23 条（篇）。

【党派交流合作】　2017 年，县政协围绕团结民主主题，不断巩固和扩大爱国统一战线，加强与党外人士、工商联、新社会阶层人士的联系协作。关心支持少数民族村发展，加强与宗教界人士的广泛接触，不断汇聚正能量。积极走访各地乡贤。充分发挥人民政协的组织特点和联系广泛的优势，结合异地商会课题调研，走访了上海、南京、深圳的建宁商会及乡贤，大力宣传推介建宁良好的生态环境和发展氛围，鼓励乡贤关爱家乡、回报桑梓。联络驻县的市政协委员小组赴三元、梅列开展异地视察，组织部分委员赴江西省赣州市、吉安市学习借鉴生态文明建设的先进经验，接待多批次省内外兄弟县（市、区）政协来建宁交流学习，介绍建宁经济社会发展成就，扩大建宁的影响力。

## 重要会议

【政协建宁县十届二次会议】

2017年12月30日至2018年1月2日，召开政协第十届建宁县委员会第二次会议，会议审议通过了陈海涛代表政协第十届建宁县委员会常务委员会所作的2017年常委会工作报告，陈华秀代表政协第十届建宁县委员会常务委员会所作的2017年提案工作情况报告，共有145名委员出席会议（实有委员149名，4名委员请假）。会议选举谢金龙为政协秘书长，补选了郭忠双、黄渊兴2名常务委员。

【县政协十届常委会第一次会议】

2017年3月9日，县政协常委会协商决定十届县政协各专门委员会组成人员名单和各乡镇委员联络组组长名单。

【县政协十届常委会第二次会议】

2017年6月28日，县政协常委会开展"美丽乡村建设重点提案办理"专题议政性协商；会议进行了集中学习。

【县政协十届常委会第三次会议】

2017年9月26日，县政协常委会开展"全面推进国家生态文明建设示范县创建"专题议政性协商。听取县政府上半年经济运行情况、提案办理情况通报；听取县纪委、监察局上半年党风廉政建设情况通报。协商通过《政协建宁县委员会全体会议工作规则》《政协建宁县委员会常务委员会工作规则》及有关人事事项。

【县政协十届常委会第四次会议】

2017年12月13日，县政协常委会传达学习县委十二届五次全会精神；协商通过《政协建宁县委员会委员履职考核办法（试行）》；审议通过关于召开县政协十届二次会议的决定；审议《政协第十届建宁县委员会常务委员会工作报告》《政协第十届建宁县委员会常务委员会关于十届一次会议以来的提案工作情况的报告》；协商通过有关人事工作，调整政协第十届建宁县委员会部分委员的名单；调整政协第十届建宁县委员会专门委员会组成人员的名单；调整县政协乡镇委员联络组组长的名单；调整政协第十届建宁县委员会委员小组成员的名单。审议通过县政协十届二次会议议程（草案）；县政协十届二次会议日程（草案）；县政协十届二次会议执行主席日程安排（草案）；县政协十届二次会议秘书长建议名单；县政协十届二次会议副秘书长建议名单；县政协十届二次会议邀请上主席台就座人员名单（草案）；县政协十届二次会议邀请在嘉宾席就座人员名单（草案）；县政协十届二次会议列席人员名单（草案）；县政协十届二次会议分组讨论名单和召集人名单（草案）。审议通过十届县政协常委会关于授权主席会议审议第四常委会会议未尽事项的决定（草案）。

## 主要活动

【概况】 2017年，县政协全年召开全体会议1次（即：县政协十届二次会议），政协常委会议6次，主席会议12次；组织委员开展集中性的调研视察15次。承办了"福建省政协机关离退休同志赴建宁开展2017年重阳节走进革命老区活动"，省政协机关62名老同志在建宁重温入党誓词，重走红军路，接受党的优良传统教育，创作了一批书画文艺作品在省政协刊物发表。

【参政议政】 2017年，县政协开展"美丽乡村建设重点提案办理""推进国家生态文明建设示范县创建""深化医改工作"3场常委会议政性专题协商，开展"提升建莲文化"等3场对口和界别协商，开展提案办理情况视察9场次；调研视察协商活动形成报告文章13篇、建议案3篇；开展委员联组视察活动6次，提出有关工作意见建议 20 条；编发《建宁政协》63 期。

**【民主监督】** 2017 年，县政协继续实行向县直有关单位推荐选派民主监督员工作制度，共向 28 个单位选派 36 名委员担任民主（行风）监督员，全年开展司法机关、政府部门、群众办事单位的民主评议和民主监督活动 50 次，评议监督内容包括：事业单位招考、廉租房分房、限价房配售、审判活动听证、检察活动听证、行风测评打分、明查暗访、征求意见等。在《建宁政协》反映社情民意信息 43 条，县委、县政府领导批示并转交有关单位办理落实达 32 条。

**【协商民主】** 2017 年，县政协在十届二次会议期间，组织开展大会发言和委员分组讨论，邀请县公安局、林业局、文广局 3 个单位就提案办理情况作重点发言；安排委员就"更加注重发挥异地商会和在外乡贤作用""加大龙头企业扶持力度促进农村产业融合发展""加强闽江源头溪河水流环境保护""加快学前教育发展""提升拓展建莲文化内涵和外延"5 个主题进行大会发言；组织委员围绕政府工作报告和其他工作报告进行讨论，提出意见

建议，编发《建宁政协》（会议简报）专刊一期。落实"议题共同确立、计划共同制定、人员共同参与、实施共同推进"协商工作机制，"美丽乡村建设重点提案办理"等 3 场常委会议政性专题协商，并邀请县委、县政府领导到会作协商回应。会后形成建议案，县政府在常务会上专题研究建议案，明确落实举措。

**【文史工作】** 2017 年，县政协确定了"老地名""闽江源的记忆"两个征集主题，共征集相关史料 100 多篇 10 万余字。编辑出版了第三十辑文史资料（专辑）——《绿色建宁》，收录了全县各地古树名木、建宁民间常用中草药、改革开放以来生态林业重要文史资料等三方面的图文内容，图照 200 余幅，文字史料 6 万余字，归集了建宁 20 世纪 70 年代以来建宁县境内的重要林业生态史料。

**【委员视察活动】** 2017 年，县政协组织全体委员集中开展学习中共十九大精神专题辅导，以委员小组为单位开展学习交流讨论，把 149 名委员分成 14 个委员小组，以委员小组为单位，组织开展专题调研、情况视察、工作协商、提案办理督办等活动 28 次；将县政协领导联系的 2 至 3 个委

员小组组合起来，开展美丽乡村建设、古村建设、赏花地建设等联组视察活动 6 次，向各级各部门提出有关工作意见建议 30 多条。组织部分委员外出湖北、上海、安徽等地学习农村产业融合发展的先进经验，提交调研报告，供县委、县政府决策参考。

**【其他活动】** 2017 年，县政协加强政协外宣工作，在全市政协系统信息工作评比中总分排名第三名，获评先进单位。组织委员参加"喜迎中共十九大召开——三明市政协书画作品展"参展竞赛活动，有 6 件作品入展，其中获二、三等奖各 1 件，获优秀奖 4 件，入展和获奖数量在各县（市、区）中位居前列。开展精准扶贫工作，落实处级领导"一帮三"、科级领导"一帮一"结对帮扶机制，全年深入黄坊村、大余村、斗埕村、都团村开展帮扶和慰问 50 多人次，协调和捐赠各类建设和生活帮扶资金 100 多万元，挂包贫困户当年全部脱贫。组织机关党员到永安抗战旧址群、宁化谷文昌纪念馆、客坊水尾红色遗址和黄坊村、大余村开展主题党日活动和"党员 110"志愿服务 10 多场次。

# 纪检与监察

□编辑 黄日辉

## 综 述

【概况】 2017 年，建宁县纪检监察机关贯彻落实省、市纪委和建宁县委、县政府的工作部署，按照省纪委提出的"争一流、走前头"的要求，把学习贯彻党的十九大精神作为首要政治任务，坚持用习近平新时代中国特色社会主义思想武装头脑、指导工作，认真学习贯彻中央、省、市纪委全会精神，坚持全面从严治党、依规治党，忠诚履行党章赋予的职责，聚焦监督执纪问责，落实中央八项规定精神，解决群众身边的不正之风和腐败问题，遏制腐败蔓延势头，强化基层纪检组织建设，推进派驻纪检机构和监察体制改革，建设忠诚干净担当的纪检监察队伍，推进全县党风廉政建设和反腐败工作，为"再上新台阶、建设新建宁"提供坚强保证。全年共查处违反中央"八项规定"精神问题 23 件，比增 130%，给予党政纪处分 25 人；查处群众身边的"四风"腐败问题 23 件，比增 360%，给予党政纪处分 27 人；查处问责扶贫领域问题 28 起，处理 136 人，给予党政纪处分 8 人；全年共发出通报 17 期。

## 【县纪委十二届二次全会召开】

2017 年 1 月 22 日，县纪委召开十二届二次全会，会议深入贯彻十八届中央纪委七次全会和省纪委十届二次全会、市纪委九届二次全会精神，研究部署建宁县党风廉政建设和反腐败工作。市纪委第二纪检监察室主任尤明勃到会指导。县委书记郑剑波在会上讲话，郑剑波指出，要保持清醒头脑，认清形势任务，增强推进党风廉政建设和反腐败斗争的信心决心；并强调要保持政治定力，强化责任担当，推动全面从严治党向纵深发展、基层延伸。县长陈显卿传达了十八届中央纪委七次全会、省纪委十届二次全会和市纪委九届二次全会主要精神。县委常委、县纪委书记邓军安代表县纪委常委会作了主题为《推动全面从严治党向纵深发展，为"再上新台阶、建设新建宁"提供坚强保证》的工作报告。会议审议通过了县纪委全会工作报告，审议通过了县纪委十二届二次全会决议。县副处级以上领导，县纪委委员、县直单位和省市属单位主要负责同志，县直单位纪检组长，各乡镇党委书记、乡镇长、乡镇纪委书记参加会议。

(李德庆)

【监察体制改革工作】 2017 年 11 月 26 日，建宁县召开县委常委会，对监察体制改革试点工作做出部署。县委书记认真履行"施工队长"职责，牵头成立县深化监察体制改革试点工作小组，明确试点工作"时间表"和"路线图"；核定机构编制，核定领导班子职数 7 名，设置内设机构 12 个，核定内设机构副科级领导职数 13 名；确定从县检察院划转政法编制 12 名、执法执勤车辆编制 2 辆，完成首批转隶人员 4 名，移交问题线索 153 件。保障办公场所，从县委大楼中调剂 18 间办公室，面积约 450 平方米，作为建宁县监委的办公场所，县监委成立后与县纪委合署在县委大楼集中办公。2018年1月2日，选举产生县监察委员会，并正式挂牌。

【县委巡察工作】 2017年，县纪委制定《十二届县委2017—2021年巡察工作规划》，明确在十二届县委任期内完成对巡察对象巡察一遍的总体目标。当年选择与民生联系紧密、群众关注度高、审批权执法权集中、项目资金分配量大、主要领导任职时间长的濉溪镇、黄埠乡、溪口镇、林业局、交通局和经信局等单位首批开展巡察，巡察中发现濉溪镇河东村村干部侵占村财和侵吞村集体征地补偿款、县林业局营林股股长等人"靠林吃林"等重大问题线索。研发《巡察工作综合管理系统》，采用"大数据"+"巡察"管理模式，对巡察问题进行台账式管理和跟踪销号，推进巡察问题整改，实现巡察工作全程留痕。本年度完成对4个乡镇和4个部门的巡察，移交问题线索52条，根据巡察移交线索，立案审查15件，给予党纪政纪处分11人，移送司法机关9人。

【规范化建设】 2017年，县纪委加强乡镇纪委规范化建设，对乡镇纪委实行人员调配、年度考核、办公经费、硬件设施和工作标准"五统一"管理；推行派驻纪检机构全覆盖，设置9家派驻纪检组，监督覆盖106家单位，同时，在村（社区）设置纪检小组；实行领导班子和业务科室挂钩指导、"请上来"培训考试、跟班（案）锻炼、片区协作和住

村入户访查等工作制度提高纪检干部的业务水平；制定业务量化考评办法，设置具体业务考评指标，推动基层纪检机构履行职责；开展"作风建设年"主题教育活动、"党章党规伴我行"答题和《廉政知识宝》手机APP测试活动；制定《基层纪检监察业务工作规范》《加强和规范"走读式"谈话》《规范问题线索管理》等5项执纪审查工作制度，强化全过程监管；推进纪检监察机关廉政风险防控管理工作，定期抽查各风险点权力运行和人员履职情况。对2名履职不力的纪检干部进行问责谈话。举办纪检干部业务培训3期参训103人次，跟班（案）锻炼7期19人次。全县纪检监察干部走访群众2089户，收集、发现问题181个，解决问题147个，发现问题线索15个。

(林义相)

【省纪委调研组到建宁调研】 2017年3月14日，省纪委常委张淑萍率省纪委调研组到建宁县调研，市委常委、市纪委书记游宇飞，县长陈显卿，县委常委、县纪委书记邓军安陪同调研。调研组一行视察了县纪委机关，听取建宁县工作情况汇报和县纪委工作汇报，调研组一行还到福建绿田食品有限公司、里心精准农机专业合作社、中央苏区反"围剿"纪念馆等地，就建宁县经济发展、精准扶贫、红色文化保护与传承等工作进行调研。3月20日，省纪委副书记黄汉升率省纪委、省妇联、省交通运输集团、省监狱管理局、福建海事局、福

州台江区、福州文化旅游投资集团等扶贫开发工作组到建宁县调研。市委常委、市纪委书记游宇飞陪同调研。

(姜科信 谢长宏)

## 反腐倡廉教育

【廉政责任制的落实】 2017年，县纪委强化责任落实，实行"任务清单"+"问题清单"+"问责清单"工作模式，对全县9个乡镇和36个县直部门单位的145名领导班子成员履职履责和问题整改情况开展提醒谈话，并针对各部门各单位存在的廉政风险点，提出意见建议；强化一线监督，开展扶贫领域"全交叉"专项巡察和入户访查全覆盖，全面梳理扶贫领域核查发现的386个问题，分乡镇村建立台账，由各单位主要负责人签字背书认领，抓好销号整改；强化问责追责，对党的建设缺失、党的领导弱化、全面从严治党不力、"四风"和腐败问题频发、巡察以及相关监督检查问题整改不力的单位及责任人严肃问责，严格实行"一案双查四问责"；当年共问责履责不力的相关责任人103人，给予党政纪处分7人，诫勉谈话31人，通报批评27人，批评教育7人，提醒谈话31人。

【反腐倡廉教育活动】 2017年，县纪委增强廉政教育感染力，以中央苏区反"围剿"纪念园、"莲"文化展示馆廉政教育基地、客坊乡水尾村红色教育实践基地

为依托，组织全县党员干部接受廉政教育6000多人次，增强党员领导干部廉洁意识；丰富廉政教育载体，举办"元宵灯展暨廉政灯谜竞猜""莲乡清风赞"文艺演出、纪检系统"学党章党纪·喜迎十九大"知识竞赛等活动，营造良好的廉政文化氛围。加大廉政教育宣传力度，用好用活建宁县纪委监察局网站和"莲乡清风"微信公众号，定期发布工作动态、案件通报等信息，提高廉政宣传知晓率。开发手机廉政知识测试软件"廉政知识宝"，方便党员干部利用手机进行党纪党规学习和测试。在县电视台《建宁新闻》中开设"全面从严治党"专栏，报道各乡镇、各部门落实全面从严治党主体责任的典型做法，共播出32期。提升宣传报道水平，上报新闻稿件被中纪报采用11篇、福建日报采用2篇、三明日报采用25篇；中纪委网站采用4篇、省纪委网站采用70篇、市纪委网站采用145篇。　　（林义相）

**【县政府廉政工作会】**　2017年3月30日，县政府召开廉政工作会议，传达贯彻国务院第五次廉政工作会议和省、市政府廉政工作会议精神，安排部署下阶段廉政工作。陈显卿、王楠、陈华伟、邓军安、沙陈龙、连云进、牛弋出席会议。县长陈显卿传达了国务院第五次廉政工作会议精神和省、市政府廉政工作会议精神，并就县政府系统廉政建设工作做了全面部署。县委常委、副县长陈华伟主持会议并就贯彻落实会议精神提出具体要求。县政府组

成部门、各乡镇长参加会议。

（李德庆）

## 党风廉政监督与案件查办

**【党风政风监督】**　2017年，县纪检监察机关收集全县625名科级干部基本信息、问题线索处置、立案审查、纪律处分等情况，编制形成干部廉洁情况"活页夹"17册，并实行一人一档专人管理；深入开展落实中央八项规定精神"1+X"专项督查、公务车辆改革、违规公款购买消费高档白酒和节假日专项督查等监督检查，严查隐形变异"四风"问题；制定移风易俗专项整治方案，以婚丧喜庆大操大办为重点，全县干部、党员签订承诺书，倡导"婚事新办、丧事简办、其他喜庆事宜不办"新风尚；制定《精准监督工作方案》及"十四条措施"，规范扶贫领域精准监督，落实帮扶项目挂包责任制，实行大宗建材集中甲供、项目资金专户专管和在线监管，每季度定期召开项目责任单位联席会议，推动职能部门落实好主抓主管责任，该做法得到省委常委、省纪委书记刘学新的批示肯定。

**【信访举报和案件查处】**　2017年，县纪检监察准确运用"四种形态"（即第一种，党内关系要正常化，批评和自我批评要经常开展，让咬耳扯袖、红脸出汗成为常态；第二种，党纪轻处分和组织处理要成为大多数；第三种，对严重违纪的重处分、做出重大

职务调整应当是少数；第四种，而严重违纪涉嫌违法立案审查的只能是极极少数），制定《关于规范廉政谈话的实施意见》，按照干部管理权限，实行分级负责、逐级落实，着力推动落实第一种形态。运用监督执纪"四种形态"处置419人次，其中第一种形态处置327件，轻处分59件，重处分23件，移送司法机关10件，第一、二种形态占比92.12%，第三、四种形态占比7.88%。严肃纪律，认真审查工作，全年共受理群众信访举报104件，其中业务内初信初访55件，转立案4件；新立案84件，同比增长29.33%，其中，自办案件59件，同比增长156.52%。乡科级案件9件，比增28.57%；移送案10件，同比增长25%。

（林义相）

**【县委召开扶贫领域第一次集体约谈会】**　2017年7月27日，县委书记郑剑波主持召开扶贫领域监督执纪问责工作第一次集体约谈会，县领导吴国根、陈海涛、许家源、王楠、余传贵、邓军安、阴晓萍、林金明、陈一龙、沙陈龙出席会议。郑剑波在会上强调要强化举措，精准监督；要严肃执纪，问责到位；坚持挺纪在前，做到从严执纪，严肃责任追究，以严明的纪律为打赢脱贫攻坚战提供坚强有力的保障。县委常委、县纪委书记邓军安传达中央和省市扶贫领域监督执纪问责工作有关会议精神，通报建宁县扶贫领域巡察发现的问题。各乡镇党委书记，县直有关部门负责同志等参加会议。

（姜科信　谢长宏）

# 群众团体

□ 编辑　黄日辉

## 总工会

【概况】　2017 年，县委编办批复县总工会主要职责和内设机构设置方案，同意内设办公室、基层工作部、宣传教育（网络工作）部、权益保障部、劳动和经技工作部、财务资产管理部、经费审查委员会办公室共 7 个内设机构（建委编〔2017〕37 号文）；批复设立建宁县职工服务中心，为公益一类财政核拨股级事业单位，核定财政核拨事业编制 2 名（建委编〔2017〕30 号文）；批复设立建宁县工人文化宫，加挂建宁县职工学校牌子，为公益一类财政核拨股级事业单位，核定财政核拨事业编制 2 名，同时撤销建宁县工人俱乐部（建委编〔2017〕31 号文）。当年，新成立镇总工会 1 个，全县基层工会 443 个，工会会员 19397 人，其中农民工会员 8628 人。

【职工劳动竞赛和技能培训】　2017 年，县总工会围绕改革要求，注重抓实服务经济工作，持续开展"中国梦·劳动美"主题劳动竞赛活动，在全县造纸业、莲业、笋业等传统特色产业中开展寻找"金牌工匠"竞赛活动，联合教育、卫生、金融等系统开展"岗位大练兵"，吸引 3000 多名职工参与。着力发挥劳模引领作用，创建落实好劳模工作室，引导企业开展职工小发明、小革新、小改造、小设计、小建议等"五小"竞赛和"名师带高徒""学工匠、做工匠"等活动，抓好劳模引领、职工参与、项目带动，推进产品研发、技术攻关、管理创新。以劳动市场需求为导向，加大订单式技能培训力度，集中开展电商、月嫂、家政、导游等技能培训，帮助落实就业政策，实现就地就近就业创业。全年共举办各类技能培训班 5 期，培训学员 270 人次。

【为困难职工办好事实事】　2017 年，县各级工会坚持以职工为本，注重做实服务职工工作，增加工会组织的感召力，把各级工会打造成职工满意的"职工之家"。帮助职工依法维权，全县建成 4 个工会职工服务中心和职工服务工作站，提供法律咨询、法律援助等服务，妥善化解职工劳动争议纠纷；建立"互联网+"维权服务机制，开通工会网站官方微信公众号，通过视频维权、微信维权、教育维权，建立及时、畅通的维权渠道；当年共受理法律咨询 56 人次，处理维权案件 2 起，承办 2 起，涉及金额 17 万元，参与安全事故调处 2 起，职工维权诉求受理和办结率为 100%。依托"协调劳动关系三方机制"推进集体协商和谐劳动关系创建工作，全县已建会企业集体协商建制率达 97.8%，厂务公开建制率达 97.4%。推进普惠服务。持续开展为职工送温暖活动，全年慰问帮扶困难职工 212 人次，发放慰问金 29.9 万元；资助困难职工、农民工就学子女 50 人，发放助学金 9.3 万多元；深入高温作业企业和项目工地开展"夏送清凉"活动，发放 2.7 万元防暑降温品；为各级劳模发放生活救助、医疗补助金 14.6 万元；开展职工医疗互助活动，第七期职工医疗互助共吸引了 7588 名职工参加，为 336 名职工发放住院医疗补助金 49.17 万元；大病补助 52 人，发放补助金 10.35 万元。

【基层工会改革】 2017 年，县总工会按照上级有关工会改革总体部署，对照省、市总改革方案，从"整合机构职能、健全组织体系、优化资源配置、增加基层活力，理清主业主责、做实职工服务，创新办会模式、改进方式方法，推进从严治党、加强工会组织党的建设"5 个部分、25 条具体改革措施进行细化和调整，形成《建宁县总工会改革方案》获县委研究通过并印发。各基层工会坚持以总工会改革方案为指导，注重创新工作载体，加强基层工会组织建设，不断激发基层组织活力。开展"一县一品牌""一镇一亮点"创建活动，在劳模"1+N"助岗帮扶、新型农业合作组织组建工会、解决农民工入会难问题等工作方面得到了上级工会的肯定；培育出"幸福园区""园区职工维权工作站""职工劳动争议视频调解中心"等工作亮点。深入开展"农民工集中入会行动"和模范职工之家"1+N"示范带创、"六好"镇街工会创建活动，濉城镇新成立镇总工会；全县基层工会聘用 11 名工会专干充实乡镇（园区）工会队伍，并积极争取上级经费补助。完善工会服务机制，建立健全服务基层、联系职工常态机制，开展"争当职工信赖'娘家人'和满意'职工之家'"活

动，各级工会以比学赶超活动及"工会干部企业大走访"活动为载体，下移重心、下沉人员，主动寻找职工关注关切点，解决职工难点难题；以重大节日为契机，抓好职工文体活动，营造职工群众健康向上的良好氛围。

（陈春辉）

## 共青团建宁县委

【概况】 2017 年，中国共产主义青年团建宁县委员会（简称团县委）有基层团委 21 个，团工委 2 个，团总支 5 个，团支部 402 个。当年，建宁团县委围绕县委十二次党代会确定的奋斗目标，按照县委全面建成小康社会的战略部署和团省、市委深化改革发展的总体要求，带领全县团员青年听党的话，跟党走，牢记使命担当，锐意改革创新；以六大"青春战役"为实践载体，立足职能，服务大局，服务青年，创新工作思路，为"再上新台阶，建设新建宁"贡献出青春智慧与力量。团县委获得全市共青团工作先进集体（综合考评三明市第二名），全市青年安全生产示范岗组织工作先进单位，县预防青少年违法犯罪工作获得市对县考评第四名；涌现出 25 个工作成效突出的省、市先进集体，33 名省、市先进个人。

【团县委改革】 2017 年 7 月底，团县委完成《建宁县共青团改革方案》初稿，经过广泛征求意见，反复修改完善，于 8 月上旬经县

委常委会研究通过，9 月下旬印发《建宁县共青团改革方案》，全县共青团改革整体进度走在全市前列。同时，以共青团改革为契机，着力健全团的组织体系，改进团干部的选任方式，建设专兼挂相结合、符合群团组织特点、充满生机活力的团干部队伍；加强对少先队的管理，联合县教育局成立县少先队改革工作指导委员会，推报城关小学等 3 所少先队改革示范校，制定《建宁县少先队改革实施方案》，引导全县少年儿童听党的话、跟党走，从小学习做人、从小学习立志、从小学习创造，德智体美全面发展的改革举措。

【县乡团委换届】 2017 年，县乡团委换届工作完成。7 月份，县委组织部联合下发《关于做好 2017 年县、乡（镇）团委换届工作的通知》，至 8 月底，全县 9 个乡镇团委换届工作全部圆满完成。9 月 6 日，共青团建宁县第二十五次代表大会胜利召开，选举产生共青团建宁县第二十五届委员会委员 35 人和出席共青团三明市第十二次代表大会代表 17 人；同时通过召开全委会，选举出了新一届团县委书记 1 名、专职副书记 2 名、挂职副书记 1 名、兼职副书记 2 名，专、兼、挂团干部全部配齐。

【服务党政中心工作】 年内，团县委围绕精准脱贫，广泛宣传党的各项惠农富农政策，全面实施共青团助力脱贫攻坚工程，启动"引凤计划"青年扶贫志愿行动，

组建 3 支高校专业实践团队、2 支金融青年志愿服务团队深入乡村开展助力农村电商发展、助力脱贫攻坚等青春扶贫实践活动 10 余次；争取国家扶贫改革试验区 30 万扶贫专项补助资金，实施王仕福"青春扶贫"项目，举办黑山羊养殖、电商营销等各类实用技术培训班 5 场次，培训精准扶贫建档立卡户和贫困青年 300 余人。为福建"花海跑"活动、"为荷而来"中国建莲文化嘉年华、桃梨采摘季、国际自行车赛、创建省级文明城市等活动征集志愿者 200 余名，开展义务导游、志愿服务 20 余次，服务人数达 4000 余人次。

**【青少年思想教育】** 2017 年，团县委以弘扬"中国梦"、践行"社会主义核心价值观"为核心，以建军 90 周年、建团 95 周年、"三·五""三·一二""五·四""六·一""十·一三"等重要节庆日为契机，先后开展了"我们学雷锋，创造新生活""传承红色基因 弘扬雷锋精神""义务植树""保护母亲河·青春河小二""助力河长制·青年当先行""传承五四精神·唱响青春""红领巾相约中国梦""听党的话——做好少年""青年勇担当 建设新建宁"青春故事分享、"不忘初心 跟党走 青春喜迎十九大""喜迎十九大——我向习爷爷说句心里话""我是光荣的少先队员""我和队旗合个影"等一系列亮点纷呈的主题教育活动 60 余场，覆盖 5500 余名青少年，营造了积极向上的价值导向，弘扬青春正能量，增强思想引领的实效性。

**【关爱青少年健康成长】** 2017 年，团县委依托建宁县启航青少年事务社会工作服务中心，着力打造"团干部 + 社工 + 志愿者"工作队伍，以青少年群体为主要服务对象，先后开展"携手关爱·阳光助残""合力监护·相伴成长"留守儿童圆梦微心愿、"希望工程·安踏茁壮成长"公益项目，"为荷而来·彩虹行动"夏令营，兴未来青少年成长夏令营等关爱帮扶活动 10 余场次，直接受益人数突破 800 人，间接受益人数超过 3000 人。7 月 27 日，团省委宿利南书记、三明市委黄建平副书记等领导到建宁启航社工中心调研青少年社工工作，对全县青少年事务社工工作给予了肯定和指导，并指出要努力建设一支高素质的青少年事务社会工作专业人才队伍，维护青少年合法权益、服务青少年健康成长。合理配置"驾驶人爱心助学行动""希望工程·圆梦行动""青春同行·助孤行动""爱心企业家助学行动"等社会公益资源，为 30 余名家庭贫困大中小学生、120 名贫困留守儿童、48 名残疾青少年以及 28 名孤儿筹集发放各类爱心善款 15 余万元。

**【青年创业就业】** 2017 年，团县委以县青年创业协会为载体，联合县信用社推行"普惠金融·青创卡"，发放各类创业贷款 200 万元。举办"大学生返乡创业"示范培训班、电子商务培训、事业单位和公务员考前公益培训等 8 期公益培训班，覆盖返乡大学生 360 余人次，帮助 20 余名青年实现就业。实施返乡大学生创就业帮扶行动，向上推荐邱家铺子、乡田谷物等 3 家企业申报大中专毕业生创业省级资助项目，推荐黄守明等 5 名创业青年参加市优秀创业创新项目大赛，其中莲乡河蟹专业合作社、乡田谷物电子商务有限公司荣获三等奖，各获得 3 万元项目资助，刘金印的"建宁万亩高山生态茶"入围第四届"创青春"福建省青年创业创新大赛决赛。同时，积极开展创业典型选送，创业青年代表陈健荣获"第十四届福建省青年五四奖章个人"称号。

**【从严治团】** 2017 年，团县委开展"学习总书记讲话 做合格共青团员"教育实践、"1+100"团干部直接联系青年工作，组织 50 名基层团干开展以"激扬青春·熔炼团队"为主题的青年团干素质拓展活动，提高了团干部的团队精神和协作意识。引导全县广大团干部积极弘扬践行"马上就办，真抓实干"精神，争做让党放心、青年满意的团干部，以优异的作风建设推动全县共青团事业的创新发展。同时，加强对少先队工作指导，于 2017 年 10 月 12 日召开中国少年先锋队建宁县第六次代表大会，选举产生了中国少年先锋队建宁县第六届委员会委员 21 名，健全完善了全县少先队工作机构。

**【纪念建团 95 周年主题活动】** 2017 年 5 月 4 日，团县委举办"不忘初心跟党走·青春喜迎十九大"纪念建团95周年暨"五四"运动98周年主题活动。县委常委、统战部长黄立辉出席并讲话，副县长牛弋在活动中分享了他的青春故事。在活动中举办主题为"青年勇担当·建设新建宁"第六期青春讲堂。创业青年代表、大学生村官代表分别分享了他们的青春故事，大家纷纷表示要立志做实事，为"再上新台阶·建设新建宁"贡献青春力量。活动期间，还表彰了一批省、市、县优秀团组织和团员，并组织全体团干重温入团誓词。

（曹周明）

# 妇女联合会

【概况】　2017年，建宁县妇女联合会（简称县妇联）有县直妇委会13个，乡镇妇联组织9个，基层妇女组织99个（其中村妇代会92个，社区妇代会7个）；县妇联有行政干部4名，兼职副主席1名，事业编制干部1名。县妇联认真贯彻落实中央关于加强和改进党的群团工作会议精神，按照省、市妇联工作部署，以"新时代、新女性、新征程"为主题开展"巾帼脱贫攻坚行动""建设生态家园提升行动""建设法治建宁巾帼行动""巾帼圆梦行动""家庭文明建设工程"等系列活动。

【妇女基层组织建设】　2017年，县妇联以深入学习党的十九大精神为契机，开展"三严三实"

"两学一做"专题教育，推进妇联自身建设。坚持党建带妇建，组织实施全县乡镇妇联组织区域化建设和村（社区）妇代会工作，进一步创新妇联组织结构，扩大组织覆盖面；注重基层妇联组织选聘妇女干部工作，通过镇村选聘兼职副主席（副主任）等形式，把优秀妇女人才资源转化为妇联工作资源，壮大基层妇联工作力量。基层妇联调整改革之后，各乡镇妇联组织得到加强，配齐配强班子人员，全县9个乡镇，92个行政村，7个社区，共选举出执委1280人，村（社区）妇联主席99人，兼职副主席156人，有效地提高妇联组织服务广大妇女群众的能力，扩大了妇联组织影响力。

【县妇联举办基层妇干履职能力培训】　2017年11月11日，县妇联举办基层妇联干部履职能力培训暨幸福婚姻大讲堂活动。培训会邀请县法院干警作幸福婚姻培训，县委党校老师上了一堂以生态文明建设为主题的宣传贯彻党的十九大精神讲座。在培训会上，

还开展"巾帼心向党·建功新时代"主题实践签字承诺仪式，与会人员现场填写了"抵制高额彩礼·倡导婚嫁新风"倡议书和从简操办婚丧喜庆事宜承诺书。

【留守儿童和创业妇女关爱工作】　2017年，县妇联联合多部门举办"关爱贫困母亲 关爱留守儿童"系列活动。"六·一"儿童节期间，县妇联慰问里心中心小学20位留守儿童，并将爱心文具、体育用品等送至困难儿童手中。同时，联合福建省兴业慈善基金会、建宁县慈善总会、团县委依托建宁县幸福种子社工服务中心等单位，举办"兴未来"青少年成长夏令营活动，让60余名留守儿童感受到来自社会的呵护与温暖；联合县爱心企业捐赠10万元的奶粉给贫困家庭儿童，惠及100多户贫困家庭。搭建服务平台，实施梯次培训工程，举办妇女创业基础培训班，宣传解读妇女小额贷款和发展一二三产业政府扶持政策，推荐项目，分析市场，增强妇女自主创业的信心

2017年8月27日，浪漫七夕　（县妇联提供）

和决心。举办就业技能培训班，根据就业动向，积极探索电子商务等新的职业技能培训模式，尝试开发定向式、订单式培训项目。因地制宜举办无公害蔬菜种植、电商等农村实用技术培训班2期，受益妇女200余人。举办全县首届精准扶贫女性家政培训班1期48人，提高贫困女性职业技能水平。

**【巾帼脱贫攻坚行动】** 2017年，县妇联召开全县"巾帼脱贫攻坚行动"动员会，认真贯彻落实精准扶贫、精准脱贫工作部署，主动对接县精准扶贫工作机制，找准巾帼脱贫攻坚结合点，全力推进扶贫攻坚工作。精准识别到家，协助县扶贫办认真做好摸底工作，准确把握"巾帼脱贫攻坚行动"对象；技能培训到家，开展技能培训，使贫困妇女掌握一技之长，助力精准扶贫工作落到实处；金融扶贫到家，用好扶贫小额贷款政策，帮助贫困妇女解决脱贫资金困难。

**【妇女儿童核心利益的保障】** 2017年内，县妇联持续开展"建设法治建宁·巾帼在行动"，与县司法局联合下发《关于开展婚姻家庭纠纷风险隐患排查化解的工作方案》，将婚姻家庭纠纷调解列入大调解格局之中，协助党和政府化解涉及妇女权益的矛盾纠纷，引导和组织妇女群众积极参与基层公共事务管理，及时对矛盾纠纷开展全面的疏理和排查，发现问题及时解决，有效地化解矛盾。在县综治网格化建设中，

设立平安家庭项目，将每户农村家庭列入平安网络，利用乡村调解员、综治员、妇联主席的力量，提高"平安家庭"创建的知晓率、参与率、满意率；同时制作"平安家庭"草地宣传牌120片，提升宣传氛围。妇女维权法治宣传。开展维权服务进社区、进农村、进家庭系列活动9场次，大型活动3场；举办"雨后彩虹"反家暴培训和幸福婚姻大讲堂各两场；深入开展妇女信访代理和协理、妇女互助、妇女议事制等工作，及时处理妇女信访工作。县妇女儿童维权中心及时解答妇女法律政策咨询和投诉，年接待各类妇女信访24件，调解处理率100%，有效维护家庭和谐、社会稳定。

**【妇女儿童民生行动】** 2017年，县妇联关爱妇女儿童合法权益，为贫困母亲发放1800个母亲邮包；开展"母亲健康1+1"基金募集活动，三年共募集到13余万元善款，为62名贫困妇女发放救助金19万元；县妇联主动联系县爱心企业为"贫困母亲"捐赠10万元爱心婴儿奶粉；与中基会联系，获得1000件帮扶物品，并及时发放到贫困妇女儿童手中。实施"女性健康关爱"行动，落实省妇联《关于开展"巾帼脱贫攻坚行动"的实施意见》，切实解决女性因患妇科重大疾病造成医疗费用不足或因患妇科重大疾病致贫、返贫等问题。开展"母亲健康1+1"募捐及农村妇女"两癌"免费普查活动，母亲节当天，县妇联共募捐到善款37252元，已全部汇入"省妇女儿童发展基金

会"账户；当年救助7名两癌妇女，救助资金共2.1万元。落实全国妇联、卫生部、财政部三个部门联合实施·农村妇女"两癌"免费普查项目，截至年底，已有客坊、黄埠、溪源、伊家四个乡开展农村妇女和城市已婚低保妇女"两癌"免费检查。

（黄红梅）

## 科学技术协会

**【概况】** 2017年，建宁县科学技术协会（以下简称县科协）推进《全民科学素质行动计划纲要》在建宁县的进一步实施，重点加大全县农村科技培训、科技推广、科技服务、科普宣传活动，营造"尊重知识，崇尚科学，人人科普"的良好舆论氛围和社会环境。年内，举办中国流动科技馆第二轮全国巡展福建省首站为期3个月的展览，获评为"2017年全国科普日优秀活动"单位，推荐申报建宁县种子协会获评为"中国农村专业技术协会科普奖"先进单位，成功引进中国工程院院士、中国人民解放军总参谋部测绘 所研究员王任享在建宁县科协建立院士专家工作站（全县共有3家院士专家工作站），成功申报2018年建宁县列入省级创新驱动助力工程示范区项目，全年争取上级各项科技项目补助资金48万元。

**【县科学技术协会第五次代表大会召开】** 2017年6月9日，县科学技术协会第五次代表大会召开，

副县长牛弋主持会议，县委副书记许家源、县人大副主任吴碧英、副县长牛弋，县政协副主席陈朝利、市科协副主席林小霞出席会议。会议选举产生主席1名、副主席2名，并按照科学改革精神要求，提高了基层一线代表比例，基层一线科技工作者在本次代表大会中的比例由49%提高到54%，在全委会委员中的比例由48%提高到51%，在常委会委员中的比例由45%提高到49%，增选姜松南(兼)、黄得裕(兼)两位同志为县科协兼职副主席，增强了科协代表人员构成的广泛性和代表性。会议听取并审议了县科学技术协会工作报告，选举产生了县科学技术协会第五届委员会，审议通过了关于在全县科技工作者中开展"创新争先，我们在行动"倡议的决议。

【科协改革】 2017年，县科协根据《福建省科协改革方案》《三明市科协改革方案》，结合建宁县实际，拟定《建宁县科协改革方案》（以下简称《方案》），于8月29日提交县委常委会研究通过，并以县委办名义印发。《方案》中重点对科协的人、财和激励保障机制等做出明确规定：将科协公用经费、人员经费和科普经费全额纳入县财政预算保障，且人均财政科普经费应达到2元以上；建立科协换届与县、乡镇党委换届同步机制，乡镇科协组织实现"全覆盖"，推行分管农技领导兼任科协主席制度，明确由乡镇农技站站长兼任科协干事；村（社区）由1名"两委"班子

成员兼任科普工作负责人，推行村级农技员或文化宣传员兼任科普宣传员制度，扩大基层科协组织有效覆盖；出台优秀科技工作者评选表彰办法，以县政府名义召开两年一届的建宁县优秀科技工作者评选表彰大会，为科技人才脱颖而出创造条件。

【科普宣传】 2017年，县科协以科普日、科技工作者日、科技周、科技文化卫生"三下乡"等大型科普活动为推手，通过政府推动、部门联动、全民参与，激发全民爱科学、学科学、用科学的热情。科普载体建设。推动建宁县科技馆新建项目列入2018年县工人文化宫建设盘子，配合县总工会等部门做好项目可行性研究报告、立项、设计等各项前期工作。推进科普工作e站建设，经省、市科协复核认定，全县建成符合标准的乡村（社区、校园）科普e站共17家，由县科协统一制作并授牌匾，并在工作基础条件较好的两个学校（县实验小学和城关小学）建立首批科普示范e站，购置科普智慧云，进行示范推广，给予资金补助3万元，推动科普信息落地应用；打造网上科普传播平台，召开全县各乡镇科协主席、干事会议，动员各乡镇科技工作者、科普员、农村六大员、青少年科技辅导员等下载科普中国APP,分享科普中国移动端内容，建立县科协微信公众号、科协工作微信群；完善科普设施，推动伊家乡和溪口镇溪口村等有条件的乡镇、村新建科普宣传栏，县科协给予适当的经费

补助。同时，借鉴外地经验做法，对全县各村农村科普宣传挂图的邮寄、张贴统一外包给县邮政公司，给予每期宣传挂图补助10元，确保农村科普宣传落到实处。庆祝"全国科技工作者日"，组织召开全县科技工作者代表座谈会，并上门看望近年来荣获省、市表彰的3位优秀工作者代表；组织开展"全国科普日"系列活动，围绕"创新驱动发展，科学破除愚昧"的主题，通过悬挂标语，分发宣传单，充分利用电视台、宣传栏、网站、彩铃等各种媒体和渠道进行广泛宣传。精心筹划活动项目。9月6日，在县城举办中国流动科技馆第二轮全国巡展福建区域建宁首场启动仪式，并开展为期3个月的科普巡展。

【青少年科技教育】 2017年，县科协建立科学专职教师队伍和兼职科普辅导员队伍，鼓励有条件的学校聘请校外专业人士兼任科普辅导员。各中小学开展各种科普活动、制作科技报、科普专栏和科学调查体验活动。建宁职中举办健康知识、消防知识和最新前沿科技讲解，各乡镇中小学组织学生观看科技节目和开展科普动手实验及制作科普板报活动。动员中小学生参加第七届全国青少年影像节竞赛、第26届全省科技论文评选活动和三明市第33届青少年科技创新大赛、青少年机器人大赛、第二十二届青少年信息学奥林匹克竞赛。县城关小学的《接天莲叶何处来》获国家影像节活动三等奖，城关小学邱若宸、印翔两位学生获市机器人竞

赛一等奖，邹翔宇、王也获三等奖，县一中廖书钦等8人获信息学奥林匹克竞赛三等奖。组织县一中20名学生参加"高校科学营"（福州大学）活动；持续开播《科普新说》栏目，协调县文广局在县电视台全年开播《科普新说》栏目，每日固定在《建宁新闻》后的黄金时段播放，播放科普公益广告和科普知识，向公众普及最新科技发明和创新成果。建立科普信息员队伍，动员科协机关干部职工、乡镇科协主席、干事和学校科技辅导员、科普e站管理员进行网上注册认证，首批通过注册认证79名科普信息员，初步健全基层科普宣传网络。

【科技创新助力企业】　2017年，县科协不定期深入企业调研，了解企业在人才引进、技术创新等方面存在的困难和需求，加强同省市科协的沟通，帮助企业牵线搭桥，先后两次赴北京、安徽、武汉大学和江西农科院看望慰问朱国英等院士专家，专题汇报，开展项目对接，邀请武汉大学朱玉贤院士的助手吴志国副研究员和刘义教授的助手何欢博士到建宁县企业考察调研，为建宁县产业发展和企业转型升级出谋献策。在2017年的"6·18"项目成果交易会上，促成禾丰种业股份有限公司成功签约项目；在"11·6"林博会期间，邀请中国工程院院士、中国人民解放军总参谋部测绘所研究员王任享和其学生王建荣博士到建宁县就地质地形、生态环境等方面进行考察，通过热情接待、汇报沟通，王任享院士

同意在建宁县地质灾害预报预警和生态、林业等方面开展合作，并签订建宁县科协院士专家工作站建站协议和项目合作协议。同时，做好每年一次的学术年会论文征集，鼓励和支持学、协会开展形式多样的学术交流活动。

【科技扶贫工作】　2017年，县科协争取农、林、水和科技部门支持，组织专家到部分乡镇和农村专业技术协会，深入田间地头和基地一线，就县食用菌、油茶、笋竹业等特色产业和农技协、科普示范基地等惠农平台作用发挥情况开展调研。在濉溪、溪口、里心、黄埠、客坊、伊家6个乡镇举办科技扶贫培训班6个班次，培训学员351名，引领广大农户学科学、懂科技、会经营，实现科技致富。

（邱天泉）

## 社会科学界联合会

【概况】　2017年，建宁县社会科学界联合会（以下简称县社科联）坚持以邓小平理论、"三个代表"重要思想、科学发展观、习近平新时代中国特色社会主义思想为指导，全面学习贯彻宣传党的十九大和习近平总书记系列重要讲话精神，按照年初工作计划和省、市社科联工作部署，围绕县委、县政府中心工作，积极推动社科课题研究，加大社科普及宣传力度，提升社科工作影响力。

【社科研究】　2017年，县社科联围绕经济社会中的重大理论和现实问题，有针对性地组织开展社科研究，做好2017年度社科规划课题申报和三明市第八届社会科学优秀成果申报工作，当年共申报3个课题；做好2016年度课题结题工作，2016年度课题《建莲文化的挖掘与利用研究》突出本县建莲文化特色，至年底，进入结项程序。

【平台建设】　2017年，县社科联联合宣传部、党校、图书馆，借助莲乡讲坛、建图讲堂两个平台，结合县委中心组学习，邀请国家和省、市知名专家、学者及县里相关领导、专家开讲授课，举办各类讲座、专题报告会，推进社科普及工作。县委书记、县长带头为全县干部作专题讲座各一次，邀请北京巅峰智业刘锋教授作《新形势下建宁全域旅游创新发展》专题讲座，邀请福建省委党校、行政学院党史教研部主任、中共党史学会常务副会长曹敏华作《习近平总书记在福建的从政历练与思想风范》主题讲座，邀请福州大学社会学系主任、教授甘满堂作《政府购买服务与社会治理创新专题辅导报告》。同时，借助市级社科基地——图书馆这一平台，将公共图书馆传统服务方式进行发展和延伸，以"资源共享、优势互补、服务大众"为宗旨，立足传承中华传统文化、普及人文社科知识，向大众传递信息与知识。年内，举办各类讲座（报告会、沙龙）共18场。

**【社科宣传】** 2017年，县社科联充分发挥"联"的作用，汇集各方面的力量，组织相关单位深入组织开展社会科学普及宣传周系列活动。做好社科普及基地工作评估工作，充分发挥省级社科普及示范基地——建宁县中央苏区反"围剿"纪念园、市级社科基地——图书馆的资源优势，开展爱国主义宣传宣讲、展览展示、阅读分享公益活动、文化惠民进校园、全民读书阅读推广等普及宣传活动，与宣传部联合开展"满意在三明"30周年征文活动，中央苏区反"围剿"纪念园举行"5·18博物馆日"宣传活动，利用课堂、展板开展"红色文化进校园"活动，走上街头开展"传承中华文脉，品味莲乡雅韵"主题宣传。组织发动全县干部参加全省网上社会科学知识竞答活动，通过建宁县新闻中心微信公众号、建宁新闻网宣传社科普及知识。

**【特色研究工作】** 2017年，县社科联根据建宁实际开展特色研究。主要有：莲文化研究。组织县莲文化研究会开展莲的历史、文艺等相关方面的挖掘和研究，收集相关资料素材，与文联合作举办"莲文化"主题征稿活动，通过《莲乡文艺》设立"莲文化"专栏进行刊发，建莲文化馆获批第二批三明市社科基地；创作出版了以建莲文化为主题的长篇历史文化小说《建莲古事》，并成功举办新书发布暨作品研讨会；撰写《走进朱子理学的建莲》在三明日报发表。闽学文化研究。重点是开展刘刚中理学思想的研究，

于6月份成立刘刚中文化研究会，撰写了理论文章《刘刚中〈师友问答〉理学思想诠释》《刘刚中生平行状与年谱传略》，并在三明日报理论版刊发理论文章《刘刚中〈师友问答〉理学思想精要》。红色文化研究。9月份成立建宁县红色文化研究会，组织人员对建宁红色故事进行挖掘整理，形成了《建宁苏区的红色记忆》一书的初稿。

（邱熹红）

## 文学艺术界联合会

**【概况】** 2017年，建宁县文学艺术界联合会（简称县文联）下设文学、美术、书法、摄影、音乐、舞蹈、戏剧曲艺、民间文艺、诗歌朗诵、观赏石等10个协会，共有会员427人（其中：县级会员427人、市级会员147人、省级会员36人、国家级会员6人）。

**【文艺创作平台的搭建】** 2017年，县文联加强基地建设，经常性地开展文学活动，邀请省作协、市文联、市作协领导考察文学创作基地、座谈交流文学创作，增强基地辐射带动作用。组织知名作家开展2次"清新花乡、福源建宁"采风创作和培训讲座。组织县内文学作者开展4次文学采风创作、座谈交流，"县文联作文班""莲乡文学社"培养文学新人50人。加强各直属文艺家协会建设和管理，先后调整充实了书协、美协、摄协和文学协会班子，把有激情有潜力的文艺新秀

充实到协会班子，增强协会凝聚力和活力。进一步提升《莲乡文艺》办刊编辑质量，以立足建宁，挖掘优势，创作文艺作品、文艺精品，找准建宁地方文化与现代时尚的结合点，围绕红色文化、建莲文化、闽江源文化、慈航文化、宗亲客家文化，鼓励培养文艺新人，完善刊物编排。组织文艺骨干走出去开展采风创作、交流研讨学习，提高建宁文艺界队伍整体素质。利用业余时间组织本县文艺爱好者室内笔会、户外采风创作、赴兄弟县市区交流学习50余人次。7月初，县文联邀请省工笔画学会名家20多人来建宁写生、笔会、交流，为书画爱好者提供一个学习提高机会。全年发展省会员2人、市会员7人。

**【建宁题材文艺作品创作】** 年内，县文联邀请著名作家艺术家创作建宁题材作品。黄莱笙作词、伍林发作曲的歌曲《红色之约》，由省音协制作，福建文艺志愿者艺术团演出，收到预期效果；市文联指导建宁县文艺工作者编排的《七月莲荷》歌舞节目和宜黄戏展示，获得好评；中国作家协会副主席廖奔等文学名家创作《站在闽山第一峰》等优秀文学作品20余篇。支持鼓励当地文艺骨干创作文艺作品，积极推动作品参展、参评、参演，提高作品艺术水平。在"满意在三明"征文中，唐朝白云的《我们拥有一个共同的名字：三明》获一等奖，江平的《一位残疾人眼里的满意》获三等奖；在第十三届福建音乐舞蹈节初赛（三明赛区）中，建

宁获创作一等奖 1 件（舞蹈类）、表演一等奖 1 件（舞蹈类）。在县级首次举办画家个人画展——《荷风雅韵—张华书画作品展》，得到省市书画界的支持和赞誉。

## 【《建莲古事》作品发布与研讨】

2017 年，县文联为进一步挖掘和宣传建宁独特的建莲文化，聘请福建小说家绿笙创作长篇小说《建莲故事》并出版发行，小说用穿越时空的笔法，全方位、多角度的展示了独特的建宁文化和风土民俗。7 月中旬，省作协、市文联、海峡文艺出版社联合主办《建莲古事》新书首发暨作品研讨，30 余位专家学者参加研讨。研讨会上，专家学者认为，小说围绕建莲展开，处处不脱莲影，建莲的来历、特点、栽培、加工均有涉及。同时，小说不是为建莲写建莲，而是以建莲写建宁，以建莲故事写建宁历史文化，特别是写建宁人物。这部长篇小说最集中的视点还在文化，当地文化内容在小说中描绘得非常充分，以建莲文化之名，表达建宁地方文化特质，建莲因之不再只是一种地方产品，它已经成为当地的文化象征与精神。

## 【苏区美术书画作品展】

2017 年 11 月 8 日，由福建省美术协会、三明市文联、建宁县委宣传部主办，三明市美术家协会、建宁县文联举办的闽江源建宁苏区红色文化乡村行美术作品展在建宁县展出。本次展出的作品，全部为 2017 年 9 月中旬省美术家协会牵头组织邀请全省二十多名画家深入闽江源头、建宁苏区，在客坊乡水尾村、溪源乡上坪村、均口镇修竹村等地进行红色乡村采风写生所创作，并在省画院成功展出。在这些革命先烈生活和战斗过的地方，画家们以妙笔还原五次反"围剿"那一段峥嵘岁月，描绘了革命旧迹换新颜的景象，汇成一幅幅精美画卷，体现画家对老区人民的深厚情谊。画展共展出相关作品 63 件，其中赠送书画作品 18 件。在仪式上，省美术家协会向建宁县授"闽江源建宁苏区写生创作基地""闽江源建宁苏区水尾采风写生创作点"牌。

## 【"圩日快乐行"文化下乡活动】

2017 年，县文联围绕"六个一"（一场戏、一次义诊、一个展览、一堂课、一张照片、一个故事）开展文化下乡活动，丰富群众文化生活。坚持每月一次，每逢圩日组织文艺家到全县各乡镇和城区举办群众喜闻乐见文艺服务。先后在伊家、黄埠、溪口、均口、溪源、濉溪、客坊等 9 个乡镇进行形式多样的文艺服务；县音协、舞协精心编排文艺节目，选调宜黄戏、木偶戏、傩舞、花灯舞、龟蚌舞等优秀地方传统艺术演好一场戏；县摄协开展"美丽莲乡摄影展"，以独特摄影艺术视觉，展现家乡经济建设、城市发展、生态环境、社会事业、人民生活等方面的丰硕成果；开展"一张照片"活动，为农村 60 岁以上老人和留守儿童免费照相，并现场赠送肖像照片一张；春节前夕，组织书法家深入农村赠送春联。

# 工商业联合会

## 【概况】

2017 年，建宁县工商业联合会（简称县工商联）常委会组成人员共 83 名，其中：主席 1 名、专职副主席 1 名（县委统战部副部长、县工商联党组书记）、兼职副主席 10 名、秘书长 1 名、常委 20 名，执委 50 名。总人数较上届人数增长 7 个百分点。新发展会员 9 个。全县有商会 3 个，其中，异地商会 2 个，建宁直属商会 1 个。全年，县工商联核定行政编制数 2 人，内设一个股室（办公室）。9 月，省工商联主席王光远到建宁调研"县级"五好工商联创建情况，并走访企业和商会。建宁县工商联被评为 2017 年度福建省"五好"县级工商联。

## 【思想政治引导】

2017 年，县工商联深入学习贯彻习近平总书记系列重要讲话精神及中央、省、市决策部署。通过召开工商联常（执）委会议、座谈会、培训会，利用微信群、微信公众号等平台，广泛宣传中央和省、市、县委的重大决策部署，引导广大非公经济人士和工商联干部认真学习习总书记系列重要讲话精神及党的十八届六中全会、十九大、中央经济工作会议等重要精神，牢固树立"四个意识"，并召开由县工商联（总商会）40 多位商会常（执）委企业家参加的十九大精神宣讲培训班，特邀请县委党校高级讲师现场授课。

**【教育培训服务】** 2017年，县工商联充分发挥商会主阵地作用，突出年轻的"商二代"企业家的培训，致力培养一批政治觉悟高、社会形象好、创业创新强的好苗子。3月份，选送商会会员企业家参加市联等联合举办的"企业家领导力创造奇迹"公益讲座。8月，推选3位优秀企业家参加市企业家发展创新研修班，赴清华大学学习一周。联搭建学习平台，通过互联网、微信平台、举办培训班等形式，将理想信念教育和创新创造实践活动贯穿商会建设和发展的全过程。

**【经济政策宣传】** 年内，县工商联深化非公经济人士理想信念教育实践活动，加强法律服务和法治宣传，推进与司法、劳动、工会、精神文明等部门的合作，推动企业家守法诚信，文明经商，自觉构建和谐劳动关系和良好的政商关系。运用微信公众号、网络、电视、室外LED宣传栏等多媒体渠道，广泛宣传党中央关于"两个毫不动摇""三个没有变"的方针政策，会同有关部门做好政策解读，引导非公企业家增强信心。4月份起，通过在微信公众平台发布《文明经商 文明出行倡议书》，在交通繁华地段的户外LED广告栏、电视台，持续滚动播放文明倡议。

**【商会合作交流】** 2017年8月14日，江西省广昌县工商联考察团一行9人赴建宁交流考察。考察团先后到建宁县特色现代农业示范点、电商产业园、商会大厦等地走访考察，两地工商界人士互相交流，取长补短，优势互补。在交流活动中，建宁县和广昌县工商联举行了结对共建、缔结友好商会签约仪式。落实商会主席（会长）轮值工作制度，加强与会员企业的联系，充分发扬民主，收集整理会员对县工商联及政府其他相关部门的工作意见和建议，为服务非公企业提供决策依据。

**【招商引资】** 2017年初，县工商联联合商务局等部门召开"2017春节企业家创业创新座谈会"，有50多名在外创业的建宁籍乡贤共聚一堂，畅叙乡情。引导乡贤回乡投资兴业，打好"乡情牌""亲情牌"和"友情牌"，抓住传统节日、商（协）会成立、年会和重大经贸活动等"时间点"，会同县商务局等部门开展政策宣传、联谊交流、考察洽谈、推介项目，吸引和鼓励建商回乡投资兴业。

**【精准扶贫】** 2017年，县工商联发挥联系非公经济人士优势，建立一支民营企业帮扶队伍，以贫困村、贫困户为帮扶对象，按照"一村一策，一户一法"的原则，将扶贫工作深入到村到户到人。重点帮扶。1月19—20日，县工商联联合县扶贫办，在建宁县客坊乡、伊家乡政府分别开展民营企业结对帮扶贫困户"手拉手、结穷亲"行动；采取"一对一"帮扶的方式，由33位企业家结对贫困户33户，民营企业家结合自身实际情况提出帮扶办法并当场与贫困户签订了《帮扶协议书》。爱心接力。精准扶贫行动开展以来，组织商会会员企业家开展多场献爱心活动。"六·一"儿童节期间，县工商联（总商会）执委企业福建金马涂装工程有限公司捐赠1万元，为104位留守儿童实现节日小小心愿；6月17日，建宁老百姓药业联合省医疗志愿服务队下乡开展"送医、送药、送健康"活动，企业出资一次性送出价值2万元药品。一系列爱心活动开展的同时也带动更多企业参与到帮扶行动中。宣传引导。通过多种宣传渠道，特别是在县工商联公众平台上开辟"精准扶贫"专栏，广泛宣传扶贫政策，加强对企业参与扶贫工作的政策引导，发送县工商联扶贫日常工作内容，发现结对帮扶过程中的先进人物和帮扶典型事例，向全社会传递非公经济人士的正能量。

**【商会活动】** 政企共建。3月9日，县工商联举办2017年度建宁县"最美女工（女店员）"表彰仪式。县工商联联合县委文明办、总工会、妇联、团县委四部门开展"最美女工（女店员）"评选活动，经各方推荐，评议小组初审、微信、网站平台投票和综合评议，共推荐出2017年度建宁县"最美女工（女店员）"一等奖一名，二等奖二名，三等奖三名，优秀奖四名。军民联欢。7月1日，县工商联组织十余名非公企业家党员、入党积极分子深入红色根据地旧址建宁县客坊乡水尾村开展

"七·一"党建庆祝活动，接受革命传统教育；8月5日，在建军90周年之际，由县工商联、县武警中队主办，福建省耕山队有机茶叶开发有限公司、建宁永和汽车贸易有限公司、建宁县天一广告有限公司、百家惠生活超市等会员企业协办的"建宁县工商界拥军慰问联欢会"在县武警中队举行；县工商联秉承"发展不忘国防，致富不忘拥军"的双拥思想，积极引导非公有制经济人士不断创新形式开展拥军慰问活动。

【建言献策】 年内，县工商联将政协委员提案"关于更好的发挥异地商会作用"转为年度课题，并开展走访调研活动，走访考察深圳、南京、上海等多地在外建宁企业家40余位，企业12家，并在深圳、南京分别召开两场乡贤座谈会，形成《关于更加注重发挥异地商会和在外乡贤作用的调研报告》，为县委、县政府提供科学决策依据。

(孙琳美)

## 归国华侨联合会

【概况】 2017年，建宁县归国华侨联合会（简称县侨联）始终围绕爱国主义和新时代中国特色社会主义思想的主题，进一步凝聚侨心、汇聚侨力，确保侨联工作正确的政治方向。全县有海外侨胞5132人，其中华侨2271人，华人2282人，归侨48人，侨眷628人；香港同胞57人，澳门同胞9人。

【联络联谊活动】 2017年，县侨联坚持"国内国外工作并重""新侨老侨工作并重"的工作方针，不断扩大联谊面，拓宽联谊渠道。中秋佳节，县委书记郑剑波和县长陈显卿给海外建宁乡亲写信送上中秋祝福，把家乡人民时刻对他们的关注、牵挂、思念和期盼送上，同时感谢他们做出的突出贡献，殷切希望他们常回家看看，为促进亲情乡谊，扩大交流合作发挥应有作用。继续开展"海西春雨行动""侨心工程"工作。向海外侨胞、港澳台同胞宣传"一国两制"方针，支持华侨、华人开展的"反独促统"活动，争取和壮大维护祖国统一的爱国力量。组织本县中小学生参加世界华人小学生作文大赛，增进海内外侨界群众特别是华裔青少年的认同感。引导侨界群众为经济社会发展和全面建成小康社会作贡献，增强对祖国优秀传统文化的认同，保持和提升侨联的政治性、先进性、群众性。侨务工作更好地融入福建海丝核心区、自贸试验区建设战略之中。

【侨事服务工作】 2017年，县侨联引导侨界爱心人士投身社会事业和慈善公益事业。侨资企业绿田实业有限公司助力全民健身运动，"绿田"杯舞蹈大赛2017年福建省全民健身运动会体育舞蹈总决赛（福州站）在福州市体育馆举行并取得圆满成功。继续深化"服务项目带动、促进侨资回归"活动。促进建宁县投资软环境的进一步改善。组织政协港澳侨台委委员、侨联委员到侨资企业——绿田实业有限公司、台资企业—福建兴辉食品有限公司、侨资企业——托斯卡纳（福建）葡萄庄园有限公司走访调研，详细了解企业的运营情况、投资需求和对改善投资运营环境的意见建议，协助企业做好招工、用工、办证等环节工作，为企业提供力所能及的帮助和便利，让业主真正体会到侨联组织的温暖。

【闽宁技术扶贫工作】 2017年5月，省侨联主席陈式海赴建宁应德农产品有限公司(台资)，就"百侨帮百村"和侨青"宁夏固原行"技术扶贫工作开展考察调研。陈主席一行实地察看了建宁应德农产品有限公司黄花菜种植基地，与公司总经理林秀莹先生伉俪进行了座谈，详细了解企业发展情况，听取农业专家对黄花菜种植技术的讲解，并就帮扶宁夏固原推广黄花菜种植技术进行了深入探讨。陈主席表示，省侨联将积极为企业发展牵线搭桥，希望企业能参与到闽宁技术扶贫工作中，通过优势互补，实现协作共赢。

【侨务普法宣传】 2017年，县侨联参与协商和推荐人大归侨代表、提名侨界政协委员人选工作，充分发挥侨界人大代表、政协委员参政议政的作用，通过他们反映侨界的诉求和呼声。当年，开展侨法宣传活动4场次，接待侨界群众来信来访10人次，妥善处理信访件3起。对来访的人员能做到热情接待并做耐心细致的释疑解惑工作，做到件件有回复，事事有回音。深入开展面向侨界困难群众的"送温暖、献爱心"活动，共筹集资金 1.56 万元，慰问贫困侨 13 户，走访 2 名侨资企业家，看望 2 名老侨联工作者。

**【精准扶贫工作】** 2017 年，县侨联制定精准扶贫实施方案，扎实开展精准扶贫，组织侨联委员走向基层、贴进群众，结合"挂包帮"活动，解决百姓现实难题。参与扶贫攻坚行动，县侨联主席为伊家村挂包贫困户魏德英制定帮扶措施，为其联系到上海家政工作，该户于 10 月脱贫。开展"百侨助百村"活动，协助高圳村精准扶贫工作，全村贫困户 10 户 21 人全部脱贫，村财实现收入 11.5 万元，实现贫困村脱贫。协助高圳村争取项目资金 19 万元，修善幸福院（原小学）；完成投资 10 万元三坑路灯工程，新村自然村路灯尚在施工（已投入 15 万元）；争取农业局粮食产能项目 400 万元，修善村河堤护岸、农田机耕路、沟渠等。

(李美兰)

## 残疾人联合会

**【概况】** 2017 年，建宁县残疾人联合会（简称县残联）内设办公室、康复股、教育就业股。下设建宁县残疾人就业服务指导中心、建宁县残疾人康复指导中心、建宁县残疾人辅助器具服务站 3 个事业单位。单位编制 9 名，其中：机关事业编制 4 名、事业单位编制 5 名。实有工作人员 11 人，其中：机关 6 人，事业单位

5 人。全县乡（镇）和村（社区）均成立残疾人组织，分别配备理事长和残疾人联络员。截至 2017 年 12 月 31 日，全县持证残疾人总数 4228 人，其中：重度残疾 1766 人。

**【残疾人最低生活保障】** 2017 年 6 月 12 日，建宁县人民政府制定出台《关于印发〈建宁县"十三五"加快残疾人小康进程规划纲要〉的通知》（建政文〔2017〕107 号）文件，从残疾人社会保障、扶贫就业、康复与残疾预防、教育、文化和体育、无障碍环境、维权、社会环境等方面制定一系列政策和措施，并明确了相关单位职责任务。落实"两项补贴"制度。2017 年，重度残疾人护理补贴提标扩面和承办主体变更，及时与民政沟通协调，做好相关的衔接工作和审核工作；当年享受重度困难残疾人生活补贴 1531 人，补助金额 10.7 万元/月；享受重度残疾人护理补贴 1539 人，补助金额 12 万元/月。开展居家托养服务,减轻残疾人家庭负担。对各乡(镇)通过推荐、评审、公示、审批等程序上报的重度残疾人，残联认真核实核对，真正做到公平、公正、公开，为 79 名智力、精神、肢体等重度残疾人提供居家托养服务，每人补助 2000 元。加大困难残疾人最低生活保障力度。加强与民政部门沟通联系，落实残疾人最低生活保障，2017 年纳入低保残疾人 1331 名。

**【残疾人社会保险】** 加大残疾人养老医疗救助力度。为全县持证

残疾人缴纳个人医疗保险费 23.57 万元。对全县持证的重度残疾人和建档立卡贫困残疾人户参加城乡居民基本养老保险个人最低缴费部分全额资助；对非重度残疾人参加城乡居民基本养老保险，代缴不低于 50% 的最低标准养老保险费。实施"爱心保险"项目，为 2940 名残疾人购买一份意外伤害（死亡）保险，51 人获理赔，理赔金额 16.05 万元。

**【残疾人康复服务】** 加强沟通协调，精心组织康复服务。实施 0~6 岁儿童康复救助工作，对在"心语福乐幼儿园"接受专业康复训练的 22 名残疾儿童实施救助，每人每月补助 1700 元。实施《三明市残疾人基本型辅助器具适配补贴办法》，组织辅具工作人员、残疾评定医生、辅具协议机构工作人员到客坊、黄埠、伊家三个乡镇开展残疾人辅助器具适配服务整乡（镇）推进活动，提高了辅具适配的认知度、满意度和覆盖率。全年适配轮椅、助行器、拐杖以及安装假肢、矫形器等辅具 185 件，补贴金额 16.14 万元。

**【残疾人就业培训】** 精心组织残疾人技能培训工作，提高残疾人就业率。当年，举办 1 期为期两天的残疾人实用技术培训班，参训残疾人 127 人次；选送 2 人参加市医疗按摩培训。鼓励扶持残疾人创业、就业。扶持残疾人创业就业 57 人，每人补助 5000 元，补助金额 28.5 万元;对 41 名灵活就业残疾人给予社会保险补贴，补助金额 10.1 万元。开展康复扶

贫工作。为 7 户残疾人发展生产提供免息康复扶贫贷款 20 万元；对 17 户残疾人 2015 年农资贷款给予贴息，贴息金额 2.53 万元。落实扶残助学项目。资助残疾学生及贫困残疾人家庭子女 30 人，补助金额 13.26 万元，其中：残疾学生 3 人，贫困残疾人家庭子女 27 人。

**【残联第六次代表大会召开】**
2017 年 11 月 24 日，建宁县残疾人联合会第六次代表大会召开，县委副书记、县长陈显卿等四套班子领导出席会议，市残联理事长刘闽华应邀到会指导，全县 80 名代表、14 名特邀代表参加了会议。大会审议通过了鄢泽良代表县残联第五届主席团所作的工作报告，选举产生了新一届县残联主席团主席：沙陈龙；副主席：黄允健、鄢泽良、陈可辉、许少燕；委员和出席三明市残联第七次代表大会的代表。推举了执行理事会理事长鄢泽良，副理事长林国忠、黄忠水，聘请名誉主席黄立辉。

**【筹建盲人推拿按摩中心】**
2017 年 10 月 30 日，县盲人按摩示范店"盲人推拿按摩中心"在县残联四楼正式开业。新中心县政府提供 700 余平方米的场地，用于按摩中心建设用地，安置 5 名有从业资格的盲人按摩技师就业，通过她们的双手和技术提供服务、自食其力、助盲脱贫。

(黄 毅)

## 计划生育协会

**【概况】** 建宁县计划生育协会有会员单位 113 个，其中，县协会 1 个，乡镇协会 9 个，村（居）协会 99 个，企业行业协会 5 个。2017 年，建宁县计划生育协会深入开展"四联创"活动，全县有 85% 的村达到一流村或合格村计生协会标准；协会紧紧围绕政府提倡的"诚信计生，幸福家庭"标准，扎实开展发放计生家庭小额贴息贷款、计生家庭意外伤害保险、"幸福工程"救助贫困母亲行动、计生困难家庭"安居工程"项目、农村计生家庭"金秋助学"项目、关爱"失独家庭"开展志愿者行动、对计生家庭开展法律援助活动等项目，把生育关怀落实到各个方面。

**【计生保险与幸福工程】** 2017 年计生家庭意外伤害保险投入保费 74.365 万元，14873 计生户参保，39752 人受益。全年幸福工程发放救助款 227 万元，救助贫困母亲 85 户；发放贴息贷款 1328 万元，342 户贫困计生家庭受益；对计生家庭法律援助 17 人次；落实"安居工程"项目 5 户，发放资金 30 万元；奖励二女户子女考上大学 112 人，发放慰问金 8.7 万元；开展妇科病防治培训，为 50 名育龄妇女进行免费宫颈癌筛查。

**【圆梦女孩活动】** 2017 年，共有 135 名农村独女、二女享受中考加分待遇，计生独女户优先享受希望工程、金秋计划、春雷计划的帮扶。开展计生困难家庭慰问活动。年内，对全县 19 户计划生育特殊家庭实行县、乡、村结对子帮扶，妥善解决他们的生活照料、养老保障、大病治疗和精神慰藉等问题。

(徐尔文)

## 红十字会

**【概况】** 2017 年，建宁县红十字会贯彻《中华人民共和国红十字会法》《中国红十字章程》，以弘扬"人道、博爱、奉献"的红十字精神为己任，履行红十字会各项职责，开展人道救助、应急救护培训，充分发挥政府人道领域的助手作用，推进红十字各项事业的发展。县红十字会有团体会员单位 15 个，会员 256 人，志愿者 138 人。

**【红十字人道宣传】** 2017 年，县红十字会通过采用多种形式，充分利用建宁县电视台、县政府网站、《八闽九州红十字》《三明红十字》《中国人道网》等新闻媒体，全方位、多角度、多形式开展宣传活动；组织红十字会干部职工和志愿者专题学习研讨新修订的《中华人民共和国红十字会法》，做到依法治会、依法兴会；利用各类公众传播平台宣传红十字会法，让社会大众了解红十字会法，凝聚更多的社会力量参与和支持红十字事业。开展"5·8"红十字日主题宣传活动，组织红十字会员、志愿者，通过印发、张贴宣传材料、悬挂宣传品、设立咨询服务台等形式，在全县广泛开展红十字精神宣传和红十字知识传播，发放宣传资料800余份，活动共接受群众咨询400余人次。

**【红十字关爱老人】** 2017年，县红十字会联合县妇幼保健院党员"110"志愿服务队和县城区社区卫生服务中心的医务人员，前往县敬老院开展爱心志愿服务活动。为敬老院40位老人免费健康检查，听诊把脉，测量血压，谈心聊天，为老人们讲解饮食、锻炼方面的保健知识，发放老年人中医保健、急救常识宣传手册、高血压、糖尿病防病知识等宣传资料120余份。

**【"送医送药"下乡义诊活动】** 2017年5月初，联合县卫计局、均口卫生院在均口镇开展"送医送药"下乡义诊活动。组织医务人员为当地群众免费体检、测量血压血糖，提供健康咨询，安排志愿者发放了健康防病、急救常识、无偿献血等宣传资料。义诊活动受到了群众的热烈欢迎，共接受免费体检咨询130余人，发放各类宣传资料300余份。

**【廉孝文化新春行】** 2017年1月19日，县"廉孝文化新春行·走进溪源"文化科技卫生"三下乡"活动启动仪式在溪源中心小学举行。县红十字会与县卫计局、妇联等多个单位，向来往群众分发红十字宣传手册，为当地群众普及应急救护知识，赠发药品，

提供义诊活动。同时，还向来自溪源乡各个村的13名90岁高龄老人，特别分发了慰问物资，为老人送上了冬日的温暖与新春的祝福，以实际行动践行中国传统廉孝文化。

**【红十字博爱送万家】** 春节前夕，为农村15户生活困难家庭，送去价值400多元的食用油、米等春节慰问物品。6月26日洪灾过后，县红十字会慰问5户受灾较重的困难群众，每户送去5公升的食用油2桶，10公斤的大米2袋。并在老年节组织志愿者以实际行动践行尊老、敬老、助老的中华传统美德，为15户的特困老人送去食用油和面条、饼干、毛巾等价值200元的生活物资。同时，对4户患病的特困群众，每户给予5000元的慰问金。全年扶贫帮困资金累计达3.5万元。

**【应急救护"六进"活动】** 县红十字会开展应急救护"六进"活动。先后在一中、城中，县医院、县中学生教育实践基地，县烟草局开展了应急救护培训，系统地讲授了心肺复苏，所道异物梗阻等应急救护知识和急症的处理。1200多人参加学习培训。9月，联合市扶贫开发协会、三明市红十字会，到建宁县伊家乡陈家村，开展健康扶贫暨应急救护进农村活动，为群众讲授了农村常见疾病和突发急症的急救知识与技能，62名村干部及村民参加了培训。

**【开展救治义诊活动】** 2017年4月，县红十字会联合厦门市红十

字会，组织厦门大学附属第一医院、厦门市心血管研究所的专家教授一行7人，到建宁县开展"救心基金老区行—建宁义诊"活动。活动共诊查各种心脏病患者35人，先心病13例，其中确定3患儿的手术费用，由基金资助15000元。

**【无偿捐献活动】** 2017年，县红十字会和三明中心血站、县文明办联合开展"传递爱心、为生命接力"无偿献血志愿服务活动。2017年采血2次，活动期间，共发放无偿献血和造血干细胞宣传资料450多份，参加献血人数791人，献血量275650毫升。造血干细胞采集10人。年内，实现第2例造血干细胞捐献，实现首例遗体和器官捐献。4月，县红十字会登记了第一例遗体和器官捐献对象，该捐献者为一名肺癌患者。通过咨询厦门眼科中心的专家，其患病的眼角膜可以捐献，遗体为厦门大学接收。8月30日，该捐献者因病去世，其眼角膜于当日即被摘取，连日赶回厦门移植。这是建宁县成功捐献的首例遗体和器官。

（胡润瑛）

## 客家联谊会

**【概况】** 2017年，建宁县客家联谊会有会员64人，理事18人，会长1人，副会长13人，秘书长1人，副秘收长5人。2017年，县客家联谊会贯彻落实福建省客家研究联谊会闽客联〔2016〕2

号文精神，在弘扬客家文化、推进客家文化和宗族文化研究方面取得了较为满意的成绩。

【族谱续修和宗祠修建】 2017年，县客家联谊会弘扬中华民族的传统文化和客家文化，继续做好和推动各姓氏的族谱续修和宗祠修建工作。完成伊家隘上罗氏、伊家张氏、客坊里元徐氏、客坊里坊刘氏和黄埠竹薮王氏总谱的新谱发谱工作。伊家沙洲葛藤窠何氏、溪源余氏、客坊杜氏、溪口半源廖氏和修竹及茶口王氏的族谱已着手续修。在宗祠新建方面，茶口王氏宗祠、水南邹氏宗祠、安寅夏氏宗祠、溪源余氏宗祠和里心芦田邓氏宗祠分别举行升梁或落成竣工庆典仪式。从每座宗祠的选址、规划、升梁和竣工庆典活动，县客家联谊会派员到场指导。

【客家文化宣传】 2017年，县客家联谊会加强内外联系、交流，拓宽客家文化宣传新领地，打造客家文化新品牌。参加10月份在香港召开的第29届世界客属恳亲大会。县客家联谊会王登远会长参加第23届世界客属“宁化石壁客家论坛”大会，其撰写的论文入选论文集。县客家联谊会派人赴河南新乡参加比干诞辰3109年纪念庆典和比干文化研讨会。参与主持在建宁客坊举办的《刘刚中文化研究会》和伊家陈家举办的《福建省三明市建宁县第二届饶氏联谊会暨饶氏文化研究联谊会》的成立仪式，并向前来参加活动的省内外专家推介建宁客家文化。

（何绍贤）

## 关心下一代工作委员会

【概况】 2017年，建宁县关心下一代工作委员会（简称县关工委）有基层关工委131个，其中乡（镇）9个，村（居）99个，学校18个，机关事业单位1个，民营企业4个。

【青少年主题教育活动】 2017年，县关工委开展“三爱”（爱祖国、爱学习、爱劳动）“两史”（共产党史、建国史）“三进”（即“十九大精神进校园、中华优秀传统文化进校园、法治文化和维权自护教育进校园”）校园宣讲主题教育系列活动48场，受教育人数12000余人次；征集中小学选送的“三爱”“三节”（节水、节电、节粮）“两史”教育征文100余篇；举行“三爱”“两史”“关爱明天，普法先行”“向军旗敬礼，向英雄学习”主题教育演讲比赛12场次。“三进”校园宣讲活动效果良好。12月6日起，县关工委、教育关工委联合开展为期一个月的“三进”校园宣讲活动,走进全县中小学开展“三进”宣讲12场次。

【为青少年服务】 2017年，县关工委做好“五失”青少年的帮教转化工作。根据省关工委《关于进一步加强关爱团建设的基本意见》的要求，对“政法一条龙”和“社会一条龙”关爱团组织机构进行调整充实，实行“两龙”合一，全县关爱团（组）队伍63人。各级关工委坚持开展“春节送温暖活动”，全年，发动社会爱心人士深入乡、村、社区走访慰问孤儿、特困生等“五失人员”达300人，发放慰问物品、慰问金折计8万余元。县关爱团、报告团到县拘留所对失足青少年开展教育帮扶，给他们重启人生，再造自我的激励。举办普法教育32场次，走访帮扶“五失”青少年60人。发挥“五老人员”网吧义务监督员作用，县9名网吧义务监督员，全年共检查网吧16次，劝阻进入网吧的未成年人7名。

【帮困助学】 2017年，县关工委动员社会各界开展帮困助学，筹措资金23.9万元，资助228名品学兼优的贫困生。其中大学生67人，高中生61人，中小学生100人。各乡镇关工委均完成年初县关工委布置的帮扶任务，9个乡镇共筹集资金20万元，帮扶250名贫困生。

【“种子工程”示范户培育】 2017年，县关工委持续培育“讲政治、育新人、奔小康”的“种子工程”示范户。作为省关工委农村工作的联系点，建宁县关工委在巩固提升原有典型的基础上，注意培育新典型，培育“种子工程”示范户2户，乡镇关工委培育“种子工程”示范户14户，“种子工程”示范户为农村青年就业创业提供典型引导和辐射效应。开展农村青年实用技术培训，县关工委科技服务团9位教员，与乡镇及农业、林业、科技等部门共同举办农村青年实用技术培训班3次，接受培训青年达117人，协助建立农业产业基地5个。

【"普法教育示范区"工作】

2017年6月7日，市关工委主任林纪承一行5人到建宁县指导创建"青少年普法教育示范区"工作。县委常委、组织部长陈一龙，县政府副县长连云进，县关工委主任谢冬林，以及县创建青少年普法教育示范区领导小组成员单位负责人共20人出席汇报会，谢冬林主任汇报了建宁县创建工作进展情况。林纪承主任听取汇报后对建宁创建"全国青少年普法教育示范区"活动作了充分肯定和具体指导。6月中旬，县委、县政府决定正式向中央"全国青少年普法教育活动办公室"申报参评创建"全国青少年普法教育示范区"。全国青少年教育活动办对建宁县的创建工作进行实地评审查看，建宁县顺利通过第三届"全国青少年普法教育示范区"创建验收。建宁县委、县政府、县关工委、县教育局被中央关工委、司法部、中央综治委授予先进单位荣誉称号；均口中学、客坊中学、溪源中学、建宁职业中学、溪口中心小学获优秀组织奖荣誉称号；建宁实验小学、城关小学、建宁第二中学被授予"零犯罪学校"荣誉称号；县关工委谢冬林、冯耀荣、邱红梅，溪口中心小学李梅秀等8位教师，建宁职业中学江燕等25位

同志获表彰。

（邱红梅）

## 志愿者联谊会

【概况】 2017年，建宁县志愿者联谊会有会员276人，其中组织机构成员13人。该联谊会始终以"扬时代新风、献人间真情"为宗旨，大力弘扬"奉献、友爱、互助、进步"的志愿服务精神。随着活动的深入开展，县联谊会引起社会广泛关注，得到省、市、县各级党委、政府及社会爱心人士的充分肯定；曾获得"福建省共青团关爱农民工子女志愿服务行动优秀志愿服务团队""福建省志愿服务记录单位""三明市社会志愿服务先进集体""三明市学雷锋优秀志愿服务组织"等荣誉。

【"同心圆3+1"助学帮扶】

2017年，县志愿者联谊会与县委统战部、工商联共同创建"同心圆3+1"助学品牌。"同心圆3+1"即：党委政府、爱心人士及社会团体相互之间紧密相连形成一个共同体，共同关爱受助群体；通过加强与乡（镇）中小学教师沟通联系，由中小学教师提供贫困学生家庭信息，志愿者入户详细核实贫困学生实际情况，建立结对帮扶工作模式，对贫困学生进行帮扶。每年2—3月份，对贫困学生家庭情况调查摸底，9月初发放助学资金。县志愿者联谊会从2010年开始开展助学活动，7年来，共为贫困学生发放

助学金206200元、生活和学习用品29700元，共帮扶贫困学生311人。

【"同心圆助老"活动】 2017年，县志愿者联谊会每年端午节、中秋节、重阳节，建宁县志愿者联谊会组织志愿者到乡（镇）敬老院、社区，帮助老人打扫卫生、煮饭、陪老人聊天，用实际行动温暖每位老人，尤其是空巢老人，给他们带去欢笑和快乐，让老人们感受到一份特殊的亲情，使老人们孤独的心灵得到安慰，志愿者的心里也感受到阵阵暖意。每次开展这样的活动，志愿者们都能积极参与，不存在人员缺席、人员不足等问题；在助老活动过程中，志愿者们全身心投入，将帮扶对象视为自己家人一样关心和照顾。

【"同心圆助残"活动】 2017年，建宁县志愿者联谊会始终将关心残疾人作为一项重要的公益活动，与县残联、特殊学校、安置农场、孤儿院等建立联合帮扶机制。每逢节假日，组织志愿者到县特殊学校、安置农场、孤儿院等地慰问残疾人，为他们送去食品和衣服，与残疾人开展游戏互动。全年，县志愿者联谊会组织志愿者搀扶30余名残疾人士前往中央苏区反围剿纪念馆接受"红色教育"。

【义诊活动】 2017年，县志愿者联谊会成员中有县医院骨科、牙科、外科、产科等科室医生，有乡（镇）卫生院医生和护士，

还有县医药店负责人和工作人员。每遇洪涝、雨雪冰冻等自然灾害或圩日，组织医疗队伍深入现场开展"义诊"活动，为群众量血压、血糖、脉搏并发放家庭必备药品；同时做好健康知识普及，重、特疾病医疗保障等相关知识宣传。与福建医科大学签订了暑期社会实践活动协议，从2010年起，每年暑期，福建医科大学社会实践队到建宁各乡（镇）开展义诊活动。

【活动风采】 2017年，建宁县志愿者联谊会组织10名志愿者到黄埠、客坊开展"暖冬"活动，组织开展"治理河道污染、打造宜居家园"主题系列公益活动；与县心语福乐幼儿园联合开展"孤独症 在一起"和全国助残日公益活动；助力"为荷而来"嘉年华第二届建莲产业发展研讨会暨修竹荷苑开园仪式；在"八·一"到来之际，慰问县消防战士，协助县旅游局等部门办好第二届花果山桃梨采摘季活动；组织20名志愿者分4组到黄埠、客坊、伊家、均口开展"同心圆3+1"助学帮扶及"福建省第27届保护野生动物宣传月"专场活动；与县城乡网格化服务中心联合开展"12·5国际志愿者日暨创城宣传活动"。12月13日，县志愿者联谊会成员帮助将走失两天两夜的老人寻回。

## 老区建设促进会

【概况】 2017年，建宁县老区建设促进会（简称县老促会）和扶贫开发协会按照省、市老促会和建宁县委、县政府的工作部署，大力促进老区建设，加快建成全面小康社会。当年，县老区建设促进会和扶贫开发协会通过入户调查，安排17万元资金，在8个乡镇27个建制村，选择54户建档立卡贫困户进行资金帮扶，乡镇、村干部入户挂包指导，帮助其因户制宜地选择发展生产项目，47户实现当年脱贫，脱贫率87%。

【老区宣传】 2017年，县老促会运用报刊杂志和电视台等新闻媒体进行老区建设和社会扶贫宣传。该会当年撰写老区建设、扶贫开发、精准扶贫等稿件在"滴水缘""红土地""中国老区建设""三明日报"等报刊杂志上发表12篇（幅）；编辑《建宁苏区简讯》2期，印发600多份。利用节庆和纪念活动开展老区建设、社会扶贫宣传，介绍建宁县老区建设、扶贫开发、精准扶贫、美丽乡村建设等情况，以争取各阶层人士进一步了解建宁、关心建宁和支持建宁。

【产业扶贫】 2017年，县老促会帮扶海宏达生态农业有限公司，当年养殖黑山羊7000头，销售4000头。该公司在做大做强自身产业的同时，帮扶108户贫困户当年脱贫；天一油茶专业合作社扩大100亩采穗圃，供应苗木90万株，新增种植油茶林1万亩，解决劳动力就业1000多人，安排周边贫困户家庭劳力100多人，在合作社做季节性工作，挂包的

3户贫困户全部脱贫。文鑫莲业公司是县老促会成员单位，公司建立5个建莲种植示范基地，采取公司＋农户的模式，当年挂包的25户贫困户全部脱贫。全年，县老促会多渠道筹措资金47万元，帮扶黑山羊养殖、油茶种植、建莲基地建设等8个项目。

【为老区办实事】 2017年，县老促会开展实用技术培训，安排6万元资金，开展5期共600人次参加的油茶高产技术、莲子科学管理、病虫害防治、食用菌栽培技术和黑山羊养殖培训，进一步提升贫困户的科学技术水平。帮扶基础设施建设，完善群众生产生活环境。争取资金19万元，为4个贫困村完成修建桥梁、排水沟、垃圾处理、路灯照明、老年活动中心等项目。捐资助学，圆梦大学。在省、市协会的关心支持下，筹集资金18万元，用于伊家中心小学提升教学条件和学生食堂改造，帮助18名残疾家庭子女圆大学。

【调查研究与建言献策】 2017年，县老促会围绕县委、县政府的工作中心和扶贫开发工作的难点、热点问题，进行有针对性的专题调研，提出符合实际，有建设性、有指导性和可操作的意见建议。年内，完成两个专题调研课题：（1）"关于海宏达生态农业有限公司发展黑山羊养殖的调查报告"，客坊乡福建海宏达生态农业有限公司通过发展黑山羊养殖帮扶群众脱贫致富的典型事迹，县老促会组织人员到该公司调查

了解，最终形成调研报告，县委、县政府领导作了批示，要求各乡镇参照推广。（2）对全县教育改革与精准扶贫进行专题调研，并形成调研报告呈送给有关部门。

（陈宝发）

## 退休干部协会

【概况】 2017年，建宁县退休干部协会（简称县退协）下设10个分会和10个小组，全县有会员800余名；协会理事会设会长1名，副会长6名，秘书长1名，理事17名。当年，县退协组织全体会员开展形式多样，有益身心健康的活动，取得明显成效。

【退休干部继续学习】 党的十九大胜利闭幕后，县退协组织常务理事会成员学习党的十九大精神，深刻领会其精神内涵；召开了理事成员、分会长、小组长共30多人的座谈会。7月中旬，召开常务理事学习会，围绕中央电视台十集大型政论专题片《将改革进行到底》进行交流讨论。8月中旬，组织全体会员学习《习近平总书记在福建的探索与实践党建篇、改革篇、开放篇》和廖俊波同志的先进事迹。举办党的十八届六中全会全面从严治党讲座，邀请县委党校理论教员前来授课。组织全体会员学习传达市委书记杜源生在市退干协第七次代表大会上的重要讲话精神。

【老干部重温革命史】 4月中旬，公安分会组织全体会员、教育分会组织部分会员参观考察客坊乡水尾村红军时期革命遗址，老同志们参观红色医院、苏区银行、苏区兵工厂等遗址。9月中旬，县退干协会组织全体会员到城关西门红军莲塘新景区参观，近400名老同志，聆听毛泽东在建宁挖莲塘的故事，并观赏荷花和新建的凉亭、栈道、小桥，老同志们在休闲中再次受到革命传统教育。

【参观考察看发展】 2017年，县退协组织分会长、小组长到里心镇上里甘家隘的闽赣交界联防调解中心、花排村的集中连片花海、里心镇精准农机扶贫中心，黄坊乡政府新址、商住楼、武调动车站、中心小学及农民休闲公园等基础设施，溪口镇枫元托斯卡纳葡萄庄园参观学习。同时听取了3个乡镇党委、政府等相关领导的工作介绍，感受到乡镇发展的新变化。举办建宁县重大项目建设情况讲座，邀请县发改局柯兆荣副局长作题为《强化项目支撑，加快赶超发展》的报告，讲述了交通类、产业类、农业类、民生事业类、文化旅游类、城乡建设类等六大项目，通过实地参观考察和听报告，老同志们深切地感受到了家乡的发展变化。

【特色活动丰富晚年生活】 2017年，县退协开展春节慰问活动，慰问30名特殊困难的老干部，向他们送上每人300元的慰问金，对10余名行动不便的老干部，由各分会组织人登门慰问。"五·一"前夕，组织全体会员在东山公园新建的东大门前游览，并举办退休干部太极拳剑展示活动。6月上旬，召开欢迎新退休干部座谈会，30多名新退休的老同志参加了会议。配合县"双拥"工作领导小组、县人武部及有关涉老部门举办建军90周年夕阳综艺展示表演，有文艺节目、书画展示和武警战士擒拿格斗等。11月中旬，与泰宁县联合举办学习宣传十九大精神联谊活动，两县退干协会互相交流、共同促进，互通情感，增进友谊，两县的民乐队还联合举办了文艺联欢会。与县老年大学联合举办关爱老年人知识讲座，邀请县公安局刑侦大队长黄燕作预防电信诈骗讲座，县市场监管局副局长曾启雄作食品安全讲座，县医院内科副主任邓敏兴作老年人预防心脑血管疾病讲座，县疾控中心欧科长作《关于饮食与健康》知识讲座。举办2017年老年节庆祝活动，为54名年满90周岁、80周岁、70周岁高龄的老人和27对金婚夫妇送上美好祝福，并分别赠送了生日蛋糕及礼金。

（廖光朗）

# 军 事

□ 编辑 黄日辉

## 人民武装

【概况】 2017年，中国人民解放军建宁县人民武装部（简称县人武部）认真学习贯彻党的十八届七中和十九大会议精神，根据三明军分区党委的决策部署，按照省军区系统调整改革任务全面落地的新要求，团结和带领全体干部职工，坚持举旗筑魂，强化看齐追随，聚力练兵备战，深化融合发展，国防动员准备和人武部全面建设始终保持良好的发展态势。

【思想政治建设】 2017年，县人武部用好党委中心组带机关理论学习这个"主渠道"，采取专题辅导、领导导读、个人通读、跟学跟训等方式，重点抓好习主席系列重要讲话，特别是"7·26"、沙场阅兵、"8·1"讲话精神的学习领会和贯彻。党的十九大召开之后，县人武部党委及时组织干部、职工研读十九大报告和新党章，系统学习习近平新时代中国特色社会主义思想。组织干部、职工集中学习习近平总书记带领中央政治局常委集体瞻仰上海中共一大会址和浙江嘉兴南湖红船时的重要讲话，集体重温入党誓词，增强责任感和使命感。抓实主题教育。扎实开展"维护核心、听从指挥"主题教育活动，走实学习准备、学习过程、专题授课、群众性大讨论、党员承诺等步骤，确保教育效果。突出经常性思想教育。注重解决突出问题，区分不同阶段，抓住敏感问题，纠正思想偏差，引导干部职工正确处理好党性与个性、自律与他律、有为与无为的关系，凝聚改革共识，保持思想稳定，激发热情动力，干好本职工作。

【练兵备战】 2017年，县人武部坚持把练兵备战作为第一要务，抓好军事斗争的动员、准备和落实工作。保持战备常态。强化作战值班，细化规范作战值班、值班要素和值班分队秩序，抓好经常性战备落实；建好民兵情报信息员队伍，加强与地方相关部门信息的互联互通，全年共收集上报情报信息1万多条。注重落实战备工作。完善和整理8类120余份计划、方案、教案、影像等资料。规范日常战备工作秩序，圆满完成节日战备值班和年度"区部两级室内战术作业"。做好基础建设。围绕非战争行动实际工作需要，全年共投入5万余元，购置铱星卫星电话、绳索抛投器、钢筋速断器等抢险救灾器材，确保危急时刻拉得出、用得上。狠抓军事训练。全年共组织现役干部训练120小时，完成各类作业60余份；全年组织专武干部、民兵营长、情报信息员及技术骨干训练共94人。

【民兵整组】 2017年，县人武部围绕"战时应战、急时应急、平时服务"要求，圆满完成上级赋予的24支803人民兵整组任务，其中，应急队伍12支505人、支援队伍11支241人、储备队伍1支57人。人武部机关加强督导检查，采取同一标准，同一工作组的方式，由检查组对各乡镇民兵整组工作进行了逐一检查验收。各乡镇能够严密组织好整组点验活动，组织准备充分，程序清楚，思想态度端正，着装统一。注重规范化建设。针对建宁实际，采取"逐年分批、标准统一、资金共同承担"的方式，全面铺开村级民兵营连部规范化建设。截至年底，基本完成了全县村级民兵营连部规范化建设。当年抓规范化建设比较优秀的乡镇是黄坊乡、里心镇、濉溪镇、溪源乡。

【国防动员演练】 2017年10月，县人武部参加上级组织的"麒麟—2017"室内战术作业，检验首长机关组织指挥和部队拉动的能力。在演练过程中，全体参演人员高度重视，认真完善演练计划方案，研究各个会议流程；干部以身作则，率先垂范；同时，人武部组织所有参演人员签订责任书，对所携带的保密资料和计算机、移动硬盘进行登记造册，专柜存放，专人保管，在演习场所严格执行保密规定，不携带手机进入演练场所，不用未经许可的存储介质。

【双拥共建活动】 2017年，县人武部发挥"桥梁"与"纽带"作用，当好双拥排头兵，深化军民融合发展，助力建宁荣获全省双拥模范城称号。认真落实党委议军会、武委会和国防教育等制度，及时研究解决国防动员和民兵预备役工作中的重难点问题。8月份组织四套领导班子过军事日活动，进一步提高地方领导的国防观念和党管武装的国防意识。注重做好暖心工作。以"精准扶贫"工作为抓手，利用传统节日，重点做好辖区内建档立卡困难家庭子女、挂钩帮扶贫困户的走访慰问。当年出资5万元支助5个贫困户，18名贫困中小学生。年内，人武部干部职工积极参加创城、挂钩帮带等活动，出动民兵分队100多人次参加创城活动，清理垃圾近10车、20余吨；开展"部局村共建"活动，出资10万元帮扶客坊乡水尾村扶贫项目建设。牵头组织地方相关部门开展纪念日、国防教育日、征兵宣传月活动，开展红色文化进军营活动。

【征兵工作】 2017年，县人武部围绕"两保、一降、一杜绝"（即：确保质量、确保廉洁，退兵比例下降，杜绝责任性退兵）的总目标，从3月份开始，在上级兵役机关的统一部署下，坚持早筹划早准备，召开征兵工作大会，广泛深入乡镇、村（居）宣传发动，从兵役登记到确定预征对象，从组织乡检和县初检复检，到最后审批定兵和新兵输送，每项工作都组织严密，严格把关，并组织新兵入营前在当地进行为期3天的集中教育和适应性训练，高标准完成年度征兵任务。当年的新兵中大学生比例达到80%，无退兵、换兵事件。县人武部被省评为年度征兵先进工作单位。

（刘龙湘）

## 武 警

【概况】 2017年，中国人民武装警察部队三明支队建宁中队（简称武警建宁中队）主要担负建宁县看守所看守勤务（外围武装警戒）任务、全县重要活动安全保卫任务、重大节日和重要时节武装巡逻任务、反恐和抢险救灾及防卫作战任务，同时参与处置各类突发事件。2017年，武警建宁中队紧紧抓住作风建设不放松，扎实推进"两学一做"常态化制度化，在"为兵、务实、清廉"上狠下功夫；按照"提振精神，筑牢底线，凝神聚力，稳中求进"的总体思路，坚持齐心正风气、精心搞教育、全心促正规、细心保安全，切实提升建设标准，稳妥推进中队建设全面发展，部队建设呈现出良好的发展势头。

【教育实践活动】 2017年，武警建宁中队始终把"维护核心，听从指挥"主题教育和"两学一做"常态化制度化学习教育活动作为政治教育的重中之重。主题教育方面，以微讲堂的教学形式，积极鼓励战士走上讲台，在自我教育的过程中加深官兵"四个意识"；"两学一做"学习教育活动扎实开展，官兵一起学习习主席讲话原文，撰写学习心得，召开党员大会，围绕专题组织学习讨论，组织党员进行公开承诺活动；建军90周年之际，开展"军歌嘹亮献给党"活动，组织官兵到反围剿纪念园参观学习，开展"重温入党誓词"活动。

**【反恐维稳与抢险救援】** 2017年，武警建宁中队先后派出官兵32人次，参加县反恐综合演练，与看守所进行联合演练1次，联合安全检查2次，完成建宁县烈士公祭活动临时勤务。在县防汛部门组织领导下，中队派出官兵16人次，参加防汛救援演练，演练成效明显，得到上级领导认可。

**【维护治安】** 2017年，武警建宁中队出动兵力8人次圆满完成县"两会"会场警戒安保任务。中队派出6名官兵担负金砖会晤安保任务，主要负责两个环闽检查站的安全警戒，官兵在执勤中保持高度警惕、严守群众纪律、维护军人形象，完成各项执勤、训练任务，确保任务期间卡点安全无事故。

**【军民共建】** 2017年，武警建宁中队积极开展"双拥"工作，协助召开退伍老兵战友座谈会，邀请县文化馆为中队排练威风锣鼓特色文化节目；在"五四""八一"期间，与县老干局、县工商联共同举办双拥文艺晚会；通过慰问社区老人，与老人一同进行包粽子等活动，既浓厚了节日氛围，又增进军民感情。

（邱云海）

## 人民防空

**【概况】** 2017年，建宁县人民防空办公室（简称县人防办）是县人民政府工作部门，承担建宁县国防动员委员会人民防空办公室的日常工作，加挂建宁县民防局牌子。县人防工作贯彻"长期准备、重点建设、平战结合"方针，突出县情抓特色、群策群力求发展、依法依规抓"结建"、扎扎实实打基础，人防事业得到较好发展。

**【人防宣传】** 2017年，县人防办积极开展人防宣传，重点以学校、机关、企业、社区、网络为宣传重点，以人防法、防空防灾知识宣传为主要内容，先后采取发放宣传单、上人防课、建好人防网站等形式，使全县群众对防空事业有初步认识。一方面通过给业主单位解释人防政策、宣传人防法规，提高建筑业主履行人防义务的自觉性；另一方面采取多请示、多汇报，定期给领导报送人防刊物和人防信息、邀请县领导参加人防工作会等形式，不断增强各级领导的人防意识，提升社会对人防工作的重视。把人防网站建设作为人防宣传工作重点加以落实，制定网站建设绩效考核实施方案，将网站建设与其他业务工作一同布置、一同检查、一同考核、一同兑现奖惩，每年至少安排一次在线访谈，用直观形式让群众更加了解人防知识。

**【人防工程建设】** 2017年，县人防办从打基础、求发展入手，大力推进人防重点工程建设。投资50万元，为城区新装一套CWYKII防空防灾警报系统，系统包括警报中心站一个和安装主城区电声警报终端7台，10月29日警报试鸣成功，效果良好。万星影城、南方国际等建设单位修建人防工程，其中，万星影城修建人防工程项目于10月31日完成竣工验收。

**【人防法制建设】** 2017年，县人防办紧紧围绕全县工作大局和经济建设，不断加强人防法制建设，按照《人防法》和福建省《人防条例》要求，建立健全各项规章制度，重点明确人防行政许可、行政处罚、行政征收范围和行政自由裁量权目录，在"结建"审批方面，严格依法办事，严格依法审批。面对国家政策整顿房地产市场、紧缩银根等政策影响，县人防办积极与建设局沟通，及时掌握城区建设动向，并采取网上告知、上门服务、电话催缴等形式，确实加强人防"结建"审批，严格依法征收易地建设费。

**【人防队伍建设】** 2017年，县人防办加强队伍教育管理，鼓励干部参加省、市办组织的各类培训，人防干部办事能力、社会形象得到明显提高。认真落实人防业务训练。在组织人防干部进行各类培训的基础上，重点与县武装部协调配合抓好人防专业队组建。严格贯彻落实中央"八项规定"，推进干部作风建设，严肃干部纪律，促进各项工作的顺利开展；县人防办制定相应的工作方案，结合实际压缩日常办公经费和公务接待开支，严格实行出差、学习、培训、检查审批制度，把厉行节约的工作具体化。

（林升文）

# 法 治

□编辑 黄日辉

## 综 述

【概况】 2017 年，中国共产党建宁县委政法委员会（简称县政法委）综治维稳工作以党的十九大和习近平总书记系列重要讲话精神为指导，以开展"两学一做"专题教育实践活动为主线，创新社会治理方式、深化司法体制改革，推进"平安建宁"建设，落实党政领导综治责任书，强化维稳各项措施，实现县乡村三级网格化服务管理全覆盖，群众安全感率达 96.07%、平安建设知晓率 75.83%、执法工作满意率 91.71%，矛盾纠纷调解成功率达 94.46%，刑事案件发案数同比下降 9.70%，顺利完成厦门金砖会晤期间辖区内安保工作，在 2017年度全市综治平安建设考评中获得一等奖。

【综治责任书签订】 2月 16 日，县委举行乡（镇）党政领导综治（平安建设）和环保目标责任书签订仪式。县委副书记许家源主持

会议，并宣读县委、县政府关于表彰 2016 年度全县综治（平安建设）先进单位和先进个人的通报，对贯彻落实 2017 年平安建宁建设进行了安排部署；县委书记郑剑波、县长陈显卿在仪式上与各乡（镇）党委书记、乡（镇）长签订 2017 年综治（平安建设）目标责任书、环保目标责任书。

【社会治安整治】 2017 年，建宁县社会治安呈现出治安案件查处率上升，刑事案件发案率下降的良好态势。开展专项打击整治行动，全年共受立治安、刑事案件同比分别下降 3.26%、8.05%；查处交通违法行为 14892 起，其中酒后驾驶 190 起，醉酒后驾驶 75 起、毒驾 9 起；严管消防安全。深入开展"全能神"等邪教人员专项整治行动，完成全县 9个乡镇反邪教协理员招聘和 99 个村（社区）反邪教宣传员选任工作，开展反恐处突演练 5 场。开展安全生产排查整治工作，全县安全生产形势总体平稳，未发生较大级以上生产安全事故。推进

"雪亮工程"建设，投入 370 万元建设 150 路视频联网监控点。推进区域性重点整治工作，投入 100 余万元加强社会治安重点整治点所在地人防、物防、技防建设。严管社区矫正和安置帮教工作，突出"五个双"（双会议、双定位、双教育、双查访、双网格），有效管控全县社区矫正人员和刑满释放人员。

【县委政法工作会议召开】 2017年 3 月 3 日，县委政法工作暨金砖会晤安保维稳工作动员部署会议召开，会议认真学习了中央、省委、市委政法工作会议及省、市金砖会晤安保维稳工作部署会议精神，总结回顾了 2016 年全县政法工作，研究部署了 2017 年建宁县政法工作。会上，县长陈显卿充分肯定了 2016 年全县政法工作后对 2017 年县政法工作提出具体要求。会议表彰了 2016 年度建宁县见义勇为先进模范，向各乡镇颁发了金砖安保维稳责任书和反恐怖工作责任书。金砖会晤安保维稳部综合协调组、安全保卫

组、舆情导控组、信访工作组及县安监局在会上作了表态发言。

## 法制政府建设

【概况】　2017年，建宁县人民政府法制办公室（简称县政府法制办）围绕全面深化改革、推进依法治国战略决策，紧扣建宁经济发展大局，大力推进依法行政，加快法治政府建设，落实领导干部学法用法制度；坚持"谁执法谁普法"原则，积极开展普法工作；开展行政执法培训，将依法行政知识纳入行政执法培训内容，加强对新颁布、修改的法律法规的学习和贯彻执行。

【推进依法行政工作】　2017年，县政府法制办深入贯彻实施建宁县委《关于全面推进依法治县建设法治建宁实施方案》，制定并下发《建宁县法治政府建设实施方案》，将法治政府建设工作任务分解到各乡镇和部门，同时抓好监督落实。按照"法无授权不可为、法定职责必须为"的要求，协助有关部门对各行政部门权力进行精简、归并和清理，使政府权力得到一次全面"体检"和集中"瘦身"，为建宁县发展创造良好的政务环境。

【审查与清理规范性文件】　2017年，县政府法制办完善合法性审查机制，加快建设法治政府，对重大行政决策事项、重要文稿和重大合同、协议，都经政府法制部门进行合法性审查。全年，县政府法制办共审核县政府及部门重要文件文稿21件，审核县政府重大合同17件，参与处理县政府及部门具体信访涉法事件12件，确保政府决策合法合规，各项事务在法治轨道上运行。组织对1999年至2016年县政府（含县政府办公室）发布的309件规范性文件进行了全面清理，已公布废止的92件规范性文件，各行政机关不得再作为行政管理活动的依据。

【法律顾问制度的推行】　2017年，县政府聘请法律顾问，邀请法律顾问参加县政府常务会和重大事项征求意见会议；充分发挥县政府法律顾问的作用，让他们在更多决策、更广领域中提供法律意见和建议，防范政府决策的法律风险，确保政府依法行政；法律顾问同时为法治建宁建设和政府重大决策提供法律咨询服务，协助处理重大涉法事务。

【行政执法监管】　2017年，县政府法制办加强重点执法领域和重大执法行为的监管，组织开展全县行政执法案卷集中评查评选、重点单位评查及案卷抽查，对存在问题的案卷进行通报，督促行政执法部门整改，不断提高执法水平。

【行政复议】　2017年，县政府法制办依法公正办理行政复议、信访复查案件，坚持以事实为依据，以法律为准绳，严把事实、法律关。当年，共受理办理行政复议案件1件，信访复查申请3件。

【行政执法资格考试】　2017年，县政府法制办严格实行行政执法人员持证上岗和资格管理制度。根据《三明市人民政府办公室关于做好2017年度省行政执法资格考试工作的通知》（明政办〔2017〕97号）文件要求，认真组织建宁县符合行政执法资格报名条件的98名工作人员参加福建省行政执法资格考试。

## 政法委及综治

【概况】　2017年，全县政法系统全面贯彻落实党的十九大和十九届一中、二中全会精神，认真学习习近平总书记系列重要讲话精神和治国理政新理念新思想新战略，紧紧围绕全县工作大局，确保全县安定稳定，全年没有发生突破"五个底线"的重大案（事）件，无现行命案。综治平安建设工作取得新突破，年度综治平安建设工作荣获全市一等奖，连续六年进入全市前三。

【综治责任的落实】　2017年，县政法委开展综治责任书问题整改，对照问题清单认真整改。乡镇综治专干配备到位，城乡网格化实现县乡村三级全覆盖，完成专职巡防队伍建设和乡镇综治中心规范化建设，多项专项行动考评位居全市前列，平安建设知晓率测评位居全省第五，全市第四。层层传导综治责任。县委、县政府多次召开专题会议学习贯彻综治领导责任制，研究"雪亮工程"、反邪教协理员宣传员招聘选任、治安巡防队伍建设等综治工作，并健全县、乡、村、组四级责任体系，层层签订责任状。落实综治奖惩，印发《建宁县综治平安建设奖励金发放办法》，做好综治平安建设奖励金发放，综治奖励金列入财政保障；建立综治（平安建设）督导和巡查制度，年内对2个因综治领导责任不落实、导致领导干部职工发生违法违纪的单位予以综治追责。提升综治保障力度，县综治办配备副主任1人，各乡镇分别充实综治专干，并落实乡镇综治人员特岗补贴，把平安建设经费列入财政年初预算并按序时进度拨付。

【安保维稳】 2017年，县政法委强化组织领导，调整维稳工作领导小组及反恐怖工作领导小组，成立厦门会晤安保维稳部和5个专项工作组，制定《建宁县2017年厦门会晤安保维稳工作总体方案》及各专项工作细则，及时召开厦门会晤安保维稳工作动员部署会和安保维稳工作备战、临战、实战、决战四个阶段工作部署会及十九大安保维稳会议，并与乡镇、部门签订《2017年厦门会晤安保维稳工作责任书》和《建宁县反恐怖工作责任书》。强化目标任务，印发《关于开展"风险隐患排查、矛盾纠纷化解、治安问题整治、社会力量群防"四项行动实施方案》，共排查一般、较大风险隐患74个，制定下发《关于印发建宁县安保维稳风险隐患责任清单的通知》，明确挂包化解的

县处级领导，有效化解69个风险隐患问题，稳控5个，化解率93.24%，稳控率100%。投资180余万元新建里心省际公安检查站，于5月30日建成并投入使用；超标准完成县乡村三级平安志愿者招募。强化整改督导，落实责任，印发《建宁县2017年厦门会晤安保维稳风险隐患排查整改督导方案》，成立督导工作队，采取联合督导、单位督导、挂钩督导、专项督导、日常督导等形式，坚持全面全程督导。

【信访维稳】 2017年，县政法委坚持源头治理，抓好信访维稳工作，落实县主要领导每月15日定期接访和每周一县副处领导接访制度，重要时间节点执行24小时专人值班和县处级领导带班制度；治安管理服务站于8月22日正式运转，并与公安检查站进行无缝化对接。全县纳入省市信访积案4件，均按要求全部息诉息访。当年，全县信访总量明显下降，尤其是全国、全省、"两

会"、厦门金砖会晤以及党的十九大会议期间，建宁县没有人员越级上访，受到市信访联席办充分肯定。

【"六项"专项整治】 2017年，县政法委开展六项专项整治：（1）深入推进电信网络新型违法犯罪和涉众型金融犯罪专项治理。建立完善防电信诈骗微信宣传平台，持续打击各类电信网络诈骗犯罪活动，抓获作案人员18人，挽回群众损失110.7万元。（2）深入推进寄递物流安全管理专项治理。全县寄递企业已全面落实寄递业收寄验视综合监管系统的应用。（3）深入推进危险物品问题专项治理。全县共收缴各类枪支179支，子弹6092发，炸药2.392千克，雷管19107枚，管制刀具85把。（4）深入推进禁毒问题专项治理。全县破毒品案件9起，其中公安部目标制毒案1起，捣毁制毒窝点1个，破获非法种植毒品原植物案1起，抓获毒品犯罪嫌疑人22人，查获吸毒人员100

2017年8月28日，县政法委召开全县安全维稳工作专题会议 （县政法委提供）

人次。（5）深入推进执行难问题专项治理。县法院年内执结案件1397件，结案标的1.61亿元；集中清理执行积案223件，到位标的1814.2万元。县法院荣获第五届全国文明单位，是福建省唯一获此殊荣的基层法院。（6）深入推进严重精神障碍患者肇事肇祸专项治理。制定救治救助基金管理办法和审批流程，落实严重精神障碍患者救治救助基金23.25万元，全县有69人列入"以奖代补"名单，补助资金共计16.56万元。当年，全县没有发生严重精神病人肇事肇祸致人伤亡事件。

【平安建设】 2017年，县政法委进一步巩固"平安先行县"争创成果，积极开展"平安乡(镇)""平安单位""平安村(社区)""平安家庭"及"三无"创建活动。加强综治（平安建设）宣传，下发《综治（平安建设）宣传责任清单》，有效提高综治"三率"，三项指标比去年有大幅提升。深化城乡网格化建设，举办全县乡(镇)网格化服务管理信息中心管理员培训班，提升二、三级网格化管理平台服务管理水平。建成"建宁网格化微城管"公众号，开展"有奖随手拍·轻松领红包"活动，共收到群众"随手拍"举报案件200多件、"金点子"47个，有效解决群众投诉无门的问题，增强群众的获得感。规范县乡村三级综治中心建设，重点做好溪口镇、均口镇、黄坊乡示范乡镇综治中心规范化建设，并在溪口镇召开全县综治中心规范化建设推进会。至年底，全县9个

乡（镇）的综治中心和99个村（社区）工作站已按规范化建成投入运行。

【治理创新】 2017年，县政法委持续提升平安边界创建水平，巩固提升上黎闽赣平安边界"六联"机制，实现边界地区连续17年未发生影响重大的群体纠纷和严重治安问题，促进了边界地区的和谐稳定和边贸经济的繁荣发展。不断深化综治六进家庭工作，结合综治中心建设，全县持续深化综治责任、法制教育、治安防范、妇女维权、关爱帮扶、文明新风等综治"六进家庭"活动。继续推进综治进民企工作，持续在县经济开发区、绿源果业、华兴笋业、富强石材等企业内开展综合服务、矛盾化解、治安防控、法律维权、预防犯罪、平安创建等综治"六进民企"活动。创新留守儿童社工服务工作，积极探索以政府购买服务的方式与建宁县幸福种子社会工作服务中心和启航青少年事务社会工作服务中心开展合作，引入专业社会工作者介入农村留守儿童关爱保护工作。截至年底，开展了"行为偏差青少年"心理疏导、问题青少年自我管理、关爱贫困留守儿童"爱的循环"等系列活动25场，直接受益人数1000多人，间接受益人数4500人。

（邹　颖）

## 公 安

【概况】 2017年，建宁县公安

局以深化公安改革为动力，围绕县委、县政府中心工作，自觉服从服务于地方经济建设，积极践行"敏锐维稳、主动治安、实力应对"的理念，牢固树立"服务暖到心坎上、管理硬到不敢违"的社会治理思路，加快完善社会治安防控体系，严密治安管控，推进执法规范，维护全县社会大局稳定。2017年，县公安局内设机构25个，派出所8个，民警编制163人，在编144人；另有文职9人、协警154人。年内，共有12个集体和103人受到上级机关表彰，提拔科级干部4名，股级干部5名，同时在全局民警范围内开展建宁县公安局"金铙雄鹰"评选活动。公安队伍中先后有4名民警荣立三等功，9个集体、56名民警受到表彰嘉奖；民警廖福锋被省公安厅记个人二等功。

【侦查与破案】 2017年，建宁县公安局全年立各类刑事案件512件，同比下降9.70%，破获347件，同比上升12.66%；共立多发侵财案件295起，同比409起下降27.87%；其中八类案件15件，同比上升15.38%，打击处理150人，同比上升17.18%。立各类治安案件870件，同比下降6.65%；治安处罚544人，同比上升2.45%；抓获各类刑事犯罪人员287人，同比上升25.88%；共抓获网上逃犯54名，其中历年逃犯5名，历年逃犯归案率达62.5%，高于全市平均水平。共立经济犯罪案件13起，破12起，挽回损失20余万元；抓获各类犯

罪嫌疑人7人，抓获网上在逃人员6人。共立毒品刑事案件9起，移送起诉18人；共查处吸毒案件87起，查获吸毒人员102人次，责令社区戒毒人员29人，社区戒毒执行率95.2%，强制隔离戒毒7人，强制隔离戒毒执行率100%。

【公安行政管理】 2017年，建宁县公安局共查处"黄赌毒"治安案件124起，涉赌刑事案件1起，查处违法人员207人，打掉野外窝点11个，行政拘留67人。共立一般以上道路交通事故30起，死亡14人，受伤25人，经济损失23500万元。消防大队共检查单位1950家（次），督促整改火灾隐患2230处，下发整改通知书971份，临时查封火灾隐患4家，"三停"9家，罚款358950万余元。共立案侦查网络犯罪案件8起，抓获犯罪嫌疑人7人。配合其他警种立案侦查44起案件，抓获犯罪嫌疑人26人，其中CCIC人员21人。

【道路安全管理】 2017年，建宁县公安局持续围绕"农村防事故、城市保畅通、执法抓规范、服务创满意、队伍树形象"的总体要求，全力推进道安综合整治"三年提升工程"，全面落实道路交通安全管理各项工作措施，严防重特大道路交通事故发生。年内，全县共发生一般以上道路交通事故30起，死亡14人，受伤25人，经济损失23500元，交通事故立案起数同比下降14%、死亡人数同比上升16.67%、受伤人数同比下降44.44%、经济损失同

比上升9.21%，辖区交通安全形势平稳。共查处交通违法行为14892起，其中酒后驾驶190起，醉酒后驾驶75起、毒驾9起、客车超员12起、其他车辆超员473起、摩托车和超标电动车超员1121起、货车超载49起、现场超速124起、涉牌2581起、涉证3252起，未系安全带2227起、未戴头盔4778起。

【监所安全管理】 2017年，建宁县公安局以《拘留所执法细则》为标准，深化"两学一做"学习教育常态化、制度化，贯彻落实省市监管场所电视电话会议精神和文件要求，圆满完成监管场所突出问题集中整治、厦门金砖安保等重大活动任务；扎实开展岗位练兵活动，深入推进监所勤务模式改革，严厉打击牢头狱霸，维护在押人员的合法权益，不断提高监管工作整体水平，实现建宁监管所连续二十五年安全无事故。截至12月底，看守所共羁押225人，当年处理出所191人（其中刑满释放61人，取保候审72人，投送监狱38人，当庭释放7人，异地羁押4人，临时羁押7人，死刑2人）。拘留所收拘273人，比去年多23人；在收拘人中治安拘留264人、司法拘留7人、拘留审查2人。

【危爆物品监管】 2017年，建宁县公安局坚持"从严从紧、重点管控"的原则，严格枪支弹药、爆炸物品、危险化学品、散装汽油、烟花爆竹的安全管理，全面收缴流散在社会面的枪爆危险物

品，并进一步加大销售、运输、储存、使用等环节的安检力度，确保不流失、不打响、不炸响。年内，共检查寄递物流企业85家（次），辖区寄递物流业全面落实实名制开箱安检制；检查民用爆炸物品储存仓库140余家（次），检查民用枪支120余次；严密落实单位内保制度，堵塞危险化学品流出源头。共查处非法储存、运输、买卖、邮寄危险物质案件24起，查处易制爆危险化学品使用事件251起。10月20日上午，均口派出所民警突击检查中铁十一局承建的浦梅铁路下坪3号隧道爆破点时，发现该爆破点技术员王某刚、安全员汪某存、爆破员张某乐脱岗，且将炸药、雷管交给无爆破作业许可证的6名工人作业。县局立即抽调精干警力组成专案组，快速从严处理违法人员，连夜对9名违法人员处以治安拘留15天的顶格处罚，并对违反《民用爆炸物品安全管理条例》的中铁十一局处以50万元罚款。

【窗口服务】 2017年，全县户籍窗口共办理四项变动10136人，其中出生登记2157人、死亡注销2435人、迁入2332人、迁出3212人；办理身份证10000余人、临时身份证380余人，居住证74张。出入境窗口办理公民出国（境）证件3647人次，其中办理护照1560人次，办理内地居民往来港澳证件1396人次，办理内地居民往来台湾证件440人次，港澳旅游再次签注251人次，办证准确率为100%。交警窗口举办

汽车类驾驶人违法记满分学习班11期，参加学习驾驶人478名，受理各类驾管业务2675人，办理各项车管业务8967辆次。

## 【一起特大制毒案件的破获】

2017年，建宁县公安局成功破获一起特大制贩毒案件，一举捣毁位于均口镇焦坑杀人坑的一处制毒窝点，抓获邓小龙等5名制毒犯罪嫌疑人，查获疑似甲卡西酮成品五十袋，半成品37桶及塑料桶、离心机、发电机等制毒工具。2017年1月中旬，接群众举报称建宁县均口镇焦坑有几个年青人经济收入反常，疑似从事制毒犯罪行为。接到举报后县公安局江长青局长召开会议研究部署，要求各侦查部门全力开展专案侦查工作，务必成功捣毁制毒窝点，将涉案人员一网打尽，坚决铲除危害社会的毒瘤。同时，在三明市公安局禁毒支队的指导下，抽调精兵强将成立专案组，认真研究制订行动方案。经过前期缜密侦查，专案组探明制毒窝点位置，针对犯罪分子活动规律，专案组制定详细的作战计划，决定立即实施收网行动。2月4日，由公安局局长坐镇指挥，专案组三十余名精干警力联合均口派出所，兵分多路雷霆出击，一举捣毁位于均口镇焦坑杀人坑的一处制毒窝点，抓获邓某龙、邓某辉、邓某风、邓某生，邓某太5名制毒犯罪嫌疑人，一起特大制贩毒案件成功告破。

## 【警务实战化改革】

2017年，建宁县公安局按照"大部门、大警种"思路，主动调整优化警力配置，建立实战型警务机制，提升警务实战效能。构建"大侦查"模式。打破警种部门壁垒，将刑侦、经侦、禁毒、网安四大警种警力资源整合共享，归口一位局领导分管，实行全局主要侦查力量有机组合、集中运用，解决各侦查警种职能交叉、拳头分散、各自为阵的现象，将有限的打击警力集约化配置使用。构建"大治安"模式。针对城区（城关派出所辖区）治安警情占全县警情总数85%以上的状况，将治安、巡特警、城关派出所三大警种警力资源进行整合，治安大队与城关派出所捆绑，治安大队业务重心倾向城关派出所，加强点对点指导，联合勤务；巡特警大队与城关所捆绑，巡特警大队负责城区应急处突响应，进一步强化城区社会面治安巡控；同时，三个部门归口一位局领导分管，实现警力资源高效协同使用，有效增强城区社会面治安管理能力。构建"大警区"模式。将全县分成四大警区，即中部警区（城关派出所，配置民警20人，协警40人）；北部警区（含黄坊、溪源派出所，配置民警8人，协警6人）；西部警区（含里心、客坊派出所、黄埠警务室，配置民警9人，协警11人）；南部警区（含均口、伊家派出所，配置民警7人，协警8人）。四大警区分别由一名局领导挂包，警区内警力按照工作需要由挂包局领导集中调配，有效盘活警力资源，确保警力跟着警情走、工作围绕实战做，取得明显成效。

## 【公安调研】

2017年，县公安局共有6篇调研文章被部级刊物采用（其中公安部《公安研究》3篇），7篇被省级刊物采用，2篇被市级刊物采用，10篇被市局调研专刊采用，调研文章刊用数在全市公安机关名列前茅。

（许永玲）

# 森林公安

## 【概况】

2017年，建宁县公安局森林分局开展各类涉林违法犯罪专项打击行动。全年森林公安共受理各类森林案件101起，查处（破获）104起（其中3起为2016年积案），处理违法犯罪人员106人次。其中森林刑事案件立案8起，破获8起，逮捕1人，取保6人，起诉案件11起15人；受理并查处林业行政处罚案件93起，林政处罚93人次；收缴木材232余立方米，挽回经济损失40余万元。

## 【2017利剑行动】

2017年2月17日至11月30日，县森林公安分局开展"2017利剑行动"，共出动警力801余人次，出动车辆456台次，送法入户，讲解有关森林法律、法规知识，共发放宣传单1000余份，悬挂横幅10条，普发短信10万条。期间，刑事案件立8起，破11起，起诉7起12人，林政案件查处79起，收缴木材200立方米，挽回经济损失28余万元。

## 【专项行动】

2017年，县森林

公安分局开展两项专项行动：（1）打击非法占用林地专项行动。2017 年，森林公安分局结合建宁县林区实际情况，在全县范围内持续开展打击非法占用林地专项行动。全年共受理查处非法占用林地刑事案件 2 起，侦破 3 起，移诉 3 起 3 人。（2）打击破坏野生动物资源专项行动。森林公安分局结合福建省第 27 届野生动物保护宣传月在建宁启动之际，加强野生动物保护宣传；深入村镇、景区、市场等地，悬挂野生动物保护宣传横幅和粘贴标语 80 余条，发放宣传材料 1000 余份。会同野生动植物管理站、林业执法大队、林业站等部门工作人员检查巡护鸟类活动区域 15 处，清除鸟网 5 张，清查集贸市场 5 处，收缴捕兽夹 30 个，清查宾馆、饭店等餐饮业 43 家，与餐饮酒店签订野生动物保护责任书 43 份。全年共破获破坏野生动物资源刑事案件 3 起，查处非法出售运输野生动物林政案件 2 起。

**【专项整治采伐杂薪材行动】**
2017 年上半年，县森林公安分局在全县范围内开展非法采伐杂薪材专项整治行动。行动期间，分局共出动人员 300 余人次，车辆 150 余台次，张贴宣传标语 60 张，悬挂宣传横幅 10 条，发放宣传材料 1800 份，开展法律咨询 20 次，普发手机短信 20000 条，与村两委召开座谈会 10 次，并把专项行动实施方案发放至各乡镇和重点整治村共 30 余份。联系县电视台对此类典型案件进行曝光

1 次，编发工作简报 5 期。整治行动共查处非法采伐杂薪材林政案件 25 起，处理 25 人，收缴杂薪材 65 立方米，挽回经济损失 6 万余元。

**【林区治安防控机制建设】** 2017 年，县森林公安分局继续深化闽赣"四江源"林区警务协作，建立健全情报信息、应急处置、区域联防、专项整治、林区警务和跨区域协作等工作机制，真正做到整治联动、合作共赢。2017 年，森林公安分局联合开展区域性林区专项整治行动 5 次，开展沿山巡逻 160 车次，出动人员 450 人次，整治林区治安热点 3 个，跨区域警务协作 6 次，与其他警种协作 3 次，协同破获刑事案件 2 起，协同查处林政案件 8 起。

**【信息报送与来信受理】** 2017 年，县森林公安分局加强森林公安信息的收集，及时、准确、全面地反映森林公安工作开展情况及当前林区治安动态，为上级领导提供决策服务。全年共报送信息 77 条，其中市局信息网采用 56 条。森林公安分局加强情报信息收集，积极排查化解矛盾纠纷，全年交办及自收信访件共 1 件，调查处理 1 件。

**【森林防火】** 2017 年，县森林公安分局加强森林防火宣传工作，积极管控野外火源。协同县林业局防火办宣法入户，共发放宣传材料 400 余份，悬挂森林防火横幅 6 条，在入山口、山头、林地边界设立固定森林防火警示牌 3

块。全年共受理森林火灾刑事案件 1 起，查破 1 起。

（陈金秀）

## 检 察

**【概况】** 2017 年，建宁县人民检察院围绕"再上新台阶、建设新建宁"工作部署，忠诚履行法律监督职责，全力推进改革，全面从严治检，在打击犯罪、惩治腐败、诉讼监督、生态检察、公益诉讼、"两个专项"立案监督等各方面工作取得新突破。当年，在三明市基层院建设考评中获得全市第三名，被市检察院评为"先进基层检察院""进步基层检察院"。县反贪局被市检察院评为先进集体，3 名干警被高检院评为侦防能手，2 名被抽调到高检院协助办案，1 名被市检察院授予个人三等功。

**【刑事检察】** 2017 年，县检察院全年共批准逮捕刑事案件 49 件 64 人，人数同比上升 48.8%；提起公诉 180 件 222 人，人数同比上升 41.4%。突出打击重点，批捕故意杀人、抢劫等严重暴力犯罪案件 3 件 4 人，起诉 3 件 4 人；批捕盗窃、诈骗等多发性侵财犯罪案件 16 件 21 人，起诉 13 件 20 人；起诉醉驾、涉枪等危害公共安全犯罪案件 103 件 103 人。严惩新型犯罪，办理电信网络犯罪案件 4 件 7 人。依法维护社会管理秩序，批捕邓某生等 10 人涉嫌非法生产制毒物品 5 吨案，起诉市检察院交办的吴某仑寻衅滋

事、扰乱国家机关工作秩序案。

**【矛盾纠纷化解】** 2017 年，县检察院健全检察官以案释法制度，制定"谁执法谁普法"责任制实施方案，对依法不捕不诉的 12 人进行释法说理。完善远程视频接访等纠纷解决机制，妥善处理群众信访 23 件、举报线索 7 件和申诉案件 5 件；针对里心镇靖安村村民举报原村干部涉嫌贪污一案，督促里心镇委托第三方审计机构对 500 余万元征地补偿款进行专项审计，并予以公开，确实化解矛盾。着力促进检力下沉，完善巡回检察工作机制，在里心镇、均口镇、黄坊乡三个乡镇设立检察联络室，打造"百姓家门口的检察院"。

**【社会治安防控】** 2017 年，县检察院加强对精神障碍患者的管控，办理精神病人肇事肇祸案件 3 件 3 人，提出强制医疗申请 1 件。突出未成年人司法保护，办理未成年人刑事案件 5 件 12 人；督促县文体广电出版局强化监管，禁止未成年人出入歌舞娱乐场所；联合团县委、启航青少年事务社会工作服务中心等单位制定文件 4 份，开展校园巡讲、防治校园欺凌等活动 6 次；建立司法社工帮教机制，帮教涉案未成年人 6 名，发出检察建议书 7 份；督促公安机关追缴网络制售的枪支，消除公共安全隐患。

**【职务犯罪的查办和预防】** 2017 年，县检察院全年共查办职务犯罪案件 6 件 12 人，人数同比上升

50%，挽回经济损失 480 万余元，其中，渎职侵权案件 2 件 3 人，贪污贿赂案件 4 件 9 人；查办大案 2 件 6 人，在全市率先完成办案工作部署，得到省、市检察院领导一致肯定；聚焦涉农惠农领域，突出查办窝串案，查办县濉溪镇河东村民委员会 5 名村干部共同侵吞征地补偿款共计 70 万余元案；着力保护国有资产，查办县人防办原主任林某礼滥用职权致防空地下室易地建设费损失 145 万余元案；着力惩治小官大贪，查办县林业局营林股原股长熊某受贿 132 万余元、贪污 9 万余元案，该案是建宁县检察院查办的受贿金额最大的案件。注重职务犯罪预防基础性工作，共开展预防调查 8 次、案例剖析 6 次、警示教育 7 次，撰写预防报告 2 份，发出预防检察建议 6 份。注重重点行业专项预防，举办金融、税务等行业职务犯罪预防讲座 7 次，受教育 400 余人；与浦梅铁路项目经理部制定共同预防职务犯罪工作实施意见。注重工作载体创新，与中国邮政集团建宁分公司探索推广"预防职务犯罪邮路"。全力配合国家监察体制改革，认真做好案件结案、线索清理移交、人员转隶等工作，确保改革顺利完成。

**【刑事诉讼监督】** 2017 年，县检察院加强刑事立案监督，监督公安机关立案 3 件 3 人、撤案 2 件 6 人；持续开展破坏环境资源和危害食品药品安全犯罪两个专项立案监督活动，立案监督 2 件，办理的廖某、罗某路销售假药案

被省检察院评为优秀监督案件。加强侦查活动监督，纠正侦查活动违法情形 10 件，纠正漏捕 2 人、漏诉 6 人，退回补充侦查 26 件次；与县公安局会签文件，探索在派出所设立侦查监督检察室，实现监督重心下移。加强刑事审判监督，纠正审判活动违法情形 2 件，针对涉林刑事案件，逐案向法院提出量刑建议，推动案件缓刑率同比下降 25%。

**【刑事执行监督】** 2017 年，县检察院建立刑罚交付执行和变更执行监督长效机制，动态监督看守所收押人员 224 名，临场监督死刑执行活动 2 次，规范看守所执法活动，发出检察建议书 3 份、纠正违法通知书 1 份。保障在押人员合法权益，办理羁押必要性审查案件 11 件，同比上升 267%。强化社区矫正检察监督，与县司法局成立法制教育人才库，对社区矫正人员进行法制教育 4 次；坚持"一线工作法"，深入全县 9 个乡镇司法所开展社区矫正实地检查。

**【民事行政监督】** 2017 年，县检察院深入开展"基层民事行政检察工作推进年"活动，共向法院和行政机关发出民事、行政检察建议 48 份，同比上升 433%；开展法院"终结本次执行"案件专项监督行动，帮助申请执行人实现债权 14 万元。依法保护社会公益，启动诉前程序 7 件，开展防空地下室易地建设费专项监督活动，发出督促履职检察建议 10 份，办理公益诉讼案件 3 件，协

助追缴易地建设费 560 余万元，办案数位列全市第一。

【检察改革】 2017 年，县检察院认真落实司法体制改革和其他检察改革任务，以改革促公正、增活力、提公信。实行检察人员分类管理，对内设机构实行"大部制"整合。紧扣"选人、授权、明责"环节，遴选首批入额检察官 17 名，落实"谁办案谁负责、谁决定谁负责"司法责任制，入额检察官在授权范围内独立办案，入额院领导带头办理案件 43 件70 人；建立司法责任制量化计分、工作实绩考核及奖惩等 6 项配套制度，规范检察权运行。推进诉讼制度改革。适应以审判为中心的诉讼制度改革，强化亲历性办案，提前介入侦查活动 6 次。坚持以证据为核心，通过完善证据链成功办理拒不认罪的"零口供"案件 7 件，排除非法证据 4 次，无撤诉、判无罪案件。推行繁简分流、轻案快办等机制，提出适用简易程序建议 127 件；牵头联合县公安局制定送案衔接办法，提高诉讼效率。推进"智慧检务"建设。运用统一业务应用系统，实现网上办案、全程留痕、流程监控和实时反馈，评查案件 215 件，促进办案规范有序。运行电子卷宗系统，制作电子卷宗 410 册，方便律师阅卷。利用案件信息公开及"两微一端"平台，发布检察宣传信息 1289 条，公开案件程序性信息 238 条和终结性法律文书 153 份，打造"阳光检务"。

【检察队伍建设】 2017 年，县检察院以"两提升五过硬"建设为抓手，持之以恒抓好检察机关党的建设和队伍建设，推动检察事业持续发展。坚持素质强检。提升业务素质，制定干警年度学习计划，组织干警参加各类业务培训 19 次，举办公诉论辩赛和全省检察机关司法警察基本技能考核等活动。提升综合素质，组建文体兴趣小组，在全市检察机关健身运动会中获团体第二名；调研文章被国家级以上刊物采用 28篇。树立"有为有位"导向，提任中层副职以上干部 12 名，激发队伍活力。坚持从严治检。狠抓党的建设，落实管党治党责任，层层签订党风廉政建设主体责任书和队伍建设责任书，与县供电公司开展党建"结对共建"活动。狠抓思想政治建设，推进"两学一做"学习教育常态化制度化，开展学习十九大精神、"尽责任、敢担当"春季队伍整训、"忆峥嵘·铸检魂"主题教育等活动 21次。狠抓制度建设，制定中层干部任职前廉政测试、"三条底线"学习教育等制度文件 5 份。狠抓纪律作风建设，开展检务督察 3次、专项排查整治 4 次、重大节假日专项检查 6 次，落实中央八项规定精神，纠正"四风"，严格执行防止干预司法"三个规定"零报告制度。

（纪福利）

# 法 院

【概况】 2017 年，建宁县人民法院（简称县法院）围绕司法工作目标主线，大力加强执法办案、司法改革、自身建设，认真履行职责，发挥审判职能作用，各项工作取得新的成效。院机关分别被授予全省十佳法院、荣立集体二等功，县法院被评为全国文明单位。在审判执行工作中，县法院以司法改革工作为契机，以审判团队运作为抓手，全年审结各类案件 3127 件。

【刑事审判】 2017 年，县法院严厉打击刑事犯罪，审结各类刑事案件 180 件 207 人。其中审结三明中院指定管辖的全市首例大田县的被告人吴某非正常上访扰乱国家机关工作秩序和寻衅滋事案，保障当地机关工作秩序和谐稳定。刑事审判庭被评为全省法院刑事审判先进集体。

【民商事审判】 2017 年，县法院审结民商事案件 1397 件，其中调解结案 237 件，撤诉 108 件，调撤率为 52.2%。加强涉民生案件审判工作，高度关注教育、医疗、住房消费、农民工工资等领域的群众诉求，审结涉民生方面的案件 118 件；依法保护实体经济和小微企业发展，妥善审理合同、涉企等纠纷案件 68 件。加强交通事故纠纷化解，审结 66 件，调撤率达 77%，经济损失赔偿到位率达 98%。

【行政审判】 2017 年，县法院推进行政审判跨区域集中管辖案件审理力度，审结 50 件。做好新类型案件的审理，审结首例检察机关诉人防办的行政公益诉讼案件3件，并当庭宣判，被告当庭表示要履行职责，正义网、新华网等媒体公开报道此案。深化依法行政与行政审判良性互动机制，加强行政诉讼与行政复议、行政调解等纠纷解决方式的有机衔接，大力推动行政首长出庭应诉案件，行政机关负责人出庭应诉率达100%。积极做好非诉行政案件审查和执行工作，执结非诉案件109件。积极促进司法建议办理反馈，发出司法建议3件，反馈率达100%，推动政府规范执法。

**【少年与家事审判】** 2017年，县法院完善"圆桌审判"方式，少年审判坚持寓教于审，对未成年人犯罪依法给予从宽处理。建立帮扶档案，完善帮教措施，定期开展"一帮一"的回访帮教活动，开展拒绝校园暴力法制宣传活动，提高未成年法制意识。在家事审判中，注重维护妇女、儿童、老人等弱势群体的切身利益，审结婚姻家庭和继承家事等案件143件，调撤94件，促进家庭和睦和社会安定。

**【案件执行】** 2017年，县法院围绕上级"用两年时间基本打赢执行难硬仗"的要求，落实具体措施，推进执行联动、网络查控、失信惩戒等机制建设，特别是8月份的清理未结执行案件大会战中，组织5名党组成员和30名干警组成五个攻坚组，昼夜连续奋战一个多月，执行人员仅休息1.5天，执结案件329件，标的1782.06万元。全年执结案件

1470件。

**【信访工作的落实】** 2017年，县法院积极稳妥做好金砖会晤十九大期间信访维稳工作，继续强化风险隐患排查，每天实时排查，全面落实稳控化解责任，加大攻坚化解力度，逐层压实化解责任。强化涉诉信访工作责任，注重摸底排查，制定工作预案，加强析理释法工作，促使当事人息诉息访。严格按照"一个案件、一个领导、一个专班、一套方案、一抓到底"的涉法信访工作机制要求，加强监督和指导。针对重点信访人何某"两会"期间欲进京上访一事，县法院积极采取防控措施，通过耐心细致的帮助，何某逐渐情绪稳定，矛盾得到有效化解。

**【司法服务大局】** 2017年，县法院做优"闽赣边界司法便民服务站"司法品牌，在边界地区设立两个以调解员名字命名的调解室，该做法被省政法委组织的法制日报、新华网等多家媒体组成的采访团到场进行了采访报道。着力保障创新发展。加强对稳增长、促改革、调结构、惠民生、防风险的司法服务保障。妥善化解南方国际、尚和国际、福城、闽赣汽车城等房地产的债务纠纷案件58件，在上级法院的大力支持下，将南方国际、尚和国际房地产项目的执行处置权由福州中院移送至建宁法院执行，配合政府促进了该楼盘纠纷及时处置；年内，协调处理影响县域经济发展的案件183件，为建宁县的经

济发展提供了良好的司法保障。着力维护金融稳定。成立金融纠纷案件审判团队，开展涉金融案件专项审判、执行工作，审结涉金融案件168件，标的1.2亿元，执结涉金融案件367件，执行标的到位1.29亿元，金融案件审执结率93.6%。配合政府提高金融机构不良贷款处置效率，多次主动召集相关金融部门及案件当事人进行协调，协助化解不良贷款1.64亿元，确保本县不良贷款化解率领先全市。着力抓好精准扶贫工作。下派驻村第一书记、驻村工作队，组织科级以上领导对挂点贫困村贫困户进行慰问帮扶，通过技术帮助、介绍工作岗位、争取小额信贷、帮助办理工商、烟草营业执照等多种形式扶贫解困，同时为美丽乡村建设争取资金110万元。年内帮助贫困户脱贫7户12人。

**【办公场所建设】** 2017年，县法院将前楼的办公室调整到续建的后楼办公室，院内路面"白改黑"，建设标准的执行指挥中心，改建诉讼服务中心、多元调解室、建立文化展室、书画苑、文化墙等，形象和环境得到进一步提升。

**【司法改革创新】** 2017年，县法院作为全省法院内设机构改革十个试点单位之一，建宁法院从五个方面入手，加强改革创新：（1）推进机构机制健全完善。内设机构实行扁平化管理，原有的17个部门精简为10个，机构减少41%，将审判执行部门整合成一个

中心五个团队，后勤行政部门人员占比由之前的22%下降到13%，改革后审务、政务、党务运行更为顺畅。（2）推进司法责任制改革。落实人员分类管理、改革裁判文书签发机制，完善专业法官会议制度，推进院庭长办案常态化机制，院长、庭长直接主审案件1681件。（3）推进送达机制改革创新。在全市率先组建集中送达小组，引入第三方协助，建立三级联动送达机制，实现全域送达、高效送达和精准送达。直接送达成功率98.9%。（4）推进"分调裁"机制改革。设立速裁团队，速裁团队组建两个月，以全院19.04%的法官及14%的辅助人员办理全院60%左右的新收案件。（5）推进家事审判方式改革。在全市率先开展十三个部门的联席会议制度，首创与民政部门共同建立离婚信息共享平台，此举被列入三明中院专题新闻发布。

【司法队伍建设】　2017年，县法院持续开展正风肃纪、树立新风正气活动。完善"1263"机关党建工作机制，坚持落实党建工作责任制，注重将党建工作与审判工作、队伍建设有机结合，坚持支部建设找准思想政治建设"切入点"、巩固好司法能力建设"支撑点"、抓牢作风形象建设"制高点"、抓住党风廉政建设"关键点"、助推机关党建走前头。抓好廉政、纪律作风建设。严格落实全面从严治党主体责任和监督责任，开展好"四风问题"集中整治，认真落实"马上就办、真抓实干"工作精神，开展各种

督察110余次，实行"五个强化"抓好党风廉政建设，队伍连续保持二十六年无违纪违法。抓好文明创建。举全院之力克服困难，创造条件，软硬件同步抓，通过实施"334"创建模式，以"软实力"带动"硬实力"，以"改革力"铸就"战斗力"，以"廉洁力"构建"公信力"，以"品牌力"提升"形象力"。经过历届法院党组和全院干警27年的共同努力，于11月17日建宁县法院荣登第五届全国文明单位光荣榜。

（陈建新）

## 行政司法

【概况】　2017年，建宁县司法行政部门落实中央、省、市、县政法和司法行政工作会议要求，围绕平安建宁、法治建宁建设目标，扎实做好社区矫正、人民调解、普法依法治理、法律服务等各项工作，全面发挥司法行政职能作用，为建宁经济发展和社会稳定营造良好的法治环境。当年，客坊乡人民调解委员会被三明市综治办、三明市司法局获评为三明市金牌调解委员会荣誉称号；刘中龙、邱翼、宁金根三位同志被命名为三明市金牌调解员荣誉称号；刘中龙同志撰写的《刘某华与刘某萍之间继承纠纷》获评三明市金牌调解书荣誉称号。

【普法宣传】　2017年，县司法局制定《2017年建宁县普法依法治理工作要点》《建宁县实行"谁执法谁普法"责任制实施意

见》《建宁县"谁执法谁普法"责任制考核管理办法》等文件，建立健全普法依法治理考核评估和奖惩激励机制，将落实"谁执法谁普法"责任制工作纳入年终综治考评和各级领导班子和领导干部年度考核，实现普法任务由"软任务"向"硬指标"的重大转变。深化创建活动，突出普法实效。围绕创建省级"法治县（市、区）创建活动先进单位""全国青少年普法教育示范区"，不断探索法治宣传新途径、新方法，打造普法依法治理亮点，持续深化落实"谁执法谁普法""谁服务谁普法"责任制。开展"关爱明天，普法先行""小手拉大手，学生带法回家""学校连心工程"、送法进乡村（社区）、法治宣传进景区等普法宣传活动，扎实推动"七五"普法，确保普法依法治理工作取得新突破、新发展。丰富宣传载体，强化普法宣传教育活动。当年开展闽赣边界平安建设法治宣传服务、金融法律服务进乡村、禁毒宣传、城区交通拥堵专项治理普法宣传活动及法律"六进"活动50余次，张贴悬挂法制宣传标语30幅，出墙报（板）55期，发放法制宣传资料2万余份，受教育群众5万余人次，开展法律咨询9场（次），咨询人数1500余人次，上法治课33余次，组织学生学习参观法治主题公园、法治教育基地28次。

【人民调解工作】　2017年，县司法局建立人民调解委员会127个，县、乡、村三级调解网络体系基本建成，组织开展"防风险

保稳定 护航金砖会晤 喜迎十九大 人民调解专项活动"，以乡镇、村(居)为单位开展全面排查，对排查出的矛盾纠纷，逐一建立台账，落实牵头领导和具体承办人员，明确调处要求和调结时限，对重大矛盾纠纷实行挂牌督办。积极开展司法调解"三争"活动，制定下发《关于开展"争写金牌调解书、争当金牌调解员、争创金牌调解会（调解室）活动工作方案的通知》等文件，将"三争"活动开展情况进行专项督查考评，考评情况作为干部评先评优、推荐任用的重要依据。建立个人调解工作室 4 个，开展"公调对接、民调进所"工作。健全完善"公调对接"机制，在全县 9 个乡镇设立"驻所调解室"。县司法局被市综治办、市司法局命名为三明市金牌调解员 3 名、金牌调解书 1 份、金牌调解委员会 1 个，人民调解案例、卷宗被三明市司法局评为一等奖。截至 12 月，排查出各类社会矛盾纠纷 502 件，受理矛盾纠纷 502 件，调处矛盾纠纷 502 件，调处率 100%，调处成功矛盾纠纷 500 件，调处成功率为 99.6%。

**【社区矫正与安置帮教工作】**
2017 年，县司法局创新社区矫正和安置帮教工作思路、工作方法，突出"五个双"即：双会议，即定期召开县公检法司社区矫正安置帮教工作联席会和县社区矫正与安置帮教工作分析会，通报情况，加强联动，解决问题；双定位，县、乡每天对社区矫正人员进行手机定位检查，确保对

象不脱、不漏管；双教育，县、乡每月召开社区服刑人员集中教育会和乡镇社区服刑及安置帮教人员教育会，通过教育、社区服务等多种方式对社区服刑人员思想及行为进行矫正；双查访，县司法局联合检察院等单位到各乡镇开展联合执法检查，乡镇司法所联合综治办、派出所及乡村委会开展"两类人员"大排查大走访活动，建立排查走访工作机制；双网格，将社区矫正人员纳入县、乡网格化系统进行监督。全年已走访社区矫正服刑人员 985 人次，排查出重点社区服刑人员 2 人，其中精神异常 1 人；走访排查刑满释放人员（含解除社区矫正人员）713 人，排查出重点安置帮教人员 1 人。对重点人员下发责任清单 3 份，上报问题清单 3 份，上报销号清单 3 份。全县社区矫正人员和刑满释放人员得到有效管控。

**【法律服务工作】**
2017 年，县司法局围绕服务地方党委政府中心工作、化解矛盾纠纷、服务民生发展，挖掘案源，提供公证服务；规范办事程序，将办理事项、办事流程、审批程序等各项规章制度上墙，让办事群众一目了然，自觉接受人民群众监督。全年受理公证事项 430 件（国内公证 379 件，涉外 51 件），办结 430 件。开设法律援助绿色通道，实行"一站式"服务。在 9 个乡（镇）和 23 个部门设立联络点，建成覆盖全县的法律援助组织网络体系。当年在县法院、县看守所新增设立两个法律援助工作站。全年，

县司法局共办理法律援助案件 41 件，其中刑事案件 12 件、民事案件 29 件，"12348"法律服务热线管理平台接待咨询 58 次。

**【基层司法建设】**
2017 年，县司法局有乡镇司法助理员 20 人（编制 22 人），未落实到司法所的政法专项编制数为 2 个，主要原因是人事调动造成空编。经 2017 年事业单位招考，新录用 4 名司法协理员，现有专职调解员 3 人，司法协理员 6 人。业务用房建设。九个司法所全部被省厅认定为省级规范化司法所，司法所内部上墙制度按照规范化司法所要求进行布置，办公设施和电脑一应俱全，副科级所长已配备到位。

（吴肖婧）

# 消 防

**【概况】**
2017 年，建宁县公安局消防大队（简称县消防大队）围绕消防中心工作谋划统筹，狠抓落实，确保辖区安全稳定；坚持从决策导向、思路规划等方面统筹好工作，及时协调解决中心工作与其他工作的矛盾，顺利完成灭火和应急救援任务。年内共接警 101 起，出动车辆 197 辆次，出动警力 1114 人次，抢救被困人员 37 人，疏散被困人员 13 人，抢救财产价值 581.1 万元，成功处置"4·26"黄舟坊山体滑坡事故、"6·26"里心往大南交通事故、"6·30"圆通快递站火灾、"9·21"伊家乡东风村连家坊木制民房火灾、"12·20"景秀苑民房

火灾,参与处置"10·31"泰宁县250省道闽江源隧道附近挂车侧翻事故抢险救援,先后完成全国"两会""一带一路""金砖会晤""党的十九大"期间等重大消防安保任务。当年,县消防大队先后被评为2017年度全县平安先进单位、县级文明单位、"人民满意消防队",中队团支部荣获市级"五四"红旗团支部,1人被团市委评为"优秀共青团员",1人被团市委评为"优秀共青团干部"。

【岗位练兵】 2017年,县消防大队围绕"练为战"指导思想,深化岗位练兵工作,以贴近实战出发,坚持以重点单位灭火演练、合成训练及班组训练为基础,以器材装备操作、消防抢险救援训练及灭火攻坚技能为根本,深入开展人员密集场所、政府重点部门、化工生产企业单位的灭火演练和战术研讨,全面推动部队战斗力的提升。按照"现役为主、多种力量,多策并举、综合治理"的多种形式消防力量发展思路,形成以公安消防力量为主体,以政府和企业专职消防队伍为重点,以乡镇专职(志愿)消防队伍为

补充,覆盖全县城乡的消防力量体系,推动多种形式消防队伍的快速、健康、可持续发展。

【消防安全专项整治】 2017年,县消防大队认真贯彻"预防为主,防消结合"的工作方针,始终秉承"人民满意"的执法宗旨,开展社会面火灾防控工作,以及各类消防安全专项整治活动和扎实推进"防火墙"工程建设,全力抓好"三合一"场所整治、劳动密集型企业消防安全专项整治和高层(地下)建筑消防安全、易燃易爆场所等多项消防专项整治活动。全年共检查单位1959家(次),发现火灾隐患2238处,督促整改火灾隐患2235处,下发《责令改正通知书》976份,下发《行政处罚决定书》53份,责令"三停"单位9家,罚款35.89万元,拘留1人,督促整改重大火灾隐患3家。

【双拥共建】 2017年,县消防大队加强警地交往,实现警地资源互补、优势共享,促进双拥共建工作,形成全民参与共建的良好局面。年内,大队党委研究制定"双拥共建"工作方案,通过

与驻地企事业单位签订共建协议、开展共建联谊活动、公开述职述廉、走访帮扶孤寡老人等活动,使广大官兵把驻地当故乡,视人民群众为亲人,加深了人民群众与大队官兵之间的鱼水深情,进一步构建了和谐警民关系。大队全年共开放消防站30余次,为共建单位消防培训30余次,为社会单位开设消防专题讲堂30余次,开展社会面宣传活动40余次,共培训达2万余人。

【灭火救援装备升级】 2017年,县消防大队随着经济社会的快速发展,消防部门面临的灭火救援任务日益繁重,加上消防职能的不断拓展,迫切需要加大消防装备建设力度,提升消防装备使用管理效能。2017年,大队消防业务经费得以稳步提升,车辆器材装备逐渐实现更新换代,大队先后投入70余万元购置灭火和抢险救援器材,进一步提高大队的灭火救援能力和整体作战水平,为更好地服务地方经济建设提供强有力的保障。

(王汉华)

# 土地资源·环境保护

□编辑 黄日辉

## 综 述

**【土地整理成效明显】** 2017年，建宁县土地总面积1718平方公里，其中陆地面积1686.86平方公里；耕地面积1.84万公顷，基本农田面积1.75万公顷。截至年底，全县已批复投资预算的项目76个，总规模13641.8公顷（其中：国土11567.33公顷，农综2074.47公顷），占全县耕地面积的69.6%。已竣工验收报备项目总规模9869.33公顷，占全县耕地面积的50%；新增耕地1090.13公顷。通过土地整理造就了田成方、渠相连、路相通、旱能灌、涝能排、生态好的良田，改善了全县农村、农业基础设施薄弱的局面，为全县农业实施机械化创造了条件，促进了农民增收；实施土地整理项目，增加有效耕地，实现耕地占补平衡有余，为全省耕地占补平衡做出了贡献，为建宁经济发展拓展"山海协作"的空间。通过有偿调剂部分补充耕地指标，缓解建宁县农村基础设施投入的资金压力，促进了县域经济发展。在"福建省2017年耕地保护工作推进会"上，建宁县国土资源局作《规范项目组织管理 推进高标准农田建设》经验交流，建宁县土地整理的做法及成效获得省厅的肯定和推广。

**【环保责任落实到位】** 2017年，建宁县落实党政环保目标责任书。认真按照市委、市政府下达的《建宁县2017年度党政领导生态环境保护目标责任书》的目标任务，将各项目标任务和重点项目分解到责任单位、责任人，并与各乡（镇）党委书记、乡（镇）长签订乡（镇）《2017年度党政领导生态环境保护目标责任书》。年内，建宁县水、气、声环境始终保持优良，城区环境空气质量始终保持在全省前列，四五月份位列全省第一；交接断面地表水水质达到国家Ⅲ类标准，监测达标率达100%。城区区域环境噪声、交通噪声、功能区噪声监测达标率达100%。集中式饮用水源地水质各项指标均达到Ⅱ类标准，水源水质达标率达100%。

## 耕地开发与保护

**【概况】** 2017年，县委、县政府明确高标准基本农田建设新增耕地作为占补平衡的一项重要来源，并将高标准基本农田建设工作列入县政府重要议事日程，为项目的实施做出周密的安排部署，每年以县政府名义行文下发实施方案。强化示范县建设项目领导机构建设，成立以政府分管副县长任组长，国土、农业、水利、财政、林业等相关部门"一把手"为成员的县土地整理领导小组。明确各成员单位工作职责，做到各司其职，各负其责，齐心协力，共同推进。项目乡（镇）相应成立领导小组，具体负责工程监督管理、协调配合，以保证工程建设顺利进行。新设监管机构，县编办根据实际情况增设建宁县土地开发整理中心，并明确为事业编制，核定5个编制，为土地整理项目实施、监管和工作推进奠定组织基础。

【耕地开发】 2017 年，县国土资源局内占补平衡珍惜耕地，验收 4 个土地整理项目，新增耕地 53.53 公顷；验收 9 个旧村复垦项目，其中 2 个项目已核定新增耕地 8.8 公顷。新立项土地整理项目 3 个 330.47 公顷，旧村复垦项目 9 个 27.33 公顷。全面完成永久基本农田划定工作，设立保护标志牌 18 块，界桩 35 个。集约节约盘活存量，盘活历年批而未供土地利用 9.33 公顷，完成批而未供整改 38.67 公顷；完成闲置土地处置 4 宗 20.89 公顷，其中有偿收回 2 宗 19.73 公顷。

【土地整理】 2017 年，县国土资源局根据省、市加强土地整理项目管理意见，结合建宁实际，对相关管理制度进行细化，对项目管理缺位进行责任追究和违约处罚，形成《关于进一步加强土地整理项目管理的意见》，并制成土地开发整理项目实施手册，做到规范管理。土地整理黄金施工季节是每年 10 月到第二年的 2 月份，为确保土地整理项目实施尽可能不影响农业生产。县国土资源局正确处理好生产和施工的矛盾，加快项目前期工作，在 9—10 月份完成项目招标；采取灵活机动的施工措施，即先平整田块，再建渠道，最后修建田间路和护岸，尽可能使施工顺序更加科学。针对农业结构中部分农作物种植对时节有特殊要求，有赶季节种植作物的田块优先平整，并及时将先平整好的田块交付农民耕种，确保不误农时。

【土地变更管理】 2017 年，县国土资源局依据年度《土地变更调查规程》，做实逐地块项目竣工验收的"预变更"。由整理中心和地籍股牵头，与年度土地详查变更中介作业单位相互配合，对变更地块共同确认；现场逐地块落实，在项目竣工初验，年度土地详查变更作业组工作人员到实地逐地块做预变更，并在年度变更中体现，确保每一块新增耕地的真实性。同时，做好新增耕地管理信息核查标注工作，特别是土地整理项目的新增耕地要纳入两个数据包，即可上图图斑的新增耕地"纳入年度更新数据包"；整理田埂无法上图的新增耕地"纳入年度变更数据包"。年度土地变更调查新增耕地管理信息核查标注的两个数据包的新增耕地合计应大于等于报备土地整治项目新增耕地面积的 90%。

【地质灾害防治】 2017 年，县国土资源局贯彻落实《地质灾害防治条例》，完善应急预案。年内累计转移人员 1637 人次，确保汛期无人员伤亡。发放防灾工作明白卡、防灾避险明白卡 2000 余份，应急避险手册 400 余份，更新全省统一的地质灾害点警示标志牌 117 块。购置无人机、卫星电话、防汛应急包等应急救灾抢险物资。

【地籍测绘数字化建设】 2017 年，县国土资源局及时更新土地调查数据库，完善国土资源综合信息监管平台和不动产登记信息平台建设，中心城区房屋登记数据整合稳步推进。数字城市地理空间框架建设项目完成立项设计，争取省厅专项补助 130 万。开展对基层国土所自 1992 年以来地籍房屋档案清理工作。

## 用地供应保障

【概况】 2017 年，县国土资源局完成新一轮基准地价修编和土地利用总体规划调整。划拨国有建设用地 9 宗 11.33 公顷，补缴出让金 241 万元；公开招拍挂出让国有土地 7 宗 2.6 公顷，土地出让收入 9521 万元；完成土地二级市场划拨转出让 18 个批次 55 户，补缴出让金 200 万元。

【建设用地保障】 2017 年，县国土资源局坚持最严格的节约集约用地制度，做好建设项目特别是"五个一批"重点建设项目的用地保障工作，提高土地的利用率和地产收益水平。全年，完成城市规划区内的县医院、水南邹家等 5 个地块征地收储工作，征收面积 17.4 公顷，支付征地款 1040 万元。指导乡（镇）完成明一生态牧场、浦梅铁路、莆炎高速等重点项目征地工作。确保浦梅铁路、莆炎高速、县医院搬迁、九华山水库、明一生态养殖基地等一批重大项目依法供地，累计农转用 206.8 公顷，临时用地 24 宗 26.2 公顷。积极参与南方国际、尚和国际等问题楼盘的处置，一盘一策，选派 5 名干部，挂包

5家企业，每月确保一定时间到挂包企业，了解企业的发展情况，指导企业对接惠企政策。

【民生保障与扶贫】　2017年，县国土资源局全年报批民生项目6个，解决用地23.47公顷，完成"伊水家人"、水南邹吴家农民住宅小区等用地报批，审批农村集体农民个人建房5批次208户。办理设施农用地备案30宗，总面积约33.33公顷。认真落实国土系统扶贫政策，用好用活2446万元基本农田管护补助资金。支持半寮村、隄上村扶贫资金各10万元用于道路硬化、路灯安装、村部修缮；支助县慈善总会48万元。全局13名干部参与结对帮扶工作，帮助贫困户25户，当年全部脱贫。

【土地利用总体规划听证会】　2017年8月5日，县国土资源局召开土地利用总体规划调整完善成果论证会，县长陈显卿出席会议并讲话，副县长连云进主持会议。会议指出，调整完善土地利用总体规划是落实最严格的耕地保护制度和最严格的节约用地制度、保障粮食安全、推进生态文明建设重要举措，是促进"十三五"经济社会持续健康发展的重要保障。优化土地利用结构和布局，合理调整建设用地规划指标，保障重点建设项目用地。会上，规划编制单位介绍全县土地利用总体规划调整完善方案初步成果；各乡（镇）和县直相关部门专家代表对修改完善后的方案提出了具体意见建议。

# 执法监察与矿产资源监管

【概况】　2017年，县国土资源局强化执法监察巡查，坚决制止和查处国土资源违法违规行为。全年发现并制止各类国土违法行为41起，立案查处国土资源违法案件24件，其中：土地类案件18件，面积2.89公顷，罚款22.88万元；矿产类案件6件，罚款13万元。依法维权诉讼3起，累计标的1855万元。年内顺利通过年度土地省域督察。完成第三轮《矿产资源总体规划》编制，积极推进三个建筑石料矿山有偿出让；把握各类保护区矿业权清理时机，成功将一个矿泉水、两个地热探矿权列入省、市两级矿产资源规划。

【日常监管】　2017年，县国土资源局贯彻国土资源执法监察工作方针，强化执法监察巡查。结合手机移动执法，落实动态巡查制度，实现区域内国土资源无缝隙巡查，对一般区域每周巡查不少于一次，重点区域每周巡查不少于两次，并结合其他业务工作开展经常性巡查。该局为确保项目实施监管到位，采取"三督三查"：一督乡（镇）业主成立领导机构，确定现场专职人员；二督村、组成立由村民代表、老党员、老干部，有公心、会管理、能管理的质量监督小组参与项目质量监督管理；三督每月召开一次由国土、业主、监理、村委和施工队参加的工程例会，重点协调解决施工过程中存在的问题和群众

提出的合理要求。采取常规检查和突击抽查相结合的方法落实"三查"：一查监理单位在岗履职情况，以突击方式督查监理是否在岗履职，工程签证情况是否真实、规范，当天施工班组开工情况与监理施工日记及施工情况是否一致。二是查业主单位派驻现场管理人员（技术人员）和村组协调工作是否到位。三查工程建设工艺是否规范，质量是否达到标准。

【地质生态环境保护】　2017年，县国土资源局认真执行"三严四限六禁"，牵头落实矿山生态修复专项整治工作，严厉打击非法违法采矿，催缴矿山生态环境恢复治理保证金201万元。委托福建省196地质大队编制废弃矿山综合治理规划，并对4个在采矿山"边开采边治理"进行动态监管和评估。积极策划争取山水林田湖草项目，落实双溪村地质灾害工程治理资金401万元。成功接受中央、省环保督察，配合做好领导干部自然资源资产离任审计。推进农业地质调查评价工作。

【非煤矿山安全生产检查】　1月9日，县国土资源局组织人员到黄埠乡、均口镇检查非煤矿山安全生产情况。按照安全生产"党政同责、一岗双责""管行业必须管安全、管业务必须管安全、管生产必须管安全"的要求。检查组对黄埠乡金科矿业已封闭的点、硐进行逐个检查，查看是否存在擅自启封盗采现象；对均口镇富强石材、东方石材等2家矿

山企业检查是否存在超越范围开采和超规模开采的行为，检查中发现的问题及时反馈并令其限时整改。

## 不动产登记

**【概况】** 至 2017 年 10 月 31 日，建宁县不动产登记中心共办理业务 5191 宗，其中首次登记 2257 宗，变更登记 144 宗，转移登记 1857 宗，注销登记 89 宗，预告登记 663 宗，更正登记 16 宗，查封登记 81 宗，补发换发登记 84 宗；颁发不动产登记证书 3426 本、不动产登记证明 2446 份。针对不动产登记中心的历史遗留和疑难问题，发挥不动产联席会议议事作用，年内召开 2 次不动产联席会议，解决历史遗留和疑难问题 25 个。

**【机构设置】** 建宁县委机构编制委员会根据《中共三明市委机构编制委员会关于县（市）不动产登记机构设置有关事项的批复》，同意组建县不动产登记中心（建编委〔2015〕38 号、39 号），为县国土局下属公益一类事业单位，机构规格为相当副科级，核定主任 1 名（副科级），副主任 1 名（正股级）；核定财政核拨事业编制 10 名（林权登记中心划转编制 3 名），其中管理人员 2 名，专业技术人员 8 名，划转人员按照"老人老办法"过渡。2017 年 7 月，经县不动产联席会议研究决定公开招考临时人员 6 名。截至 2017 年底，建宁县不动产登记中心共有编制名额 18 名，中心实有人数 15 人，其中临时用工人员 10 人。

**【人员培训】** 2017 年，县国土资源局邀请市国土资源局登记业务权威人士到建宁举办不动产登记启动前业务培训，不动产登记全体划转人员共 11 人参加此次培训。组织登记业务骨干参加省、市国土资源部门召开的登记业务培训。开展专项业务培训和业务研讨会。1 月，县国土局与住建局联合举办宅基地、集体建设用地使用权及房屋所有权首次登记业务培训班。在当年统一登记启动前，县国土资源局不动产登记中心于 6 月 22 日至 24 日分别举办不动产统一登记启动前的各项衔接培训班。在统一登记启动后，针对农村房地类登记工作中遇到的各项难题，积极沟通、逐个梳理，依法依规解难题。

**【不动产登记基础工作】** 2017 年，县国土资源局不动产登记中心在不动产统一登记启动前，原房屋、林权登记档案均未电子化。不动产统一登记实施后，启动对原土地、房屋、林权登记纸质档案电子化工作。在房屋、林权纸质档案移交未到位的情况下，县国土资源局与相关部门沟通安排作业人员到对方档案存在点并在对方监管之下进行电子化操作，取得原土地、房屋、林权登记电子化信息，促进县不动产登记工作得以顺利进行。原土地登记纸质档案已移交至不动产登记中心档案室，房屋登记档案根据不动产第一次联席会议的安排，在不动产登记中心迁入新办公场所后办理纸质档案的移交手续。同时，不断完善信息平台内容，不动产、房管、土地、林权四套系统并用，房管系统存量数据已关联不动产登记系统，可在信息补录环节利用房产证号关联房屋登记信息。日常业务中，做到做一宗补录一宗，完善一宗，逐步完善信息平台内容。规范编制不动产单元代码，已建立不动产登记权籍调查数据库，实现权籍调查完善登记工作，将权籍调查数据与登记数据同步更新。

**【登记流程优化】** 2017 年，县国土资源局不动产登记中心在不动产统一登记改革启动后，将原来四大部门承担的不同登记职责归口国土部门，统一登记平台，规范登记。梳理流程，优化服务，对各类不动产登记业务流程进行科学论证、梳理再造、优化调整，形成不动产登记申请、受理、审核、登薄、发证一整套完整规范的登记流程。细化梳理首次登记、转移登记、变更登记、抵押登记等不动产登记的申请材料清单、业务办理流程和审核要点等内容。设计夫妻财产约定、授权委托书、不动产登记资料查询结果证明等 28 种业务文书统一模板样式，供窗口受理岗位使用，提升不动产登记的可操作性和规范性。

**【窗口制度完善】** 2017 年，县国土资源局不动产登记中心为确保办事群众随来随办，登记中心按窗口规范化建设要求实行窗口受理人员 A、B 岗制度，保障业务进行，确保窗口不缺位。增设疑难问题处置窗口及应急窗口，业务高峰时期开放应急窗口，避免出现客户滞留现象。实行周末无休便民利民活动，场所内提供一次性告知单及自助查询机、扫描仪、复印机、打印机、高清监控视频、身份证识别器等设备。对企业客户，提供"一企一策"服务，根据企业不同需求，为企业量身定做登记方案，帮助企业解决困难。

（侯小艳）

## 环境质量状况

【概况】 2017 年，建宁县环境保护局（简称县环保局）根据监测全县环境质量总体较好。地表水水质、集中式饮用水源地水质一直保持良好状态，环境空气质量、声环境质量总体状况良好。6 月，建宁县荣登第四届中国"百佳深呼吸小城"榜。7 月，三明市深呼吸旅游联盟第三次联席会议在建宁县召开。

【水环境质量状况】 2017 年，县环保局对水环境质量进行监测，完成 12 次城区饮用水、城区地表水及省控交接断面的水质监测。监测结果，城区地表水、省控交接断面水质、集中式饮用水源地水质及乡（镇）饮用水源地水质监测的各项指标均符合表水环境质量 II 类标准，水质达标率为 100%，地表水水质环境功能区达标率 100%，集中式饮用水源地水质达标率 100%。

【大气环境质量状况】 2017 年，县环保局对大气环境质量进行监测，完成 4 次城区大气环境质量监测，根据监测结果，县空气环境质量按功能区划保持在国家 II 级标准以上；城区大气环境质量达到国家 II 级标准，全年空气质量排名居福建省第 3 名，其中 3 月、4 月、5 月排名为全省第一名。

【声环境质量状况】 2017 年，县环保局对噪声环境质量进行监测，完成城区区域噪声和交通干线噪声监测，区域噪声取 102 个监测点，测得城区区域昼间噪声平均值为 51.1 分贝，夜间噪声平均值为 41.2 分贝；交通干线噪声取 10 个监测点，测得交通干线环境昼间噪声平均值为 60.3 分贝，夜间噪声平均值为 49.3 分贝，声环境质量较好，城区以及交通干线噪声达到功能区标准要求。高考期间，协同监察大队加强对建筑工地、"三厅"等娱乐场所噪声的监测和检查。

## 环境综合整治

【概况】 2017 年，县环保局认真贯彻落实县委关于生态文明建设和环境保护的决策部署，牢固树立新发展理念，坚持"绿水青山，就是金山银山"，坚持把生态文明建设放在更加突出的位置，把建宁的生态优势转变为发展优势。实施水污染防治计划，全面实施"河长制"。7 月中旬，县召开全面深化河长制工作现场推进会，系统推进水污染防治、水生态保护和水资源管理。7 月 18 日，县委书记郑剑波主持召开全县打赢生态文明建设攻坚战动员部署会，通过《建宁县打赢生态文明建设攻坚战实施方案》。

【中央环保督查迎检工作】 2017 年，县环保局成立由局长任组长，副局长任副组长，办公室、生态股、审批股、监测站、监察大队等相关股室负责人为成员的工作领导小组，制定工作分工方案，并下设材料准备组、档案资料组、后勤保障组、现场信访组 4 个工作小组，完成 34 项相关档案资料收集整理工作。4 月，中央环保督查组到县，督查期间，对督查组提出的环保中存在问题以及 3 件信访件，县政府立即采取措施制订整改方案，至督查组回头看时已全部整改到位。

【环保宣传教育】 2017 年，县环保局以"6·5 世界环境日"为契机，与县检察院、法院、闽江源保护区、各乡（镇）、中铁十一局等部门联合举办"打造生态文明建设建宁样板"主题宣传活动，重点宣传生态文明建设理念和环保意识，通过开展主题宣传活动，让全民加深对生态文明建设的认识和对自然生态的保护意识，形成全民参与环保，改善城市人居环境，减少排放，时时崇尚生态文明的社会新风尚。

【餐饮油烟污染整治】 2017 年，县环保局成立由环保局专业骨干组成的餐饮油烟污染整治领导小组，开展为期一个月的餐饮油烟污染专项整治行动，每晚夜间集中检查、延时执法、定岗固守，集中整治餐馆油烟和夜市烧烤等问题，督促餐饮经营单位安装油烟净化设施，对已配置油烟净化设施的单位检查设施运转情况。专项整治行动时期，餐饮业新安装油烟净化装置70余台套，督促整改餐饮油烟直排单位20余家。同时建议县政府加快烧烤店（摊）集中疏导区建设进程，将城区零散分布的烧烤店（摊）迁移入集中地点，实施统一监督管理，避免对附近居民正常生活造成影响。

【水污染治理】 2017年，县环保局加强集中式饮用水源监管，水源保护区内均未发现工业、农业、生活等污染源，县、乡（镇）级饮用水源水质均可达Ⅱ类，全县集中式饮用水源地水质达标率为100%。按照责任书要求加强王坪栋水库饮用水源附近两家石板材开采企业（福建省富强石材有限公司、建宁县东方石材有限责任公司）的监管。流域水环境治理。里沙溪、杨林溪列入为民办实事小流域综合治理项目，年内完成治理目标任务，水质从Ⅳ类稳定提升到Ⅲ类。全县主要河流水质均达到Ⅲ类以上，主要流域水质达标率100%。

【工农业污染防治】 2017年，县环保局深化重点行业治理减排，完成华新食品、孟宗笋厂等18家食品行业废水污染整治，食品行业全部安装废水处理设施。农业

污染整治。全县完成拆除禁养区或可养区不改造的生猪养殖场（户）57家，拆除面积2.6万平方米，削减生猪存栏8760头。

【大气污染治理】 2017年，县环保局全面实施《建宁县大气污染防治行动计划实施细则》，强化施工扬尘治理，加强移动源、道路扬尘及挥发性有机物治理。在工业废气治理中，县环保局与经信局联合印发《2017年建宁县燃煤锅炉节能环保综合提升工程工作方案》，先后有绿田公司引进1台燃油锅炉替代原来的燃煤锅炉，兴辉公司引进1台燃汽锅炉替代原来的燃煤锅炉，建成区9台在用燃煤锅炉都已经改用燃气（油）或生物质燃料，未发现使用燃煤，全面完成燃煤锅炉节能环保综合提升任务。

【其他污染治理】 2017年，县环保局加快实施"清洁土壤"工程，落实土壤污染防治行动计划，开展土壤污染状况详查，实施农用地、建设用地和未利用地分级、分类管理。运用全省固体废物监管平台，实现危险废物管理信息化，如实掌握全县危险废物的实际产生、转移、处置量，加强对危险废物的全过程监管，防范环境风险。

【"省保护野生动物宣传月"活动在建宁举办】 10月18日，由省野生动植物保护协会、市林业局、县人民政府联合主办，市野生动植物保护协会、闽江源保护区管理局承办的"福建省第27届

保护野生动物宣传月"专场活动在县体育中心举办。省野生动植物保护管理中心副主任、省野生动植物保护协会秘书长刘伯锋、县委常委、副县长王楠出席活动并致辞，闽江源保护区管理局局长陈炳云主持活动。县志愿者代表宣读保护野生动物倡议书。随后全体参会人员在"学法守法，依法保护野生动物，我支持，我参与"主题签名墙上郑重签名，现场还进行精彩的文艺演出、知识互动抢答、谜语竞猜、科普法规咨询等活动。

## 环境监督管理

【概况】 2017年，县环保局以改善环境质量为核心，以保障群众环境权益为目标，扎实做好主要污染物总量减排、环保宣传、环境监测、环境监察、建设项目环境管理等工作，各项工作目标任务全面完成，全县环境质量不断改善。年内，完成市里下达的COD、氨氮、二氧化硫、氮氧化物等四项主要污染物总量减排目标任务。

【主要污染物总量减排】 2017年，县环保局重点加强对已建成的污水处理厂、福建铙山纸业集团有限公司废水深度治理和锅炉脱硫设施的污染源管理，深化重点行业治理减排，完成华新食品、孟宗笋厂等18家食品行业废水污染整治，全面完成2017年度的减排任务。

**【空气监测能力建设】**　2017 年，县环保局完成新建第二个环境空气自动监测站，12 月 15 日已与省市联网上传数据。当年全县 PM2.5 等指标全部达到国家二级标准，全年空气环境质量优良率为 100%，空气质量综合排名居全省第三。

**【环境监察】**　2017 年，县环境监察大队严格履行环境监管职能，强化对污染源的监管，建立台账，制定管理目标，实行动态管理，及时掌握老污染削减和新污染增加动态变化情况。严格执行排污申报登记制度，依照《排污费征收使用管理条例》，全面、足额、按时征收排污费，严格执行"收支两条线"的管理规定，按照"环保开票、银行代收、财政统管"体制，规范使用省财政厅印发的专用票据，将征收的排污费足额分级（1:1:8 的比例）解缴入库，全年共入库排污费 29.65 万元。认真受理群众来信来访来电投诉，保障"12369"环保投诉专线畅通，做到快速反应、及时查处。全年共受理群众环保投诉 45 件，全部得到及时的协调处理，办结率 100%。年内未发生因环境污染引起的群众纠纷，未发生重大环境污染和人为生态破坏事件。

**【建设项目环境管理】**　2017 年，县环保局围绕经济建设这个中心，服务于经济建设大局，贯彻执行《中华人民共和国环境影响评价法》《建设项目环境保护管理条例》等法律法规，严把建设项目环保审批关，全力遏制新污染源的产生。认真执行环保"第一审批权"，充分发挥环保"第一审批权"作用。加强部门协调，及时互通信息，了解项目动态，共同把好建设项目环保审批关。通过各部门的能力协作，全年共受理审批环评项目 5 件，行政受理办结率 100%。

**【环保专项行动】**　2017 年，新《环保法》实施以来，县环保局加大力度推进环境监管能力建设，全面加强环境监察执法检查。按照省、市安排部署，持续开展重点环境安全隐患排查、"清水蓝天""环保大练兵"、危险废物规范化管理专项检查、环保违规建设项目清理专项行动。全年办理环境违法案件共 16 件，办结案件 16 件。罚款总金额 94.97 万元，罚款涉及案件 33 件，其中：涉及《中华人民共和国水污染防治法》案件 6 件；涉及《中华人民共和国环境影响评价法》案件 7 件；涉及其他法律法规 3 件；涉及"四个配套办法"17 件，其中查封 9 件，停产 8 件。

（余慧萍）

2017 年 6 月 4 日，建宁县环保徒步活动　（应晓斌 摄）

# 城乡建设与管理

□编辑 艾玲朝

## 城乡规划

【概况】 2017 年，建宁县住房和城乡规划建设局（简称县住建局）围绕"科学规划、分类指导、有序推进"的方针，推进城镇化进程，加大对城市规划编制的力度，逐步形成统一衔接、功能互补的城乡规划体系，完善城乡规划编制。指导各乡（镇）完成镇乡规划编制工作，水南片区控制性详细规划获县政府批准实施。

【城乡规划修编】 2017 年，县住建局在新一轮城市总体规划框架内，完成城区至枫源绿道规划设计方案、中山北路交通局至万安大厦地段建筑立面整治规划初步方案。河东、蒋屯、西门市场等路口街头绿地已完成方案设计，指导各乡（镇）完成镇乡规划编制工作，已报县政府方案审批。

【专项规划编制】 2017 年，县住建局加快重要专项规划和控制性详细规划编制，完成建宁县城景观风貌、排水防涝专项规划报批，建宁火车南站片区城市设计已着手编制。

【控制性详细规划编制】 2017 年，县住建局水南片区控制性详细规划获县政府批准实施。闽江源、黄舟坊片区控制性详细规划已完成公示。溪口、斗埕、曲滩—助家井、下长吉—高沙洲片区等片区控制性详细规划已形成初步方案。

【规划实施管理】 2017 年，县住建局依托城市规划编制，加强城市规划宣传工作。在单位公示宣传栏展示规划成果，并利用网络平台加大力度宣传。落实国家关于新型城镇化的规划要求，加强建设项目"一书两证"（建设项目选址意见书、建设用地规划许可证和建设工程规划许可证）审批后的跟踪管理，确保项目建设按照规划实施。

## 市政建设

【概况】 2017 年，县住建局按照县委、县政府城市建设重点项目建设的工作部署，以"五比五晒"项目攻坚竞赛活动、城乡基础设施补短板项目为抓手，着力打好城市建设项目攻坚战。全年实施重点项目 61 个，年度计划投资 14.235 亿元，全年完成投资约 14.680 亿元，占年度计划的 100.20%。

【城市建设】 2017 年，县住建局围绕县委、县政府美丽特色生态城建设，加快城市建设步伐，全力打造生态优美、农业精致、产业发达、文旅兴旺、城市靓丽的福源建宁。通过"十三五"期间城市重点项目建设，着力弥补城市基础设施短板。全县安排市政建设项目 39 个，其中续建项目 10 个、新建项目 29 个，年度计划投资 2.106 亿元。加快市政道路建设，完成建莲南路、荷塘北路市政道路，启动闽江源路"白改黑"项目。重点提升城市品质，加大进城路口绿化、花化、彩化力度，完成城区夜景景观提升工程、进城三个路口项目已基本完工，东山公园二期提升、一河两岸市民健身慢道项目按照目标任务有序进行，西门莲塘公园提升改造已完成设计方案。

**【公共设施建设】** 2017年，县住建局建成河南西路、荷苑幼儿园、水南片区公共停车场，提供停车泊位164个。以完善城市污水垃圾处理系统为目标，完成城区污水处理厂一期扩建、垃圾填埋场三期扩建项目，启动餐厨垃圾无害化处理厂项目建设。

## 园林绿化

**【概况】** 2017年，县住建局按照"生态立县"发展要求，坚持高起点、高标准、高水平、高层次地发展城市园林绿化工作，提升"省级园林县城"创建成果，扎实做好城市园林绿化美化工作，营造城市最佳人居环境。

**【绿化养护管理】** 2017年，县住建局园林所将绿化地的管护作为一项常规工作来抓，承担着全县绿地面积为207642.39平方米城区绿地管护面积。具体管护范围：中山南北路绿化带（包括溪口桥头、下坊绿化带、桂园公园、儿童公园、水南桥头绿地）、莲花公园、城市之光广场、零星种植绿地、江滨中路绿化带、体育馆北门口绿地面积、莲花公园步道

延伸绿地、杭青西路、演艺中心围墙边、体育公园、旅游大厦旁市政零星绿地、亿兴大厦宁化路口城幼绿地、江源水都小公园、万安桥头、荷花西路周边绿地、容驷河景观绿地、205省道高速路口绿地、水南大道绿化隔离带等绿地，东山森林公园15公顷，城区行道树3124株。

**【公园提升改造】** 2017年，县城各公园全年新（补）植红叶石楠8700株、毛杜鹃6500株、红花继木2600株、金森女贞8000株、大叶栀子1500株、茶梅1000株、金禾1200株、八角金盘700株、十大功劳700株、小叶栀子400株、月季花700株、南天竹700株、金边黄杨3200株、海桐700株、花叶络石350株、矮紫薇100株、雀舌黄杨200株、美人蕉30株、草坪200平方米。在法治公园，种植红花继木球80×65厘米袋装大苗50株，一次成型。桂园公园、莲花公园、朝阳门、下坊绿化带等公园广场的绿化补植工作，主要补植铁树、麦冬等苗木，共栽种铁树1株、四季桂4株、银杏1株、八角金盘2500株、麦冬150平方米、草坪80平方米。容驷河景观绿地、体育公园、江滨西路绿地等路段进行绿化补植，补苗红叶石楠11000株、金禾6400、毛杜鹃5600株、金森女贞5900株、大叶栀子1200株、红花继木2500株、茶梅2800株、小叶栀子2300株、草坪800平方米。

**【道路及沿河两岸绿化】** 2017

年，县住建局园林所完成县公安消防大队外侧道路精品实生树19株、嫁接树11株补植工作。城区道路两侧补植树树木香樟11株、四季桂3株、八月桂3株、茶花1株、广玉兰5株、合欢1株。实施万安桥至溪口桥沿河两岸种植美人蕉2600株、江源水都沿河种植混合草花3000多平方米。

## 房屋征收

**【概况】** 2017年，建宁县国有土地房屋征收办公室（简称县征收办）践行"马上就办、真抓实干"精神，自我加压、凝心聚力，以目标任务倒逼时间进度，创造性地开展征收工作，各项征收工作取得突破性进展。水南邹家、吴家地块，爱心宾馆综合楼地块，文鑫莲业地块，第二实验幼儿园项目，荷花东路地块等地块，按照工作要求，圆满完成征收任务。

**【水南邹家吴家地块】** 2017年，濉溪镇水南村邹家吴家地块属2007年县体育中心建设征迁遗留地块，县委、县政府高度重视，抽调人员成立水南邹家片区征迁工作领导小组，启动该片区征收工作。该地块共涉及私宅51户、2幢村集体用房和2幢祠堂，征收总建筑面积约8850㎡。至6月底，全面完成房屋征收协议签订47幢，集体用房补偿协议签订2幢，祠堂补偿协议签订1幢，并全部拆除。完成红线内外征地125.5亩（包含江滨西路及键翔南路用地）及水南将军坑安置小区

用地 37.9 亩。完成所有已征地块平整。

**【爱心宾馆综合楼地块】** 该项目征收于 2009 年 5 月份启动,共涉及私宅 17 户、店面 11 间,征收总建筑面积约 3980 ㎡。截至 2017 年初,尚剩余私宅 4 户、店面 4 间。为深入贯彻"五比五晒"项目竞赛活动要求,落实县委、县政府"解难题、促落实"攻坚活动,经爱心宾馆征收项目团队领导和全体工作人员的不懈努力,该项目最后 1 户于 8 月 1 日签订了征收补偿安置协议。至此,前后历时 8 年的爱心宾馆综合楼征收工作全面完成。

**【文鑫莲业地块】** 该项目于 2017 年年初启动,共涉及公房住户 21 户。为全面步深化"解难题、促落实"攻坚活动,县分管领导多次召集相关单位对该地块征收问题召开攻坚克难办公会,明确具体实施方案和搬迁补偿方案。县征收办仅用不到 2 个月的时间,就全面完成该项目 21 户公房住户的协议签订及腾房拆除工作,提前 2 个月完成工作任务。

**【第二实验幼儿园项目】** 该项目于 2017 年年初启动,共涉及自来水厂店面 2 间、原酒厂宿舍楼公房住户 9 户、原疾控中心砖木结构的厨房 1 栋及 6 户居民临时搭盖物,征收总建筑面积约 1221 ㎡。10 月,县征收办顺利拆除自来水厂店面 2 间、公房住户 6 户、6 户居民临时搭盖物,该项目已顺利开展施工。

**【荷花东路地块】** 该项目于 2014 年启动,共涉及私宅 8 栋、单位公房 2 栋、私人食杂店 2 处、将屯小组及该小组村民搭建的牛栏 200 多平米。2017 年初,尚剩余私宅 1 户、食杂店 1 间。针对荷花东路道路建设红线范围内涉及的房屋及用地征收问题,县征收办工作人员经过反复协商谈判,步步推进,于 2 月 27 日签订房屋征收搬迁相关协议,拆除道路红线范围内附属物 129 平方米,完成空地征收约 300 平方米,拆除影响道路建设的所有电力杆线、旅游标识牌、路灯,确保道路正常施工。截至 2017 年底,该地块剩 1 间食杂店未签订协议,1 幢私宅未拆除。

# 住房保障

**【概况】** 2017 年,县住建局认真贯彻落实省市保障性安居工程建设相关政策,加大资金投入,狠抓建设进度,保障性住房建设有效推进。全年棚户区改造已开工 76 套,开工率为 100%,提前完成省、市下达开工任务的要求。2017 年,三明市住房公积金管理中心按照《住房公积金管理条例》等有关规定,加强对住房公积金归集、提取、贷款的监管,确保住房公积金安全运行,实现保值增值。全年共归集住房公积金 12232.05 万元,比上年同期增收 1015.59 万元,增长 9.05%。共审批 3444 名职工支取住房公积金 8223.15 万元,发放住房公积金贷款 167 户 5350.7 万元,比上年减少 2435.4 万元,下降 31.28%。全年住房公积金实现增值收益 480.22 万元,提取城市廉租住房建设补充资金 315.8 万元,提取贷款风险准备金 53.41 万元。

**【保障性住房建设】** 2017 年,县住建局认真贯彻落实省市保障性安居工程建设相关政策,加大资金投入,狠抓建设进度,保障性住房建设有效推进。三明市政府下达建宁县城市 2017 年城市棚户区改造开工 76 套,基本建成 95 套,年度计划投资 6400 万元。全年棚户区改造已开工 76 套,开工率为 100%,提前完成省、市下达开工任务的要求。根据省、市相关要求和精神,棚户区改造目标任务全部实行货币化安置,货币化安置率达 100%。

**【住房公积金管理】** 2017 年,三明市住房公积金管理中心建宁县管理部按照《住房公积金管理条例》等有关规定,加强对住房公积金归集、提取、贷款的监管,确保住房公积金安全运行,实现保值增值。住房公积金归集:2017 年,建宁县住房公积金缴存比例为单位和个人各 12%,全年新开户 29 个单位 210 人,年末全县建立住房公积金制度单位 378 个,比上年同期增加 4 个单位,期末正常缴交职工 8295 人,比年初增 258 人;期末缴交职工 10678 人(含封存),比上年同期 10348 人增加 330 人,增长 3.19%。全年共归集住房公积金 12232.05 万元,比上年同期增收 1015.59 万元,增长 9.05%。年末归集总额为76777.97万元，归集余额为36897.84万元，比年初净增4008.89万元。住房公积金提取：严格按照《住房公积金管理条例》和《三明市住房公积金提取暂行规定》，审批公积金提取范围、提取额度。2017年共审批3444名职工支取住房公积金8223.15万元。其中：购建房支取350人2236.44万元；离退休支取190人1827.41万元；解除劳动关系支取299人354.97万元，还贷支取2103人3453.08万元；其他支取（含死亡、内部转移）502人351.25万元。住房公积金贷款：管理部加大职工住房公积金贷款扶持力度，严格贷款审批，增加贷款透明度。2017年共发放住房公积金贷款167户5350.7万元，比上年减少2435.4万元，下降31.28%，年末个贷率84.61%，比年初下降6.26个百分点；当年回收贷款4015.43万元。当年贷款逾期率为0‰。历年累计贷款2502户49932.1万元，贷款余额1485户31220.79万元。住房公积金增值收益：2017年，县住房公积金实现增值收益480.22万元，提取城市廉租住房建设补充资金315.8万元，提取贷款风险准备金53.41万元。历年累计提取城市廉租住房建设补充资金1308.84万元，历年累计提取住房公积金贷款风险准备金1248.83万元。

（何茂华）

## 建筑业与房地产业

【概况】　2017年，全县建筑企业共22家，一级资质企业1家、二级资质企业3家、三级企业18家。完成产值约60亿元，其中省内产值约35亿元，同比增长7.36%。全县商品房销售2.35万平方米，销售金额0.966亿元。严格落实建筑工程质量安全生产，全县建筑工程质量安全生产形势平稳。

【建筑业】　2017年，县住建局持续加大对建筑企业的扶持力度，促进建筑业企业转型升级。全县资质建筑业企业产值完成约60亿元，同比增长-9.58%。其中省内完成产值约35亿元，同比增长约7.36%。重视安全生产，强化安全生产监管。严格按照"一岗双责"工作制度，强化安全生产工作领导，全年住建系统未发生安全事故，安全生产方面呈现平稳态势。全年共召开四次安全生产例会、召开建筑工地安全生产会议13场、下发安全生产责任书40份，宣传方面共发放安全宣传资料180份、悬挂安全宣传条幅3条。全县纳入福建省建设工程质量安全监管系统管理，在建项目共14个，上网发出责令整改通知书84份，停工通知书4份，根据动态管理办法对相关企业进行扣分53次。

【房地产业】　2017年，全县商品房销售2.35万平方米，同比增长-70.70%，销售金额0.966亿元，其中商品住宅销售面积1.88万平方米，销售163套，同比增长-64.86%。存量房交易面积5.89万平方米，同比增长18.75%，销售金额1.847亿元。其中存量住宅交易面积5.26万平方米，销售572套，同比增长32.49%，销售金额1.556亿元。全年棚户区改造已开工76套，开工率为100%。2017年，根据省、市相关要求和精神，棚户区改造目标任务全部实行货币化安置，货币化安置率达100%。完成旅游大厦、国有林场综合大楼"商改住"，房地产使商业办公库存量下降到合理比例，落实契税奖补资金139万元、奖补104户，商品住宅销售面积1.88万平方米，着力化解房地产库存。实施做优增量与盘活存量并举，完成东山御景豪庭房地产预售资格办理，加快推进文庭公馆房地产项目建设进度，全力化解房地产市场矛盾纠纷，南方国际、尚和国际二期项目顺利引进新的承建开发商，尚和国际一期楼盘法院开启拍卖程序，万家财富一期商住楼已完成验收，用电设备已安装完毕，促进房地产市场健康有序发展。

## 城市管理

【概况】　2017年，建宁县城市管理委员会办公室（简称县城管办）深入学习贯彻党的十九大精神，紧紧围绕打造"清新花香·福源建宁"的城市品牌，按照县委、县政府的工作部署，以社会管理创新为要求，以"解难题、促落实"攻坚行动为抓手，以创建省级文明城市为契机，全力打好城市建设管理攻坚战，解决城市管理工作中的一些热点难点问题，

2017 年 5 月 18 日,县委书记郑剑波、县长陈显卿现场调研城市建设 (黄平柳 摄)

城市管理工作实现新突破、新发展、取得新成效。

**【城管工作宣传】** 2017 年,县城管办围绕打响"清新花香·福源建宁"工作品牌,持续深入开展市民城市意识宣传教育活动,多渠道普及城市管理法规。重点围绕三明市《三明市城市市容和环境卫生管理条例》的实施做好学习宣传解读工作,深入推进城管宣传进机关、进社区、进学校、进企业、进商铺活动,增进与不同人群之间的互动。积极"走出去",借助建宁县政府门户网站、建宁在线、随手拍有奖工作微信群等网络平台,开设市民话城管等互动栏目,实时与群众交流探讨城市管理工作、倾听社情民意,提高市民对城管工作及城管法规的认知度。全年共印发《条例》宣传手册、宣传图册 2000 余份,发放宣传单 10000 多份,悬挂横幅 76 幅,制作宣传专栏 16 个。

**【城市保障功能提升】** 2017 年,县城管办实施交通通畅工程,加快城区路网建设。完成凤祥路、黄舟坊廉租房周边道路以及闽江源路连接金铙山景区道路,打通福城农贸市场与中山北路的环路,贯通黄舟坊与闽江源路,通往金铙山景区道路与城区主干道完成升级对接。对建莲南路、水南街、河南东路实施白改黑,拓宽路面。推进城区公共停车场项目建设。新建下坊电机厂内、基督教堂旁停车场、水南化工厂、物流园、等公共停车场停车场并投入运行。完善交通安全设施,合理设置公交站点。2017 年对城区公交线路、站点进行重新规划设置,公交线路增设至 7 条,增加 10 多个公交站点,拆除原不合理的站点,总投资 1000 多万元新购置 24 部新能源公交投入运营。实施城区洁净工程,推进公厕改造提升。按照习总书记重要指示"厕所革命"的要求,对城区 13 座公厕进行改造提升,补齐影响群众生活品质的短板,对公厕实行"星级管理",一人一厕全天候保洁,提高公厕服务质量。对城区垃圾中转站收集点进行新建改造,投资 280 多万元新建城区压缩式中转一座,现已完成建设并投入使用。推进环卫项目实施,督促建宁汇能环保科技有限公司投资 400 万元,完成斗埕生活完成垃圾填埋场三期征地扩建,铺设防渗膜,安装渗沥液处理设施。启动餐厨垃圾回收处置建设项目,项目由尤溪紫阳物业有限公司中标,采取 BOT 模式总投资约 500 万元。实施城区夜景景观提升工程。对一河两岸步道 400 余个七彩渐变地灯全部更换成暖光源,对东山公园南大门等重要节点夜景进行再次提升。新建路灯全部采用莲花造型 LED 新能源灯。全年新建、改建凤祥路、建莲北路、水南街、河南东路、东山东路路灯等路段路灯 120 多杆,消除"盲点"。对溪口红军街、衙前巷、闽江源路、一河两岸公园步道等一些照明薄弱点进行加亮,共计增加投光灯 186 盏、高杆灯 6 盏、路灯 7 盏、庭院灯 26 盏、大功率光源 36 处。实施市政维护高效工程。委托市规划设计院对城区雨污管网进行设计,计划新建污水管道 35.47 公里,雨水管道 37.08 公里,并对已使用年限较长污水管道进行整治,主城区 2.5 公里、黄舟坊片区 2.7 公里雨污管已经开工。启动江滨休闲慢道建设,总投资 4500 万元,新建一条从溪口桥至水南桥沿河两岸 5 公里的亲水慢道,工程正在施工当中。

**【城市管理专项整治】** 2017 年,县城监大队成立专项整治领导小组，开展农贸市场整治。取缔王家排、爱心宾馆后占道经营的摊点。完善标识、标牌等指引，确保市场内道路顺畅，车辆规范停放，畅通地下水沟，解决市场内污水横流。开展溪口红军街、O2O示范街、建莲南北路的专项整治活动。共整治出店外经营120余处、占道经营30余处、规范摩托车停放500余辆次、清理乱堆乱放挂杂物60余处。开展水南临时市场整治。对水南桥头长期摆摊买菜、占道经营，造成交通拥堵，影响市容市貌的现象进行整治。采取疏堵结合，在河南西路原老化工厂旧址搭建一座临时农贸市场，各摊点在2017年11月底前全部进入市场内经营。开展渣土运输整治。全年共开展联合执法10次，查处打击违法渣土沙石运输车辆8起，处罚金3800元。开展城区夜市烧烤摊点整治。印发《关于开展城区大排档、露天烧烤专项整治的通告》和《致城区烧烤及餐饮摊点经营业主的一封信》，利用县政府网站、县电视台、城管微信公众号等平台及时报道整治夜市摊点的进展情况，树立典型，曝光不文明行为，积极营造良好的社会舆论氛围。同时加快江滨西路美食一条街工程进度，建成建宁集中消费的夜宵广场，引导烧烤业主入驻经营，形成烧烤一条街。

**【城市绿化品质提升】** 2017年，县城管办加强三个进出城路口处环境改造。投入大量资金分别对溪口黄舟十字路口、黄舟坊东路高速红绿灯连接线、水南红绿灯等三处进出城路口的环境进行改造，对原有的垃圾、杂草、乱石堆进行清理、硬化、绿化、花化、美化处理，安装防护栏、修建花圃，种植各类乔灌木和花草，现已成为一道道亮眼景观。提升城区绿化管护水平。每月坚持组织检查，严格按照养护标准进行日常管理，每年定期选送作品参与省市菊花等园艺展，以全面提高城区绿化养护管理水平。

**【城市管理改革创新】** 2017年，由县城管委牵头建立推进城市管理工作联席会议制度，定期研究部署推进城市管理工作，统筹协调解决制约城市管理工作的重大问题，以及相关部门职责衔接问题，督促各有关单位落实城市管理工作责任。推进城管执法体制改革。结合建宁实际，制订具体详细、操作性强的城管执法体制改革方案，实现事权和支出相适应、权力和责任相统一。先后组织多名城监执法队员参加省市执法改革执法、业务培训，按照统一着装的要求县城监队员已全部完成换装任务。创新数字化城市服务平台。进一步拓展数字化城管平台功能，着力提升整合资源在纳入"街长制""河长制"实现城乡网格服务管理平台"多网合一"的基础上，建成面向公众开放的"智慧化城管综合服务平台。2017年开通"建宁微城管"微信公众号，市民群众关注微信公众号后，就可以使用"随手拍"和"金点子"功能，可以实时拍照上传举报照片、查询案卷处理进度。6月12日开通以来，共收到市民群众"随手拍"上传的有价值案件（部件）182件、"金点子"47条，其中属于两大类6小类举报奖励范围的随手拍案件（部件）80件，已全部整改到位，结案率100%。

**【"两违"治理和创城工作】** 2017年，建宁县扎实推进"两违"（违法占地、违法建筑）治理，持续保持高压态势，打击新增"两违"。全年共发生17起新增"两违"，均已依法强制拆除。加快历史"两违"处置。借助民生项目建设，大面积拆除自来水公司后侧历史"两违"，推进第二实验幼儿园及地下公共停车场施工建设。以城市路网建设为契机，拆除荷花北路、东路两侧历史"两违"。规范市场经营，拆除黄舟坊菜市场周边历史"两违"，所有摊贩入店经营。2017年城区共拆除历史违建32处，面积1700平方米，清理违法占地（菜地）2400平方米。积极参与省级文明县城创建。规范统一城区广告发布，开展"僵尸车"专项清理。共清理"僵尸车"125辆，摩托车84辆，小型汽车10辆，大型汽车2辆，农用车2辆。清除卫生死角，进行绿化、花化、硬化，做到"黄土不见天"对沿河、沿路、小区内卫生死角、非法占地种菜、违单搭盖进行统一拆除，共计拆除违鸡舍等搭盖270多平米、清理非法占地种菜1400多平米，对拆除后的空地及时进行绿化、花化、硬化。强化创城督查。成立创城联合督查组对创城工作进行监督考评，由县城管委主任、副主任带队深入到创城一线，督促六个委口、2个乡（镇）对照创城工作抓好落实，对各单位完成工作任务进行考评，考评结果与年终总评、文明单位创建相结合，对没完成工作任务、工作不力的单位，年终不得评先评优，并追究责任。

# 村镇建设

【概况】 2017年，县住建局围绕新型城镇化和宜居环境建设，认真贯彻落实省政府宜居环境建设行动计划，实施新一轮"千村整治、百村示范"工程，持续推进农村危旧房改造工程，实施乡（镇）污水垃圾攻坚战役，助推精准扶贫工作，推动城乡文明共同发展。主要开展污水垃圾治理、危房改造、乡村规划建设工作、美丽乡村建设工作等四项工作。

【危房改造建设】 2017年，县住建局及时召开各乡（镇）分管领导及村建站长会议，就农村人居环境信息系统及危房改造信息系统填报工作进行安排，各乡（镇）成立调查小组，指定专人负责信息的填报。2017年，围绕精准扶贫攻坚战，全面推进农村危旧房改造，顺利完成省、市危旧房任务，123户危旧房开工建设，101户危旧房实现竣工。

【乡村规划建设】 建宁县辖4镇5乡，92个行政村，至2012年9个乡（镇），92个行政村全部完成总体规划及村庄规划的编制工作，实现了乡村规划全覆盖。在日常建设管理中，各项建设项目均能按照相关规划进行审批。2017年共办理选址意见书15件，占地面积159455平方米。用地规划许可证5件，用地面积30492平方米，建筑工程规划许可证3件，建筑面积3394平方米。竣工核实意见书11件。

【美丽乡村建设】 2017年，建宁县安排实施美丽乡村建设项目14个，即濉溪镇河东村、器村村；溪口镇杨林村；里心镇花排村；黄埠乡竹薮村、陈余村；客坊乡严田村、里源村；溪源乡桐荣村、都团村；均口镇岭腰村、台田村；伊家乡伊家村、东风村，其中均口镇岭腰村为示范村，打造河东—圳头—高峰清新花香赏花带、闽江正源两条景观带。14个美丽乡村建设完成投资1亿元，占年计划投资的100%。

【农村环境卫生治理】 2017年，建宁县开展农村生活污水垃圾治理三年行动计划，完成2017年里心、均口镇污水处理厂及配套管网建设，基本完成黄坊乡污水处理厂厂区建设、污水管网铺设2000余米，管网对接已着手工作。推进奖扶政策落地，全面完成农村标准三格化粪池新建或改造3846个。完成均口、黄坊垃圾转运系统建设。建立健全农村垃圾常态化保洁机制，提高垃圾收集转运处理能力，基本实现"村收集、乡（镇）转运、县处理"模式。积极推广农村垃圾分类收集，完成濉溪镇高峰村垃圾分类试点工作。

2017年美丽乡村——溪源乡都团村 （县住建局提供）

# 旅　游

□编辑　艾玲朝

## 旅游项目建设

**【概况】**　2017 年，建宁县旅游项目建设按照县委"五比五晒"工作要求，扎实有序推进全县 35 个旅游文化项目，全年完成投资 6.3675 亿元，占年度计划投资 103.6%，超额完成投资任务。

**【旅游基础设施综合开发项目】**　2017 年，建宁县旅游基础设施综合开发 PPP 项目包括闽江源生态景区旅游步道及配套设施项目、铺前至坪岗上公路安保工程及报国寺至景区道路连接线改造工程、闽江源山地休闲运动基地生态停车场项目和闽江源头拜水溯源旅游基础设施建设项目 4 个子项目。闽江源生态旅游区提升改造工程项目，推进公路安保工程及闽江源山地休闲运动基地、生态停车场建设。闽江源头拜水溯源旅游基础设施建设项目已开展游客服务中心、生态停车场建设及景区道路改造。

**【建宁全域赏花地综合开发项目】**　2017 年，建宁全域赏花地综合开发项目完成情况：枫源百花乡村主题公园已完善观光路网，环景区主干道正在种植景观树种。里心花果山景区正在积极推进公路主体建设和桥面拓宽，已完善百亩花田周边旅游服务设施和筹划十里梅花景观带。修竹荷苑已完成围栏、门楼、旅游公厕、智慧闸机等基础设施建设。西门红军莲塘道路主体建设已完成并投入使用，红一方面军无线电台旧址、无线电总队部旧址正在开展内装，周恩来等老一辈革命家九人合影雕塑已初步确定投标公司，游客服务中心已完成招投标。

**【旅游厕所建设】**　2017 年，建宁县积极贯彻落实习近平总书记关于厕所革命的重要指示精神，新建高峰漂流旅游公厕、水尾村旅游公厕、上坪村乡村旅游公厕以及花果山旅游公厕，较大程度改善这些旅游景点的如厕环境，深受游客好评。

## 品牌创建

**【概况】**　2017 年，建宁县旅游品牌创建工作围绕县委、县政府"再上新台阶，建设新建宁"的发展战略，以创建"国家全域旅游示范区"为目标，以打造"四季赏花"旅游经济为抓手，深入贯彻落实建宁旅游经济发展 4 个"要"：即要打造精品景区景点、要开发精品路线和产品、要精心策划精品旅游活动、要推动旅游软硬件提升的工作要求，创国家级和省、市级旅游品牌，同时巩固提升已经创建的品牌。

**【国家级旅游品牌创建】**　2017 年，建宁县再次入选 2017 中国"百佳深呼吸小城"榜（第四届）、2017 中国候鸟旅居小城榜，以"建宁贡莲小镇"入选福建省第二批特色小镇，金铙山以"八闽屋脊"名号入选"2017 中国避暑名山百佳榜"。

【省、市级旅游品牌创建】
2017年，建宁县均口镇均口村、里心镇花排村获评省级乡村旅游特色村，濉溪镇高峰村鑫源农家乐、林家福园农家乐、长贵农家乐和均口镇修竹村大树下农家乐获评市级"绿野乡居"民宿。

## 市场营销

【概况】　2017年，建宁县旅游营销工作围绕四季赏花经济，按照"月月有活动、季季有高潮"的工作要求，发挥乡（镇）特色举办丰富多彩的旅游活动，着力构建"一乡一特色、一镇一品牌"的旅游营销新格局，全力推动旅游营销全域化，唱响"清新花乡•福源建宁"主题形象。全年共接待游客120.2万人次，同比增长17.15%；实现旅游总收入10.8亿元，同比增长18.73%。

【旅游营销主题活动】　2017年，建宁县旅游营销主题活动围绕"春看梨花夏观荷，秋览红叶冬品梅，五月云端杜鹃红，九月黄玉金针香"的四季赏花格局，着力开展全年旅游节庆营销工作，重点举办第二届"悠然三明四季行"建宁花海跑、"映山红遍金铙山"赏杜鹃花活动、2017"为荷而来"第二届中国建莲文化旅游嘉年华等节庆活动。联合乡（镇）举办上坪宴神节、"红土地•好客坊之春耕拂晓红客来"、客坊"半年节"、里心采摘季、黄埠"福源建宁•民俗荟萃"活动、为"荷"而来•"食"尚伊家、里心稻草节、

"蟹蟹你来"丰收季暨"爱的告白"风车展篝火晚会等主题活动，大力促进"旅游+农业"深度融合。

【宣传力度加大】　2017年，建宁县旅游局积极参加各级旅游部门组织的旅游推介活动，借助上级平台，扎实开展对外宣传。先后组织旅游企业参加了北京旅游推介会、"清新福建•快乐大武夷"（西安、武汉）旅游推介会、厦门海峡旅游博览会、"清新福建"重点客源城市（南昌、深圳）系列营销活动和在香港地区举办的旅游推介等旅游推介会。积极开展多方合作，在福州、厦门、武汉等目标客源市场开展网络、LED、灯箱、公交车、户外广告等旅游宣传。借助三明深呼吸旅游联盟开展区域宣传资源互换，加大建宁县在目标市场的旅游推广力度，有效提升建宁旅游知名度和美誉度。

【优质项目推介】　2017年，县长陈显卿带队前往北京举办"福源建宁•乐享森林"嘉年华暨2017建宁特色旅游及招商项目推介会，建宁与中国绿化基金会共同成立"中国绿化基金会福源建宁生态发展专项基金"，并与中国绿色时报社、中国林业产业联合会及其下属的木本油料分会、森林休闲体验分会结为战略合作伙伴关系，现场签约"建宁县旅游综合开发""明一生态高新科技产业园""莲花小镇""医养结合及旅游地产开发"等多个优质旅游项目，有效开展招商。

【政策激励】　2017年，建宁县出台《2017年建宁县旅行社客源组织奖励暂行办法》《花海跑活动期间旅行社组织赏花游客奖励的通知》《建宁县旅游工作领导小组关于奖励旅行社组织生态休闲采摘旅游实施办法》《建宁县旅游工作领导小组关于建宁旅行社客源组织奖励暂行办法》等奖励政策，充分调动旅游企业市场开发积极性，激发市场主体活力。

## 行业管理

【概况】　2017年，建宁县旅游局认真履行行业管理职权职责，加强指导、优化服务，着重抓好安全监管、教育培训、文明旅游宣传等方面的工作，竭尽所能为广大游客创造、营造一个舒适、安全、便捷、有序、文明的旅游环境。全年共检查旅游企业50家次，出动检查人员72人次；建设创城文明宣传牌14块，发放文明旅游宣传牌8块、广告宣传品3000余份。

【旅游安全】　2017年，建宁县旅游局围绕全年安全责任目标，认真开展旅游市场综合治理工作，狠抓旅游安全，深入推进行业安全生产标准化建设工作，顺利实现旅游安全生产无事故的目标。年初与全县涉旅企事业单位签订《建宁县2017年度旅游企业安全生产（消防、综治）目标责任书》，并按季度召开旅游安全生产形势分析会，全面加强企业监管。深入开展隐患排查，全年开展旅

游市场检查 11 次，联合市旅游发展委员会、市安监局开展专项检查 2 次，联合质监、交通、安监、卫生等部门开展专项检查 2 次，检查旅游企业 50 家次，出动检查人员 72 人次，向涉旅企业发出书面整改和建议 83 条。组织旅游企业开办安全培训 2 次，开展安全、应急演练 2 次，有效提高县旅游从业人员的旅游安全意识与应急救援能力。

**【旅游市场管理】** 2017 年，建宁县旅游局积极对接并指导花排村、均口村、高圳村、大源村省级乡村旅游特色村申报和水尾村红色旅游项目申报。规范企业业务经营，组织旅行社参加全国旅游监管平台、福建省旅游监管平台培训，规范旅行社团管理、租车服务，提升旅行社、星级饭店、A 级景区员工着装、礼仪礼貌、服务意识，提升涉旅企业服务质量。扎实开展文明旅游工作，组织旅游企业大力开展文明旅游宣传、文明交通劝导、道路安全教育，建设创城文明宣传牌 14 块，发放文明旅游宣传牌 8 块、广告宣传品 3000 余份，并充分利用网站、短信、微信公众平台、微博等新媒体及星级饭店、A 级旅游景区等游客聚集场所开展宣传，将文明旅游宣传覆盖到每位游客，提升行业文明旅游素质。

## 旅游扶贫

**【概况】** 2017 年，建宁县旅游局贯彻落实国家文化和旅游部、福建省旅游发展委员会关于开展旅游扶贫工作的方针政策，出台具有可操作性的扶持政策，助推乡村旅游发展，全力做好旅游扶贫工作，积极支持贫困村和农村贫困户加快脱贫致富步伐。

**【旅游产业扶贫】** 2017 年，建宁县旅游局围绕全县 9 个全国旅游扶贫重点村深入开展旅游产业扶贫，全年已落实建宁县里心镇花排村、均口镇均口村省级乡村旅游特色村补助资金各 20 万，水尾红色旅游项目补助资金 30 万。

**【旅游就业扶贫】** 2017 年，建宁县旅游局大力鼓励旅游企业吸纳贫困户就业。香溪花谷旅游开发有限公司、托斯卡纳葡萄庄园有限公司、绿野乡居民宿等企业在旅游高峰期雇佣贫困户零工达 500 人次，发放工资 5 万余元，水尾红色教育基地改建乡村民宿 2 户，共吸纳贫困户入股或务工 4 户。通过提供旅游服务、参与遗址点管护、负责卫生保洁等工作岗位共解决了 7 户 12 人"家门口就业"问题。

**【百企帮百村】** 2017 年，建宁县旅游局推进全市"百企帮百村"旅游扶贫，落实县内建宁大饭店、闽江源景区、纪念园、山水国际旅行社、闽江源国际旅行社、绿田等 6 家企业对 9 个旅游扶贫村开展帮扶。

高峰坪上荷塘晨曦 （刘 玲 摄）

# 农业·农村

□编辑　黄日辉

## 综　述

【概况】　2017年，建宁县贯彻落实中央、省、市农村工作会议和中央1号文件精神，积极适应经济发展新常态，以推进农业供给侧结构性改革为主线，牢固树立"创新、协调、绿色、开放、共享"发展理念，聚焦持续增加农民收入这个核心，以市场需求为导向，做大做强本县特色产业，特色产品产业链不断完善。全年，全县完成农林牧渔业总产值33.57亿元，同比增长5.19%，农村居民人均可支配收入14094元，同比增长9.7%。农业"五新"推广，测土配方施肥，农业实用技术培训水平不断提高。农田基础设施建设不断完善，土地确权登记、土地流转、农村新型经营主体培育等工作扎实推进。2017年，共有2781人脱贫，落实造福工程扶贫搬迁人数267户1201人。枫源村、上坪村、水尾村和滩角村4个村被确定为"市级美丽乡村示范村"。

【农产品品牌建设】　2017年，建宁县建莲产业协会申报的"建宁通心白莲""建宁黄花梨""溪源明笋"获得农业部"农产品地理标志登记"。建宁通心白莲、黄花梨、翠冠梨成为2017年厦门金砖会晤期间专供食品，绿源果业有限公司的绿色食品水果基地和文鑫莲业股份有限公司的绿色食品建莲基地被认定为厦门金砖会晤农产品专供单位。当年，成功申报省级现代种子产业园、省级现代果子产业园，明一生态奶牛项目、种业科技中心项目有序推进，"五个一批"项目累计完成投资89152万元，争取上级补助资金2.1亿元。在全市开展的千亿现代农业产业竞赛活动中获评第一名。建宁县在福建农民创业园（示范基地）建设绩效考评综合排名全市第一、全省第六名。

## 种植业

【概况】　2017年，建宁县做强特色农业，调整优化种植结构，推进农业产业发展。全县稳定粮食播种面积1.75万公顷，实现粮食总产10.99万吨，同比增长4.1%；种植莲子0.33万公顷，实现莲子总产4149吨，同比增长2.9%；稳定水果面积0.87万公顷，总产13万吨，同比增长5%；落实杂交水稻制种面积0.94万公顷，总产3.12万吨，同比增长4.6%；完成生产食用菌4128万袋，总产量9920吨，同比增长7.93%。

【粮食生产强农惠农政策的落实】　2017年，全县农业"三项"补贴面积14231公顷，补贴标准为80元/亩，发放粮食综合补贴资金1707.7万元。种粮大户补贴面积187.47公顷(粮食种植面积需30亩以上)，补贴标准为60元/亩，发放种粮大户补贴资金16.87万元。

【粮食产能区项目建设】　2017年，省财政厅、农业厅下达建宁县粮食产能区建设资金375万元。其中，180万元项目资金用于建设3个工厂化育秧示范点（经营主体为：建宁县茂源种子专业合作社、建宁县桂才种子专业合作社、福建华科农业发展有限责任公司）；195万项目资金用于创建粮食产能区优质稻丰产示范片和杂交水稻制种高产示范片"五新"技术推广，优质稻示范片面积0.23万公顷，杂交水稻制种示范片面积0.24万公顷，完成省厅下达的0.46万公顷粮食产能区示范片创建工作任务。年内，工厂化育秧示范点建设顺利通过专家组验收，并投入使用；粮食产能水稻高产示范片"五新"技术推广成效显著，较好地完成省厅下达的粮食产能区建设各项工作任务。

【水稻种植（含制种）保险】 2017年，建宁县水稻（制种）种植保险承保面积0.71万公顷，承保农户1.48万户，承保金额1065万元。经过灾后查勘定损，水稻（制种）种植受灾损失面积733.33公顷，涉及受灾农户3785户，理赔金额达793多万元。水稻（制种）种植保险的落实，大大减轻农民因灾害造成的损失，增强种粮及制种农户的生产自救能力，为建宁县水稻（制种）产业的健康发展起到保驾护航作用。

【水稻良种示范】 2017年，建宁县农业局（简称县农业局）引进中稻、烟后稻（种后稻）优质高产新品种13个，分别在濉溪斗埠村、溪口半元村、伊家笔架村、溪源都团村进行示范种植。经过生长情况观察，产地实测产量以及米质签评，筛选出适合本县气候条件及栽培特点的中稻新品种

2个（荃优212和野香优679）以及烟后稻新品种1个（夷优266-"K326"烟后稻），并作为主栽品种，在全县推广。

【食用菌智能栽培】 2017年，全县生产食用菌4128万袋；总产量9920吨，产值9387万元。其中珍稀食用菌规模2173万袋、产量4392吨，产值4534万元。生产品种分别有香菇、茶树菇、金针菇、银耳、黑木耳、平菇、杏鲍菇等11个品种。全县钢架设施大棚栽培食用菌面积达13公顷，利用袋用料技术培育栽培各类食用菌达920万袋。

## 建莲产业

【概况】 2017年，全县种植建莲面积0.33万公顷，主要分布在黄埠、客坊、均口、濉溪、伊家等乡镇，实现总产4149吨，同比增长2.9%。实施标准化生产1232公顷、建立新品种种藕繁殖基地113.59公顷、优质品牌创建核心区域348.02公顷。全县推广种植良种建选17号、建选35号、建选31号。主栽仍为建选17号，示范新品种建选31号66.67公顷。"建选35号莲子新品种选育与应用"项目获2016年度三明市科技进步一等奖（明政文〔2017〕36号），"建宁通心白莲"获得农业部"农产品地理标志登记"。先后建立了一批莲—烟、莲—绿肥、莲—菜等水旱轮作模式和莲—鱼、莲—鳅、莲—蟹等生态立体种养示范基地。成功举办第

二届建莲产业发展研讨会，举办建宁3A景区——修竹荷苑开园活动和"为荷而来·殷果香莲"桃梨莲区域品牌评选活动。

【建莲品种选育】 2017年，县农业局共保存子莲、花莲、睡莲、藕莲等各类种质资源130份；新培育单株20个，上年保留单株20个；对建选17号和建选35号进行提纯复壮；示范新品系2个。同时，与福建农林大学、福建中医药大学协作研究莲种质资源。

【建莲重点项目】 2017年，县农业局实施建莲重点项目两个：（1）作为三明市双创办"一县一特"重点示范基地"建宁县莲子产业双创示范基地"项目，福建闽江源莲业发展有限公司承建。实施期限：2015—2017年。围绕建莲产业规划重点建设建莲种业建设工程、优质高产系统工程、加工提升工程、休闲观光体验工程和市场流通创新工程。项目获得资助资金1000万元。（2）建宁县"互联网+"建莲产业区域化链条化试点县项目，建宁县商务局承建。实施期限：2016—2018年。依托建莲特色优势产业，吸引互联网龙头企业和社会资本共同打造"互联网+"建莲行业性平台，并拓展全国市场。项目获得资助资金1000万元。

【建莲产业融合】 2017年，县农业局继续打造以赏荷为主题的国家级"3A"旅游景点——中国建莲文化主题公园（修竹荷苑）、西门莲塘休闲公园、坪上花海梯

田等一批建莲生态旅游观光基地。创立"建莲馆""鲜莲生活馆""莲双创中心""产品展示馆"等一批休闲体验实体店。建宁县莲文化研究会编撰出《建莲古事》专著出版发行。发展与消费者需求相适应的"互联网+建莲"新型业态和营销方式。举办"为荷而来"中国建莲文化旅游嘉年华系列活动,推进农旅、文旅、商旅有机融合。特别是随着全国农村产业融合发展试点示范县建设展开以及市级莲子产业园、建宁贡莲小镇等一批重大项目落地,建莲产业融合发展示范引领作用进一步凸显。

**【第二届建莲产业发展研讨会召开】** 2017年7月2日,第二届建莲产业发展研讨会暨3A景区——修竹荷苑开园仪式在建宁县举办。省内外专家学者以及莲子产区代表、涉莲企业代表参加研讨会。研讨会上,湖北省武汉市蔬菜科学研究所高级农艺师朱红莲教授作了题为《我国子莲产业发展现状与前景》的报告,华中农业大学教授、博士生导师、中国花协荷花分会会长陈龙清作了题为《我国荷花品种选育及其潜力分析》的报告,华中农业大学食品科学技术学院副教授严守雷博士作了题为《莲子加工产业现状及湖北莲藕等水生蔬菜保鲜加工研究与产业化》的报告,湖南省农科院植保所研究员魏林作了题为《莲子主要病虫害及其防治技术》的报告,福建省农科院副教授、福建省中药材产业协会副秘书长林忠宁作了题为《福九

味之建莲子产业发展的一些思路》的报告,三明学院副教授、三明休闲旅游发展研究中心主任曾祥添作了题为《推进农业供给侧结构性改革,促进建宁休闲农业旅游发展》的报告。

**【修竹荷苑】** 修竹荷苑位于均口镇修竹村,距县城20公里,是福建省单体面积最大、视觉效果最佳的赏荷目的地,也是全方位展示和体验莲科技文化的主题公园。修竹荷苑主要分为五大区域,截至2017年底,已建成莲科技文化展示区、诗意莲田游赏区和修竹人家体验区三大区。建设项目主要包括一馆(中国建莲科技文化馆)、一园(莲品种种植园)、一海(莲田花海)和三道(花海漫道、九曲栈道、泛舟水道)。莲文化展示区,主要建设"中国建莲科技文化馆",馆名由中国当代著名文史大家、红学泰斗冯其庸题写。展馆一层设有序厅、莲科普展厅、莲文化展厅和中庭,主要展示莲的科普知识与莲文化内容,展现天下莲的共性;二层为建莲成果展厅,主要展示建莲产业化成果、建莲相关书画和摄影作品,呈现建莲的特性。诗意莲田游赏区,主要由莲品种观赏园和莲田花海构成。品种观赏园现已种植各地莲品种121个,更好地促进各地莲产业交流交往。莲田花海约66.67公顷,其间建设了亭、台、楼、廊和步道等相关配套设施,是游客赏荷、亲荷的主要区域。修竹人家体验区,是游客拾乡趣、忆乡愁的休憩小站,已开发出宿农家、吃莲饮、游荷苑、

赏荷花、采莲露、摘莲蓬、闻莲香、挖莲藕、听莲韵、品荷蟹等十大品牌项目。

## 种子产业

**【概况】** 2017年,建宁县落实制种面积0.93万公顷,生产优质商品种子3110万公斤;杂交水稻种子生产占全国面积10%、全省面积80%以上,是全国面积最大、产量最多的县。建宁县成功申报省级现代种子产业园,建宁县种子管理站荣获"全国农业先进集体"荣誉称号。

**【制种基地标准化建设】** 2017年,县农业局农田基础设施建设进一步完善,通过整合粮食产能、标准农田建设、农业综合开发等项目,统筹规划制种区的土地平整、地力培肥、农田水利、田间道路等工程建设,做到种子生产基地"路相连、沟相通、旱能灌、涝能排",稳步提高基地防灾抗灾减灾能力,实现高产稳产。投资0.7亿元,在溪口、里心、濉溪和黄坊等乡(镇)建设高标准制种基地0.27万公顷。制种标准化技术有效推广。制定实施《建宁县国家种子标准化示范县基地建设方案》,配套组装软盘育秧、抛秧栽培、配方施肥、授粉后割除父本、机耕、机插、机防、机收等繁育制种丰产和标准化栽培技术得到有效推广,大幅提高制种产量与质量。建立杂交水稻制种标准化核心基地0.2万余公顷,示范片面积0.2万公顷,示范区亩

平均增产种子23公斤。品牌建设成效明显。"建宁水稻种子"是全国水稻类种子唯一一个地理标志证明商标，全县种子企业及合作社统一使用"建宁水稻种子"标识。同时引导种子企业创建自主品牌，实施"企业品牌＋区域品牌"的品牌一体化发展战略，提高企业品牌和区域品牌信任度、知名度、美誉度。

【种子产业化水平提升】 2017年，县农业局种子产业园建设有序推进，产业园规划面积20公顷，其中塔下核心区面积15.33公顷，该项目2015年6月动工建设，截至2017年12月底，园区土地平整、园区道路、护岸护坡、水、电、污水管网等基础建设完成投资4500万元。建宁县种业科技中心大楼竣工并验收交付使用。产业园招商工作取得实效，已有禾丰种业、天力、六三种业等企业入驻建宁产业园；六三种业助家井仓储加工中心已建成；2017年3月20日，禾丰种业、天力种业入驻产业园项目已开工建设，仓储设施建设项目正有序推进。育种科研有新进展。继续完善禾丰种业、谢华安种业院士专家工作站的建设，抓好水稻品种区域试验工作，全年完成区试48个、品比试验26个，建立水稻（制种）新品种展示基地、禾丰种业园原种繁育基地、农嘉种业科研试验基地等30公顷，建立半源村和斗埕村两个百亩水稻新品种展示示范点，展示品种达125个，效果非常好。龙头企业培育取得突破。禾丰种业被列入福建省省级农业产业化龙头企业和省级育繁推一体化重点发展企业。

【制种全程机械化水平提升】 2017年，县农业局种子产业机械装备升级，先后组建闽赣省际农机植保综合服务中心和里心镇精准农机专业合作社等一批集农机展示、销售、培训、维修、作业及农资配送服务为一体的社会化服务组织，逐步实现机耕、机插、机防、机收、机烘等环节的制种全程机械化。全县综合农机化率达75.1%，统防统治能力提高。全县已组建病虫害专业化防治组织7个，配备农用航空器37台，通过引进智能植保无人机，进一步提升制种机械化防治水平，实现统防统治面积1万公顷次。烘烤种子技术取得突破。继续实施1152座烤烟房改造，推动全县烤烟房改造成为种子烘干房。通过抓好烤烟房烘烤种子技术的升级和推广，有效地解决种子晾晒占道问题，节省晾晒成本，提高种子质量。

【种业管理体系信息化建设】 2017年，县农业局全力推进种子质量检测中心、种子信息中心、种业科技文化展示中心等项目建设，相关项目年底竣工并投入使用。信息化基础设施得到进一步完善，种业发展拥有一个全新的信息化管理和服务平台，政府、种子管理部门、种子企业、合作社、经纪人、农户之间资源共享，信息互通，实现制种基地全程信息化。69家种业公司依法取得种子生产许可证，48家种业公司办理生产经营许可网上备案。

【制种农民职业化培育】 2017年，县农业局培育壮大新型农业经营主体，扶持制种农户组建种子生产专业合作社，全县已组建种子专业合作社40家，涌现出一批示范效果好、辐射带动能力强的新型经营主体，其中文军种子专业合作社理事长丁绍文同志入选福建省第二批优秀人才"百人计划"人选，并当选为全国农业劳动模范。创新培训方式。采取异地研修、集中办班、现场实训和分户指导等方式，举办种子生产实用技术培训和科技下乡、种子生产经纪执业资格培训，逐步建立稳定的村级保险员和职业化制种农民队伍。全县培育制种经纪人153人，配备93名村级制种保险员，培育各类新型职业农民1200名，认定制种、农机等新型职业农民440名。

（杜宏宝）

## 水果产业

【概况】 2017年，建宁县各类果树种植面积稳定在0.87万公顷，实现水果总产量129283吨，比上年的123139吨增5%，其中梨108947吨，黄桃、猕猴桃等21580吨；实现水果总产值2.68亿元，比上年的2.24亿元增19.3%。

【标准果园建设】 2017年，县农业局为改善果园生态环境，结合建宁实际，按照山、水、园、林、路综合治理要求，制定标准果园建设实施方案，实施两个标准果园建设项目：（1）按照福建省聚晟源现代农业有限公司标准果园建设实施方案要求，完成果园棚架设施 6.67 公顷，果园水肥一体化设施 3.33 公顷，铺设地布 6.67 公顷，推广有机肥 50 吨，项目按合同施工，年底验收。（2）按照建宁县上庄家庭农场、建宁县永鑫家庭农场标准果园申报实施方案要求，进一步完善道路、水利基础设施建设，新建园区水泥道路 0.426km，园区水泥耕作道路 0.636km，推广商品有机肥 100 吨，减少化肥施用量；推广黏虫色板、防虫网、杀虫灯等生物防治病虫害，减少农药的使用；本项目已按合同完成并通过验收。当年，全县建设标准果园面积 0.15 万公顷，完成果园道路整修 23 公里，石砌防洪排水沟 18 公里，新建集水池 2000 M3，并在建宁县绿源果业有限公司、建宁县绿嘉源生态果蔬专业合作社、建宁县联丰果业专业合作社等建立示范片 200 公顷。

**【园艺（早熟梨）产业项目建设】**

2017 年，园艺（早熟梨）产业项目是全国基层农技推广体系补助项目。按照项目实施的统一部署，结合建宁水土、气候实际和农业特色，组织园艺（早熟梨）产业项目实施；在全县 9 个乡（镇），确定 15 名技术指导员，建立 3 个农业科技示范基地，培育 150 个科技示范户；通过培训和示范，推广翠冠、翠玉 2 个主导品种和 10 项主推技术，示范户先进实用技术入户率和到位率达到 95% 以上，示范户农产品产量和收入比上年提高 10% 以上；探索农技推广服务机制，推进果树科技成果转化进程，为全县早熟梨产业持续发展提供技术支持和保障。

**【猕猴桃基地建设】** 2017 年，县农业局为建设闽赣省际生态产业集聚区，做大做优做强猕猴桃产业，促进农业增效、农民增收。中共建宁县委办公室印发《建宁县猕猴桃基地建设工作方案》（建委办〔2016〕71 号），用 3 年时间（2016—2018）建立 1 万亩高标准猕猴桃基地。全年采取改造、改植、新植等相结合的方式建立猕猴桃基地 153.33 公顷，在福建省聚晟源现代农业有限公司、建宁县濉溪镇鑫渔家庭农场等建立示范基地 20 公顷。

**【果品营销】** 2017 年，建宁县为做好果品营销工作，首先加强组织领导，落实责任。县、乡成立果品生产营销工作领导小组，各乡（镇）按照属地管理原则，指派专人负责，各职能部门积极配合，共同维护生产经营秩序，为抓好果品生产营销工作提供组织上的保证。其次规范果品包装。在全县广为宣传适期采摘、分批采收的重要性，引导果农改果品大箱包装为精美小包装，实地指导果农进行选果、分级、网套包装等采后商品化处理，全面提高果品的商品性能。关键环节在于拓宽销售渠道，多措并举，把直销、经销、电子商务等多种销售渠道结合起来，提高市场流通能力，据统计，建宁县从事果品网络营销电商、微商人数已超两千人，销售量占总量 30% 以上。同时三产融合发展，带动市场消费。围绕清新花乡·福源建宁目标，成功举行"悠然三明四季行"建宁花海跑暨"福源建宁·乐享森林"嘉年华活动、"为荷而来，殷果香莲"桃梨莲区域品牌评选、"为荷而来，好梨相待"采摘等系列活动，进一步提高建宁水果的知名度和美誉度，扩大了消费；据不完成统计，参与果园观光采摘活动人数达 3.5 万人次，直购果品 2500 吨，销售收入超千万元。

**【现代果业博士专家工作站成立】**

2017 年 8 月 9 日上午，建宁县举行现代果业博士专家工作站签约仪式，副县长沙陈龙、省农业科学院果树研究所所长叶新福出席仪式。仪式上，沙陈龙代表县政府与省农业科学院双方共同签订合作协议书。博士专家工作站的成立，对建宁果业发展带来了智力支持和技术保障。科研单位充分发挥研究开发、人才资源、实验仪器等方面的优势，采取合作项目研发、基地建设、技术培训、技术咨询、技术指导等形式，破解产业重大关键技术问题，加快科技成果转化，进一步扩大农产品的深加工，多出好成果、多出大成果，引领建宁果业供给侧结构改革与转型升级，探索农民增收、农业增效、农村增力的新路子，加快建宁县一二三产业深度融合发展，打造出更多的果业试验、示范基地，共建共谋实现双赢。

## 养殖业

【概况】 2017年，建宁县畜牧水产工作围绕生态养殖和养殖污染治理两个工作重点，加大畜牧"五新"技术推广，畜牧水产部门各项工作取得较好成绩。全县生猪存栏3.85万头、出栏5.16万头；牛存栏0.49万头、出栏0.37万头；羊存栏0.59万头、出栏0.61万头；家禽存栏45万羽、出栏86.2万羽；禽蛋产量0.14万吨，全县肉蛋总产量达到7176万吨，比降0.92%；水产品生产量7500吨，同比增长5.6%。

【畜禽产业】 2017年，建宁县畜牧水产局根据中央环保督查和省、市、县政府对畜禽养殖污染治理的工作要求，重点对禁养区养猪场进行拆除或关闭，对可养区养猪场进行标准化升级改造。全县可养区存栏生猪250头以上的10家养殖场标准化升级改造工作全面完成；存栏生猪250头以下的25家养殖场（户）也已基本完成升级改造工作。全县拆除禁养区或可养区不改造的生猪养殖场（户）57家，拆除面积2.6万平方米，削减生猪存栏8760头。推广畜禽生态养殖，引导牧民充分利用果山多、山（林）地多、牧草资源比较丰富的生态优势，重点发展肉羊、肉牛和优质鸡。全县存栏肉羊100头以上养羊场（户）23家，存栏肉羊共4500多只。建宁建奇牧业有限公司蛋鸡生产规模不断扩大，年底存栏京红、京粉蛋鸡共3万羽，全年蛋产量达350多吨。严格生猪养殖审批并实行总量控制，2020年前年出栏生猪控制在8万头以内，特别是禁止规模养猪场的新建和改扩建，实现生猪存栏稳中有降，为做好生猪养殖面源污染治理提供有力的保证。做好畜牧"五新"技术推广。当年推广的"五新"技术有：高产种猪培育技术、全封闭式现代养殖模式和全自动供料、供水、环控系统技术3项；当年引进新品种2个：大足黑山羊、努比亚山羊。

【水产养殖】 2017年，建宁县水产品生产量7500吨，比2016年增加400吨，比增5.6%。稻莲田水产养殖是建宁县渔业生产的一大传统产品，是渔业产量的重要组成，占总产量54%；各级政府把发展稻莲田水产养殖作为农业结构调整和农民增收的重要项目来抓；2017年建立稻莲田水产养殖重点示范片80公顷，带动推广养殖面积333.33公顷。全县建立莲田生态养殖荷蟹66.67公顷，亩产值4800元，亩利润达2100万元。当年发展水产品养殖的主要措施有：（1）抓好伊家乡东凤村、兰溪村、均口镇芰坑村、客坊乡里源村的田螺示范养殖工作，示范面积33.33公顷，通过试验示范取得较好的经济效益，亩产田螺400斤，亩产值达4000多元。（2）引进示范养殖名优品种，加快品种改良步伐。抓好建鲤、彭泽鲫、史氏鲟等品种示范养殖推广的同时，引进黄金鲫5万尾、黄颡鱼10万尾，养殖泥鳅4公顷，6月份引进优质泥鳅6500斤、台湾泥鳅5万尾、荷包红鲤10万尾、引进福瑞鲤150万尾。（3）加大渔业开发力度，拓展渔业亮点。按照政府所有，分段承包，谁管理谁受益的原则，全县大水面投苗60万尾。

## 农业科技

【概况】 2017年，建宁县农业局大力实施科技兴农战略，加快推广农作物新品种，加强测土配方、土地用养管理，抓好基层农技推广补助项目建设和农村实用技术培训工作。推广优质高产品种4533公顷，推广测土配方施肥26267公顷次，其中配方肥施用面积4247公顷。累计在耕地、园地上增施有机肥2940公顷。经县新型职业农民领导小组评审审核认定，建宁县人民政府办公室发布《关于公布2016年建宁县新型职业农民资格认定人员的通知》（建政办〔2017〕3号）文件，公布具备新型职业农民资格人员440人，其中：种植业新型职业农民资格人员300人；农机化新型职业农民资格人员140人。2017年，参加农业实用技术培训1200余人。

【农业"五新"技术推广】 2017年，建宁县农业局调优品种结构，大力推广优质高产品种。在水稻品种上，重点推广泰丰优656、泰丰优3301、天优华占等超级稻品种，全县推广面积4533公顷。在莲子生产上，实验推广"建选35"，平均亩产80公斤，深受广大莲农的欢迎，全县推广面积760公顷。在水果生产上，重点推广优质早熟梨"翠玉"，全县推广面积650公顷。在食用菌生产上，重点推广以"茶树菇"等为主的珍稀食用菌，全县生产1700万袋。"五新"技术推广应用。加大农业先进适用技术的推广，开展"一师一项目"活动，促进农业科技成果的转化。在粮食生产上，重点推广工厂化育秧、机插机防技术，全县创建12个40公顷以上示范片，示范面积1480公顷，培养示范户3500户。在水果生产上，大力抓好高接换种、矮化修剪、果实套袋、平衡施肥等技术措施，促进精品果园、生态果园和无公害基地建设，全县推广面积2450公顷。在莲子生产上，重点推广莲田冬种紫云英、立体种养、配方施肥、无公害生产等技术措施，促进种莲整体效益的提高，全县推广面积2890公顷。在食用菌生产上，重点推广熟料袋栽草菇、梨枝条、莲子壳代料生产茶树菇，全县推广4552万袋，总产1.54万吨。在病虫害防治上，示范推广阿维菌素、阿维·毒、爱苗、乐斯本等高效低毒生物农药，推广植保飞机防治等新技术，推广面积15600公顷。在种子生产上，重点推广制种母本机插示范，示范片面积900公顷。

【测土配方施肥】 2017年，全县推广测土配方施肥26467公顷次，其中配方肥施用面积4247公顷次，推广配方肥3个品种，共施用配方肥0.08万吨，发放施肥建议卡0.5万份；采集土样50

个，化验分析土壤样品350项次，完成田间试验2个；举办测土配方施肥技术培训班9期420人次，开展测土配方施肥宣传活动4次。同时，帮助建宁县信远智能终端配肥站与北京傲禾测土全国连锁·建宁配肥中心联合，推广配方肥，把"肥料超市"建在田间地头，解决测土配方施肥技术推广应用"最后一公里"的问题，同时推进新型经营主体的示范带动作用。

【土地用养管理】 2017年，建宁县农业局实施土地用养管理：（1）大力推广冬种紫云英。制定《2017年建宁县紫云英示范推广项目实施方案》，并认真组织实施。完成冬播紫云英面积0.27万公顷，紫云英一次播种多年利用面积0.21万公顷；建立连片种植紫云英100亩以上的示范片12片172公顷，召开冬种紫云英现场观摩会2次。（2）推广施用商品有机肥。制定下发《2017年建宁县商品有机肥补贴推广项目实施方案》，完成耕地施用商品有机肥480公顷，辐射带动1073公顷，建立100亩以上的示范片3片。支持建宁县华信生物科技有限公司利用畜禽粪便生产有机肥，鼓励农民积造施用农家肥；指导农业综合开发高标准农田建设项目、土地整理项目和竹林改造项目，在耕地、园地上增施商品有机肥，累计在耕地、园地上增施有机肥0.29万亩公顷。（3）推广稻草秸秆还田。通过采取稻草高留桩回田、收割机切碎回田、稻草覆盖回田等模式，累计稻草还田面积0.72万公顷。（4）制定印发

《2017年建宁县化肥使用情况监测工作方案》，组织干部到化肥销售网点开展化肥销售情况调查，进村入户开展农户定点施肥情况调查，掌握本县化肥使用的总体情况。2017年，全县化肥使用量（折纯）8799.52万吨，比2016年（9265吨）减少5.02%，化肥利用率比2016年提高1.0%。（5）开展耕地土壤地力监测。制定印发《2017年建宁县耕地质量监测实施方案》，做好2个省级耕地质量监测点的试验、观察、记载、施肥调查、测产验收等工作，并新建县级耕地质量监测点1个。

【农业试验示范基地】 2017年，全县建设9个拥有自主产权或合同期在10年以上的农业科技试验示范基地（其中种植业示范基地5个、畜牧业示范基地3个、食用菌产业示范基地1个）。制定农业科技试验示范基地建设运行管理办法，加强考核验收。每个基地示范展示农业重大品种、关键技术和种养模式，统一竖立"全国农技推广试验示范基地"标牌。全县遴选示范主体总户数440个，其中种植业405个，畜牧业35个。县农业局对农业科技试验示范基地补助项目遴选规范程序，对各乡（镇）遴选择优推荐的农业科技示范主体进行审核，在各乡镇所在地张榜公示本乡（镇）推荐的农业科技示范主体，每户示范主体带动10户农户，全县带动4400户农户，示范主体在农业科技示范推广中发挥了重大作用。

【农业技术推广】 2017年，建

宁县农业局落实农技推广信息化建设，组织123名基层农技人员安装使用中国农技推广APP，对专家、农技人员、示范基地等进行规范化管理，实现任务安排网络化、推广服务信息化、绩效考核电子化。截至12月30日，共有APP帐号123个，已使用111个；登录次数累计2064次，发布日志累计134篇，上报农情累计14篇，提问量累计58次，回答量累计899次，评论量累计24次，点赞量累计315次。遴选确定并发布一批符合绿色增产、资源节约、生态环保、质量安全的年度农业主推技术，并制定成技术操作规范，推广到试验示范基地、农技人员和示范主体，促进先进适用技术快速进村、入户、到田。加强农科教产学研一体化农技推广联盟建设。围绕建宁县农业主导产业需求，每个农业科技试验示范基地都与基层农技推广机构、市级及以上农业科研院校（所）联合。当年，农科教产学研一体化解决农业生产中的技术难题2项，开展基层农技人员业务能力提升培训2次，提出产业发展对策建议3条。

## 质量安全

【概况】　2017年，全县有68家农产品经营单位进入福建省农产品质量安全可追溯体系平台，实现农产品质量安全溯源管理。当年，完成果蔬农残抽样化验5164个，合格率98.97%；建宁县农产品质量安全监管获全市考评第三

名，列入第二批省级农产品质量安全试点县；建宁县黄花梨、翠冠梨、通芯白莲入选为2017年厦门金砖会晤的专用农产品。全县通过"三品一标"（无公害农产品、绿色食品、有机食品、国家地理标志保护）认证的产品9个，3个农产品地理标志通过国家评审，填补了建宁县农产品地理标志认证的空白。

【农产品质量安全监管】　2017年，建宁县农业局围绕创建省级农产品质量安全县，加强对莲子、种子、果子等农业标准化体系、农产品质量安全检测体系建设，已有68家农产品经营主体进入福建省农产品质量安全可追溯体系平台。完成果蔬农残抽样化验5164个，完成率129%（任务指标4000个），合格率98.97%；对不合格的农产品进行推迟上市或下架处理8起。完成对本县大宗农产品定量检测18个，完成市级抽样定量检测27个，完成省级抽样定量检测14个，合格率均100%。完成水产品禁用药物残留快速检测任务48个，完成率106.67%，合格率100%。

【农业"三品一标"认证】　2017年，全县通过"三品一标"认证的产品9个，其中无公害农产品6个、绿色食品1个、有机产品1个、农产品地理标志1个。截至12月底，全县累计有效用标52个，有3个农产品地理标志通过国家评审，建宁"三品一标"企业100%纳入省级农产品质量安全追溯监管信息平台。

【动物产品安全】　2017年，建宁县农业局实施产地检疫生猪35743头、牛1142头、羊2887只、家禽4.30万羽，生猪出栏产地检疫乡镇开展面达到100%。加强屠宰检疫监管工作。实施屠宰检疫肉猪20804头、牛2126头，检出并无害化处理病死猪14头、病死牛1头。贯彻"福建省病死猪监管六条"文件精神，强化病死猪无害化处理现场监管；实施病死生猪无害化处理1863头，全县无害化处理监管人员现场确认次数达860余次。完成"瘦肉精"抽检，检测克伦特罗、莱克多巴胺和沙丁胺醇1931头份，合格率100%。重点督促牲畜屠宰场严格执行"查证验物"制度，严格规范检疫操作程序，屠宰检疫率达到100%，严格规范的检疫有效保证上市肉品的质量安全。督促规模养殖场建立并完善养殖档案，落实规模猪场签订"动物养殖场健康（安全）养殖承诺书"。

【畜禽产品质量监督检查】　2017年，建宁县农业局加强兽药、饲料等农资监管工作，开展以"放心农资（兽药、饲料）下乡进村"为主题的宣传活动，发放宣传资料120多份。当年，出动执法人员30余人次，检查兽药经营店1家、饲料经营店8户、自配料规模养殖场7家，对三泉养猪场购进的有可疑的林可霉素兽药针剂进行抽样送检，经省兽药饲料监察所检验，排除假药嫌疑。加强省际动物防疫监管工作。进一步完善省际公路动物检查里心站的基础设施，将动物检查站的日常

管理工作理顺到里心畜牧水产站管理，充实协检员1名；开展监督执法检查工作。全年查处未经检疫经营生猪案件1起，罚款450元；查处因证物不符经营生猪案1起，罚款1790元；查处屠宰病死猪案1起，罚款人民币2352元。对5家未取得《动物防疫条件合格证》养殖场给予行政警告处理，限期改正，下达责令改正通知书3份。

**【建宁农产品入选全国名特优新产品目录】**　2017年11月2日，经农业部优质农产品开发中心对各地区农业部门申报材料进行的形式审查和专家审核，建宁县2个农产品入选2017年度全国名特优新农产品目录，即来自建宁县绿源果业、建宁县福胜果业两家公司的黄花梨，来自福建文鑫莲业股份有限公司、福建闽江源绿田实业投资发展有限公司的建宁通心白莲。三明市共7个产品9家生产单位入选，建宁2个产品4家生产单位列居榜首。

（杜宏宝）

## 农业机械

**【概况】**　截至2017年底，建宁县农机总动力16.5万千瓦，其中拖拉机5081台、收割机362台、粮食烘干机54台、插秧机235台、农用航空器31架。完成机耕面积20667公顷、机播面积5200公顷、机械植保面积18399公顷、机收面积14840公顷，主要农作物耕种收综合机械化水平达到75.3%。

**【新机具新技术推广】**　2017年，建宁县农业局将水稻生产全程机械化工作作为农机推广的重要抓手，通过国家级制种基地建设、粮食产能区高产示范项目以及福建省水稻全程机械化示范项目的实施，以点带面，带动建宁县水稻生产全程机械化发展；加大对高效适用新机具新技术的推广。全年推广履带式拖拉机6台，母本插秧机12台，粮食烘干机6台。

**【强农惠农政策的落实】**　2017年，县农机中心做好全县购机补贴工作，共落实各类农机具购置补贴资金366.36万元（其中国家补贴资金342.53万元，省级补贴资金23.83万元），结算农机具购置补贴资金333.83万元（其中国家补贴资金317.44万元，省级补贴资金16.39万元），共1711台套农机具享受到购机补贴，带动农户投入1000多万元，县农机装备得到发展。开展农机购置补贴机具质量满意度调查，对建宁县农户购买的两类谷物干燥机械共16台补贴机具开展质量满意度调查，为省市管理部门对该类农机具的质量调查提供实地调查材料。

**【农机安全监理】**　2017年，县农机中心全面落实农机安全生产责任制，与各乡（镇）农机站、各农机经销商以及县农机服务培训公司签订"农机安全生产责任书"15份，与农机手签订"农机安全生产责任书"132份。采取多种形式开展农机安全宣传活动，农机安全常识知晓率达90%以上。开展联合专项整治活动。与交警

密切配合，重点对拖拉机无牌无证驾驶、超速、超载行驶和客货混装、私自改装等违章违法行为进行了查处。严格开展牌证发放、驾驶员考试发证和拖拉机年度检验工作。全年，注册登记联合收割机78台，年检联合收割机86台，年检拖拉机60台，核发拖拉机驾驶证50本。做好平安农机创建工作。全年创建平安农机示范乡镇1个，平安农机示范村3个，平安农机示范户15户。

**【农机操作手培训】**　2017年，县农机中心通过现场会、展示会、推介会等形式由工程技术人员讲解新机具的性能及操作规程，由农业技术专家培训田间管理技术；组织农机生产企业的售后服务人员深入乡村农户和田间地头现场培训机械操作、机械维修、维护保养知识；组织有培训资质的机构对各类农机操作手进行培训。全年，对新型职业农民培训大中型拖拉机驾驶员5人，培训联合收割机驾驶员300名，经培训考试合格的学员，免费领取收割机驾驶证。

（潘云青）

## 农村工作

**【概况】**　2017年，建宁县农村工作按照县委、县政府的统一部署，围绕"再上新台阶、建设新建宁"的主题，深化农村改革，美丽乡村建设，加快土地确权登记和土地流转，实施精准扶贫，整治农村环境，加强农业农村基

础设施建设；促进农民专业合作社和家庭农场的发展，加快土地流转和高标准农田建设，着力推进农业供给侧结构性改革，取得良好成效。全县农林牧渔业总产值33.57亿元，同比增长5.19%；农村居民人均可支配收入14094元，同比增长9.7%。当年，建宁县在福建农民创业园（示范基地）建设绩效考评综合排名中位列全市第一、全省第六；参加现代农业全市竞赛获一等奖，2个参赛项目均获奖；枫源村、上坪村、水尾村和滩角村被确定为"市级美丽乡村示范村"。福建省2017年放心农资下乡进村宣传周活动在建宁县溪口镇举行。

**【农业行政执法】** 2017年，县农业局农资打假出动执法人员205人（次），检查企业99个次，整顿农资市场11个次，检查农资375吨，货值120万元；完成农药标签抽查61个，合格率98.3%；完成肥料标签抽查24个，合格率100%；完成种子标签抽查16个，合格率100%；完成农药、兽药、肥料质量抽检15个；涉农案件办结1起。

**【农业产业化】** 2017年，建宁县在福建农民创业示范基地建设年度绩效考核中位列全市第一（全省第六）。现代农业全市竞赛获一等奖，2个参赛项目均获奖。当年增补11家县级龙头企业。农业产业化成果突出：（1）建宁种子现代农业产业园、建宁水果现代农业产业园列入福建省现代农业产业园创建名单，建宁莲子现代农业产业园列入三明市现代农业产业园创建名单。（2）建宁县人民政府与台江区人民政府合作共建的闽赣省际电子商务产业园认定为省级山海协作共建产业园。（3）建宁农特产品助力厦门金砖会晤，2017年金砖会晤期间共向厦门提供绿色食品黄花梨和翠冠梨各9吨、建宁通心白莲0.05吨。绿源果业有限公司的绿色食品水果基地和文鑫莲业股份有限公司的绿色食品建莲基地被认定为厦门会晤农产品专供单位，千年"贡莲"名副其实，黄花梨华丽变身国宴水果。

**【农民专业合作社】** 截至2017年底，建宁工商注册532家农民专业合作社，入社成员24978人，其中从事种植业306家、林业105家、牧业35家、渔业35家、服务业40家、其他11家。建立县级以上合作社名录，共98家，其中部级示范社5家、省级示范社15家，市级示范社8家，县级示范社70家。2017年经营收入36500万元，社均68.6万元；可分配盈余总额6240万元。

2017年3月4日，县长陈显卿主持召开全县农村工作会 （县农业局提供）

**【家庭农场】** 至2017年12月，建宁县家庭农场经县工商局注册成立246家，较上年同期新增78家，其中水稻种植33家、果蔬种植87家、水产养殖20家、休闲观光8家、莲子种植15家、花卉10家、林业45家、茶叶4家、食用菌种植9家、综合类15家。共培育44家县级以上家庭农场示范场。支持6个家庭农场申报省、市级家庭示范场，落实奖补项目6个，补助资金45万元；落实中央财政支持家庭农场发展项目16个，落实补助资金128万元；同时在新增农业补贴重点倾斜外，鼓励金融机构将家庭农场纳入信用贷款支持范围。

**【土地流转】** 2017年，全县土地流转面积0.57万公顷，占全县农村土地承包面积1.47万公顷的38.5%，其中50~100亩连片流转面积373.33公顷，100亩以上连片流转面积300公顷。重点扶持土地连片与规模经营，对新增连片耕地100亩以上、流转期限3年以上、流转合同规范的种粮农业生产规模经营主体，在粮食生产示范片区域内每亩给予一次性奖励 100 元。同时鼓励农户到城镇就业居住，承包农户全家迁入城镇落户的，依法保留其土地承包经营权；自愿放弃承包地的，享受与迁入地城镇居民同等待遇和社会保障。

【土地确权】 2017 年，建宁县有 92 个行政村，应开展确权工作的 89 个行政村（濉溪镇 3 个城中村不予确权，已上报省、市备案）已全面开展确权登记颁证工作，入户调查完成 89 个行政村，占应确权村数的 100%；权属调查完成 89 个行政村，占应确权村数的 100%；一轮公示完成 89 个行政村，占应确权村数的 100%；二轮公示完成 88 个村，占应确权村数的 98.8%；合同签订 87 个村，占应确权村数的 97.7%。

【农业项目建设】 2017 年，建宁现代农业团队实施"五个一批"重点项目共 57 个，其中谋划项目 17 个，签约项目 14 个，开工项目 26 个，全年累计完成投资 89152 万元，占计划 86866 万元的 102.63%。14 个签约项目，全部转为开工项目，并按计划如期开工，当年完成投资 22265 万元，占计划的 99.24%；26 个开工项目，全部完成年度投资计划，转为投产项目，累计完成投资 61987 万元，占计划的 102.92%；竣工项目中，有 18 个项目提前完工，当年开工当年投产项目 11 个。推进现代农业产业跨越发展行动计划，成功申报省级现代种子产业园、省级现代果子产业园，种业科技中心大楼竣工，明一生

态奶牛项目有序推进。全年实施上级下达项目 84 个，争取上级补助资金 2.1 亿元，完成招商引资 8000 万元，完成任务数 100%。

【农田基础设施建设】 2017 年，县农业局完成高标准农田建设项目六个：（1）新增千亿斤粮食生产能力规划建宁县 2016 年田间工程建设项目，投资 940 万元，2017 年竣工，建设高标准农田 420 公顷。（2）2016 年富田溪流域高标准农田建设项目，投资 959.47 万元，2017 年竣工，建设高标准农田 400 公顷；2016 里沙溪流域高标准农田建设项目，投资 958.33 万元，2017 年竣工，建设高标准农田 400 公顷。（3）2017 年濉溪流域高标准农田建设项目，投资 958.83 万元，建设高标准农田 400 公顷。（4）2017 年宁溪流域高标准农田建设项目，投资 958.85 万元，建设高标准农田 400 公顷。（5）建宁县 5 万亩高标准农田建设项目(国家专项投资基金)，投资 4800 万元，建设高标准农田 1533.3 公顷。以上 5 个项目累计投资 9575.48 万元，建设高标准农田 3553.3 公顷。（6）2017 年新开工高标准农田建设项目 1 个，即新增千亿斤粮食产能规划田间工程，投资 802.32 万元，建设高标准农田 343.1 公顷。

【美丽乡村示范村建设】 2017 年，建宁县按照"规划优、建筑美，卫生优、环境美，生态优、风光美，产业优、生活美，设施优、面貌美，管理优、乡风美"的美丽乡村"六优六美"建设要

求与示范创建标准，着力打造天蓝、地绿、水净，安居、乐业、增收的"美丽新莲乡"。2 月 21 日，以市城乡规划局副调研员汪跃、市城乡规划局科长张凤英为正付组长的考评组一行，对建宁县申报的第三批市级美丽乡村示范村参选村上坪村、枫源村、水尾村和滩角村进行实地考评。考评结果 4 月份出炉，建宁县 4 个参选村均榜上有名，被确定为"市级美丽乡村示范村"。

【农村"六大员"队伍建设】 2017 年，建宁县明确农村"六大员"（农民技术员、综治协管员、计生社保协管员、国土规划环保协管员、文化与食品安全协管员、乡村医生）的工作职责，制订下发《中共建宁县委农村工作领导小组办公室关于进一步做好农业"六大员"工作的通知》（建委农办〔2017〕32 号），并开展绩效考核。各村建立并完善村级综合服务平台，做到"六大员"人员、岗位、联系方式等内容上墙；设立"六大员"岗位服务牌，岗位职责一目了然。在县、乡（镇）、村三级建立"六大员"花名册和工作联系制度，做到"六大员"工作有人问、有人抓、有人管。12 月 15 日，市农业局对县农业局年终绩效考评，县农业局提交的考评所需佐证材料（年度工作总结、2 个提升农村"六大员"服务水平为主要内容的典型经验、3 个具有典型示范的村级综合服务平台以及有关文件等），得到考评组的认可。

（杜宏宝）

# 扶贫开发

【概况】 2017年，建宁县按照"两不愁、四保障"（即农村贫困人口不愁吃、不愁穿，农村贫困人口义务教育、基本医疗、住房、安全有保障）和贫困发生率、农民人均可支配收入、村级收入、基础设施、产业发展和基本公共服务等指标要求，全县贫困人口961户2781人脱贫；22个贫困（空壳）村和1个市级扶贫开发工作重点乡（黄埠乡）实现脱贫脱帽；落实造福工程扶贫搬迁267户1201人，全面完成上级下达的年度减贫任务。

【扶贫责任落实】 2017年初，县委、县政府召开全县脱贫攻坚推进会，向9个乡（镇）下达脱贫攻坚"两个清单"责任状，同时全面落实"县领导挂乡（镇）、部门驻村、干部包户"三级挂包责任。与省市同步组织开展脱贫攻坚"春季攻势""秋季攻势"行动，先后召开3次现场推进会，交流推广经验做法，剖析解决存在的问题，层层传导压力；制定出台《建宁县扶贫工作自查自纠实施方案》，对全县扶贫领域进行全方位自查自纠，有力推进各部门职责落实，形成党政齐抓共管、部门协同推进、社会广泛参与的扶贫格局。加强扶贫工作力量，县扶贫办配备6名扶贫专干，各乡（镇）配备1~2名扶贫工作人员，行政村选配1名扶贫协管员，第五批51名省市县选派任职党员干部和驻村帮扶工作队全部到岗

到位。编印《建宁县精准扶贫参阅资料》《建宁县精准扶贫扶持政策汇编》《建宁县建档立卡贫困户扶贫保险服务指南》等宣传资料共9000余份，发放给挂包干部和贫困户，做到人手一册。摸清贫困户家底，脱贫工作扎实进行，制定《建宁县建立贫困退出机制的实施意见》等文件，各级干部进村入户1.18万人次，落实帮扶项目499项、帮扶资金4758万元、解决问题3271个。按照省市安排部署，8月份、12月份，分别开展两次贫困人口动态调整，经过"两公示一比对一公告"等程序，对全县贫困人口进行全面核实核查，做到应进则进、应退则退、应扶尽扶。12月份，核定全县实有建档立卡贫困户1600户4963人。

【扶贫重点工作有序推进】 2017年，建宁县造福工程任务超额完成。落实造福工程扶贫搬迁对象267户1201人，完成上级下达任务数的1.32倍，其中：国定对象29户80人，完成上级下达任务数的3.64倍；省定对象32户113人，完成上级下达任务数的56.5倍；建设伊家伊水家人和里心尊上排20户以上集中安置区2个。截至年底，已竣工255户1163人，完成投资6645万元。小额信贷实现扩面增量。全县扶贫小额信贷风险担保金总额从1200万元增至1560万元，累计发放扶贫小额信贷3908.5万元；其中当年共为675户贫困户发放扶贫小额信贷3076万元，完成上级下达2400万元任务的128%，全县贫困户贷款覆盖

面达42%。扶贫政策全面落实。全县各类贫困学生享受国家助学金、生活补助等政策扶持472人95.92万元，发放学生贷款163.95万元，对接省市纪委和"5+1"单位党支部挂包帮扶113名贫困学生，从根本上阻断贫困代际传递；实施危房改造123户补助116.4万元；医疗救助4888人次补助108.3万元；为所有建档立卡贫困户办理扶贫小额保险。

【扶贫措施得力】 2017年，建宁县采取"五抓五送"（即：抓增收送项目、抓就业送岗位、抓兜底送保障、抓扶智送技术、抓挂钩送温暖）扶贫模式成效显现。支持贫困户发展莲业、种业、果蔬、林业、烟叶、旅游、电商等七大扶贫产业，夯实贫困村和贫困户可持续增收产业基础。全年，全县贫困户发展建莲种植220户50.6公顷、水稻制种493户275.2公顷、果蔬种植310户45.9公顷、林下经济311户1043.67公顷、烟叶种植51户543.67公顷、发展乡村旅游23户43人、发展电商19户35人，安排公益性岗位178人，介绍劳务输出967人，带动贫困户户均增收1.3万元，"五抓五送"扶贫模式已成为贫困户脱贫增收的有效载体。2017年，上级下达扶贫资金4730.2万元、县财政安排专项资金1400万元用于补助发展产业、村财增收和小型生产性公益设施等建设项目，通过大力推进党建带创、特色产业带动、经营主体和社会力量助推、抱团融合发展、小额信贷扶持等扶贫模式，涌现出一批

带创典型。全县51个贫困（空壳）村每村至少有一个稳定的增收项目，村财平均增收4万元，脱贫的21个贫困村村级收入均达到10万元以上，全县农民人均纯收入达到14083元，比增9.6%。扶贫品牌创建。当年，全省农村电商助力精准扶贫工作推进会和全市脱贫攻坚现场推进会先后在建宁召开；国务院扶贫办"扶贫改革试验区"评估组和"福建精准扶贫"专题调研组专程到建宁县实地调研；建宁县量化折股精准扶贫典型经验课题在人民日报社人民论坛杂志社主办的"习近平新时代中国特色社会主义思想研讨会暨2017第四届国家治理高峰论坛年会"上获评"2017精准扶贫10佳典型经验"；人民网、福建日报、东南卫视、福建扶贫开发工作简报、三明日报等新闻媒体分别以《建宁县打好"组合拳"打赢脱贫攻坚战》《瞄准贫困点 啃下硬骨头》《精准扶贫如何"活"用社会力量》《建宁县探索推进"五抓五送"扶贫模式》《三明建宁：老区脱贫探新路》为题，对建宁精准扶贫特色亮点和典型做法进行宣传报道。

（杜宏宝）

## 水利建设

【概况】 2017年，建宁县水利局内设办公室、水利建设管理股、主任工程师室、质监站。下辖水利工作站、电力工作站、水利工程管理站、水土保持办（加挂水土监督站）、水政监察大队和城区防洪堤

管理站。在编在职干部35人，其中：行政干部8人；事业编制21人，实有18人；事业参公编制12人，实有9人。当年，县水利局紧紧围绕建设"美丽闽江源"的总体目标，做好农田水利、水土流失治理、农村水电、水库除险加固四大水利工程建设，努力抓好水政执法管理，落实防汛抗旱工作机制，扎实推进河长制工作再升级，切实推动建宁水利工作实现跨越式发展。2017年全县水利投资任务25509万元，完成投资25778万元，占年度计划的101.1%。其中：重大项目计划投资8520万元，完成投资8789万元，占年度计划的103.2%；面上项目计划投资16989万元，完成投资16989万元，占年度计划的100%。

【综合治水试验县】 2017年12月15日，建宁县成功入选全省第二批综合治水试验县。编制《建宁县综合治水总体规划（2018—2020）》及《建宁县综合治水2018年度实施计划》，总体规划共涉及涉水项目62个，总投资25.15亿元；其中水利项目45个，总投资11.63亿元，整合环保、农业、林业、住建、旅游等部门涉水资金及政府配套资金13.52亿元。

【农田水利基础设施建设】 2017年，建宁县农村饮水安全巩固提升项目有黄埠乡封头村、黄埠村，黄坊乡安寅村、芦岭村，里心镇滩角村、大南村，客坊乡中畲村、龙溪村共8个自然村饮水安全项目点，完成省级补助资金122.2万元，受益人口2264人。冬春水利

及水毁修复项目建设。建宁县2017年度冬春水利建设项目，计划总投资6630万元，其中：上级补助资金3280万元，实际完成投资6200万元，占任务的95%；完成土石方56万方，混凝土12.8万方，投工投劳65万工日。修复水利水毁工程集中整治任务31处，新增防渗渠道23.7公里，渠系建筑物改造加固610处，新修小型水源工程18处，维护21处；新增与恢复有效灌溉面积733.33公顷，新增节水灌溉面积1366.67公顷，改善灌溉面积106.67公顷。安全生态水系建设。黄坊乡毛坊溪安全生态水系工程概算总投资1250万元，综合治理河长10公里，新建生态堤岸1.4公里，硬质护岸修复1.1公里，滩地保护6公里，生态清淤2.2万方，滩地修复6万方。

## 水土保持

【概况】 2017年，建宁县水土流失治理任务0.21万公顷，其中水利部门0.17万公顷，林业等部门0.04万公顷。

【国家级水土保持重点建设工程】 2017年（第一批）国家水土保持重点建设工程建宁县溪枫小流域（二期）、溪口小流域（二期）水土流失综合治理项目。该项目完成综合治理水土流失面积1430公顷，其中封禁1393.72公顷（含补植142.5公顷），造水保林17.93公顷，坡改梯18.35公顷，配套修建机耕道4.34公里、蓄水

池 12 口、排水沟 1.788 公里，建设生态清洁小流域（安全生态水系）3.85 公里，其中生态护岸 2.94 公里、河道清淤清障 3.85 公里、生态水系绿化带 3.52 公里、深潭修复 3 处。项目完成总投资 715.10 万元，其中中央补助 500 万元，地方配套 215.10 万元。2017 年（第二批）国家水土保持重点建设工程建宁县芦田小流域水土流失综合治理项目。该项目完成综合治理水土流失面积 571.43 公顷，其中坡改梯 10.02 公顷，造水保林 28.20 公顷，封禁 533.21 公顷，机耕道 946 米，蓄水池 8 口，排水沟 1093 米，安全生态水系 1500 米。项目总投资 285.81 万元，其中中央补助 200 万元，地方配套 85.81 万元。

【省级水土保持重点工程】　2017 年，福建省重点乡（镇）水土流失治理工程建宁县黄坊乡水土流失治理项目，完成综合治理水土流失面积 250 公顷，封禁 226 公顷，水保林 17 公顷，坡改梯 7 公顷，配套机耕道 1.0 公里、排水沟 1.0 公里、蓄水池 6 口、沉沙池 7 口；建设生态清洁小流域（安全生态水系）1.0 公里，生态护岸 1.23 公里，河岸生态缓冲带 2.0 公里，亲水平台 1 处。项目总投资 187.77 万元，其中省级财政 100 万元，以奖代补 50 万元，地方配套 37.77 万元。

## 防汛抗旱

【概况】　2017 年，建宁县总降水量 1518.9 毫米，比常年（1840.5 毫米）偏少 321.6 毫米，降水日数 179 天。24 小时降水量 ≥50 毫米的暴雨天数 3 天。当年发生两次超警戒水位洪水，洪水场次少。受强降雨影响，6 月 26 日建宁县发生超警戒水位，水位 292.86 米，超警戒 1.36 米，洪峰流量 1410 立方米 / 秒，日最大降雨量 83.7 毫米（6 月 1 日）。建宁全年蒸发 793.0 毫米，最大日蒸发量 6.4 毫米（7 月 29 日），最小日蒸发量 0.3 毫米（11 月 16 日）。

【防汛抗旱】　2017 年 3 月 1—7 日，建宁县防汛指挥部组织水利技术人员组成汛前水利工程安全检查组，对全县 9 座小（一）库、15 座小（二）库和部分重点山塘以及在建水利水电工程和堤防工程进行汛前安全大检查，共组织 121 人次，检查工程总处数 43 处。针对汛前检查存在的问题，形成文件通报全县，限期整改。同时根据三明市防汛指挥部要求，补充采购一批 50 万元的防汛抢险物资，按照实际需要分发给武警及消防部队，县级防汛仓库储备有橡皮舟 2 艘，防汛抢险舟 5 艘，救生衣 460 件，救生圈 207 只，尼龙绳 1 千米，各类手电筒 125 个，手摇警报器 54 个，以及抛绳器、救生杆、救生软梯、头盔、照明灯、手套、雨靴、抽水机等必备的防汛物资，基本满足常遇洪水的抢险需要，并建立 10 支 300 人的防汛抢险应急队伍。水库大坝的监管及水库大坝安全鉴定工作。建宁县有发电功能水库 11 座，其中综合利用水库 4 座，纯发电功能水库 7 座。7 座发电水库已经全部完成大坝安全评价报告，并通过市县水利部门的审定，完成率 100%。

【河长制工作的推进】　2017 年 3 月，建宁县河长办对 2014 年起实施的河长制工作进行了再细化再升级，出台《建宁县全面深化河长制实施方案》，成立由县委书记任组长的全面深化河长制工作领导小组，设立县级河长 1 名、常务副河长 1 名、副河长 7 名、乡（镇）级河长 9 名、河段长 39 名、村级河长 92 名，并聘用 140 名专职人员担任河道专管员，在全省率先实现县、乡（镇）、村三级河段长全覆盖。同时建立"河长"联席会商机制，每季度由总河长定期召集乡（镇）及相关部门负责人会商推进"河长制"工作。三级协同推进。由县对乡（镇）、乡（镇）对村，层层签订河流湖（库）管理保护工作责任书，把每条河流、每个河段的管理责任落实到人，建立逐级分解、层层落实的责任体系。同时明确县环保、住建、农业、林业、水利、国土等部门在饮用水安全保护、工业污染治理、农业面源污染治理、流域生态修复等方面职责，协同推进河长制落实。注重考核激励。出台《建宁县河长制工作目标责任考评办法》，将"河长制"工作纳入"任务清单"和"责任清单"，进一步压实责任。

（黄建豪）

# 林业与闽江源自然保护区

□编辑 黄日辉

## 综 述

**【概况】** 2017 年，建宁县林业与闽江源自然保护区的单位有建宁县林业局（简称县林业局）、建宁国有林场和闽江源国家级自然保护区，在职干部职工 198 人，其中县林业局 126 人，建宁国有林场 35 人，保护区 37 人。4 月，建宁县获"全国木本油料特色区域示范县"称号。

**【林业经济效益】** 2017 年，建宁县有林地面积 13.14 万公顷，其中生态公益林面积 4.47 万公顷，重点生态区位内商品林 2.29 万公顷，森林覆盖率 76.56%。现有活立木蓄积量 1129.35 万立方米，毛子立竹量 5495.98 万根。全县共完成造林绿化面积 848 公顷，完成森林抚育 0.93 万公顷，封山育林面积 0.27 万公顷。完成商品材产量 130910 立方米，商品材销售量 12553 立方米，生产毛竹 335 万根，锯材产量 10136 立方米，人造板产量 9676 立方米，纸及纸板产量 10.4 万吨，全县完成规模以上林业工业总产值 48.2 亿元，占任务 48 亿元的 100.4%。

**【第十三届林博会】** 2017 年，建宁县组织 25 家林业企业参与第十三届"11.6"林博会，落实签约项目 13 项，总投资项目 20.12 亿元；完成策划项目 8 项；邀请参会客商 199 人，其中台商 18 人。

## 森林资源培育与保护

**【概况】** 2017 年，县林业局通过抓好林分修复、低产林改造，生态景观提升等措施，全县林分结构趋于合理，森林覆盖率、城区绿化率、人均绿化面积逐步提升。全县森林覆盖率达 76.56%、城区绿化率 40%、人均绿化面积 14 平方米。从 2017 年 6 月起，在濉溪、溪口、均口、里心、伊家、溪源等 6 个乡（镇）9 个行政村开展禁柴改燃试点工作，并取得较好成效。全县共完成 881 户禁柴改燃试点，累计发放禁柴改燃试点补助资金 85 万元。

**【"五大基地"建设】** 2017 年，县林业局重点抓好"五大基地"建设：速生丰产林基地。以濉溪、溪口、里心、黄坊、均口等立地条件相对较好的区域为发展重点，以杉木、马尾松为主要树种，大力推广使用杉木二代以上种苗和轻基质容器苗造林，全县速生丰产用材林基地面积达 2.75 万公顷。油茶生产基地。依托"天一"油茶专业合作社开展油茶优良品系的引进和推广种植，培育优质油茶苗，扩大油茶新植和低改面积，全县现有油茶林面积 0.68 万公顷。毛竹生产基地。以现代竹业示范项目为切入点，以现代竹林科技示范园和低产竹林改造示范片为依托，以溪源、黄坊、溪口、均口等乡镇为重点，加快低产竹林改造，提高科学育竹水平，推进竹林资源培育上新台阶，全县现有竹林面积 1.87 万公顷。生物质能源（无患子）基地。全县无患子种植面积 0.53 万公顷，2017 年 4 月，因建宁县无患子在全国种植面积最大、加工系列产品最多，获得"全国木本油料特色区域示范县"称号。苗木花卉繁育基地。全县苗木花卉种植面积达 422.4 公顷，其中鲜切花 174.67 公顷、盆栽花卉 0.87 公顷、观赏苗木 126.67 公顷、食用药用花卉 120.2 公顷。

**【林业执法专项行动】** 2017 年，建宁县人民政府制定下发《关于落实"三严、四限、六禁"加强森林资源保护工作的实施意见》（建政文〔2017〕108 号），对森林采伐管理、森林资源培育、保护、管护机制、林业生产等各类政策予以明确。年内，县林业局共查处林业各类案件 145 起，行政处罚 151 人，挽回经济损失 89 万元。经过整顿，全县木材加工企业逐步向规模化、规范化发展。截至年底，木材加工企业保留 3 家，转型生产竹制品 5 家，关停 12 家。积极开展植物检疫执法专项行动，投入资金 4.7 万元，全县共监测调查面积 13.44 万公顷，监测率 97.79%，测报准确率 97.1%。

**【森林防火和病虫害防治】** 2017 年，县林业局积极开展森林防火宣传，抓好扑火队伍建设和强化火源监管。2017 年，在建宁城关、里心、均口成立 3 支共 70 人的专业森林消防队伍。全县共发生森林火灾 2 起，受害面积 13 公顷，未发重大人员伤亡事故。病虫害防治方面，开展普查面积 3 万公顷，清理枯死和濒临枯死的松木 33 株，定期进行植物检疫检测，经检测，未发现松材线虫病及其他植物传染性病虫害。

## 林业管理制度改革和产业发展

**【概况】** 2017 年，县林业部门共有干部职工 126 人（其中森林公安 29 人），所属行政单位 1 个（县公安局森林分局）；参公单位 1 个（县森林防火指挥部办公室）；事业单位 26 个，包括 9 个基层林业站，1 个林业执法大队。共有专业技术人员 54 人，其中副高级职称 5 人、中级职称 20 人、初级职称 29 人。年内，县林业局持续深化集体林权制度改革，重点抓好林权抵押贷款、森林综合保险、组建新型经营主体、转变服务方式、提升林业经济效益。联营林产体制机制改革不断推进，林业产业发展提质增效，全县林业总产值 7.44 亿元，同比增长 8.9%。

**【集体林权制度改革】** 2017 年，县林业局确定黄埠和里心作为整乡（镇）推进林改乡镇，各项改革任务全面完成。通过整乡（镇）推进林改，深化林改工作取得较好成效。当年，新成立家庭林场 7 家，经营面积 379.13 公顷，林业专业合作社 55 家，经营面积 5966.67 公顷，全县累计成立林业新型经营主体 210 家，经营面积 5.01 万公顷，全县新型林业经营组织覆盖面占集体商品林地面积的 57.3%；全县完成森林综合保险投保面积 7.67 万公顷，其中生态公益林投保面积 4.47 万公顷（全保），商品林投保面积 3.2 万公顷，有效帮助林农减少因零星森林火灾或病虫害造成的损失。

**【林业普惠金融改革】** 2017 年 6 月起，县林业局通过"制定工作方案、确定推广对象、明确目标任务、开展业务培训"等方式，在全县范围内大力推广"福林贷"金融业务，截至年底，全县共设立林业担保基金 94 个，发放福林贷款 543 笔，贷款总额 6346 万元。

**【林下经济产业发展】** 2017 年，县林业局累计发展林下种养殖、林产品采集加工、森林景观利用等经营面积 1.37 万公顷，实现产值 6 亿元。完成竹业产值 4.5 亿元。发展森林旅游业，全县共有森林人家 9 家，其中三星级的 4 家（王小妹森林人家、李茂盛森林人家、高峰村接待站、林业森林人家）。年内，共接待旅游人数 8 万人，增加旅游收入 1300 万元。花卉苗木产业，新增产值 850 万元，带动企业、专业户 10 家，农户 1000 余人。无患子产业，实现无患子产值 5000 万元。2017 年 12 月，福建源华林业生物科技有限公司被列入国家林业局第三批全国重点林业龙头企业。

**【涉林重点项目建设】** 2017 年，县林业局重点区位林分修复项目，共完成补植改造 406.67 公顷，主要实施地点为溪口镇半源村、濉溪镇大源村、器村、均口镇黄岭村。完成投资 480 万元，占任务的 100%。现代竹业项目。共完成竹山道路建设 142 公里、蓄水池

1050 立方米，项目涉及里心、溪口、伊家、溪源、客坊、黄坊等6 个乡（镇）17 个村，6 月份动工建设，年底完成投资 600 万元，占任务的 100%。中央和省财补助森林抚育项目。完成森林抚育（含幼林抚育）2666.67 公顷，总投资 910 万元，占任务的 100%。

（郑振岳）

## 国有林场

【概况】 建宁国有林场所属林地位于建宁县西北部，与江西省黎川县接壤，境内山峦连绵起伏，溪流纵横交错，属闽江支流金溪河的发源地之一。林场经营地面积 3838.47 公顷，其中林业地经营面积 3674.13 公顷（林业地经营中有林地面积 3276.4 公顷），非林业地面积 164.33 公顷，海拔多在 400~850 米之间，坡度一般在 25~35 度，地势较为复杂，属武夷山东坡地亚区，Ⅰ、Ⅱ类地占 78%。2017 年，建宁国有林场大力造林、科学营林、严格保护等举措，增加森林蓄积量，提升森林质量，现林木总蓄积量约 26.01 万立方米。

【国有林场改革】 2017 年，建宁国有林场根据《三明市省属国有林场改革实施方案的通知》（明委发〔2016〕13 号文），明确建宁县国有林场公益属性，理顺管理体制、激活经营机制，林场朝着可持续、科学的方向发展。人员定岗通过竞聘大会，28 个竞聘岗位从德、能、勤、绩、廉五个方面，对竞聘者的政治思想、履行职责、工作业绩、学识水平、创新能力等进行"公平、公正、择优"选用。2017 年，建宁县人民政府出台《关于印发建宁县属国有林场改革实施方案的通知》（建政文〔2017〕62 号），建宁县闽江源国有林场有限公司成立。

【林场造林绿化】 2017 年，建宁国有林场完成大田育苗 0.67 公顷，占计划的 100%；完成造林更新 52.4 公顷，占计划 50 公顷的 104.8%；完成中幼林抚育面积 1293.53 公顷，占全年计划 1000 公顷的 129.4%，其中：中央财政森林抚育 274.87 公顷；省级财政森林抚育 4 公顷；幼林抚育 1014.67 公顷。

【木材产销】 2017 年，建宁国有林场完成木材生产 2615 立方米（含本年度护林收回 31 立方米），占全年计划 2500 立方米的 104%。完成抚育间伐 99.8 公顷，占全年计划 66.67 公顷的 149%。完成木材销售 2616 立方米，占年度计划 2500 立方米的 105%。平均木材销售价格（不含生产工资）为 778 元 / 立方米。

【资源保护】 2017 年，建宁国有林场注重护林督查，建立健全护林管护制度，不定时对护林员进行查岗，并按月和季度进行护林成效检查，督促护林员做好护林工作。全年累计护林核查 30 余天，分 70 人次，出动车辆 35 车次。严厉打击盗伐，加强与公、检、法的联防共建，对于私自盗伐、滥伐的，各部门既各司其职又通力合作，轮流连续蹲守作战，依法严厉打击和查处。收回被侵占林地。联合县公安局、检察院、黄坊乡政府以及当地村民委员会开展被侵占林地清理，清理出被侵占小班共 5 个，清理非法种植毛竹 2 个小班。11 月 27 日，林业执法中队组织全场人员清理收回被侵占林地约 0.2 公顷。同时经常走村入户开展林业政策法规宣传，争取做到场、乡、村联动，有效地制止侵占林地行为，年内未新增侵占林地。加大防火管理，实行行政领导负责制，签订森林防火责任状，把森林防火工作列入年终考核目标管理；把宣传教育作为防火工作的首要任务，全年共发放宣传单 190 余份，张贴宣传通告 30 余份，悬挂宣传横幅 2 条，出动宣传车 12 次，走村入户宣传 30 余次。

【经营管理】 2017 年，建宁国有林场全年实现销售收入 231.11 万元，占年度计划 212.5 万元的 109%；实现木材销售利润 108.76 万元，利润率 47%，比年度计划 40% 提高了 7 个百分点。严控费用支出。全年管理费总支出 448.08 万元，占计划 511.67 万元的 88%。其中：业务招待费 4.52 万元；小车费用 2.6 万元；公用经费 28.24 万元。开展津补贴自查。认真研究省市有关津补贴文件以及各级纪检的通报，组织专人负责整理 2013 年 7 月至 2017 年 5 月之间所有的津贴补贴，对照省市津补贴发放标准进行自查自纠，依法依规规范津补贴。

**【基础设施建设】** 2017年，建宁国有林场根据三明市国有林场管理处《关于三明市国有林场管护站建设检查验收办法（试行）的通知》（明林场〔2016〕函59号）文件精神，共投入55万元用于管护站建设。对管护站的外墙、房屋等进行全面翻新粉刷，更换老旧线路、门窗、电灯，请专人对管护站的绿化进行美化设计，将上、高山管护站已完善基础设施，打造环境优美的管护站，并购置办公和基本生活用品，进一步推进管护站现代化办公。

**【安全生产】** 2017年，建宁国有林场签订安全生产责任状。根据市林业局下达的《安全生产目标管理责任状》，成立安全生产领导小组，与各科室、管护站签订2017年度《安全生产责任状》，做到安全生产工作有计划、有布置、有检查、有评比、有总结、有表彰。普及安全教育。认真学习新《安全生产法》及《三明市国有林场安全生产管理规定》；组织全场34人次参加全员安全知识教育培训并观看《生命不能重来》警示教育片，培训参与率达100%。重点查找安全隐患，场领导定期带队到管护站、伐区、施工现场开展安全隐患检查，重点根据本场安全生产工作存在的实际情况，对板车、拖拉机、道路集材等"三违"现象进行检查，建立隐患跟踪档案。保障特殊期安全，全年逢汛期、火险期等特殊时期，该场第一时间及时启动应急预案，提前做好各项预防工作，确保安全渡过特殊时期。年内未发生森林火灾及安全事故。

（廖朝晖）

## 福建闽江源国家级自然保护区

**【概况】** 福建闽江源国家级自然保护区地处武夷山脉中段的建宁县东南部，地跨三镇（均口镇、濉溪镇、溪口镇）、一乡（伊家乡）、十四个建制村，属森林生态类型的自然保护区，总面积为13022公顷。主要保护对象为：武夷山脉中段重要的生物区系组份、大面积的钟萼木和南方红豆杉原生种群、独特的生物群落类型和福建闽江正源头森林植被。2017年，福建闽江源国家级自然保护区管理局（简称闽江源保护区管理局）内设6个职能科室、4个管理站、1个生态监测站和1个森林派出所（即建宁县公安局闽江源森林派出所），管理局共有工作人员37人。

**【资源管护】** 2017年，闽江源保护区管理局投资近20万元，新建邓家山管理点，建筑面积65平方米，于12月底完成并投入使用；强化管护措施，投资15万元，在金铙山报国寺、邓家山管理点、合水口山前管理点等3处建立卡口监控和智能抓拍系统；配置管护设备，投资近20万元，完成局站点的防火物资采购和配置工作。组织开展专项行动。闽江源森林派出所先后开展保护鸳鸯及其栖息地的专项巡逻行动和保护森林、野生动植物资源的"利剑行动"，清理捕鸟网3张，盗伐林木森林刑事案件立案2起，受理并查处林业行政案件3起，行政处罚3人。落实生态环境保护问题整改工作。闽江源自然保护区管理局贯彻落实中央环保督察工作和"绿盾2017"国家级自然保护区监督检查专项行动方案，多次召开专题会议，扎实推进保护区内生态环境保护问题自查整改工作。经环保部卫星遥感监测和省、市环保、林业、水利等部门核查，省、市共认定建宁区存在20个突出问题。截至年底，20个问题中由省直主管部门确定为：已完成整改并列入"同意销号"的9个，未完成整改仍列为"挂号"的11个。

**【宣教科研】** 2017年，闽江源保护区管理局拍摄制作首部闽江源自然保护区生态保护专题宣传片，委托建宁县莲乡网络科技有限公司制作时长10分钟的宣传片，素材拍摄期为一年，已完成文稿撰写、素材拍摄，正在进行后期制作。开展系列宣传活动：组织开展纪念世界动植物日植树和福建省第36届"爱鸟周"活动，设立大型宣传牌1块，宣传栏10个，印发宣传资料800份，活动受众1200人次；9月联合闽江源生态旅游区在闽江源自然保护区宣教馆内举办以"创新驱动发展，科学破除愚昧"为主题的科普宣传日活动，发放科普宣传资料约800余份；10月举办"福建省第27届保护野生动物宣传月"专场活动，参会的200余人员依次在"学法守法 依法保护野生动物——我支持我参与"主题

2017 年 10 月 17 日，全省第 27 届保护野生动物宣传月活动启动仪式在建宁召开

（黄建兰 摄）

签名墙郑重签名。

**【保护区内禁柴改燃】** 2017 年，闽江源保护区管理局与县林业局联合牵头，根据《建宁县禁柴改燃试点工作实施方案》，将保护区所辖部分自然村及森林保护重点村纳入县实施"禁柴改燃"试点，通过资金补助方式，积极引导村民推行禁柴改燃，转变生产生活方式，提高村民生态保护意识。全县列入试点的有濉溪镇大源、高峰、圳头，均口镇黄岭、修竹，溪口镇半元，伊家乡澜溪，里心镇上黎，溪源乡都团 9 个行政村 22 个村民小组 907 户共约 4329 人。该项工作于 2017 年 11 月完成检查验收 907 户，合格 892 户，合格率达 98%。

**【保护区项目建设】** 根据县政府 2016 年重点流域生态补偿资金使用方案。2017 年，闽江源保护区管理局组织实施樱桃岭水土保持建设项目，项目包括樱桃岭区域水灾导致的山体滑坡与道路塌方治理、排水沟修建、沿途林草措施修复，总投资 365.17 万元，年底工程完成总投资的 95%。同时，生态监测站项目建成并通过验收，该项目包括：负氧离子监测仪、测流堰和径流场、林内林外气象观测点、样地测设；项目完成后，将极大地改善保护区科研基础设施条件，提升保护区科研水平。

**【闽江源国家湿地公园总体规划通过省级专家组评审】** 2017 年 4 月 8 日，《福建建宁闽江源国家湿地公园总体规划》通过省林业厅专家组评审，同意上报国家湿地办批准实施。福建建宁闽江源国家湿地公园建设项目是国家级生态保护项目，建设地点位于均口镇，以金溪上游支流宁溪为主体，规划总面积 395.3 公顷，其中湿地公园面积 214.68 公顷，湿地率为 54.31%。项目总投资 5000 余万元，计划 2020 年竣工。在经过专家组实地考察、审阅《总规》文本、听取汇报的基础上，经质疑答辩后，专家组认为福建建宁闽江源国家湿地公园属典型河流湿地，水质优良，生态系统完整，文化底蕴深厚。建立国家湿地公园对保护闽江源头生态系统、改善水环境质量具有重要作用；《总规》编制指导思想和目标明确、保障措施具体、科学合理、编写规范、依据充分、数据翔实，符合《国家湿地公园总体规划导则》要求和建设条件。

**【省林业厅督察组专项督查】** 2017 年 7 月 6—7 日，福建省林业厅组织专家到福建闽江源国家级自然保护区，对保护区内生态环境保护问题整改情况进行专项督查。闽江源自然保护区管理局局长陈炳云汇报了保护区根据环保部、国家林业局等十部委《关于进一步加强涉及自然保护区开发建设活动监督管理的通知》，省林业厅、省环保厅《关于进一步推进自然保护区有关问题整改落实的通知》和市林业局、市环保局《关于落实自然保护区生态环保问题整改的通知》精神，对本保护区存在的问题进行进一步的排查梳理并采取有力措施开展整改落实工作情况。之后，督察组到实地查看保护区内高峰村拦水坝、高源电站、茶园及生态旅游设施，查阅整改工作相关资料，并对保护区进一步做好做实生态环保问题整改工作提出意见和建议。

（郑志英）

# 工 业

□编辑 黄日辉

## 工业经济运行

【概况】 2017年，建宁县经济与信息化局（简称县经信局）围绕壮大工业经济，推动产业升级，实现安全生产，进一步加大对企业的帮扶力度，加强工业调度，抓好项目建设，加快技改步伐，落实安全监管，全县工业经济呈现平稳较快发展势头。新增规模以上工业企业3家，全县规模以上工业企业123家，其中：农副食品加工业30家；林产加工及家具制造业30家；非金属矿产业7家；纺织服装业6家。工业占GDP的比重达到25.7%，拉动GDP增长2个百分点，工业对GDP的贡献率达到24.8%。

【规模以上工业数据】 2017年，建宁县规模以上工业企业完成产值143.39亿元，现价增幅13.69%；其中：轻工业78.65亿元，现价增幅12.31%；重工业64.74亿元，现价增幅15.43%。按隶属关系分，股份制企业115.67亿元，现价增幅13.56%；国有控股企业3.91亿元，现价增幅15.42%；外商及港澳台商投资企业12.14亿元，现价增幅20.71%。规模以上工业增加值完成30.87亿元，同比增长8.5%；全县规模以上工业经济效益综合指数为348.5%，同比增长31.2%；规模以上工业企业完成税收3888.63万元，同比增长20.28%；全县规模以上工业企业累计完成产销率99.74%，较上年同期下降0.49%；累计完成工业出口交货值46876.6万元，同比增长9.58%。完成工业固定资产投资64.15亿元（其中工业技改投资55.83亿元），同比增长25.43%，全市排名首位。全县规模工以上工业用电量累计完成1.85亿千瓦时，同比增长29.32%。

【工业投资】 2017年,全县工业固定资产投资完成64.15亿元，同比增长25.43%，全市排名首位，完成年度目标任务（63亿）的101.82%，其中技改投资完成55.83亿元，同比增长28.62%，完成年度目标任务（47亿）的118.79%。实施省重点技改项目6项，总投资19.9亿元，年内计划完成投资5.36亿元，截至12月末，完成投资5.14亿元，占计划投资95.89%。市级投资千万元以上工业项目35项，总投资50.66亿元，年内计划完成投资13.74亿元，截至12月，完成投资10.57亿元，占计划投资76.95%。实施省级工业新增长点项目6项，截至12月，累计完成产值3.63亿元，新增产值1.01亿元。

【工业用电】 2017年，全县工业用电增势趋好。年内，晶科硅业、铙山纸业、鑫晟矿业等用电大户的用电量增长明显，拉动全县工业用电量的增长。规模工业用电量累计完成1.85亿千瓦时，比增29.32%；其中大工业用电量累计完成1.66万千瓦时，比增25.89%，指标完成良好。

【工业能源消耗】 2017年，县经信局督促工业企业落实节能措施，开展能耗对标、能源审计，淘汰落后产能。全县规模以上工业企业综合能源消耗量 77977.89（吨标准煤）；产值能耗 0.05（吨标准煤／万元），同比减耗 0.01（吨标准煤／万元）。按工业行业门类分，轻工业，综合能源消耗量 68238.42（吨标准煤），产值能耗 0.09（吨标准煤／万元）；重工业，综合能源消耗量 9739.47（吨标准煤），产值能耗 0.02（吨标准煤／万元）；采矿业，综合能源消耗量 1402.51（吨标准煤），产值能耗 0.01（吨标准煤／万元）；制造业，综合能源消耗量 73956.13（吨标准煤），产值能耗 0.06（吨标准煤／万元）；电力、煤气及水的生产等，综合能源消耗量 2619.25（吨标准煤），产值能耗 0.05（吨标准煤／万元）。

## 产业转型升级

【概况】 2017 年，建宁县工业经济围绕"清新花香·福源建宁"建设，通过抓项目、促合作、强支持，积极推工业产业转型升级，促进工业健康发展。年内，全县实施"产业转型升级"项目 49 个，完成投资 19.66 亿元；落实省企对接项目 8 个。2017 年发放鑫晟矿业、兴辉食品等 7 家企业按揭贷款 6230 万元。实施新一轮技术改造专项行动计划，推动企业"机器换工"40 套作（台），支持 1 家企业（福建铙山纸业集团有限公司）成功申报国家级两化融合管理体系贯标试点企业，支持 1 家企业（福建顺通泡沫包装制品有限公司）成功申报三明市两化融合试点示范企业。

【项目建设】 2017 年，建宁县实施"产业转型升级"项目 49 个，累计完成投资 19.66 亿元，占年度计划的 99.34%。其中：12 个签约项目全部开工并完成当年计划，累计完成投资 6.83 亿元，占年度计划的 100%；10 个续建项目累计完成投资 6.69 亿元，占年度计划的 107.8%；8 个增资项目累计完成投资 5.19 亿元，占年度计划的 105.62%；17 个谋划项目中有 2 个转开工，其他谋划项目正在积极推进中，力争项目尽快落地。年内，共有 15 个项目竣工投产，累计完成投资 11.36 亿元，19 个项目完成本年度投资目标任务。

【实现与省企对接】 2017 年，县经信局实现与省企对接：（1）与省交通集团对接洽谈的"中药材基地建设合作项目"，省医药集团公司与文鑫公司已拟定战略合作框架协议。（2）福建闽江源建设发展有限公司成立，该公司二级建筑施工总承包资质已通过许可，开始接手业务；县医院已完成招标程序，正进行建设；乡（镇）污水处理厂及污水管网建设项目里心、均口镇污水处理厂及管网建设项目已完成方案设计及三通一平工作，正在进行过滤池施工；国道过境公路项目纵八线建宁福新至长吉公路已开工建设。（3）与省轻纺控股集团洽谈对接的"铙山纸业战略重组项目"，青山纸业、铙山纸业、县国投公司三方正式签订《铙山"引线纸"项目三方共同投资之框架协议》，2018 年 1 月 31 日正式签订《福建青铙山新材料有限公司之股东正式合作协议》。在此基础上经过充分的前期筹备，2 月 5 日，三方共同投资的福建青铙山新材料有限公司，完成工商注册，并办理相应的税务登记及银行基本账户开立等手续，正式开始经营运作。

【产融合作】 2017 年，县经信局多措并举推动产融合作，与县金融办、人行等部门建立定期对接会商机制，及时将有信贷需求的项目分解给各金融机构，积极促成银企合作，推动破解企业难贷款和银行贷款难问题。2017 年举办产融合作政企银对接会 1 场，融资需求专题会、企业融资现场协调会等 6 场，加强银行与企业间的互动，搭桥助转。充分发挥县企业应急转贷专项资金作用，为企业转贷提供"过桥"服务，2017 年累计发放应急转贷专项资金 9920 万元，累计使用次数 23 次，累计保障企业数 12 家，帮助一批重点企业解决转贷资金筹集难问题。着力推广建宁县园区企业资产按揭贷款工作，积极与县经济开发区、金融办沟通协调，对符合条件的企业积极宣传、主动对接，帮助其争取银行信贷支持，2017 年发放鑫晟矿业、兴辉食品等 7 家企业按揭贷款 6230 万元。

【建宁县与江苏隆力奇集团合作签约】 2017 年 6 月 13 日，建宁县与江苏隆力奇集团意向合作签约仪式在隆力奇总部进行。隆力奇集团有限公司董事长徐之伟与建宁县委书记郑剑波一行在进行深入交谈对接后，双方达成合作意向并签约。建宁县与江苏隆力奇集团根据自身发展战略布局，依托各自资源、产业、品牌等优势，就福建福源生态养生小镇项目建设达成共识，并计划建立合作对接机制，致力实现优势互补、合作共赢。项目计划建设以圳头村铺前氟水温泉为核心区的福建福源生态养生小镇，占地面积约33.33公顷，分期分模块建成包含旅游度假中心、康复休养中心、运动休闲中心、养生保健中心、产品开发中心等五大模块为核心的生态养生综合体。

## 特色主导产业

【概况】 2017年，建宁县工业特色主导产业以林产品、食品加工产品和新材料产业为主，全县规模以上工业企业123家，其中新材料产业4家，食品加工产业41家，林产加工产业27家，非金属矿产业13家，劳动密集型及其他产业38家。

【新材料产业】 2017年，全县共有造纸及纸制品企业4家，龙头企业为福建铙山纸业集团有限公司，年产机制纸及纸制品4.14万吨，完成产值8.71亿元，品牌价值达112.75亿元。新材料产业累计完成产值16.99亿元，同比增长27.39%，占规模以上工业产值11.85%。

【食品加工产业】 2017年，全县共有食品加工企业41家，主要以福建省闽江源绿田实业公司、福建文鑫莲业公司、福建华新食品、福建孟宗笋业等为龙头企业。食品产业主要分为建莲加工、果蔬加工、笋制品加工和粮食加工等行业，2017年完成产值38.23亿元，同比增长10.30%，占规模以上企业产值的26.66%。

【林产品加工产业】 2017年，全县共有家具、木材及林产品加工企业27家，龙头企业为福建爱心木业公司、建宁县鹏程竹业公司等企业。林产品加工企业累计完成产值25.56亿元，同比增长2.10%，占规模以上工业产值17.83%。

【非金属矿建材加工产业】 2017年，建宁县共有非金属矿采选和建材加工企业13家，龙头企业为福建富强石材有限公司、鑫晟矿业有限公司等企业，累计完成产值25.50亿元，同比增长22.39%，占规模以上工业产值17.78%。

(汤 俊)

## 城镇集体工业

【概况】 2017年，建宁县二轻联社（简称县二轻联社）立足行业特点，把握工作定位，认真履职尽责，在加强集体资产监管与运营、促进工艺美术产业发展壮大等方面做出新成绩。组织工艺美术企业参展参赛，参展作品喜获奖项。做好下属企业厂房店面招租，增加收益，资产保值增效。抓好工艺美术人才培训，夯实工艺美术文化产业发展基础。重阳佳节，组织一系列活动，丰富二轻离退休老年人的精神文化生活。积极稳妥地化解二轻下属改制企业历史遗留问题。

【企业参展参赛喜获二银四铜】 2017年，县二轻联社按照参展条件要求，认真策划，组织企业精选作品参加工艺美术文化产业博览会。在4.28莆田艺博会及11.3厦门文博会上，选送十多件根木雕、奇石等工艺美术精品参加第九届福建省工艺美术精品"争艳杯"评选活动、第十二届中国（莆田）海峡工艺品博览会优秀作品评选活动及第十届海峡两岸（厦门）文化产业博览交易会作品评选。在以上参展参赛活动中，建宁选送的作品共获得二个银奖、四个铜奖、三个优秀作品奖。

【省工艺美术大师进村传授技艺】 2017年，县二轻联社贯彻落实县委、县政府产业扶贫政策，服务精准脱贫工作，于11月7日至11日，在溪口镇枫源村举办为期5天的竹编工艺培训班，邀请省竹编工艺大师谢宏星和黄丁福到枫源村开展竹编工艺理论和实训培训。培训班采用现场授课和学员动手相结合的方式，从选材、破篾、抽丝片到编织全套技术循序渐进地进行教学。参加培训的20名学员人人都学会了2~3种竹编工艺品的编织技术，竹编技艺水平得到较大提升。现场教学中，吸引了众多的爱好者和顾客前来观摩订购。

**【厂房设施对外招租】** 2017年，县二轻联社为确保集体资产不流失，建立健全集体资产台账，使得资产得到有效监管。组织和引导3家下属企业（机修厂、二印厂、宏跃木制品厂）充分利用空置厂房设备和地段优势对外招租，每年可创收10万元以上，既盘活资产保值增值创收效益，又为职工大病统筹社保缴费困难解决后顾之忧，改善企业目前生存困难状况。

（县二轻联社）

# 福建建宁经济开发区

**【概况】** 2017年，福建建宁经济开发区是省级经济开发区，范围包括从塔下到渡头沿滩溪两岸地块，北起渡头水库，南至塔下，西至寒坡岭，东至韩家园，总规划面积为15.27平方公里。建宁经济开发区紧紧抓住国家大力推进生态经济区建设的重大战略机遇，以产业集群、项目集聚、土地集约、增加经济总量为主线，以赶超发展、提速进位为目标，以加大招商引资工作力度和提升招商引资质量为手段，以体制创新、机制创新、科技创新和管理创新为动力，不断完善配套服务和投资环境。

**【经济开发区发展壮大】** 2017年，福建建宁经济开发园区作为省级经济开发区经过6年的发展，现有入驻企业41家，规模以上企业32家，投产企业35家，在建企业6家，投资亿元以上企业5家。全年新增入园企业2家（即双祥新型包装、暖万家，总投资2.5亿元）。园区内企业当年完成工业总产值42.46亿元，占年度计划107.22%；固定资产投资9.46亿元，占年度计划113.98%；园区基础建设投资0.87亿元，占年度计划105%；实现税收7150万元，占年度计划100.7%。新增开发土地面积14公顷，一定程度上提高整个开发区的承载力。

**【基础设施】** 2017年，福建建宁经济开发区持续实施开发区路网、路灯、管网、信息化平台建设和标准化厂房等基础设施项目建设，开发区基础设施建设投入5.38亿元（2017年投入0.87亿元），已建成标准厂房195000平方米（2017年新建15000平方米）；完善开发区路桥管网8公里；开发区完成征地281.2公顷，开发土地面积达222.8公顷（2017年新开发土地面积14公顷）；拥有企业服务中心大楼4200平方米，职工公寓30000平方米，配套文化场馆设施3000平方米。

**【产业特色】** 2017年，福建建宁经济开发区按照不同功能区划分为6个产业组团。即塔下特种纸、纸上下游关联及现代商贸物流产业组团；助驾井特色食品、生物及生物医药产业组团；曲滩高端装备制造业、仓储及城市综合体产业组团；渡头机械、五金、水暖、纺织等器材加工产业组团；斗埕新能源、新材料及综合加工产业组团；韩家园信息、环保及轻工产业组团。

**【招商引资】** 2017年，建宁经济开发区按照县委、县政府加大招商引资工作力度的要求，开展"解难题，促落实"攻坚行动。先后在南京召开"建商回归"专题招商会，在北京与《中国企业报》集团签署合作协议。当年，文鑫莲业、绿田食品在"新三板"上市，明一国际、双祥包装、禾丰种业、天力种业、六三种业建宁分公司、兴辉食品等七家企业成为开发区园区项目，绿森能源、大中石油装备、同越管件等一批企业于当年入园。明一国际、双祥包装等重点建设项目进展顺利，福建兴辉食品纯净水、果汁饮料及农副产品加工项目、双祥彩色包装有限公司项目当年实现竣工投产。

**【管理与服务】** 2017年，福建建宁经济开发区认真做好各项经济指标调度。按照生态文明建设的要求扎实做好招商引资、环保安全等工作。当好服务企业的全天候"保姆"，切实做到项目手续协助办理及服务跟踪；抓好挂钩联系企业服务机制，加大政策引领和企业扶持力度，真心实意为企业想办法、出思路、解难题，提升企业发展信心；抓好技改服务，重点抓好明一国际、同越管件等19家顺利投产的企业通过技改获得更好的发展，促进企业增产增效。

**【"建商回归"专题招商会在南京举行】** 2017 年 6 月 13 日，建宁（南京）"建商回归"专题招商会在南京国际青年会议中心举行。南京国晋塑胶有限公司董事长余国进，香港金太阳集团投资有限公司杨煌购先生、江苏省福建商会会长吴建发、南京（三明）商会会长丁明辉等近百名建宁乡贤和客商参加。南京军区空军后勤部原副部长谢启洲，南京雨花台区相关领导，县领导郑剑波、吴国根、陈华伟、黄立辉见证了项目签约。县经济开发区管委会负责人对建宁县招商政策作具体解读，县商务局做了招商项目推介。与会乡贤建言献策，纷纷表示将"带资金、带项目"支持家乡发展。专题招商会在农业、旅游、电商、总部经济等方面签订了 4 个意向项目，意向项目总投资额 5.2 亿元。

**【建宁县与《中国企业报》集团在北京签署合作协议】** 2017 年 6 月 25 日，以"新丝路，新战略，新模式"为主题的第三届"一带一路"园区建设国际合作峰会在北京钓鱼台国宾馆举行。建宁县委常委、副县长王楠，县委常委、宣传部部长阴晓萍应邀出席会议。王楠副县长代表建宁县与来自全国不同领域的 27 个合作伙伴一起参加签约活动。活动期间，建宁县与《中国企业报》集团在北京签署闽江源玫瑰特色小镇合作开发协议。该项目的签约，将立足建宁生态旅游资源，充分发挥《中国企业报》集团中央新闻媒体及企业园区招商的整体优势，共同合作开发建宁旅游产业玫瑰特色小镇。双方将共同争取将建宁玫瑰小镇纳入国家"千企千镇工程"和特色小镇建设总体规划中，落实相关配套扶持政策，创新合作模式与发展模式，立足联合发展，取得互利共赢。

（邓毅楠）

金针花 （刘　玲　摄）

# 交通·运输

□编辑 黄日辉

## 综 述

【概况】 2017年底，建宁县交通运输局共有编制57人。其中：行政7人；所属运管所为副科级事业单位（参公），编制17人；执法大队为副科级事业单位，编制12人；农村公路管理站为股级财政核拨事业单位，编制7人；工程管理站为股级财政核拨事业单位，编制10人；县基础交通建设质量监督站为股级财政核拨事业单位，编制4人。年底全局在编人员42人。其中：行政7人；运管所16人；执法大队11人；农村公路管理站3人；工程管理站、质监站6人。单位编制外人员（驾驶员、打字员、卫生员）10人。年内，县交通运输局紧紧围绕打造"闽赣省际生态产业集聚区"的发展定位，全力攻坚克难，加快建设"四个交通、两大体系"（"四个交通"即综合、智慧、绿色、平安，"两大体系"即便捷舒适的公众出行服务体系和经济高效的现代交通物流体系），推进交通运输现代化，各项工作取得新成效。

【交通运输事业的发展】 2017年，建宁县完成交通投资3.65亿元，交通投资居近年来新高；客运周转量6410.19万人公里，货运周转量51063.48万吨公里；交通建设总体保持增长势头，2017年度获全市年终绩效考评第二名。通过推进四好公路建设，完善家庭承包模式养护，农村公路养护评比全市第一名。在普通公路建设中进行推行推广标准化管理，工程质量管理进一步提升，交通建设投资基本完成省市下达的计划任务。向莆铁路经停建宁县北站的列车共41趟次，浦梅铁路建设有序推进，鹰厦铁路启动前期工作。

## 公路建设

【概况】 至2017年底，全县公路里程1383.68公里，其中：高速公路1条43公里；国道1条64.3公里；省道2条109.4公里；县道8条98.2公里；乡道69条415.1公里；村道576条653.67公里。

【在建公路项目有序推进】 2017年，省道横六线建宁均口至伊家公路于6月建成通车。莆炎高速公路建宁西互通连接线项目，路线全长约8公里，拟按一级公路双向四车道标准建设，路基宽24.5米，估算总投资35700万元。截至年底，该项目已完成地质勘察，通过专家组审查并完成修编，设计单位已完成施工图设计文件编制，正组织专家审查，同时本县正与莆炎公司对接林地和土地报批事宜。农村公路建设项目。2017年，建宁县围绕省纪委和省交通运输厅建宁交通精准扶贫调研给予的切块指标，按照轻重缓急的原则，制定2017—2019年（两年）交通建设攻坚行动方案，对农村公路建设计划进行认真梳理。2017—2019年（两年），建宁县计划实施农村公路单改双（含晋级）22个，建设里程

113.54 公里，计划完成投资 33659.35 万元。截至年底，农村公路单改双（含晋级）已完成清石线等 10 个项目 58.38 公里的施工图设计，其中洪均线等 4 个项目 19.31 公里已开工建设，并完成路基 5.2 公里、路面约 2 公里；通组公路等完成 25.3 公里。

## 【福新至长吉公路项目建设】

2017 年 6 月 23 日上午，建宁县举行首个采用 PPP 模式实施的交通公路项目——建宁福新至长吉公路开工仪式。建宁福新至长吉公路起于建泰高速公路与省道 205 线交叉处，经鲇鱼口和孔家岭之间与建宁城关至武调火车站公路相接，跨县道 773 与原省道 306 相交，经烟坑、长吉，终于墩竹与省道 205 相汇合，项目全长 14.18 公里，按二级公路标准建设，设计速度 60 公里每小时，路基宽 16 米，路面宽 15 米，工程概算总投资 2.66 亿元。截至年底，该项目路基清表已全部完成，完成土石方约 40 万立方米，完成路基约 2.7 公里，桥涵工程已开始施工，完成濉溪大桥桩基围岩，完成投资约 7500 万元。

## 公路运输

【概况】 2017 年，建宁县公路运输按照《建宁县国民经济和社会发展第十三个五年规划纲要》要求，努力构建便捷舒适的公众出行服务体系和经济高效的现代交通物流体系。同时和建设省级文明城市相结合，着重加快县城

公交建设，县公交公司当年新开通公交路线 3 条，县城内拥有 1 至 7 路共 7 条公交线路，新增公交汽车 24 辆，覆盖全城的便捷快速的城市交通初步形成。

【客运】 2017 年，全县拥有客运企业 2 家、公交企业 1 家，出租车企业 3 家，营运客车 48 辆 1169 座位，公交汽车 38 辆 602 座位，出租汽车 50 辆 250 座位，客运总座位 2021 座。截至年底已开通省际线路 8 条，市际线路 4 条，县际线路 5 条，县境内线路 17 条。落实环保责任，促进绿色出行。2017 年新购置新能源公交车 24 辆，已全部投入运营，提前完成了新能源公交置换旧式燃油公交车的任务。2017 年完成营业性公路客运量 82.35 万人，旅客周转量 6392.66 万人公里；"村村通"客运班车工作不断推进。农村客运班车通村率 97.9%。规划新建占地面积 3 公顷的闽赣省际交通运输产业园已开展前期工作，乡（镇）综合交通运输服务站顺利推进，完成汽车北站、里心镇、溪源乡综合交通运输服务站改建任务，伊家乡综合交通运输服务站开工建设。全县有一家二级客运站，一家三级客运站，一家四级客运站，三家五级客运站。

【货运】 2017 年，全县有和兴、承辉、莲乡、同程、乘龙 5 家物流企业，有货车 113 辆，货车总吨位 1140 吨。通过积极落实县政府扶持物流发展政策，开通办证、年审绿色通道，配合县域电商发

展，完善城乡物流配送，指导企业加强管理；鼓励物流企业规模经营，引导其做大做强，新增营运车辆 28 辆，增加 264.84 吨，完成货运量 226.72 万吨，货物周转量 21231.64 万吨公里。全县有 3 家二类维修企业，3 家驾培企业。

（柯朝周）

## 公路养护

【概况】 2017 年，建宁公路养护通过大力实施路面改造、公路绿化、绿化景观提升、公路灾害防治、公路安保、公路水毁修复等工程，实现"养护管理计划规范、公路路况稳中有升、基础设施持续改善、服务品质不断提升"的目标。公路抗灾、防毁能力明显提高，安全保障能力增强，公路养护质量、通行能力、综合服务水平稳步提升。保持"省级文明单位"和"省级模范职工之家"荣誉，建宁县委、县政府授予县公路局"服务建宁发展先进单位"和"综治平安建设工作合格单位"。

【省道、县主干道公路养护】 2017 年，建宁公路分局专养公路养护总里程 153.99 公里（其中省道 117.04 公里）；全年公路养护管理总支出 1894 万元，其中小修保养支出 606 万元，养护事业管理费支出 345 万元，专案工程支出 943 万元。完成国省干线和农村公路移交接养工作。省道 205 线（富下线）泰宁界至城关、省道 306 线（秀里线）城关至上

黎、乡道 Y013（上桂线）上黎至船顶隘变更为国道 528 线；新接养省道 308 线(黄埠至伊家) 20 公里，省道 306 线明溪界至均口、县道 X771（里客线）黄埠至里心、省道 306 线上黎至甘家隘变更为省道 308 线；省道 205 线城关至宁化界变更为省道 221 线。移出县道 X771 线黄埠至客坊段。

【公路修复项目建设】 2017 年，建宁公路分局继续抓好公路修复项目建设：（1）完成 2016 年灾毁恢复重建工程，主要工程项目有改建涵洞 6 道、新建挡墙 2490.83 立方米、路面修复 632.44 平方米、水沟 114.54 立方米以及桥台加固 1 座。（2）完成 2017 年国省道生命防护工程，主要工程项目为急弯或长弯线型诱导标 320 面、国道 528 线停车区告示牌 11 面；完成 13 处为民办实事隐患整治任务。（3）实施 G528 线建宁段平交道口整治 38 处，主要工程项目为平交道口震荡线 26 处、道口桩 47 处、停车让行标志 39 面等。（4）建设建宁段闽江源隧道停车区，该项目是 2016 年 S205 线生态示范公路建设项目，建设文化特色雕塑、闽江源水景、公厕各一处，设置园林小径，停车位，种植绿化乔木 1100 株，地被 3100 平方米。（5）完成 S205 线（G528）343.167—363.568 示范路绿化提升工程，实施老化地面改造、乔灌木补植。（6）新建城关公路站竣工并投入使用。占地面积 644.86 平方米，建筑面积 3054.2 平方米，主要设置有：物质仓库、车库、职工健身房、办公用房、职工餐厅及宿舍等。

【农村公路养护】 2017 年，建宁公路分局全面落实省政府《关于加强农村公路养护的若干意见》精神，成立机构、配足人员、落实经费、细化考评，做到"有人管养、有钱管养、有效管养"。建宁县在三明市农村公路养护评比中获第一名。省级"四好农村路"示范县创建。为贯彻落实习近平总书记对"四好农村路"建设的重要指示和省委于伟国书记批示精神，按照省政府《关于进一步创新农村公路管理体制机制的意见》（闽政〔2017〕50 号）的工作要求，建宁县积极推进建立农村公路路长制度和乡村道路专管员制度，设立县乡村三级路长。成立路长办公室，聘请乡村道路专管员。

（黎秋艳）

## 交通安全

【概况】 2017 年，建宁县交通运输局强化红线意识，落实目标和职责。按照安全管理"一岗双责、党政同责"的要求，层层签订安全责任书，明确各级安全管理职责，把安全管理责任层层分解。当年，县交通运输局被县政府授予安全生产先进单位、平安建设先进单位。

【全县道路交通安全工作会议召开】 2017 年，全县安全生产工作暨道路交通安全工作会议 10 月 7 日召开，会议传达国务院安委会综合督查反馈会精神及全市安全生产工作专题会议精神，安排部署建宁县下阶段安全生产工作。县委常委、副县长陈华伟主持会议，县长陈显卿出席会议并讲话，副县长钟宏华通报了建宁县道路交通安全情况。会议强调要凸显道路交通安全这个关键，持续排查交通安全隐患，严厉打击交通安全违法行为，开展好文明交通行动。

【交通安全专项行动】 2017 年，县交通运输局成立汛期交通安全应急工作领导小组，制定相关应急工作方案，严格按照汛期值班安排，坚持领导带班和 24 小时值班制度。深入创建平安单位，联合公安、安监等部门开展专项行动，推动落实车辆动态监管、客票实名查验，安全生产持续稳定。加强公路小修养护，消除公路安全隐患，保证公路运输的通畅，保障人民群众的出行安全，营造"畅、安、舒、美"的优质出行环境。春运期间交通安全。加大汽车客运和动车站安全管理，查处违禁物品，打造平安出行。加强与派出所执勤民警配合，强化安全检查，2017 年春运期间，查获剪刀 24 件、发胶 31 件、打火机气体 9 件、砖刀 16 件、水果刀 23 件、菜刀 12 件、烟花爆竹 1 件、仿真玩具枪 2 件、尖扳手 18 件、甩棍 4 件、螺丝刀 9 件、多功能刀 7 件、铁锤 16 件等。

（柯朝周）

## 铁路运输

【概况】　2017 年 12 月 28 日的铁路列车运行调图中，建宁往福州方向的列车在建宁县北站共增停 2 趟次，具体为：D2241（成都东—福州）和 D3265（武汉—福州），福州往建宁方向的列车在建宁县北站共增停 1 趟次，具体为：D3264（福州—汉口）。节假日的加班车福州往返建宁方向的各 3 趟次，其中 2 对始发车。截至年底，已争取到经停建宁县北站的列车共 41 趟次。

【建宁县北站列车增停事宜】　2017 年 12 月 8 日，县委书记郑剑波率领县铁办有关人员赴江西南昌就增停建宁往返福州列车停靠建宁县北站事宜与南昌铁路局集团公司董事长王培进行座谈。郑剑波感谢南昌铁路局集团公司多年来对建宁县经济社会发展的大力支持和帮助，同时恳请南昌铁路局集团公司在将要进行的列车运行图调图时，增停建宁往返福州的列车趟次。王培表示，南昌铁路局集团公司将一如既往的支持建宁县老区经济社会发展，在运力紧张的情况下，将根据有关政策合理地安排建宁往返福州停靠建宁县北站的列车趟次。12 月 28 日的列车运行调图中，建宁往福州方向的列车在建宁县北站增停 2 趟次，福州往建宁方向的列车在建宁县北站增停 1 趟次，节假日的加班车福州往返建宁方向的各 3 趟次。

【铁路春运】　2017 年春运是建宁县北站自开站以来的第四个春运，春运期间建宁县北站在旅客候车室、售票厅等营业场所张贴春运公告 50 余张，悬挂灯笼 4 个，并通过广播播报等形式为旅客营造"平安春节""温馨出行"的良好氛围。全站干部职工发扬爱岗敬业、热于奉献精神，为有困难旅客提供优质服务，共提供轮椅 23 人次、寻找遗失物品 37 件、使用爱心卡 19 人次。为方便春节期间雨水天气建县北站旅客验票进站，春节前县铁办为建宁县北站购置帐篷 23 顶，由建宁县北站根据天气情况和旅客售票人数临时搭棚在北站站前广场。春运期间，建宁县北站共平安发送旅客 62804 人，其中高峰日 2 月 13 日发送旅客 3212 人，比去年高峰日增加 121 人，增幅 13%。

【广场管理】　2017 年，县铁办督促站前广场承包单位提升广场绿化景观，做好公共卫生和相关设施设备的维护管理，保持站前广场的干净、整洁。加强广场治安管理工作。建立治安部门与建宁县北站的定期联系制度，遇有旅客滞留或其他紧急情况，及时启动应急预案，做好旅客的安抚和劝导工作。同时拨付给黄坊乡派出所 2 万元的治安联防综治费，加强广场治安动态管理，确保北站广场治安管理的安全稳定。斥资约 2 万元完成站前广场 20 余块创城宣传展图的布置，并对广场上违建的 3 户小卖部进行拆除，保持站前广场的美观、整洁，努力打造乘动车出入建宁的良好形

## 铁路建设

【概况】　至 2017 年底，浦梅铁路建设进展顺利，完成铁路用地征地 328.03 公顷，签订铁路沿线房屋拆除协议 24 幢（25 户），沿线杆线迁改与坟墓迁移工作任务基本完成。施工单位中铁十一局和中铁十七局在各项目工点上足机械人力，精细管理、精密施工，在确保安全质量的基础上，加快施工进度，全力推进项目标段工程建设。12 月底，各重点工程已全面铺开建设，拌和站、施工便道、铺轨基地等大、小临时设施也已全部投入使用。鹰建铁路前期工作开始运作。

【浦梅铁路前期工作】　2017 年，浦梅铁路施工的沿线乡（镇）认真贯彻"以征促动、以动促征、急用先征、先急后缓"的原则，扎实推进浦梅铁路征迁工作。（1）做好铁路正线及大、小临时用地的征地工作。完成铁路用地征地 328.02 公顷，其中：黄坊乡完成主线、临时用地征地共 10.54 公顷；濉溪镇完成主线、临时用地和代征地方项目用地征地共 178.96 公顷；均口镇完成主线、临时用地征地共 138.52 公顷。（2）做好房屋拆除和安置地建设。现已签订房屋拆除协议 24 幢（25 户），面积 10447.97 平方米（含附属房），已拆除 2230.73 平方米。安置地建设方面，只有均口镇完成依山小区安置地的三通一平，其他乡（镇）完成安置地的规划选址。（3）做好杆线迁改工

作。供电、电信、广电、移动、联通、国防长线、闽源电力、铁塔公司等8家杆线部门对铁路建设用地上的杆线迁改总计160处已进行任务认领，已迁改杆线107处，完成迁改任务的67%。（4）完成坟墓迁移工作。沿线需迁移的1073穴坟墓已全部迁移。（5）做好款项拨付工作。共拨付各类款项14646.34万元，其中拨付征迁资金7390.02万元，拨付报批费用7256.32万元。（6）做好用地报批工作。临时用林地共审批14宗，面积30.02公顷；临时用地已报批21宗。（7）.做好建宁南站站房扩容建设工作。县铁办与南昌铁路局浦梅铁路工程建设指挥部对接银行保函和框架协议等有关事宜。

【浦梅铁路工程进展】 2017年，施工单位中铁十一局和中铁十七局在各项目工点上开足机械人力，精细管理、精密施工，在确保安全质量的基础上，加快施工进度，全力推进项目标段工程建设。各重点工程已全面铺开建设，拌和站、施工便道、铺轨基地等大、小临时设施也已全部投入使用。路基：设计26段，已开工16段；完成开挖119.5万方，占设计量499.7万方的23.9%。桥梁：设计38座，已开工22座；完成桩基1332根，占设计总量2537根的52.5%；完成承台87个，占设计总量346个的25.1%；完成墩台身57个，占设计总量354个的16.1%。隧道：设计15座，已开工11座；完成开挖4793.8米，占设计总量19308米的24.8%；完成仰拱3732.9米，占设计总量12927米的28.9%；完成二衬2912.4米，占设计总量19308米的15.1%。便道：设计70.8公里，已完成65.9公里，完成93%。弃土、弃砟场：目前已量地使用中有17处，分别是：武调隧道斜井弃砟场、金溪隧道弃砟场、廖家源进口弃砟场、武调隧道出口2号弃砟场、石窠山隧道弃砟场、黄岭弃土场、廖家源出口弃砟场、修竹村2号弃砟场、下坪3号弃砟场和宁家隧道弃砟场、枫石林村弃土场、莲花山隧道弃砟场、杨家岭1号、2号进口隧道道弃砟场、杨家岭2号隧道出口弃砟场、隆下村弃土场、均口站弃土场、上坑弃土场。

【鹰建铁路前期工作启动】 按照2017年10月19日省政府批复的《福建省中长期铁路网规划》，将规划一条建宁至资溪的普速铁路（自建宁县经江西黎川至鹰厦铁路资溪），规划项目建宁县境内里程15公里，投资11亿元。这条铁路将北接鹰厦铁路，南连正在建设的浦梅铁路建宁至冠豸山段，打通建宁至冠豸山铁路北上通道。11月23日建宁铁办与中铁设计公司对接前期预可研事务，11月27日将各单位汇总材料报送给设计公司。

（谢良济）

2017年12月24日，在建的浦梅铁路建宁石窠山隧道　（县铁办提供）

# 邮政·通信

□编辑　艾玲朝

## 中国邮政建宁分公司

**【概况】** 2017 年，中国邮政建宁分公司创增量、促增收、降成本、提效益、补短板，深化改革、强化管理，加快邮政行业转型升级，推进建宁邮政快速发展。全年实现业务总收入 1695.5 万元，完成预算的 92.3%，比增幅 3.9%，完成收支差完成 154.2 万元，完成预算的 39.8%。营业总成本完成 1575.9 万元，完成预算 116.6%。

**【包快业务】** 2017 年，中国邮政建宁分公司完成包快业务 88.9 万元，完成指标进度 130.8%，同比增幅 144.4%，提前完成省公司提出的全年指标，增幅稳居全区前三。新增协议客户 12 户。

**【报刊函件】** 2017 年，报刊收订流转额完成 337.3 万元，完成 100.7%，净增流转额 12.4 万元，比上年增长 3.8%。其中校园报刊完成流转额 68.1 万元，完成任务 104.87%，比增 18.4%。积极对接县市联动、政务类服务民生和生日礼仪等项目，全年实现营业系统收入 66.82 万元，完成全年收入进度 101.24%，比增 23.7%，收入全区第二，增幅全区第三。

**【电子商务业务】** 2017 年，中国邮政建宁分公司开通"邮掌柜"站点 101 户，激活率达 100%。分销业务实现转型，分销业务完成 71.92 万元，完成进度 100%。主要收入来源：礼包销售 2.18 万元；农药销售 4.53 万元；啤酒销售 4.6 万元；思乡月饼销售 47 万元。

**【增值业务】** 2017 年下半年，中国邮政建宁分公司国税代开发票业务取得新突破，有三个网点已开办业务，全年增值业务完成 10.08 万元，主要收入来源为代缴电费 5.22 万元，代售体彩税票 1.06 万元，代缴话费 3.8 万元。

**【企业管理】** 2017 年，中国邮政建宁分公司强化成本预算管理和动态管控，从水、电、办公用品等入手，厉行节约，规范支出手续，控制业务代办费、安保费、租赁费等生产性成本。同时加强各专业和领军人才队伍建设，进一步完善人工成本配置机制，加强人工成本管控，完善工效挂钩办法，优化企业用工结构。安全管理进一步增强。严格落实安全生产责任制，扎实推进"三化三达标"工作。强化风险合规管理。将金融风险防控与经营管理工作同部署、同推动、同考核，强化内部管控，推进合规文化建设，提升风险防控和风险事件应对能力，坚决遏制风险案件发生。

（杨　新）

## 中国电信建宁分公司

**【概况】** 2017 年，中国电信建宁分公司围绕中心，聚焦重点，以"党建统领，满'翼'100"为标杆党支部建设目标，把党建工作融入企业经营发展中，全面促进企业健康稳步发展。收入份额在本行业内居全市领先，全业务累计收入份额、电信用户到达份额保持全市排名第一，宽带用户到达份额全市排名第二，农村二支局名列全市第二位，政企行业中心名列全市第五位，核心商圈收入名列全市第二位，主厅承包收入名列全市第四位。

**【企业经营】** 2017年，中国电信建宁分公司收入指标完成财务预算口径收入2883万元，完成预算进度的94.41%，同比增幅-2.12%，其中码号型收入增幅0.25%，项目型收入增幅-15.71%。份额指标全年业务累计收入份额34.03%（全市排名第一），收入份额较去年底下降3.88%（全市排名第11）；电信用户到达份额27.15%（全市排名第一），用户份额较上年底提升0.17%（全市排名第七）；宽带用户到达份额62.2%（全市排名第二），用户份额较去年底下降6.02%（全市排名第11）。全年移动业务累计净增2135户，完成225.24%（全市排名第七），月均离网率1.49%（全市排名第二）。其中：真4G占比为67.19%，占比提升22.31%（全市排名第六）；宽带计费用户累计净增1466户，完成152.5%（全市排名第五），月均离网率1.01%（全市排名第四）。其中：百兆占比68.87%，占比提升59.41%（全市排名第四）；高清ITV累计净增4653户，完成96.67%（全市排名第一）。其中：ITV用户活跃率73.85%；高清ITV渗透率61.25%，两率全市排名第一。

**【新增业务】** 2017年，中国电信

建宁分公司各项主要经营指标保持健康、良性发展势头。在新兴业务格局战中，积极捕捉商机，细化4+1+1项目清单，售前、售中、售后全程关注和督促，先后中标建宁互联网＋莲业（VR）、种子产业园WIFI等项目，新兴业务收入（不含流量收入）累计收入530万，占比17.82%。全年累计净增用户份额37.37%（全市排名第二），高清ITV占比61.25%，渗透率提升28.51%（全市排名第二）；在4G格局战中，通过政企团购批量带动，终端销售有力拉动，4G终端用户累计净增份额45.93%、4G终端用户份额30.56%（均全市排名第一），真4G占比67.19%，占比提升22.31%，全年流量收入预算目标完成率107%、累计同比增长38%。

**【网络建设】** 2017年，中国电信建宁分公司全年网络建设总投入1231万元，移动互联网感知率97%，100M宽带用户自助测速合格率97.51%，天翼高清视频业务感知优良率99.84%。全面推进800M重耕，开通141个基站，实现城区、高速沿线、旅游景区、行政村等LTE 800M信号无缝覆盖，有力支撑NB-IOT和VOLTE业务发展；持续推进光网B+LAN改造建设，全年新增FTTH端口3000个，公众客户B+LAN改造资源基本覆盖到位。在运营上，积极有序推进网络优化简化工作，全年完成传统低效DLSAM设备退网12台，传统DSLAM全部完成退网；完成窄带接入网共2182个端口清理工作，网络结构进一

步简化；强化网络防灾抗灾建设，新增县—乡迂回路由5条，新增县—县间出口3条。

**【企业管理】** 2017年，中国电信建宁分公司推进全县八个分（支）局、政企、渠道经营单元承包，推进社区清单化销售体系建设和现场综合化维护，落实目标责任，激发员工活力，完善"倒三角"体系建设。坚持每周例会、每日晒图，及时布置沟通、跟进督促各项工作的执行到位情况，督办行文37件。对阶段性竞赛，进行过程通报，并及时奖罚。依法治企，通过法律手段进行维权，减少企业损失，维护企业最大利益。全年高速公路高压电致损里心靖安机房案胜诉收回10万元、监控杆致损宝马车案损赔费从25万元下降至9.11万元，广告合作费用追缴欠费16万元。

（林南芳）

## 中国移动建宁分公司

**【概况】** 2017年，中国移动建宁分公司深入实施"大连接"战略，推动宽带中国、网络强国、国家大数据战略、"互联网＋"行动计划等一系列国家战略落地，积极融入地方经济社会发展。2017年行业收入增幅差2.1pp，排名全区第二；收入份额达到58.6%，全年提升0.9pp，排名全区第一。并获"市级先进集体""市级文明单位""市级工人先锋号"等荣誉称号，公司党建工作在全区排名第三。

【企业经营】 2017年，中国移动建宁分公司全年实现通信服务收入4798万元，同比提升2.9PP；完成率全区第五，同比增幅1.84%，全区第五；行业收入增幅差1.2%，全区第一。4G客户和宽带用户快速发展。其中4G客户达到3.9万户，渗透率63.8%，年净增0.7万户；宽带客户达到0.9万户，年累计新增0.4万户。全年共缴纳各项税收超92万元，为央企"提质增效"、国有资产保值增值、地方经济发展做出积极贡献。

【业务发展】 2017年，中国移动建宁分公司全年累计网络投资0.42亿元，实现行政村4G网络、宽带网络100%覆盖。全年新建LTE站点114个，行政村LTE网络实现100%覆盖，新建GSM网络基站12个，光缆729公里；新建家庭宽带小区111个，新增端口15320个，全年新增专线58条。并对向莆高铁连线2G无线、传输设备进行升级改造，实现向莆铁路沙县到江西段160公里4G信号全线开通，经现场实测，4G整体覆盖率达99.1%、平均下载速率为11.87Mbps、上传速率3.35Mbps，实现三明高铁4G时代新跨越。

【网络建设】 2017年，中国移动建宁分公司加大建设无线及宽带网络力度，全年新增传输建设643公里。大力建设政府机关及企业单位光缆预覆盖，实现城区、乡（镇）、工业园区预覆盖率95%以上。加强传输网络层次改造及优化，开展重要汇聚机房标准化整治，光缆分层分级目标网建设，同时通过电力光缆纤芯置换协同创新，确保各乡（镇）传输安全，为汛期城区乡（镇）通信传输安全做好保障。

【客户服务】 2017年，中国移动建宁分公司与党政军各类集团开展信息化业务合作，提供优质的互联网、广域网两类专线服务。参与建宁县第九期"雪亮工程"新增视频监控点联网建设项目，全力支撑县政府的治安防控工作，促进社会安定和谐。同时参与县水利局防汛监控项目建设项目，全力保障全县防汛工作顺利开展。

（陈爱珠）

## 中国联通建宁分公司

【概况】 中国联通建宁县分公司（简称建宁联通公司）2001年成立中国联通建宁办事处，2004年，中国联通建宁办事处升格为中国联通建宁县分公司。2016年成立公司党支部，公司现有员工21人，机构设置为：总经理1人，网格总3人，总监1人，下设综合部、政企网格、社区网格和建维网格。2017年，县联通公司牢固树立客户满意是公司的第一追求，深入开展满意在联通、"诚信服务，放心消费——好服务在联通"活动，把客户提供优质服务视为企业的"生命线"，将其贯穿整个工作始终。

【企业经营】 2017年，建宁联通公司收入指标完成财务预算口径收入516万元，完成预算进度的108.40%，同比增幅21.8%。其中码号型收入增幅8.7%，项目型收入增幅7.71%。份额指标全年业务累计收入份额8.03%，收入份额较去年底提升0.88%；移动用户到达份额10.53%，用户份额较上年底提升2.17%；宽带用户到达份额4.2%，用户份额较上年底跌幅-11.14%。

【新增业务】 2017年，建宁联通公司实行混改，各项主要经营指标保持稳定。混改后以构建"智慧建宁"平台，着力在教育、农业、林业、水利、国土、环保、住建、交通、旅游、电力、气象、银行、税务、城管、公安、司法、法院开发行业应用。在互联网＋系列、云平台、物联网、大数据、高清会议系统、掌上办公、电子商务、单兵执法终端、视频监控、数字城管、社区网格化、旅游信息化上助力"清新花香·福源建宁"。

【网络建设】 2017年，建宁联通公司加大在动车沿线投资基站，提升外地到建宁、建宁至外地的用户流量体验，经测试，建宁至省会福州动车流量及信号满意度排名第一。年内移动网4G站点36个，3G站点141个和2G站点66个，人口覆盖率达到71%。城区、镇区、景区的3/4G网络已基本完善覆盖，覆盖率达到85%。4G网络城区覆盖率达90%，镇区实现体验式点覆盖，全县行政村覆盖率为57.2%，还剩39个行政村没有覆盖。

（聂丽冰）

# 商贸流通·对外贸易

□编辑　艾玲朝

## 商业贸易

【概况】　2017 年，建宁县商务局围绕"稳定外贸增长、消费新业态、推进招商引资、加快电子商务发展"为重点，实现商贸流通业健康有序的发展。全年实现社会消费品零售总额 24.12 亿元，增长 11.8%，排名全市第 2，其中限上企业零售额增幅 30.4%，排名全市第 1；电子商务交易额 16.01 亿元，增长 61.04%，网络零售额 11.29 亿元，比增 88.8%。全年，县商务局获得建宁县创"三优"工作先进单位。

【贸易流通】　2017 年，县商务局鼓励商贸企业开展形式多样的展销、促销会，扩大节假日消费以拉动社会消费品零售总额的提升。在全县工业企业领域内，配合县经信部门，做好工业企业单独剥离销售业务单独成立销售公司。鼓励符合条件的商贸行业经营主体注册商贸企业，并发展为

新上限企业。深入开展调查摸底。联合税务、工商、农业、统计等相关部门，对新注册的商贸企业，做到应统尽统，有效防止漏统、误统和谎报数据情况发生。全年新增限上企业 8 家，内贸指标从全市排名 11 位上升到第 2 位，实现县委、县政府的预期目标。

【商务活动】　2017 年 9 月 28 号，由福建省商务厅主办的"八闽电商行——走进建宁"电商大讲堂在建宁县电商园顺利开班，各乡（镇）分管电商工作领导，扶贫办、共青团、妇联负责人、创业青年、电商企业代表、村淘网店等（含建档立卡贫困户）共 180 余人参训。10 月 13 日，全省农村电商助力精准扶贫工作推进会在建宁县召开，参加会议的有全省商务系统及各县市分管扶贫工作的领导 200 余人。会上，省商务厅厅长黄新銮总结我省农村电商助力精准扶贫的成效，并对下阶段电商扶贫工作进行部署，三明市市长余红胜作表态性发言，

副省长李德金充分肯定建宁县农村电商发展及助力精准扶贫工作举措实、成效好。会后，与会人员实地考察建宁县电子商务县级服务中心、网货中心、"食尚三明"建宁体验馆。

【商务综合执法】　2017 年，县商务局加强成品油加油站行政执法检查，对全县 20 家加油站的经营项目逐项检查，重点打击非正规渠道进油现象。落实酒类流通备案登记制度，组织开展酒类商品批发、零售监督以及集贸市场、商场（超市）、餐饮住宿企业安全生产检查活动，落实安全生产标准化工作机制。全年共开展各类行政执法 36 次，投入安全生产资金 3.5 万元；出动执法人员 102 人次、车辆 32 台次，发现安全隐患 32 条、下达整改通知书 32 份，隐患整改到位 32 条，较好维护商贸流通领域的安全生产秩序，商贸流通领域安全生产事故发生率为零。

# 电子商务

**【概况】** 2017年，建宁县商务局坚持把园区作为集聚电商企业、培育电商人才、链接电商平台的首要载体，根据要素集聚、发展集约的目标要求，加快完善建宁电商众创家园载体功能。至12月底，已入驻电商经营主体65家，全县注册电商企业总数205家，电商从业人员4992人。2017年10月13日，福建省农村电商助力精准扶贫工作推进会在建宁召开，会上，副省长李德金充分肯定建宁县农村电商发展及助力精准扶贫工作的举措和成效。电子商务进农村综合示范县中期绩效评价等级优秀，排名位列全省第二名。

**【电商产业园区建设】** 2017年，建宁县电商产业园建立长效机制，稳步推进项目建设。结合国家商务部电子商务进农村综合示范绩效评价意见，建立项目招标管理制度、验收制度、项目资金管理制度、公开公示制度、专家评审制度等常效机制，在项目建设上严格执行相关制度流程，力求规范有序高效。加强入驻企业管理。已有65家电商企业入驻电商产业园，持续完善产业园各项公共服务及相关配套设施建设，提升园区的各项公共服务能力。强化园区网商企业监管力度，制定准入退出管理机制，实施滚动管理，落实监管责任，并定期对运营服务商进行绩效评价考核。

**【乡村电商加快发展】** 2017年，县商务局加大网点覆盖，着力乡村站点布局。在完善电商县级公共服务的基础上，多渠道推动乡、村两级电商公共服务站点的建设。全县建有农村淘宝站点47个，组织完成第一批34个站点验收，已向省商务厅申领农村电商服务站铜牌。强化网货包装，助推农产品上行。结合"一乡一品"，归集9个乡（镇）特色产品和县域传统农业加工企业产品进行网货包装、文创、设计，开展系列农产品上行活动，提高市场占有率。

**【互联网项目实施】** 2017年，县商务局实施3个互联网项目：将全省首批"互联网+"区域化链条化试点的"互联网+建莲"产业建设项目已落地。完成莲业产业信息发布平台和旅游信息平台的系统软硬件安装调试、互联网+建莲VR展示体验系统建模测试及相关配套办公设施设备的投入；县、乡、村三级物流体系项目开工。该项目有利于打通电子商务物流瓶颈，解决工业品下行、农产品上行最后一公里问题；O2O示范街区二期建设项目顺利竣工。该项目吸引众多商业业态入驻，建成后将形成全面网络支付、线上购物、休闲、娱乐和线下体验、互动为一体的商业示范街区。

# 供销合作

**【概况】** 2017年，建宁县供销合作社（简称县供销社）全年商品购进总额完成93471万元，连锁销售额39302万元，农产品购进额23168万元，农产品市场交易额19861万元，日用消费品零售额46564万元，售给农民农业生产资料10956万元，再生资源购进额2754万元，电子商务线上线下销售额5453万元。在全市供销系统年终综合考评中荣获一等奖。

**【社会化服务体系完善】** 2017年，县供销社整合供销合作社农资经营资源，建设农资连锁经营网点2个，按照全国总社行业标准改造提升农资网点8个；新建村级综合服务社7个，巩固提升全县10个农民服务社，领办创办农民专业合作社7家。推动惠农工程建设。建立均口供销惠农服务中心和客坊供销惠农服务中心，全县供销系统实现土地半托管面积达158公顷。里心供销社引进"农商1号"农资电商企业，向农民提供种子、复合肥套餐、测土配肥个性化订制、统防统治等菜单式服务。推动服务转型升级。推进公益性服务与经营性服务相结合模式，建设集农资配送中心、农机植保合作社、庄稼医院"三位一体"农化服务体系，创建省供销社示范庄稼医院1个。

**【注重保护农村生态】** 2017年，县供销社在农资供应服务中加大禁限用农药的质量抽检和巡查力度，严格禁止售卖高毒、高残留农药化肥，特别是草甘膦化学除草剂在县内的销售。帮助农户制定施肥施药方案，提倡化肥农药减量化技术，推广使用有机肥和生物农药，降低农药化肥的使用量。同时在系统内各农资经营网点开展诚信经营活动，活跃"党员110，行动在一线"，深入农资市场把好农资商品质量关，杜绝假冒伪劣农资商品进入市场。2017年，化肥使用量同比减少4980吨，下降24.5%；农药使用量同比减少56吨，下降30.6%；有机肥使用量同比增加1020吨，增长49.97%，有效促进经济建设与生态建设同步推进、污染防治与生态保护同步实施。

**【供销特色电子商务】**　2017年，县供销社打造供销e家建宁县电子商务运营服务中心。全年培训电子商务人才50多人，共有农民专业合作社(电商企业)11家入驻，电商从业人员达到了20多人，产品销售额累计达4124万元。积极探索壮大供销社农村电商。供销社和里心电子商务公共服务中心携手组建供销社电商里心服务站，入驻电商企业16家，网店、微店171家，电商从业人员153人，农产品销售额累计达600多万元。

**【精准扶贫】**　2017年，县供销社认真做好精准扶贫工作。全年帮扶挂钩村精准扶贫资金2万元，结对帮扶9户贫困户，资助贫困户扶贫资金5400元、化肥3600斤。为村民提供土肥植保等技术服务，引导村民与专业合作社开展产业互助合作。供销社领办的建宁聚盛食用菌专业合作社围绕食用菌生产产业，帮扶贫困农户9户，免费提供菌棒12.5万棒。

均口电商服务站在全镇收购槟榔芋23车402吨，带动农户52户，其中建档立卡贫困户11户，并利用电商平台线上销售槟榔芋达281万元。里心电商服务站利用农资电商服务平台，优先为贫困村、贫困户在产、供销领域提供帮扶，带动农户增收节支。

（邹立忠）

## 粮食流通

**【概况】**　2017年，建宁县粮食局全面贯彻落实国家支农惠农政策和粮食收购政策，以落实粮食安全省长责任制目标考核为抓手，认真做好订单粮食收购和各级储备粮的管理，完成县级储备粮轮换，开展粮食流通监督检查，确保建宁县粮食安全。年内，全面完成950万公斤储备订单粮食收购任务，90万公斤县级储备粮轮换任务。2017年，建宁县粮食流通统计工作在福建省国家粮食流通统计制度执行情况交叉检查中，受到检查组和巡查组的好评。

**【粮食收购】**　2017年，县粮食局科学制定各项措施，及时将粮食订单任务分解落实到9个乡(镇)，与2950户粮农签订订单粮食销售合同，并发放售粮卡。扎实做好粮食收购仓容准备工作，同时还对各类收购器材进行维修、补充、校验。积极主动与农发行加强沟通衔接，落实粮食收购资金的贷款，确保及时足额兑付农民售粮款。合理布设收购网点，在乡（镇）布设收购站点9个、

收购仓库23座，总仓容1225万公斤，方便农户售粮。加强对订单粮食直接补贴款的管理和监督，安排专人及时足额把粮款、直补款，通过网银打到售粮农民的一卡通、一折通里。2017年，全面完成950万公斤储备订单粮食收购任务，90万公斤县级储备粮轮换任务。

**【军粮保障供应】**　2017年，县粮食局坚持服务与质量并举，全力做好军粮供应工作。严格遵守军供程序和规定，为部队提供优质粮油和服务，高标准、严要求确保军供粮保质保量完成销售任务。加强对军供粮店管理，准确、及时与军供粮店结算军供补贴差价款，确保军供质量稳定，保密工作落实，粮源渠道可靠。加强与部队联系、沟通，广泛征求部队对军粮供应工作的意见和建议，在"八一"建军节和春节期间，深入部队走访慰问，召开不同形式的军供座谈会。

**【仓储项目建设】**　2017年，县粮食局积极向上争取资金，扎实推进建宁县粮食仓储物流设施扩建项目建设工作。该扩建项目建设用地3260平方米，总投资1000万元，于2017年9月20日举行主体工程开工仪式，该项目将在2018年年初主体工程完工。

**【储粮安全管理】**　2017年，县粮食局积极推行科学储粮技术，围绕仓储工作"以防为主，综合防治"的保粮方针和"经济、安全、卫生、有效"的原则。积极

推行科学储粮技术手段，高标准按"四无"（无霉变、无鼠雀、无虫害、无事故）保管好各级粮食储备。举办粮油安全存储和粮库安全生产培训班，组织干部职工在"粮储云"网站上进行储粮安全业务培训。开展粮食库存检查，确保建宁县储备粮账实相符。对建宁县各级储备粮进行库存专项检查，按照"有仓必到、有粮必查、有账必核、查必彻底"的原则，对库存粮食实物数量进行丈量、计算，并与保管账、统计账、会计账等进行核对。同时对建宁县储备粮的质量、品种、性质等进行抽检。经检查，县级储备粮帐实相符，库存粮食质量合格、安全卫生。

**【粮食流通监管】** 2017年，县粮食局督促各粮食企业做好相关统计工作，对各类涉粮企业人员开展统计培训，指导建立统计台账、报送粮食流通统计报表。粮食供需平衡调查、情况预测工作。2017年确定9户农户、6户居民作为城乡居民固定调查户，指导调查户规范填写粮食消费调查台账。同时确定3个价格监测点，及时提供第一手的粮油价格信息。合理布点，保障应急。加强对建宁县的10个粮食应急供应网点、2个应急粮食加工厂进行监督检查，确保粮食市场安全稳定。开展粮食流通专项检查。按照"两随机、一公开"的方式多次对建宁县的粮食经营企业、个体粮食经营户开展粮食监督检查工作。县粮食局为确保粮食质量安全，按照一定的区域分布，到各乡

（镇）抽取20份样品送省粮油质检所进行质量检测鉴定，并对粮食加工企业的粮源进行不定期、分批次抽查，大米采取每季度抽检一次，主要检查大米的水分、杂质、色泽、有无霉变、黄粒米等情况，抽样结果建宁县粮油均达到国家食品卫生标准。

**【责任制考核工作】** 2017年，县粮食局全面落实粮食安全省长责任制考核工作，确保粮食安全政府责任制考核工作落到实处，对照2017年的考核内容逐条进行认真研究、部署，对相关考核办法进行归类细化，补齐粮食安全工作短板，解决粮食安全薄弱环节，建立粮食安全保障体系。做好和完善内业材料收集、整理、归类、装订和自评打分。积极主动与相关部门沟通、协调、争取、配合，在落实中不断完善，确保在规定时限内，将建宁县粮食安全省长责任制工作落到实处，圆满通过市政府对建宁县粮食安全省长责任制工作的考核。

（张燕美）

## 烟草专卖

**【概况】** 2017年，建宁县烟草专卖局、三明市烟草公司建宁分公司（以下简称县烟草局〈分公司〉）牢牢把握稳中求进工作总基调，全力以赴打好做强烟叶、做精卷烟、做实基础三项工作，企业呈现良好的发展态势。全县落实烟叶种植面积2173.33公顷，收购烟叶8.25万担；完成卷烟销

售4745箱，销售额达1.31亿元；查处卷烟案件22起、烟叶案件1起，罚没款3465元。2017年，被县委县政府授予"2017年度服务建宁发展先进单位""2017年度企业纳税贡献奖"等荣誉称号。

**【烟叶生产】** 2017年，县烟草局（分公司）着力推广适用技术，抓好烟叶生产工作。全年，推广"集中育苗、统一管理"育苗面积475公顷、"统一剪叶"面积429公顷、烟蚜茧蜂生物防治1913公顷，落实稻草溶田面积900公顷、生石灰和白云石粉溶田面积107公顷、施用菜籽饼肥619吨，实施揭膜高培土1267公顷。积极做好优化烟田布局，全县优化易涝田、重病田等337公顷。全县签订烟叶生产收购合同1897份，落实合同面积2173.33公顷，合同收购量7.58万担。全县实际收购烟叶8.25万担，烟叶产值1.26亿元，均价1526元/担，户均收入6.64万元，实现烟叶税2599万元。

**【卷烟销售】** 2017年，县烟草局（分公司）多措并举，采用两烟协同"挖潜力"、项目跟踪"找亮点"、旅游对接"增特色"、新品培育"注活力"等手段，做好卷烟销售工作。年内，进入重点项目工地开展工地营销8场次，在各乡（镇）开展120场次的墟日驻店助销。全年销售卷烟4745箱，同比增加78箱，增幅1.7%。总量增幅全市排名第五，年度任务进度排名第四，圆满完成上级下达4643箱的年度目标。其中，

省产烟占比达 66.3%。销售额 13089 万元,同比增加 389 万元,增幅 3.1%;条均价 110.3 元,同比增加 1.5 元,增幅 1.4%。

【专卖管理】 2017 年,县烟草局(分公司)认真履行监管职能,强化专卖管理,维护市场秩序。全年受理咨询 22 起、处理投诉 1 起,发送手机短信 1100 余条,出动执法力量 853 人次,查处案件 23 起,查获卷烟 4.4 万支。其中真烟 3.6 万支,假烟 0.8 万支,案值达 4.7 万元,罚没款 3465 元。开展打击"互联网 + 物流寄递"领域涉烟违法犯罪活动专项行动,查处物流寄递案件 12 起。开展非法经营烟叶原料专项行动,查处违法经营烟叶案件 1 起,查获烟叶 1.52 吨,案值 7.36 万,并移交公安立案调查。开展无证经营卷烟专项行动,查处无证经营户 8 户。对违法违规卖烟大户进行专项治理,取缔 1 户违法违规卷烟经营大户。

【烟基项目】 2017 年,县烟草局(分公司)继续实施烟基项目,有序推进现代农业。全年,投入烟基建设资金 564 万元,建成项目 45 个,共涉及 7 个乡(镇)21 个村,受益基本烟田面积 587 公顷,受益农户 1040 户。截至 2017 年 12 月 31 日,烟草援建"九华山水源工程"项目已完成总体工程的 49.7% 的工程量,第一批援建资金 1138 万元,已拨付到位。

【文明创建】 2017 年,县烟草局(分公司)积极组织开展社区共建、创城宣传、文明督导等社会志愿服务活动,持续深化文明创建工作,顺利通过第十三届省级文明单位届终考评。全年开展志愿服务活动 23 场次,志愿者累计服务时长达 2570 小时。主动参与帮扶共建,与客坊乡敬老院、市好人榜好人李海福遗属、贫困学生刘贤英、五户特殊困难户、13 户贫困户建立帮扶关系,为困难烟农、困难零售户、贫困留守儿童、空巢老人等捐献物资和捐赠生活补助款,认真履行社会责任。

# 对外贸易

【概况】 2017 年,县商务局围绕"清新花乡·福源建宁"的全域融合发展理念,充分发挥闽赣省省际生态产业集聚区的职能作用,强化招商引资服务,对接落实外贸发展配套政策,促进外贸健康发展。年内,全县引进项目 74 个,总投资 63 亿元;实际到资 1107 万美元,比增 8.7%,排名全市第 5 位。完成外贸出口 8.7 亿元,比增 13.8%。

【外资外贸】 2017 年,县商务局主动与外资企业沟通协调,加大在谈项目跟踪力度,强化对已注册但资金尚未到位的项目督促与服务,促进资金到位,外资外贸有新突破。新备案 1 家外资企业(建宁县创宁环保科技有限公司),引进外资 1000 万美元。鼓励符合条件的企业申办自营进出口经营权,不断挖掘外贸进出口潜力,引导绿田、文鑫、孟宗等重点出口企业拓展海外市场,大力发展跨境电商,扩大经济外向度。全年外贸出口完成 8.7 亿元,比增 13.8%,新增外贸出口企业 3 家。

【招商引资】 2017 年,县商务局根据《建宁县 2017 年招商引资工作方案》(建委〔2017〕29 号文件),成立 6 支县招商团队和 9 个乡镇招商团队。加大招商力度,创新招商方式,形成大招商、招大商格局。积极"走出去"。先后举办北京、南京、江西、福州、漳州、厦门等 6 场专场招商会,共签订战略合作协议 12 项、28 个项目,取得良好成效。主动"请进来"。利用春节返乡之际,及时召开返乡电商座谈会,宣传建宁县优惠政策,鼓励在外电商返乡创业,以真挚的感情吸引外来客商,诚心"留得下"。着力提升服务意识,强化服务措施,为签约落地企业提供政策、资金和用工等方面支持,帮助企业解决开工建设、生产经营过程中遇到的困难,营造良好的亲商、和商、安商氛围。2017 年,全县共引进合同项目 74 个,总投资 63 亿元;意向项目 32 个,总投资 45.45 亿元。

# 财政·税务

□编辑　艾玲朝

## 财　政

【概况】　2017年，建宁县财政局深入学习贯彻习近平总书记系列重要讲话和十九大精神，牢牢把握中央支持海峡西岸经济建设、老区苏区发展等政策机遇，围绕打造闽赣省际生态产业集聚区的发展定位，深化财税体制改革，加强财政收支管理，促进经济结构调整和增长方式转变，为全县经济社会发展的需要提供财力保障。全县公共财政总收入完成42810万元，完成年初预算94.96%，比上年增长8.98%。其中:地方公共财政收入完成31813万元，完成年初预算的104.01%，比上年增长6.1%；全县公共财政总支出186882万元，比上年增支40215万元，增长27.42%。基金收入23079万元，比上年增长67.69%，基金支出25884万元，增长44%。

【支持经济发展】　2017年，县财政局继续支持做深做细种子、莲子桃子、梨子等特色产业，大力引进科技含量高、产品升值空间大、创税多、节能环保的企业，促进产业结构升级。加快物流产业发展。支持物流集散中心建设，将物流产业培育成为带动建宁经济社会发展的重要引擎。支持加快旅游产业建设。围绕"清新花香·福源建宁"主题，持续加大对旅游业投入力度，全年安排并拨付旅游促销与宣传专项经费500万元。及时拨付省市旅游专项资金217万元给项目单位，从地方政府债券资金中安排3000万元资金，确保项目进度的实施，促进县旅游业的发展。加强拓宽融资渠道。通过融资平台公司，争取信贷资金，有效缓解工业园区发展、城市建设等存在资金瓶颈问题。

【收入征管工作】　2017年，县财政局及时把握建筑业、房地产等重点税源行业的发展变化，重点跟踪34个重点税源企业，剖析财政收入的结构，挖掘财政收入增长新亮点，地方公共财政收入增长6.1%，增幅居三明市第八位。继续加大跑省跑部的力度，做好挂钩帮扶项目跟踪，以及各项基础数据的收集整理工作，最大程度争取省对建宁县财政资金支持力度。积极争取上级财政对县资金均衡调度的支持。向上争取调度资金61673万元，极大地缓解县财政支出的资金压力，确保全县工资按时发放和县乡政权正常运转。

【惠民政策落实】　2017年，县财政局做好精准扶贫开发。县级财政预算安排专项扶贫资金1200万元用于专项扶贫。落实强农惠民政策。继续做好各类农业政策性保险工作，发放农业支持保护补贴资金和种粮大户补贴资金，做好危房改造资金发放、个人首次购买商品住宅财政补贴、黄标车提前淘汰处理补贴发放等工作。增加支农投入。全年县财政支农资金共投入13842.49万元，支持农业基础设施和生态建设、增加科技投入、农业结构调整、农村专业合作经济组织加快发展、新农村建设、农业综合开发高标准农田建设、小流域建设、一事一议财政奖补工作等，改善村容村貌，促进农村经济发展和农民持续增收。

**【民生保障投入】** 2017年，县财政局整体推进义务教育经费保障机制。安排专项经费资补义务教育和非义务教育，改善教学环境。支持公共文化服务体系建设。实施文化惠农工程建设，支持送文化下乡活动，各类文艺专场演出十余场，为重大赛事等项目提供资金扶持。成功举办"福源建宁·花海跑·花海骑行"，2017年全省青少年篮球、排球锦标赛、羽毛球暨中学生联赛。保证社会保障和就业支出。逐年加大本级预算对社会保障的投入，切实保障人民群众的民生问题。安排企业职工基本养老保险金，不断解决老有所养的问题。落实城市低保资金和农村低保资金，保障城市困难居民和农村贫困人口的基本生活。全面实施农村新型合作医疗补助，按序时进度及时足额拨付资金，保证基层开展基本公共卫生服务。做好一事一议财政奖补的各项工作。2017年，县一事一议及美丽乡村试点工作在9个乡（镇）开展，共50个项目。

**【政府采购改革】** 2017年，县财政局通过技术手段，固化规范业务流程，实现交易全过程在线运行和电子化留痕，对采购需求确定、代理机构选择、采购结果产生及确认等环节进行事前、事中、事后实时监控，让采购活动全过程都置于监督之下，增加交易执行的透明度，规范采购单位权力运行。

**【财政资金监管】** 2017年，县财政局积极开展财政政策、惠民政策落实情况专项检查，加强对扶贫领域监督，抽调业务骨干，组成工作组对乡（镇）的债券资金、以工代赈资金、农村安全饮水资金、低保资金、少数民族发展资金、国家扶贫改革试验区资金、美丽乡村建设资金的使用情况进行检查，形成检查报告并下发整改通知。健全"小金库"治理长效机制，开展会计信息质量检查，实现对被查单位全方位监督。同时抽调业务骨干，积极配合县纪委巡查办开展巡查工作，确保财政政策有效落实和资金安全规范运行。

**【财政队伍建设】** 2017年，县财政局积极开展"两学一做"活动，抓好全县财政系统民主评议政风行风活动，认真开展"说办就办、办就办好"活动，切实提高机关作风和效能建设水平，进一步营造良好的发展环境和氛围。定期组织财经法规、支农政策等政策和业务学习，加强会计从业人员继续教育，提高财政干部业务素质和依法行政、依法理财能力。不断加大落实精神文明、计划生育、综治、驻村工作等责任制，确保各项工作顺利有序发展。

（宁发明）

# 税务

**【概况】** 2017年，建宁县国家（地方）税务局（简称县税务局）以"稳中求进带好队，规范管理收好税，税企互动优服务，突出重点促发展，奋力创先争绩效"为工作主题，深化改革，注重集成，真抓实干，各项工作任务取得良好成效，被三明市国税局主要领导批示表扬5次，被县政府主要领导肯定性批转1次，获中国税务报、福建日报等新闻媒体正面报道6次，并在省级文明单位、文明行业、青年文明号的考核检查中受到好评。

**【税收征管】** 2017年，建宁县共组织入库税收收入3.09亿元，同比增收2689万元，增长9.54%。其中：国税税收收入1.71亿元，完成年度计划14600万元的117.04%，增收4719万元，增长38.15%；地税税收收入1.38亿元，完成年度计划13818万元的99.77%。国地税中，完成县本级收入1.82亿元，同比增收697万元，增幅3.99%。落实好各项税收优惠，累计减免税2633万元，其中促进小微企业发展减免772.74万元，支持三农减免1377万元。落实"放管服"改革，推进出口退税审批权下放和出口企业分类管理，办理出口退税169万元。联合县政协撰写的《关于大力培育扶持总部经济促进欠发达地区快速可持续发展的建议》得到省委常委、常务副省长张志南和省政协副主席薛为民的批示。

【税收执法】　2017年，全县完成税收执法督察自查和疑点信息核查，做好简政放权与纳税服务、后续监管同步推进。开展内控机制自我评估和全面分析评估，试点重大税收执法决定法制审核制度。开展打击发票违法、骗税等活动。全年查补入库税款189万元，占直接收入比重1.31%，有力地整顿和规范税收秩序。注重打造重大税务案件陪审员机制升级版，推出升级陪审员构成、升级审理内容、升级国地税合作、升级执法风险防范"四个升级"，法制创新工作继续走在全市国税前列。

【协同控税】　2017年，县税务局加强征管互助，提高征管效能。强化部门配合、借力数据平台入手，向工商、国土、住建等个部门获取600余条涉税信息。移送公安案件2起，协同公安调查案件6起，公安协助追缴欠税133万。通过邮政网点代开发票金额43.13万元，代征税费1.29万元。依托内部信息系统，运用互联网＋大数据，加强与人行、国土、商务等部门联系，掌握非居民税收风险信息，组收非居民企业所得税178万元，占全市同期税款66.1%，同比增长984%。非居民

税收管理取得历史性突破，相关经验做法被三明市国税局主要领导批转全市借鉴。

【纳税服务】　2017年，县税务局推进便民办税春风行动，开展"春风进万家"大走访，收集意见建议63条、辅导营改增纳税人820人次、发放辅导资料310份。推进"互联网＋税务"，推行24小时自助办税服务，推广O2O涉税发票申领、"二维码开具增值税发票"以及手机代开发票APP等便捷办税方式。依托国、地税未分设优势，在三明市率先实现国地税"一窗通办"，纳税人平均办税时间减少60%，真正做到让纳税人"进一道门，排一次队，到一个窗口，办两家事"。"一窗通办"经验做法先后被县政府主要领导批转全县借鉴并被《三明日报》刊登报道。

【绩效管理】　2017年，县税务局加强保密、信访、安全、门户网站和舆情管理，清理收回出借资产，盯紧公务用车、公务接待等执行情况，稳妥推进公务用车改革。面对近两年绩效管理成绩落后的不利局面，县税务局上下卯足干劲，奋勇拼搏，以不回避、不遮掩的态度，找准短板，

逐个整改，迎头赶超，在三明市国税系统绩效考核中，"互联网＋政务服务"等多项量化指标在全市名列第一，绩效管理成绩由2016年全市第12名一跃上升到第2名，圆满实现打好翻身仗的目标。抓绩效的思路做法先后2次获得三明市国税局主要领导的表扬性批示。

【税务队伍建设】　2017年，县税务局深入开展新一届省级文明单位、青年文明号以及文明行业创建活动，并顺利通过考评验收。加强人才培养和人文关怀，做好干部选拔任用，厚植干事创业氛围；开展"岗位大练兵、业务大比武"活动。1名干部在三明市纳税服务"业务大比武"中成绩优异，被纳入三明市国税局"素质提升'115'工程——岗位能手"。深化"一局一品"国税文化建设，打造办公楼围栏文化、走廊文化、展厅文化三个平台，构建符合建宁税务特色的文化传播新阵地。在县经济工作会议上，被建宁县委、县政府表彰为"2017年度服务建宁发展先进单位"，这是该局连续八年获此荣誉，并获评"2017年度综治平安建设工作先进单位"。

（刘方雄）

# 银行·保险

□编辑 艾玲朝

## 中国人民银行建宁县支行

【概况】 2017年，建宁县共有工行、农行、建行、中行、邮储银行、农村信用联社、刺桐红村镇银行等银行分支机构7家，保险公司分支机构5家，小额贷款公司1家，融资性担保公司3家。中国人民银行建宁县支行（以下简称县人行）积极贯彻落实稳健货币政策，认真履行基层央行职责，坚持转型发展和风险防控并举，积极推进经营创新，为促进辖区经济持续健康发展提供积极支持。截至12月末，全县金融机构本外存款余额为75.59亿元，比年初增加5.05亿元，同比增长7.2%；各项贷款余额为36.16亿元，比年初增加4.76亿元，增长15.2%。全县不良贷款余额6469.53万元，不良贷款率1.79%，比年初下降1.11个百分点，不良率始终保持在全市的较低水平。

【金融服务提质增效】 2017年，

建宁县以落实"货币政策＋宏观审慎"双支柱调控框架为核心，多措并举引导金融回归服务实体经济。加强"窗口指导"，引导金融机构更好支持企业供给侧结构性改革，将优化信贷结构和加大对重点领域和薄弱环节的信贷支持结合起来，把握好信贷投放总量和节奏；引导金融机构加大对小微企业、"三农"信贷支持力度，带动信贷规模适度均衡增长。至年末，全县金融机构各项各项贷款余额为36.16亿元，比年初增加4.76亿元，增长15.16%；其中农村中小企业贷款余额8.41亿元，比年初增加5111万元、增长6.47%，全辖10个县列第四位，金融对实体经济的支持力度不断加大。

【金融风险防控】 2017年，建宁县主动作为，坚持问题导向，紧紧守住金融风险防线。县主要领导亲自部署协调，以强化银行、政府、司法等部门的协作为手段，加强金融机构不良资产风险防控。县人行密切加强对房地产市场、

融资担保行业等重点领域风险监测和排查，关注银行机构资产质量变化情况和流动性风险状况，及时向地方政府、有关部门和机构提示风险，积极参予不良贷款处置工作，推动"不良贷款处置会商机制"顺利运转。截至12月末，全县不良贷款余额6469.53万元，不良贷款率1.79%，比年初下降1.11个百分点，不良率始终保持在全市的较低水平。福州中支领导在建宁县开展金融稳定调研时，对福建铙山纸业信贷风险化解做法给予高度肯定，该案例在《福建货币信贷动态周刊》2017年第23期刊登。

【金融精准扶贫有效推进】 2017年，县人行以打好脱贫攻坚战为重点，推进金融精准扶贫示范县创建。有效实施五项精准对接、打造无缝式金融扶贫链，全县建立2个金融扶贫示范乡、3个金融扶贫示范村和6个金融扶贫示范企业。截至12月底，全县金融机构各类精准扶贫贷款余额为16887万元，较年初增加14992

万元，共扶持建档立卡贫困户921户。全县建档立卡贫困户1644户5078人，其中脱贫户806户2561人。《三明日报》、建宁县新闻、建宁县扶贫办、微信公众号等新闻媒体对建宁县金融精准扶贫工作进行大力宣传和推介，网易、搜狐等主流网站对此进行转载报道，相关信息调研分别被《福建省金融精准扶贫专题》2017年第8、第12期，《福州中支调研与分析》2017年第6期采用。

【普惠金融服务】　2017年，人行建宁县支行以全面落实推进普惠金融发展规划为抓手，不断提升自身金融服务与管理水平。商业汇票电子化率2016—2017年连续两年达100%，此项工作得到福州中支领导的批示嘉奖。加快农村助农取款服务点标准化升级改造进程，构建更加完善的支农、惠农、便农"支付绿色通道"。服务点支付业务量大幅提升，比2016年同期增长72.70%。组织举办金融系统青年"技能比武"大赛，开展反假货币宣传进学校、农村、市场专题活动、"普及金融知识守住'钱袋子'"进老年大学等系列宣传活动，树立人民银行亲情化服务，普惠金融深入民心。

（伊毅青）

## 中国银监会建宁办事处

【概况】　2017年，中国银行业监督管理委员会三明监管分局建宁办事处（简称县监管办）全面贯彻落实福建银监局和三明监管分局的各项工作部署，紧紧围绕县委、县政府的中心工作，确保辖区内银行业安全稳健运行。当年，建宁县不良贷款率全市最低、信息调研上报刊发全市第一，存贷款业务良性发展，产品创新实现多个首创。截至2017年12月底，全县银行业机构不良贷款率1.79%，比全市平均水平低1.63个百分点。

【监管能力建设】　2017年，建宁县监管办注重与当地政府、各部门及个金融单位的工作交流反馈。充分利用呈阅件、协会简报、分析会、协调会、调研会等途径向县委、县政府汇报工作情况，通报监管政策，反映工作问题，积极争取当地政府的支持和理解。强化非现场监测分析。全年审核各类非现场监管报表800余张，完成报告40余份，基本实现零差错、零迟报。自主设计监测报表6张，按月监测分析辖区银行业运行情况。积极配合现场检查。累计投入72个工作日，参加2个现场项目检查，担任1个项目主查，共发现各类问题44个，涉及违规金额7.62亿，查处违规责任人26人，提出监管意见20余条；积极配合分局行政处罚工作，完成分局8件行政处罚案件的审理工作，1人抽调省局协助完成6件行政处罚案件的前期审理。加强银行业协会建设。指导协会完善各类工作制度、程序，规范协会运作，开展合规管理专题讲座等活动，重塑银行合规文化。加强信息调研，当年本办上报的调研信息被省局金融信息刊物采用3篇，被分局金融信息刊物采用10篇，信息采用分数位列全市县办第一，其中两人信息采用分数进入市分局前十名。

【增贷化险工作】　2017年，县监管办着力抓好跟踪督导。综合采用约谈、走访、通报等手段加大督导力度。全年召开监管通报会2次、专项督查6次、约谈机构负责人12人次、下发风险提示单5份、监管走访40余次。抓协调化解。推动成立福建铙山纸业集团有限公司存量银团贷款，稳定企业债务预期。参与县政府组织的企业贷款风险协调会，帮助协调解决风险企业贷款问题。抓清收处置。督促各机构向上争取不良贷款处置政策倾斜，支持联社加快自主核销。全年共清收处置不良贷款16400万元，占全年新发生不良的136.7%。抓存量缓释。严密关注两家法人机构大额贷款情况，开展无还本续贷和审批权限下放专项调查，确保风险降到最低。

【金融服务】　2017年，县监管办开展储蓄存款竞争专项整治，通过暗访、召开专题会议、重申监管要求三步走活动，规范各机构储蓄存款竞争行为。开展理财产品"双录"专项督查活动。督促银行配齐"双录"设备，实现理财产品专柜销售、专区办理。开展农信社消费者权益保护专项评估，督促进一步完善消费者保护工作机制和工作流程。积极配合市分局认真处理群众信访举报，切实维护群众合法权益，收到信访群众来人、来信感谢3次。实体经济服务明显改善。全县各项贷款同比增长12.10%，高于全市平均增速2.83个百分点；增量存贷比达到90.44%，位居全市第二，比全市平均水平高59.8个百分点，法人机构涉农贷款指标全面完成。

【金融创新】 2017年，县监管办推动成立全市首家存量银团贷款（即福建铙山纸业集团有限公司存量银团贷款），获县委、县政府肯定。积极稳妥推广"福林贷"，完成市里下达任务的119.15%。建宁农行成功推出全国农行系统首笔林业收储贷款及全省农行系统首款针对烟农的"互联网+"金穗快农贷。企业资产按揭贷款试点稳妥推进，无还本续贷工作全面开展。

【金融扶贫】 2017年，县监管办督促辖内机构加大"三农"信贷投放。全县涉农贷款余额和农户贷款余额分别比年初增加23732万元和22597万元，法人机构涉农贷款同比增速指标顺利完成。开展小微企业贷款专项督导，加大小微企业信贷支持，法人机构三个不低于目标顺利完成。力推金融精准扶贫，推进分片包干、信息共享、按月监测通报、监管约谈等工作机制。全县共发放基金担保扶贫贷款815户、3490万元；发放建档立卡贫困户贷款3120万元，比年初增长211.4%，全县精准扶贫户信用建档面100%。金融扶持贫困户793

户，占全县精准扶贫户的41.4%。

【自身建设】 2017年，县监管办认真开展"两学一做"专题学习教育和党的十九大精神学习贯彻活动，运用集中学习、研讨、自学、撰写体会等多种形式，对照党章党规、习总书记系列重要讲话及"两学一做"要求，做到"一手抓党建、一手抓监管"，打造风清气正的监管队伍。确实加强办事处财务、印章、保密等管理，确保全年安全运行无事故。积极参加第五党支部"一支部一品牌"建设，指导联社做好党员示范户的规范、发展、扩面工作。截至2017年11月末，累计发放党员示范户贷款695笔、7460万元，帮助发展创业项目244个，结对帮扶贫困户987户。

（支晓燕）

## 中国工商银行股份有限公司建宁县支行

【概况】 2017年，中国工商银行股份有限公司建宁支行（以下简称建宁工行）下设客户部和业务部两个部门，共有员工15人，其中行长1名、副行长两名。2017年，建宁工行主动适应经济发展新常态，坚持以客户为中心，以市场为导向，以效益为目标，以创新为动力，深化落实大零售战略及全公司战略，积极拓展市场，优化信贷结构，增强资金实力，提高资产质量，各项业务均取得长足的发展。各项存款增量比率同业排名第一，获市分行"三年规划"进步奖第一名。各项存款

余额24960万元，各项贷款时点余额15236万元。不良贷款余额115万元，较年初下降242万元，不良贷款率0.75%，较年初下降2.06%。

【经营情况】 截至2017年底，建宁工行各项存款余额24960万元，较年初增长8908万元，增量同业排名第一（其中：对公存款余额17629万元，较年初增长7584万元；储蓄存款余额7331万元，较年初增长1324万元）。各项贷款时点余额15236万元，较年初增长2531万元（其中：公司贷款余额10089万元，较年初增长3199万元；个人贷款余额5147万元，较年初减少668万元）。不良贷款余额115万元，较年初下降242万元，不良贷款率0.75%，较年初下降2.06%。

【业务发展】 2017年，建宁工行紧紧围绕"零售先行、项目优先、表内活化、受托快处"的工作主线，持续抓好客户营销，稳步推进"三年规划"工作目标的落实。严格控制新增不良贷款，超额完成建宁县委、县政府下达的不良防控任务。加大贷款营销力度，不断优化信贷结构，积极扩大贷款规模，立足于铁路、高速公路、风电等重大基础项目的扶持，带动存款及结算业务的发展。优化外拓团队，全面夯实个金基础，优化人员配置，充分调动全行员工的主观能动性，化被动为主动，主动出击，举全行之力，积极开拓市场，针对性开展"进乡入村"营销活动，获分行个

人有效拓户完成率第一。

【企业管理】 2017 年，建宁工行全面贯彻落实党建工作及党风廉政建设工作要求，深入开展"两学一做"教育活动，加强贯彻中央八项规定、六条禁令，纠治"四风"不放松，为全面高效地履行基层党组织职能提供坚强的思想、政治和组织保障。以"业绩一流、管理一流、服务一流、人才一流、文化一流"为目标，加强青年员工队伍建设。根据县域特点和资源优势，实行网格化营销，做好客户拓展工作。加大案防工作力度，强化内部控制，做好风险事件应急演练预案，包括防抢、防盗、防火、反欺诈预防演练，强化风险防范意识。2017年支行荣获"市级青年文明号"优秀称号，并连续多年获得"县级文明单位"荣誉称号。

(万舒丽)

## 中国农业银行股份有限公司建宁县支行

【概况】 2017 年，中国农业银行股份有限公司建宁县支行（以下简称建宁县农行）内设综合管理部、工会工作部、公司业务部、个人金融部、信用与风险管理部、计划财会管理中心、运营管理部5 个部门，下辖支行营业室、濉城支行、人和支行 3 个营业网点，至 2017 年末在职员工 55 人。建宁县农行以面向"三农"、商业运作为市场定位，立足县域、服务城乡，倾力支持县域经济发展；以建设城乡一体化的全能型现代金融企业为目标，坚持以市场为导向、以客户为中心、以服务为主旨，践行面向三农、服务城乡、回报股东、成就员工的企业使命；牢固树立诚信立业、稳健行远的核心价值观及客户至上、始终如一的服务理念，向广大客户提供优质的金融产品和服务。建宁县农行连续五年获得"省级文明单位"称号，连续 20 多年实现安全无事故、无重大差错，连续多年被建宁县委、县政府授予"综治平安建设工作先进单位"、"企业纳税贡献奖单位"、"服务建宁发展先进单位"。

【经营业绩】 2017 年末，建宁县农行人民币各项存款余额114554 万元，比年初增加 8907万元，在建宁县四大国有商业银行中存款存量排名第一。其中：储蓄存款余额 55328 万元，比年初增加 4524 万元；对公存款余额59226 万元，比年初增加 4383 万元。各项贷款余额 36773 万元，还原清收处置 3143 万元，实际比年初增加 2848 万元。

【经营管理】 2017 年，建宁县农行持续加强思想政治建设，以党的"十九大"精神为指引，全面推动思想、组织、作风建设，把党风廉政建设和反腐败抓源头与业务工作紧密结合，倡导和培育"恪尽职守、忠诚奉献、廉洁诚信、依法经营"的廉洁理念和良好风气。着力提高员工业务技能，增强营销服务能力。加大对网点的穿透管理力度，开展精细考核，持续加强管理、创服务品牌、树形象口碑，实现农行品牌价值创造能力的不断提升。把准投向，优化信贷结构，增强服务"三农"和实体经济能力。加大信贷投放支持重点项目、民生工程，择优扶持民营企业信贷业务，积极发展个贷业务，推进普惠金融重点领域信贷业务。持续推进"三农"服务创新，根据建宁县农业生产和资源优势，特别制定一县一策服务"三农方案"，依据农业产品物色制定"一县一快农贷、一产业一快农贷"方案，扩大支持"三农"覆盖面，全面推进互联网服务"三农"。强化基础管理，内部管控能力不断提升。扎实开展"双基管理深化年"活动，以"三线一网格"为利器，强化员工行为管理，全面加强合规管理严防案件和操作风险。切实加强安全生产管理，重视消费者权益保护、舆情及信访工作。持续推进营业网点标准服务提升，改进服务方式，提高服务能力，按照"马上就办、办就办好"的标准，改进服务流程，落实首问责任制，做到马上办、限时办、即时办、承诺办，全面提升精神文明建设水平和服务质量。

【不良贷款管控】 2017 年，建宁县农行大力防控信用风险，着力强化信贷基础管理，堵新降旧，出表增效并重，打赢不良贷款管控攻坚战。加快不良贷款处置进度，做到责任人、处置方案、进度表、监督人"四落实"。加大清收力度，做到责任落实、任务分解、台账管理、时效维护、对债务人财产查找和追偿"五个到位"。加强堵新工作,对风险客户做到风险化解政策、信贷常规事项、与政府协商、诉讼执行、瑕疵整改"五个提前做"。截至12月底,不良贷款余额943万元,比年初下降2529万元,不良贷款率2.57%,较年初大幅下降6.8个百分点,实现不良贷款"双下降",切实深化服务品牌的创建。

(叶 乐)

## 中国建设银行股份有限公司三明建宁支行

【概况】 2017年,中国建设银行股份有限公司三明建宁支行(以下简称建行建宁支行)内设办公室、营业部、客户部三个部门,在职员工28人。建宁支行认真践行"诚实、公正、稳健、创造"核心价值观,坚持"以市场为导向,以客户为中心"经营理念,本着"与客户同发展,与社会共繁荣"精神,为地方经济和社会事业发展提供全方位的金融服务。各项工作保持良好的发展态势。总量规模、综合竞争能力、价值创造能力和持续发展能力稳步提升。

【经营情况】 2017年末,建行建宁支行一般性存款余额86769万元,在建宁县工行、农行、中行、建行四大国有商业银行中占比35.65%,位居第二;一般性日均余额87163万元,当年新增8763万元,其中:企业存款余额48017万元,日均余额50185万元;储蓄存款余额38752万元,日均余

额36978万元。贷款余额50760万元,其中:公司类贷款19203万元,个人类贷款25482万元,个人信用卡余额6075万元。个人类贷款中:个人住房贷款22184万元,个人消费贷款3299万元。五级分类不良贷款额650万元,不良率1.45%;其中:公司类不良贷款额495万元,不良率1.1%,比年初增1.1%;个人类不良贷款额155万元,不良率0.35%。经营效益良好,全年实现中间业务收入居当地同业第一。

【业务发展】 2017年,建行建宁支行深入贯彻落实省、市分行工作会议精神,坚持党建引领,严格落实"两个极致"要求,把"寻标、对标、创标"贯穿工作始终,立足价值创造,持续固优补短,加快转型发展。增强发展意识,营造良好的发展氛围,积极寻找和创造加快发展的各种有利条件。强化高层营销,营造和谐的外部环境,通过各种方式、渠道争取地方党政及各机构部门的理解和支持。充分调动全行资源,做强做大基础业务,稳存量拓增量,提升账户存款贡献度。积极化解不良资产,2017年建行支行继续把不良资产的化解工作作为业务工作的重中之重,贷款不良率进一步下降。

【企业管理】 2017年,建行建宁支行坚持合规经营,维护平安运营环境。不断加强党的建设,全面落实主体责任和"一岗双责",严格执行中央八项规定、总行九条意见和省分行十项要求。

不断强化行风建设、效能建设、规范服务,加强精神文明和企业文化建设。大兴求真务实之风,进一步强化执行力,切实改进工作作风,全面提升全行经营管理活动的精细化和专业化水平。与时俱进强化风险防控,加强制度约束和思想教育、案例教育,加强党风廉政建设和案件防控工作长效机制建设。扎实开展"两学一做"学习教育。通过强化基础管理,使全行员工的"爱行敬业、勤勉俭朴、客户至上、诚实守信、依法合规"意识不断增强,为加快各项业务的健康有序发展,提供有力的思想和精神保障。

(谢忠付)

## 中国银行股份有限公司三明建宁支行

【概况】 2017年,中国银行股份有限公司三明建宁支行(以下简称建宁中行)地处建宁县濉城镇民主街24号,是四大国有大型商业银行之一,该行于2014年10月13日在建宁县正式对外挂牌营业。全行共有员工12人,设行长、副行长、专职纪检监察员各1名;内设客户经理和业务操作2个团队。设有1个自助银行,可24小时为客户提供服务。现已完成智能化网点建设,满足客户自助办卡等相关业务。荣获2017年度"建宁县模范职工小家"荣誉称号。

【经营情况】 2017年,建宁中行依托建宁县县域经济,着力以市场为导向,以客户为中心,以

贸易融资、中小微企业贷款、个人贷款、结算等较为优势的金融产品为重点，努力服务建宁县中小微企业，积极支持当地经济建设。截至 2017 年末，人民币各项存款余额 18595 万元，其中公司存款 10975 万元，储蓄存款 7620 万元；各项贷款余额 10100 万元，其中公司贷款 6581 万元，个人贷款 3519 万元。

【企业管理】　2017 年，建宁中行紧紧围绕省行"四大导向"（优绩效、拼市场、控风险、重敬业），大力弘扬"四种精神"（荣誉意识、虎狼气势、稳健态度、奉献精神），全力推进新"一二三四"（一条底线：抓党建，带队伍；二个轮子：改革创新和市场拓展；三大攻坚：不良、存款和中收；四大重点：外汇业务，客户基础，代收代付，迁移比例）工程，攻坚克难，真抓实干，市场竞争力、风险控制力和队伍凝聚力持续提升。站在中行新征程的起点上，建宁中行全面贯彻落实党的十九大会议精神，坚定践行总行"建设新时代全球一流银行"发展战略，抓住机遇，争先创优。2017 年度荣获"建宁县模范职工小家"荣誉称号。

（黄小英）

## 中国邮政储蓄银行建宁县支行

【概况】　2017 年，中国邮政储蓄银行建宁县支行（以下简称建宁邮储支行）深入学习宣传贯彻党的十九大、中央经济工作会议、全国金融工作会议精神，以提升客户价值为目标，以稳中求进为主线，坚持做大总量、提升质量，坚持创新驱动、转型升级并举，坚持坚持业务发展、风险管控并行，紧紧围绕"稳增长、提质量、控风险、强基础、增效益"中心，找准发展方向，做实地方经济，践行社会责任，推动县邮储支行更好更快发展。

【经营情况】　2017 年末，建宁县邮储支行各贷种余额 3.15 亿元，较上年净增 5646 万元。个人储蓄时点余额 26766 万元，较上年增长 1276 万元，公司存款余额 18844 万元，较上年净增 -1484 万元。县邮储支行完成收入 2426 万元，同比增长 7.68%。

【业务发展】　2017 年，建宁县邮储支行围绕建宁"绿色经济""特色行业"，把新型农业经营主体、农业全产业链、农村骨干支柱项目和金融精准扶贫作为四大服务重点，深入研究"三农"新特点，利用独特的网络优势、品牌优势，不断创新优化产品，推出信用村贷款产品，解决农户担保难贷款难问题。同时，在农村小卖部、村活动中心、致富带头人家庭处所等人流量大、人群较为集中之处，建立县邮储支行普惠金融驻点服务站；按照总行的统一部署，2017 年 8 月 25 日，县邮储支行成立"三农金融事业部建宁县营业部"，并于当日上午举行揭牌仪式。

【企业管理】　2017 年，建宁县邮储支行开展内控优化年学习活动，不断提升不良贷款清收能力，全面风险管控能力逐步增强。合规管理稳步增强。不断完善案防管理机制，强化对代理金融网点的风险管控，全年未出现案件风险。资产保全力度加大。加强不良贷款名单制管理，紧盯关键时点清收工作，制订清收工作量化考评办法，强化诉讼时限全流程管控，根据市分行编制下发《拍卖小结》《小贴士》《反思和提示》等多种学习材料，提升支行清收队伍效能。加强员工教育，实行员工日常行为排查。牢记"管人比管事更重要"原则，加强对客户经理、网点负责人等重要岗位人员的行为排查工作，有效防范员工道德风险。加强日常管理，对发现的违规行为，严格按照《中国邮政储蓄银行员工行为十条禁令》的规定进行处理，切实增强问责威慑力。充分发挥营业主管、风险经理两道防线的作用，有效制衡支行柜面风险和整体风险。严格执行员工的排查和岗位轮换制度，排查系统线上、线下时时关注员工八小时内外的风险事件和动态。

（张美太）

## 建宁县农村信用合作联社

【概况】　2017 年，建宁县农村信用合作联社（以下简称建宁县农信社）办公大楼搬迁至濉溪镇荷花东路 11 号的福万通大厦，内设综合、党群、人事教育、业务、财务会计、合规风险、稽核监察、

2017 年 3 月 28 日，建宁县农村信用合作联社送金融知识下乡
（县信用联社提供）

保安、信息科技、电子银行、资产保全部等 11 个部门，在城区及各乡镇下设 12 个营业网点（1 个营业部、11 个信用社），从业人员 134 人，在全县乡村布设 83 家小额支付便民点，基本实现金融服务"村村全覆盖"。建宁县农信社牢固树立"服务三农、造福民生、奉献社会"的办社宗旨，始终秉承"信用为本、合作共赢"的核心价值理念，积极履行社会责任，服务县域经济发展，发挥农村金融、普惠金融和民生金融主力军的作用，被建宁县委、县政府评为"服务建宁发展先进单位"，并被授予"企业纳税贡献奖"等荣誉称号。溪源信用社被评为省级"青年文明号"，利民信用社被省妇联评为"巾帼文明岗"，闽江源信用社被评为市级"青年文明号"。

【经营情况】 2017 年，建宁县农信社坚持稳中求进工作总基调，紧紧围绕支农支小、扶贫扶绿、防控风险、深化改革"四大"任务，不忘初心，砥砺奋进；实现发展提速、质量提优、效益提高、服务"三农"的工作目标。截至 2017 年末，全县信用社各项存款余额 31.69 亿元，比上年末增加 3.63 亿元，增长 12.93%，市场份额为 42.75%。各项贷款余额 17.96 亿元，比上年末增加 1.58 亿元，增长 9.66%，市场份额为 49.68%。其中涉农贷款年末余额为 16.97 亿元，占各项贷款余额的 94.45%。存贷款市场份额稳居全县金融机构第一名。不良贷款余额 0.44 亿元，占比 2.43%，比年初下降 0.61 个百分点。全年实现营业收入 2.15 亿元，比上年增加 0.38 亿元，财务总支出 1.82 亿元，实现利润总额 0.33 亿元，较上年增幅达 41.11%。2017 年缴交税收 2082 万元，居全县企业前列。

【业务发展】 2017 年，建宁县农信社继续做实"支农支小"，不断创新支农信贷产品，丰富信贷项目种类，加快转型创新步伐，积极拓展各项业务。增户扩面，坚持"小额、流动、分散"经营理念。全年累计新增贷款客户 1739 户，精准建档 8223 户。扶小扶弱，扎实做好各类政策性扶贫贴息贷款。对县域符合条件的 652 户党员进行评级授信，授信金额 6795 万元。发放下岗职工再就业和大学生就业财政贴息贷款 111 笔，金额 1300 万元。发放生源地助学贷款 228 笔，金额 159 万元。主动学习，积极探索绿色信贷新蓝海。为解决林农融资难、担保难问题，认真借鉴三明农商银行"福林贷"业务成功经验，共发放福林贷 546 笔，金额 6370 万元。夯实基础，做好二手房按揭贷款。紧紧抓住建宁二手房市场需求旺盛的有利时机，充分发挥审批"短、平、快"的优势，全年累计发放二手房按揭贷款 349 笔，金额 10170 万元。

【智能银行转型】 2017 年，建宁县农信社主动拥抱互联网 +，加快转型步伐。优化普惠金融卡功能和品种，新增限额消费免息、类余额宝等功能，将其打造成"家庭备用金 + 日常消费 + 理财"一体化金融产品。2017 年 5 月推出"青年创业卡""薪金卡"，全年累计发放普惠卡 3170 张，总授信 5.15 亿元，用信 3.07 亿元。大力推广扫码收单商户，当年，发展移动扫码商户 699 家，全年交易 158040 笔。推广生活服务与金融服务一体化的电商平台，利用建宁县地源优势，共发展"福 e 购"电商商户 4 家，全年订单

5958 件。

【企业管理】 2017 年，建宁县农信社加强党建引领，全面贯彻党的十九大精神。落实党风廉政建设，遵守中央八项规定等廉洁自律规定，不断改进工作作风。严格财务管理。制定财务费用管理办法，做好全年各项财务收支计划，严格执行财务费用审批制度，实行费用审批一支笔，做到以收定支、量力而行，从严控制费用开支。强化内控管理。加强安全保卫组织制度建设，把安保工作落到实处，确保全年安全经营无事故。狠抓案件防控工作，确保合规经营，杜绝各类案件的发生。抓好队伍建设。全社取得中级职称 27 人，一级柜员 1 人，二级柜员 6 人，三级柜员 25 人，初级客户经理 24 人，中级客户经理 7 人。提升金融服务。注重提升员工的服务质量和服务水平，做到优质服务待人，实际行动感人，良好作风服人，积极开展"送金融知识下乡"活动，不断提高社会影响力，打造好"建宁人民自己的银行"品牌。

（洪安立）

## 建宁刺桐红村镇银行

【概况】 2017 年，是建宁刺桐红村镇银行（以下简称村镇银行）第四个发展完整年。该行不忘发展初心，始终坚持"小特精好"发展战略与"支农支小"发展宗旨，坚持业务发展与风险控制的两条腿走路，取得同频共振的良好成效。当年，实现资产负债稳定增长，资产质量逐步夯实，经营效益不断提升，服务县域经济、服务"三农小微"能力不断提高，较好地实现了"小而美"的目标。

【经营情况】 2017 年，村镇银行资产负债业务继续保持稳定快速增长。截至 12 月底，全行存贷总额 10.78 亿元，在全县 7 家银行业金融机构中排名第 5。资产总额 8.59 亿元，同比增长 7.78 %。各项贷款余额 3.76 亿元，在当地排名第 3，比年初增加 8036 万元，增长 27.2 %。负债总额 7.11 亿元，其中各项存款余额 7.02 亿，在当地排名第 5，比年初增加 6231 万元，增长 9.74%，各项业务稳定增长。经营效益显著提升。2017 年全行实现各项收入 4556 万元，同比增加 718 万元，增长 18.7% 。其中：金融机构往来收入 1826 万元，同比增加 490 万元，增长 36.7%；在存款日均大幅增加的情况下，利息支出 707.5 万元，同比减少 332 万元，减幅 31.93%，存款付息率 1.11% ，同比下降 0.58% ；年末实现利润总额 2529.74 万元，同比增加 1120 万元，增长 79.49%，实现考核利润 2442.1 万元，同比增加 120.34 万元，增长 5.18 %，全年经营效益显著提升。中间业务仍保持较快发展。严格执行本行制定的关于促进中间业务快速发展相关考核管理办法，重奖重罚，充分发挥全体员工的主动性与创造性，电子银行业务发展仍保持较快发展，总体完成情况良好。

【不良贷款率的控制】 2017 年，村镇银行盘活化解不良贷款，资产质量逐步夯实。全年清收及化解不良贷款 15 户，金额 1579.9 万元，现金收回 510.7 万元。年末五级分类口径不良贷款 167.76 万元，不良贷款率 0.45%，比上年下降 0.05%，不良贷款率仍控制在低位。年末户均贷款 20.72 万元，比上年下降 3.62 万元。

【储蓄存款有效增加】 2017 年，村镇银行深耕市场，积极营销储蓄存款，持续优化存款结构。村镇银行积极提升个人存款份额及定期储蓄存款占比，不断优化存款结构。严格执行年初制定的绩效考核办法，加大对储蓄类存款的考核力度，将任务分解至部门、网点，细化到个人，按季、按年兑现考核绩效。充分发挥两个物理网点吸存揽储作用。利用营业部网点平台，大力吸收城区居民及个体工商户储蓄存款。利用里心支行平台，抢抓农户储蓄存款。大力拓展代发工资账户，扩大优质储源，全年累计新增代发工资单位 5 个，开卡 806 张。在巩固原有大客户、优质客户的基础上，以一流的服务赢得新的潜在客户。截至 2017 年 12 月，村镇银行储蓄存款余额 14638.19 万元，新增个人存款开户数 2285 户，新增个人存款 4642.19 万元，储蓄存款占比较上年提升 5.25 个百分点。引入代办员机制，助力储蓄存款和个人贷款的发展。2017 年，代办员共 4 位，新增储蓄定期存款 372.6 万元，新增小额贷款 133 万元。

【信贷业务发展良好】 2017年，村镇银行不忘初心、坚守定位，大力开展信贷业务营销，做好增户扩面工作。截至2017年12月底，累计发放各类贷款2109笔，累计发放金额48817.54万元。其中新增贷款600户、新增贷款8036.62万元。（1）完善金融服务产品，满足不同客户群体需求。为强化贷款的拓展力度，村镇银行时刻关注同业政策变化情况，不断完善金融服务产品，陆续推出个人住房贷款、公职人员消费信用贷款、农户小额信用贷款、巾帼扶贫贷款、创业担保贷款等系列贷款品种，较好的满足各类人群的贷款需求。（2）积极拓展优质个体工商户及公职人员贷款。确定重点营销对象，实行名单制管理，明确计划，落实责任，加强跟踪，认真做好城区个体工商户及工职人员消费性贷款营销。截至12月底，个体工商户贷款净增1595.65万元，增幅15.70%，公职人员消费性贷款223户，金额1863.61万元，增幅66.61%。（3）认真推进特色化经营战略。加强组织领导。班子成员分成三个营销小组，分别挂钩两个营业网点开展特色经营工作。强化营销宣传力度，持续推进"进镇下乡、走村入户"营销宣传活动，将"刺桐红"品牌形象扎根农村市场，推动特色化经营战略实施。明确方向。依托县域农业资源丰富、农产品特色明显的特点，以具有一定经营规模的产业或集约化经营商业圈及具有特色化、产业化的种植业、养殖业等行政村（居）为目标对象，针对性开展营销服务，确定全年重点开拓15个行政村，新增农户贷款495户，农户贷款余额19784.67万元，较年初增加5061.92万元，增幅34.38%。（4）持续开展"阳光信贷"工程建设。根据阳光信贷实施管理办法要求，严格落实公开、公示制度，积极推行"首问负责制、一次性告知制、贷款限时办结制"，不断完善阳光监督机制，积极为客户提供公开、诚信、高效的信贷服务，办贷时长由原来的5~7天缩短为现在最快1天，平均3~5天，较好的提升办贷效率。（5）推进普惠金融服务站建设。2017年9月，村镇银行第二家乡镇普惠金融服务站——黄埠普惠金融服务站正式设立，为推进我行业务开展及品牌营销工作添砖加瓦。截至年末，通过该服务站共计营销存款120万元，贷款7户，贷款金额33万元。

【精准扶贫】 2017年，村镇银行扎实推进精准扶贫工作。为践行"服务三农"发展宗旨，做好金融精准扶贫工作，耕好扶贫"责任田"，成立扶贫工作领导小组，由营业部及里心支行网点负责开展精准扶贫贷款工作。截至12月底，共计发放扶贫类贷款202户，贷款余额1158万元。

【企业管理】 2017年，村镇银行严控风险，提高资产质量。强化信贷业务培训，提高信贷队伍整体素质。加大检查监测预警力度，做好风险预警与处置预案。积极处置存量不良贷款，加强与法院、金融办等部门的沟通联系，争取以最快速度处置不良（风险）贷款，确保银行资产的健康与安全。加强内控管理。坚持按季、开展案件风险排查，认真做好员工行为排查及各条线业务合规检查工作，严防案件风险发生，实现开业四年零案件风险。抓好队伍素质培养，提升战斗力。截至年底，本行三级以上柜员6人，占比达85.7%；初级客户经理考试通过率100%，中级客户经理考试通过5人，通过率62.5%；从业资格考试通过两门以上人员占比92.6%。当年参加主发起行开展的村镇银行柜面业务技能比赛中，获得技能比赛团体第一名、个人四项全能第一名及多个单项一、二、三等奖的好成绩；参加主发起行组织开展的村镇银行第一届职工健身运动会，取得2项团体第一名、4项个人第一名及若干项第二、第三名奖牌总数第一的好成绩；参加建宁县人民银行组织开展的县金融系统青年职工知识技能大比武活动中，获得团体第二名，个人二等奖、个人三等奖的好成绩。

（程维福）

## 中国人民财产保险股份有限公司建宁支公司

【概况】 2017年，中国人民财产保险股份有限公司建宁支公司认真践行"稳增长、优质量、创价值、防风险"的工作方针，以"人民保险，造福于民"为宗旨，认真经营人民财产保险、理赔业务。深化政企互动联系，做好机动车辆承保、水稻（制种）种植保险、林木综合保险、能繁母猪（育肥猪）保险、农村住房叠加保险、自然灾害公众责任险等政策性业务；加大与金融部门及各行业单位的协作，拓展渠道建设，定期与不定期开展中国人保"心服务"活动，为建宁百姓办实事、做好事，确实有效减少风险，造福于民；同时提高公司经营效益，实现各项业务持续稳定健康发展。荣获中国人民保险"2017年度县区级公司经营管理先进单位三等奖"荣誉称号。

**【经营情况】** 2017年，中国人民财产保险股份有限公司建宁支公司在全体员工的共同努力下，业务发展取得新突破，荣获中国人民保险"2017年度县区级公司经营管理先进单位三等奖"荣誉称号。2017全年保费收入共计2675万元，其中：车辆保险保费收入1178.15万元，同比增长7.9%；非车险保费收入265.82万元，同比增长42.2%；农险保费收入1231.03万元，同比增长7.5%。赔付情况：机动车辆保险赔款支出361.05万元，非车险赔款支出59.3万元，农险赔款支出733.57万元，结案率100%。

**【业务发展】** 2017年，中国人民财产保险股份有限公司建宁支公司在业务发展中确定"一个中心、两个基本点"，即"以合规经营为中心，业务要有新的增长点，乡（镇）要有新的渠道、新的网点。"对风险防范严格把控，提高防控金融风险的能力，促进各项业务的健康发展。寻找业务发展上新的增长点，公司各项业务发展稳中向好，农险养殖业保费实现由零到百万的突破。推进农网建设，提升业务产能。建立部分农村承保、理赔服务的基础平台，延伸承保、理赔的服务触角，以更优质的服务造福于建宁百姓。

（朱意文）

## 中国人寿保险股份有限公司建宁县支公司

**【概况】** 中国人寿保险股份有限公司建宁县支公司（以下简称建宁人寿支公司）2016年末从业人员459人（劳动合同人员16人，劳务派遣1人，代理合同人员443人）。下设五个职能部门，即经理室、综合管理部、团体业务部、个险销售部、银行保险部、客户服务部；五个营销服务部，即第一营销服务部，城区业务；第二营销服务部，里心镇；第三营销服务部，黄坊乡；第四营销服务部，溪源乡；第五营销服务部，均口镇。

**【经营情况】** 2017年，建宁人寿支公司业务收入情况：截至12月31日，总保费6893.28万元，占建宁保险行业总保费10691.08万元的64.48%；长险标保达成853.53万元，达成目标855万元的99.83%；首年期交保费达成1701.74万元，达成预算目标保费1592万元的106.89%；10年以上首年期交1058.44万元，达成预算目标958万元的110.48%；短期险609.87万元，市场占比96.25%，达成预算目标保费496万元的122.96%；保障型期交保费达成349.47万元，达成预算目标保费193万元的181.07%。短期险保费完成495.15万元，比增38.30%，完成率162.34%。其中：农村小额保险收入保费207万元，同比将近翻一翻；家庭计生保险收入保费73.6万元；学生平安保险共收入保费93.8万元；公务员出行保险收入保费38.6万元；女性安康保险收入保费13.5万元。

业务支出情况：全年退保支出1711.86万元，赔付支出1936.52万元（其中：赔款支出214.96万元，死亡赔付65.75万元，医疗给付27.69万元，满期给付1349.41万元，年金给付278.71万元，红利支出246.90万元）。

**【业务发展】** 2017年，建宁人寿支公司主要经营人寿保险、健康保险、人身意外伤害保险等各类人身保险业务，人身保险的再保险业务，各类人身保险服务咨询和代理业务。在建宁保险领域均处于市场领先地位。当年，建宁支公司在上级公司和当地党政的领导下，认真贯彻落实省、市公司"保险工作会议"精神，围绕不同阶段的工作重点，明确目标，积极引导公司员工转变观念，在业务结构、质量、规模、效益等方面实现新的突破，得到全面的发展。队伍建设稳步发展，全年有效增员68人。

（李碧岩）

# 经济管理与监督

□编辑 艾玲朝

## 发展和改革

【概况】 2017 年，建宁县发展和改革局（简称县发改局）围绕闽赣省际生态产业集聚区战略定位，全面贯彻落实省、市、县经济工作会议精神，以开展"五比五晒"项目攻坚竞赛活动为抓手，通过强化项目调度、项目帮扶、跟踪服务等多渠道争取项目资金，做好重点项目建设，取得显著成效。全年完成全社会固定资产投资 132 亿元，同比增长 17.4%。获得省发改委补助项目共 36 个，获补助资金 11816.72 万元。第三产业增加值增长 12%，城镇居民人均可支配收入增长 9%。2017 年，在三明市"五比五晒"项目竞赛活动考评中，建宁县荣获一等奖。

【经济运行监测分析】 2017 年，县发改局不断加强对全县宏观经济运行的监测分析，科学谋划全县经济社会发展。认真做好每季度一次的经济运行形势分析工作，

及时跟踪监测国民经济和社会发展年度计划执行情况。向县人大常委会汇报了 2017 年上半年国民经济和社会发展计划执行情况，提出下半年国民经济和社会发展计划建议。加强每月对全社会固定资产投资运行情况分析工作，及时发现计划执行过程中遇到的困难和问题，提出应对措施建议，下达预期目标。

【重点项目建设加快】 2017 年，县发改局不断完善项目协调机制，强化推进举措，发挥项目投资的拉动作用。列入省重点项目 10 个，总投资 34.99 亿元，年度计划投资 9.79 亿元，全年完成投资 12.01 亿元，完成年度计划的 122.58%，其中建宁闽赣省际电子商务产业园建设项目已竣工。列省重点行动计划项目 24 个，年计划投资 25.85 亿元，完成投资 35.17 亿元，完成年度计划的 136.1%；建宁世代奶牛养殖及奶制品加工建设项目已开工；建宁县中影万星影城项目、建宁盛禾食用菌深加工建设项目、建宁泓

鑫万吨莲子深加工项目等计划竣工或部分建成项目已建成。策划实施三明市"五比五晒"项目 341 个，总投资 454.23 亿元；项目计划投资 29.86 亿元，年底完成投资 34.33 亿元，完成年度计划的 114.95%。安排实施县"五个一批"项目 269 个，总投资 332.51 亿元，完成投资 68.3 亿元，占年度计划 101.5%；闽江源头拜水溯源等 73 个项目开工建设，兴辉食品果汁饮料生产线等 70 个项目建成投产。

【项目策划生成】 2017 年，县发改局获得省发改委补助项目共 36 个，获补助资金 11816.72 万元，其中中央预算内补助资金 8305.45 万元，省级预算内补助资金 1919 万元。中央预算内补助资金项目 6 个，主要有三明市建宁县医院门诊及住院业务用房（迁建）建设项目 5000 万元，建宁县闽江源生态旅游区建设项目 1000 万元，建宁县新增粮食产能田间工程建设项目 618 万元等；省级预算内补助资金项目 30 个，主要

有建宁县 2017 年重点流域生态补偿项目 2702.3 万元，建宁县种业科技中心建设项目 500 万元，建宁县第二实验幼儿园建设项目 480 万元等。

**【项目成果对接】** 2017 年，建宁县参加第十五届海峡项目成果交易会参加展销的企业有 4 家，产品主要有冠瑞吊瓜子、福鑫黄花梨系列产品、绿田莲子露饮料、文鑫莲子即食系列产品和孟宗笋产品五大类 33 种。共落实技术对接和项目成果对接 60 项，总投资 10.36 亿元。全年，共开工对接项目 42 个，完成投资 4.38 亿元。共争取"6·18"典型扶持项目 6 项，分别为杂交水稻新品种 Y 两优 676 繁育与产业化示范项目、莲子清咽保健饮料产业化项目和初夏绿梨新品种引进及棚架栽培技术应用与推广项目，争取"6·18"扶持资金补助 126 万元。

**【项目审批】** 2017 年，县发改局全面梳理行政权力事项。按照精简审批事项的要求，保留行政许可 6 项（1 项为前置审批）、其他行政权力 4 项（3 项为前置审批）、行政处罚 2 项、行政监督检查 2 项。规范精简审批流程。制作审批流程图和办事指南，对审批时限进行压缩，将工程建设立项审核由单一的审批制改为审批、核准、备案三类；对总投资小、技术工艺简单的一般性审批类项目，将项目建议书、可行性研究报告、初步设计及概算三个审批程序合并为一个。创新审批服务制度。联合县行政服务中心制定重点项目流水线审批服务制度，编制项目审批流程汇总表，确定限时办结、容缺审批、联审联办等 6 项机制，实现"一条龙"审批服务。全年共办理项目审批核准备案 180 件，审批 55 件，备案 125 件，当日办结率达 70% 以上。规范招标代理。开展 2017 年度政府投资项目招标代理机构备案登记入库工作，共 11 家招标代理机构申请入库并通过审验。

（刘芳敏）

## 统计工作

**【概况】** 2017 年，建宁县统计局围绕县委、县政府中心工作，认真践行"马上就办、真抓实干"精神，以提高数据质量为中心，深化统计管理体制改革，全面提升统计服务水平，加强统计执法，推进全面从严治党，当好党委、政府科学决策、精准发力的"数据库"和"智库"，为新建宁建设提供有力的统计保障。在抓好常规统计调查的同时，积极推进投资统计改革、"正统网"建设和"三新"（新产业、新业态、新商业模式）、"四众"（众创、众包、众扶、众筹）专项调查等重点工作，不断强化数据审核评估，提高统计数据的科学性、可靠性、真实性、准确性。建宁县第三次全国农业普查工作顺利完成并通过市级数据质量验收。各项工作取得新成效，全年撰写统计分析报告 30 余篇，其中 1 篇获全市统计系统优秀奖。被县委、县政府评为创"三优"先进单位、综治平安先进单位。

**【统计服务】** 2017 年，县统计局围绕全县发展目标，第一时间"出炉"相关统计数据，科学呈现全县经济社会发展的"成绩单"，解析指标完成情况，提出相关建议。密切跟进主要经济指标运行动态，切实加强对重点行业、重点企业、重点项目跟踪监测，第一时间将经济运行中出现的苗头性、倾向性问题报告县委、县政府，及时预警呈送《一季度地区生产总值形势严峻》《建宁县二季度指标支撑乏力，经济下行压力加大》《建宁县部分重点指标急剧下滑完成全年目标任务艰巨》等 3 篇呈阅件，得到县委、县政府主要领导的批示。每月中旬向县委、县政府各科室、各有关部门提供相关统计数据，定期编印《2017 年度统计摘要》《统计年鉴》200 余册。

**【统计调查】** 2017 年，县统计局开展第三次全国农业普查工作。通过全县 300 余名普查人员的辛勤工作和共同努力，圆满完成普查的准备阶段、现场登记复查阶段、数据录入审核阶段、数据质量抽查、数据质量验收等阶段工作，农普工作取得预期成果。常规统计调查和专项调查有序开展。按照各项统计制度方案，抓平时、抓细节，高标准、严要求，认真做好"三新""四众"、R&D、人口抽样专项调查和农业、工业、能源、贸易、服务业、劳动工资等各项常规统计调查，如实反映全县各领域经济发展状况。

【统计改革】　2017年，县统计局根据国家固定资产投资统计报表制度新要求，加强项目投资统计新规定（5000万以下项目联网直报）的宣传解释，完善投资项目统计，配合做好符合国家规范要求的投资项目入库工作。加强与县发改、商务、经信等部门协作，充分利用经济普查名录、单位普查表以及行业主管部门等信息，查找电子商务、第三方电子商务企业、服务外包企业和互联网经济相关企业，引导电商企业入驻"正统网"和"正统商城"。2017年，正统网入驻企业42家，比上年增加6家；入驻"正统商城"2家。根据统一部署，推广城乡居民人均可支配收入调查使用电子化数据采集，研究制定电子记账推广工作方案，确定稳步推进、逐步完善的总体工作思路。全县涉及样本调查的8个乡（镇）电子记账全面铺开，开通电子记账户56户，开户率为37%，达到预期目标。

【统计执法】　2017年，县统计局按照"双随机"统计行政执法方式，开展统计监督检查，加强统计执法监督，查处统计违法行为。联合市统计局对县规模工业、限上贸易、固定资产投资等6个单位开展统计执法检查，立案查处3起，处罚3起；县统计局对均口镇、溪源乡两个乡（镇）开展年度统计监督检查与专业数据质量执法检查，涉及规模工业、贸易、投资、劳动工资、农业专业等，共16个单位，立案查处3起，处罚3起，罚款金额1.1万

元。通过核查企业统计数据质量、统计基层基础工作，发现问题并提出整改，有力的促进统计数据质量的全面提升，推进统计工作规范化建设。

（应道福）

## 物价管理

【概况】　2017年，建宁县物价局强化价格调控，进一步推进价格改革，加强价格监管、检查，优化价格服务，维护群众利益，保持价格总体水平基本稳定。全年办理案件4件，罚没入库金额49.54万元。通过12358网络平台及12345政务平台，受理并办结举报件7件。办理价格认定63件，标的总金额569.70万元。荣获2017年度福建省价格系统信息工作优秀单位，获评2017年度三明市价格系统工作绩效考评三等奖。

【价格监测与调控】　2017年，县物价局继续做好市场价格监测工作，完善价格监测报告制度。认真做好建宁县城镇化相关商品和服务价格监测和闽赣边界主要商品价格监测工作，共涉及商品12类57个品种价格，及时整理汇总上报监测数据。对建宁县城区20种主要农副食品进行"价比三家"信息采集及发布工作，聘请采价员及时、准确地采集百家惠购物广场、乐家家超市、万福隆超市和农贸市场等县城四个主要大型超市的各类商品价格，经过汇总于每周一上午在政府网站

及手机微信平台向公众发布。做好每月《价格监测》简报工作，对每月逢5日的主要商品价格进行整理汇总形成价格简报，及时呈报县委、县政府主要领导。

【价格检查与监管】　2017年，县物价局认真开展节假日价格巡查督察工作，防范价格突发事件，确保全县节假日期间市场价格保持良好秩序。开展各项价费专项检查工作。分别开展商品房销售明码标价、机动车停放服务收费、医疗服务及药品价格、涉企收费等四个专项检查，对存在一些明码标价不规范，内容不齐全的问题，商家在限期内均已整改到位。全年办理案件4件，罚没入库金额49.54万元。及时受理价格举报，通过12358网络平台及12345政务平台，受理并办结举报件7件。认真做好收费事中事后监管工作。做好行政事业性收费专项清理，共取消的涉企行政事业性收费4项;停征的涉企行政事业性收费9项；取消或停征的涉及个人等事项的行政事业性收费2项。做好收费报告公示制度。2017年3月，完成《建宁县2017年行政事业性收费单位名单及项目》编制并在政府网站公示。6月，完成《建宁县级定价管理的涉企经营服务性收费清单》的编制并在县政府网站公示。

【价格成本调查与监审】　2017年，县物价局开展农产品价格成本调查工作。及时有序地对全县3个调查点42户调查户组织开展中籼稻、晚籼稻、烤烟和建莲4

个种植品种的成本与收益情况调查工作。分别开展种植意向调查、农户存售粮调查、农户农资购买情况等三个阶段的专项调查工作。开展成本监审工作。根据价格成本监审工作规范和流程，对建宁县黄坊乡武调村新集镇自来水价格进行成本监审，通过实地审核，查阅相关会计资料，对上报数据进行逐项核实，并调查了解经营者生产经营情况。经审核，共核减不合理成本29.05万元，为最终制定价格提供参考依据。

【价费管理与听证】 2017年，县物价局完善价费管理。所有定价均按《政府制定价格行为实施细则（试行）的通知》规范操作，及时落实各项调定价政策。严格按照《福建省定价目录》要求，凡是目录外的调定价要求一律不予受理。2017年，对建宁县青少年学生校外活动中心培训班收费标准、闽江源生态景区游客中心停车场停车费、旧政府大院停车场停车费标准、殡仪馆骨灰盒及公墓管护费收费标准和黄坊乡武调新集镇自来水价格等价格与收费标准进行审批核定。序时推进农业水价综合改革实施方案。结合建宁县实际，会同相关部门开展调查，推出农业水价综合改革方案实施具体方案，建立由县物价局牵头，县财政局、水利局、农业局、国土资源局等有关单位组成的农业水价综合改革联席会议制度。

【价格认证与服务】 2017年，县物价局按照客观、公正、公平的原则，对所有价格认定业务工作均按规范要求操作，所有文书均进行建档和归档。全年共办理价格认定63件，标的总金额569.70万元，其中：涉案刑事案件39件，标的金额152.45万元；涉税认证4件，标的金额356.01万元，其他认定3件，标的金额59.18万元。价格争议纠纷调解17件，标的金额2.06万元。

【建宁县黄坊乡武调新集镇自来水价格听证会】 2017年11月15日下午，县物价局在建宁县黄坊乡会议室举行黄坊乡武调新集镇自来水价格听证会，共有县（乡）人大代表、政协委员、乡（镇）企业、用水大户、餐饮业、消费者代表等17人参加参加听证会。听证代表们充分表达自己的意见及建议，并一致通过建宁县物价局提出制定的黄坊乡新集镇自来水价格方案。

（廖运东）

## 审计工作

【概况】 2017年，建宁县审计局坚持"依法审计、服务大局、围绕中心、突出重点、求真务实"的审计工作方针，围绕县委、县政府工作中心，牢固树立和落实创新、协调、绿色、开放、共享的发展理念，依法全面履行审计监督职责，充分发挥审计部门经济卫士的作用。全年共完成审计项目12个，其中：预算执行审计项目3个；专项审计项目4个；任期经济责任审计5个。配合三明市审计局完成审计项目3个。共查出违规金额768万元，管理不规范金额7686万元，提出审计建议48条。提交审计信息26篇，被省市审计媒体采用13篇。完成政府投资决算审核项目93个，核减工程造价金额928.79万元。年内，被县委、县政府评为县级文明单位，创建"三优"工作先进单位，综治平安单位。

【预算执行审计】 2017年，县审计局把财政预算执行审计作为审计工作"永恒的主题"。以政府性资金管理为主线，以部门预算执行审计为基础，抓好本级预算执行情况审计。重点审计县财政局具体组织执行县本级预算情况，地税局税收征管情况，国家金库建宁支库履行国库监管职能情况，县市场监督管理局2016年度预算执行审计。查出违规资金201万元，管理不规范金额7013万元。在审计过程中还跟踪检查以前年度"同级审"审计决定和审计报告的整改落实情况。通过审计，揭示财政预算执行中存在的问题，分析产生问题的原因，提出针对性的建议和意见，有力地促进财政资金规范管理和预算执行质量的提高。

【经济责任审计】 2017年，县审计局深入贯彻落实《党政主要领导干部和国有企业领导人员经济责任审计规定》和《党政主要领导干部和国有企业领导人员经济责任审计规定实施细则》，加大对权力重要部门和资金、资源密集领域领导干部的审计力度，增强领导干部的责任意识、廉洁意识，促进机关依法行政。完成县市场监督管理局、人社局、交通运输局、水利局、库区移民局主要领导的任期经济责任审计，查出违规金额 28 万元，管理不规范金额 321 万元。配合三明市审计局开展建宁县领导干部自然资源资产离任审计试点工作和县公安局主要领导离任审计。

【民生专项审计】 2017 年，县审计局加强对全县实施的民生项目、民生工程、专项资金和县委确定的"2111"工程的审计监督，进一步关注改善民生情况。把精准扶贫审计作为审计工作的一个重点，认真贯彻落实县纪委《关于开展扶贫领域"1+X+Y"专项督查的工作方案》，制定《建宁县审计局扶贫开发精准审计监督工作方案》，加大对扶贫领域的审计监督力度，确保扶贫资金安全规范运行，发挥扶贫资金效益。全年完成精准扶贫审计、重大政策措施贯彻落实情况跟踪审计、2016 年度保障性安居工程跟踪审计和 2015—2016 年民政系统救灾救济等三项惠农资金审计，配合三明市审计局完成县公立医院改革情况审计调查。

【"三公经费"和会议费审计】 2017 年，县审计局围绕促进节约型机关、廉洁型机关建设，全面落实中央八项规定精神，开展会议费、"三公经费"等审计。重点审查人员编制使用情况、楼堂馆所建设情况，奖金补贴、福利发放情况。关注会议经费的预决算的合法、合规性，经费收支的真实、完整性；关注"三公"经费支出的预算编制标准是否合规、科学，调整变动的审批程序是否规范；"三公"经费支出内容是否真实、合法，部门财务决算资料对"三公"经费的反映是否与实际情况相符。

【政府投资审计】 2017 年，县审计局贯彻落实《建宁县加强项目建设管理打造廉洁示范工程实施意见》，把政府投资审计工作作为服务加快建设福源建宁的重要平台，以规范投资建设行为、促进节约投资资金、提高投资效益、打造廉洁示范工程为目标，围绕政府投资项目的实施，及时提供高质量的投资审计监督服务。同时把扶贫开发项目工程结算审核作为投资审计的重点。全年共完成政府投资项目工程结算审核 93 个，送审工程总造价 24247.48 万元，核减工程造价 928.79 万元。为政府节约建设资金，促进财政资金的使用效益。

（郭　锐）

## 安全生产监管

【概况】 2017 年，建宁县安全生产监督管理局（简称县安监局）认真贯彻新修订的《安全生产法》和《三明市安全生产党政同责一岗双责规定》，坚持"安全第一、预防为主、综合治理"的方针，牢固树立安全发展理念，强化红线意识，深入开展各项安全生产专项行动，全力遏制较大以上事故发生、努力减少一般性事故。在市政府对县政府年度安全生产目标责任考核中，获得 2017 年度安全生产目标责任考核优秀奖。当年，全县未发生人员死亡的安全生产事故。

【安全生产责任体系建设】 2017 年，县安监局完善责任制度。全县 40 个负有安全监管监察职责部门和行业管理部门、9 个乡（镇）99 个行政村(社区) 和 1 个经济开发区全面建立安全生产"党政同责、一岗双责"责任体系和工作机制，实现"三级全覆盖"。5 月 8 日，县委、县政府制定下发《建宁县委县政府领导班子成员安全生产工作责任清单》和《建宁县县直部门安全生产责任清单》，明确县委、县政府领导安全生产职责和 40 个部门的安全生产职责。明确目标责任。在年初的第一次安全生产工作例会上，对 9 个乡（镇）和 24 个县安委会单列考核单位下达年度安全生产目标责任书，明确各乡（镇）、各有关单位安全生产工作职责。各乡（镇）、各有关单位与行政村和各行业企业签订了安全生产目标管理责任书，做到压力层层传导，责任明确到人到岗。

【安全生产考核督查机制建设】 2017 年，县安监局进一步完善安全生产目标责任考核机制，采取平时查验、半年考评和年终考核相结合的方式，对安全生产工作做的好的单位和乡（镇）及时通报表扬，对安全工作不落实的给予通报批评。同时，坚持安全生产"一票否决"制，对出现死亡2人以上或两起以上（含两起）每起死亡1人的生产安全事故的责任单位和责任人给予"一票否决"。在安全生产工作督查方面，实行乡（镇）、企业自查、部门复查、政府综合督查相结合的方式，深化效能考核和日常督察，及时发现、整改问题。

【构建遏制重特大事故机制】2017年，建宁县出台《建宁县防范和遏制重特大事故工作实施方案》《建宁县实施重特大事故工作指南构建双重预防机制实施方案》，督促重点企业根据企业自身安全风险特点，对安全风险分级、分类进行梳理，在企业醒目位置设立安全风险公告警示牌，确保员工掌握安全风险的基本情况、防范和应急措施。2017年，全县按照双重预防工作机制，摸排出县级重点安全风险点33个，逐个建立台账，确立管控措施。建立安全生产重大事故隐患挂牌督办制度和安全生产主要负责人约谈制度，对重点事故隐患实施挂牌督办，对开展安全生产工作不力的单位负责人和存在违法行为的企业负责人进行约谈，提升安全生产整体预控能力。

【安全教育培训】2017年，县安监局深入开展第十六个全国"安全生产月"宣传教育活动，采取群众喜闻乐见、易于参与的形式，增强公众安全意识。加强对生产经营单位主要负责人、安全管理人员、特种作业人员的培训，以及企业新进人员和重点行业领域农民工的培训，全面提高从业人员的安全素质和安全操作技能。全年共举办安全培训班71期，培训人员3400余人。注重提升安全监管人员的执法水平，共组织安全监管人员100余人参加全省行政执法资格考试，做到持证上岗和持证执法。2017年7月，承办全省安全生产执法业务培训，全省共120余名执法人员和安全生产工作负责人参加培训。

【农用车专项整治】2017年，县安监局抓好黄花梨采摘季节农用三轮车载人、人货混装专项整治。在黄花梨采摘季节，根据农用三轮车载人、车辆人货混装等违法违章现象突出的特点，以2013年江西南丰"7·23"重大道路交通安全生产责任事故为警示案例，大力开展黄花梨采摘季节农用三轮车载人、人货混装专项整治行动。在整治期间，各乡（镇）和有关部门通过在梨果运输要道设立固定宣传牌、悬挂宣传横幅，深入种果大户和采摘、挑拣梨果的季节工中发放宣传单，利用集市、圩日开展主题宣传活动等方式进行宣传，营造浓厚的宣传氛围。同时各有关部门通过不定期地联合执法，全方位对农用三轮车载人、人货混装等违法违章现象进行打击和查处，取得良好效果。专项整治行动获得三明市政府的充分肯定，并在全市进行推广。

【建筑施工安全监管】2017年，县安监局根据行业特点，持续开展外脚手架工程、建筑工地消防安全、建筑起重机械、建筑施工临时用电等专项整治，强化建筑施工特别是露天施工的安全管理。全年，上网发出责令整改通知书57份，停工通知书3份，根据动态管理办法对相关企业进行扣分53次。

【消防安全监管】2017年，县安监局按照火灾发生规律，持续抓好商场、宾馆、学校、医院、网吧、企业等人员密集场所和居民住宅楼、店铺、仓库的消防安全整治。全年，共检查社会单位1959家次，督促整改火灾隐患2235处，临时查封6家，责令三停9家，处罚53家，罚款358950元。

【旅游安全监管】2017年，县安监局结合旅游行业特点，编制《建宁县旅游行业安全生产工作手册》，通过梳理旅游行业法律法规，明确涉旅企事业单位责任，有力推动旅游行业的安全监管。重点开展A级景区、星级宾馆、旅行社等专项检查。全年，共组织检查组15个，参加检查人员72人次，检查单位和场所50家次，发现隐患83处并全部整改完成。

【非煤矿山安全监管】2017年，县安监局根据非煤矿山行业特点，组织开展各种形式的隐患排查治理工作，督促矿山企业建立完善的隐患排查治理机制，落实隐患排查治理主体责任。全年，共检查非煤矿山20家次，下达整改指令书2份，责令停产停业1家，行政处罚 2 家，罚款金额 4 万元。

全部整改。认真开展涉氨制冷企业液氨使用专项验收工作，全县 2 家涉氨制冷企业已全部完成验收。积极开展工贸企业有限空间作业专项治理和有限空间辨识排查，共排查出有限空间作业场所 14 家，已全部建立台账。

县安监局深入开展木材、石材加工企业粉尘危害和汽车维修行业尘毒危害专项治理。全年，监督检查用人单位 51 家次，整改问题 12 处，42 家企业已完成职业卫生基础建设，220 余人进行职业健康体检，36 家企业开展作业场所职业病危害因素检测。

【企业隐患专项治理】　2017 年，县安监局继续开展工贸企业粉尘防爆、涉氨制冷、有限空间"三项治理"。根据辖区工贸企业监管特点，深入开展粉尘防爆企业安全生产专项整治，排查粉尘防爆企业数 1 家，发现隐患 12 条，已

【职业卫生安全监管】　2017 年，

（刘鹭建）

2017 年春节前夕，县公安、安监局等部门联合对辖区内烟花爆竹零售点和批发企业进行检查

（县安监局提供）

# 市场监督管理

□ 编辑　艾玲朝

## 工商行政管理

【概况】　2017 年，建宁县市场监督管理局（简称县市管局）紧紧围绕县委、县政府中心工作，充分履行市场监管职责，强化监管，服务发展，保障民生，优化队伍，各项工作取得较好的成效。2017 年，新设企业 448 户，新增注册资本 184662.88 万元，新增雇工人数 4782 人；新增个体工商户 949 户，新增资金数额 14865.40 万元，新增从业人数 2022 人。全县有效注册商标 626 件，驰名商标 2 件，省著名商标 14 件，市知名商标 21 件，地理标志证明商标 3 件，马德里国际注册商标 5 件。立案查处各类经济违法案件 43 件，罚没入库 35.51 万元。受理 12315 消费者申诉 205 件，已办结 205 件（其中举报 12 件），为消费者挽回经济损失 20.33 万元，办结率为 100%。12331 食品药品投诉举报 59 件，已办结 59 件，为消费者挽回经济损失 1550 元。

【商事制度改革】　2017 年，县市管局全面落实"三证合一"、"一照一码"、电子营业执照登记制度改革。全年，新设企业 448 户，新增注册资本 184662.88 万元，新增雇工人数 4782 人；新增个体工商户 949 户，新增资金数额 14865.40 万元，新增从业人数 2022 人。截至 2017 年 12 月 31 日，全县共有企业 2171 户，注册资本 1184988.23 万元，雇工人数 36264 人；共有个体工商户 7312 户，资金数额 81907.34 万元，从业人数 13229 人。截至 2017 年 12 月，已发放"三证合一""一照一码"的社会统一信用代码的企业营业执照 2096 户，全县共颁发电子营业执照 1800 户，换发个体"两证整合"的统一社会信用代码营业执照 1786 户。全程电子化登记系统于 2017 年 6 月 1 日正式上线，实现全省企业设立登记全流程网上办理。截至 2017 年 12 月 31 日，全县共颁发电子营业执照 1800 户。

【企业年报工作】　2017 年，县市管局采取专题会议部署、落实责任片区、强化上门指导、加大督查通报等形式，顺利完成市级下达的企业年报公示任务，得到三明市工商局的肯定。截至 2017 年 12 月，全县内资企业年报率：2014 年度年报率 81.13%；2015 年度年报率为 86.15%；2016 年度年报率 88.18%。个体工商户年报率：2014 年度年报率 94.99%；2015 年度年报率为 96.88%；2016 年度年报率 96.82%。农民专业合作社年报率：2014 年度年报率 93.48%；2015 年度年报率为 95.86%；2016 年度年报率 96.03%。特别是在外资企业年报工作上，已连续两个年度提前一个多月实现外资企业年报率 100%，居全市首位。全县内资企业 2016 年度年报率为 94.28%，居全市第三。2017 年 6 月 7 日，三明市工商局在《工作情况通报》第 8 期中专题通报建宁县市场监督管理局推进外资企业年报公示工作的经验做法。

【商标品牌战略实施】　2017 年，

2017 年 3 月 15 日，县市场管理局在三优街开展以"网络诚信，消费无忧"为主题的纪念"3.15"国际消费者权益日宣传活动 （万传聪 摄）

县市管局充分发挥 4 个商标培育指导站作用，深化"一村一社一品牌"工作，并以此作为发展农村经济的普遍模式加以推进，扶持培育一批"名、特、优、新、稀"等农产品商标，提高农产品附加值，增加农民收入。2017 年共申报市知商标 5 件，拟延续认定 1 件，拟申报省著商标 1 件，延续认定 6 件。截至 2017 年底，全县有效注册商标 626 件，驰名商标 2 件，省著名商标 14 件，市知名商标 21 件，地理标志证明商标 3 件，马德里国际注册商标 5 件。同时抓好优质建莲防伪溯源体系建设，依托专业从事食品药品防伪溯源查询的中国食品药品监管信息查询平台，开展防伪溯源工作构建建莲产品质量追溯系统，先行在 4 家涉莲主体企业（分别为文鑫莲业、绿田公司、福鑫莲业、国有闽江源莲业公司）中使用防伪溯源标识。

【企业融资渠道拓宽】 2017 年，县市管局开展动产抵押、股权出质登记工作，多渠道促进银企对接，促进各类市场主体融资发展。2017 年，共办理股权出质设立登记 5 户，为企业融资 1730 万元。办理动产抵押登记 13 件，为企业融资 16528.8 万元，有效帮助中小企业解决融资难题。

【执法稽查严格】 2017 年，县市管局强化"属地监管"，落实辖区责任制，切实加强事中事后监管，充分履行市场监管各项职能，引导市场主体合法经营。加大对食品药品、商业贿赂、限制竞争、假冒侵权、传销、商标、虚假广告、标准计量、产品质量和特种设备等各类违法违规行为的查处力度，提高执法办案效能，全力维护公平公正的市场秩序。全年，立案查处各类经济违法案件 43 件，罚没入库 35.51 万元。

【消费维权服务】 2017 年，县市管局开展"3·15"国际消费者权益日、12331 主题宣传日、"4·26"知识产权宣传日、"5·

25"护肤日、"6·16"安全生产咨询日等活动，开设讲座 15 场次，制作展板 30 块，发放宣传单 3000 余份。深入推进 12315"诉转案"工作，持续加强消费维权工作，通过消费投诉筛查案源线索 2 条，移交办案机构立案查处 2 件，罚没 0.2808 万元。全年，共受理 12315 消费者申诉 205 件，已办结 205 件（其中举报 12 件），为消费者挽回经济损失 20.33 万元，办结率为 100%。咨询 63 件，均已答复。12331 食品药品投诉举报 59 件，已办结 59 件，为消费者挽回经济损失 1550 元。

【信用监管完善】 2017 年，县市管局深入落实"宽进严管""信用监管"的等新要求，加强市场主体信用体系建设，开展股所联动，根据基层所开展年报抽查的工作进展情况及遇到的各种问题，股所干部及时联系沟通，有效地推动企业信息公示工作的开展。截至 2017 年 12 月，辖区内市场主体进入经营异常名录的企业 418 户，标记经营异常状态个体户 1114 户，尚无企业列入严重违法名单。全年共有 40 家企业、3 家个体工商户通过改正违规行为，或提交审计报告补报年报移出经营异常。

## 质量技术监督

【概况】 2017 年，建宁县市场监督管理局落实主体责任，强化质量监督，认真人做好计量标准服务和特种设备监察等工作。全年，共检定台秤、案秤、电子计价秤、加油机、压力表、血压计等计量器具1438台件。新受理特种设备开工告知27件，共70台；办理特种设备使用注册登记和使用状态变更27台件；立案2起，罚没4.6万元。

**【标准计量服务】** 从2017年4月1日起，县市管局按照国务院要求，对强检计量器具免收检定费。将贸易结算、安全防护、医疗卫生、环境监测方面列入强制检定目录的工作计量器具，实行强制检定，免收计量检定费。全年共检定台秤、案秤、电子计价秤、加油机、压力表、血压计等计量器具1438台件。积极配合县商务局、财政局做好物流标准化工作，推荐筛选出"福建省泓鑫冷链物流有限公司——物流标准化试点项目"作为建宁县物流标准化试点企业；指导福建冠瑞生物科技有限公司做好省级农业标准化示范区"瓜蒌种植标准化示范区"建设前期准备工作。

**【推进质量强县工作】** 2017年，县市管局按照三明市政府出台《关于贯彻国务院质量发展纲要进一步推进实施质量强市战略的意见》，深入实施质量强县战略，以质量品牌为主业，加大对重点产品生产企业监管力度，严厉打击生产加工领域制售假冒伪劣工业产品违法行为，督促企业落实企业质量主体责任，抓好产品质量。2017年，全县重点产品省级抽检合格率为100%。完成建宁县2016年县政府质量工作考核，编

制完成文件、影像资料等自评材料并上报市质量强市办审核，顺利通过市质量强市考核组对建宁县质量工作的实地考核。

**【特种设备安全监管】** 2017年，县市管局突出隐患排查。制定工作方案，全面开展特种设备安全隐患大排查大整治和特种设备重点问题"清网行动"，扎实推进隐患排查和整治工作，努力为金砖国家会晤以及"十九大"顺利召开创造良好的安全生产环境。全年共出动安全监察人员292人次，检查使用单位77家，发现安全隐患55起，下达指令书22份，查封特种设备使用单位3家，查封特种设备13台件。新受理特种设备开工告知27件，共70台；办理特种设备使用注册登记和使用状态变更27台件；立案2起，罚没4.6万元。开展专项整治。集中力量，大力开展危险化学品安全、大型游乐设施和客运索道、气瓶充装、自动扶梯和自动人行道、起重机械、电梯、油气管道等安全专项整治工作，切实加强重点使用单位安全监管，抽调专人配合县环保局做好燃煤锅炉节能改造提升工作。落实主体责任。全年共与企业签订特种设备使用单位落实安全主体责任承诺书76份，收回特种设备使用单位安全主体责任落实情况自查自纠表60余份。

## 食品药品监管

**【概况】** 2017年，建宁县市场

监督管理局严格执法监管，加强食品生产、经营、药品、医疗药械等市场监管工作。全年排查食品生产企业32户次，食品流通经营户110户次，对存在的隐患的企业下达责令整改通知书12份，立案1起。联合检查药品经营使用单位近300家次、医疗器械经营使用单位80余家次，对存在问题的61个涉药单位责令其限期整改，实施行政处罚3起，罚没款2万余元。

**【食品安全监管】** 2017年，县市管局开展食品安全专项整治，保持对食品安全严惩高压态势，集中开展畜禽水产品市场、婴幼儿辅助食品、瓶（桶）装饮用水等专项整治工作。2017年，共出动执法人员142人次，排查食品生产企业32户次，食品流通经营户110户次，对存在的隐患的企业下达责令整改通知书12份，立案1起。开展食用农产品监督抽检197批次，不合格3批，合格率98.48%。流通环节监督抽检13批次（含乳制品8批次），结果均合格。生产环节监督抽检22批次，结果均合格。突出学校及校园周边食品整治。与30家学校食堂全部签订《食品安全承诺书》，对学校及周边食品进行监督抽检11批次，合格9批次，不合格2批次。联合县教育局实行学校食堂量化分级管理，推进学校食堂"明厨亮灶"示范创建。2017年上半年已申报建宁县城关中学为省级"明厨亮灶"示范单位，已对该校食堂进行三次动态等级评定。截至2017年12月，

全县已实施明厨亮灶的餐饮单位有 58 家。

**【药品药械市场监管】** 2017 年，县市管局持续不懈加强药品药械市场监管。采用强化日常监管、开展专项整治、联合执法检查、药检技术支撑、促进行业自律等措施，持续加力，保障药品药械安全。2017 年，共出动执法人员 900 余人次，联合检查药品经营企使用单位近 300 家次、医疗器械经营使用单位 80 余家次，对存在问题的 61 个涉药单位责令其限期整改，实施行政处罚 3 起，罚没款 2 万余元。开展药品安全大排查大整治工作。县市管局股、所联动对辖区内各药品、医疗器械经营企业及乡卫生院、部分村卫生室、个体诊所进行安全风险隐患排查检查药品、医疗器械经营企业 103 家次，排查发现一般隐患数 34 个，未发现重大隐患，对存在风险隐患的企业已责令其限期整治。

**【行政审批】** 2017 年，县市管局把好食品、保健食品、药品、医疗器械经营市场准入关，组织开展清权确权工作，制定行政权力清单，精简审批环节，压缩审批时限，优化服务环境。全年共受理核发新食品经营许可证 370 户，注销过期失效的食品流通许可证 1131 户，配合市局开展食品生产许可证新取证及换证审查工作 6 家，全县共有食品生产取证企业 31 家，换发《药品经营许可证》3 份、变更《药品经营许可证》7 起，发放二类医疗器械经营备案凭证 3 份。全县 48 家药品、医疗器械经营企业全部提交《安全生产标准化自评报告》《安全生产标准化评审申请表》，经组织评审人员对企业提交的材料进行审核，符合《冶金等工贸行业小微企业安全生产标准化评定标准》，全部确定为"安全生产标准化达标企业"。

（聂 莹）

2017 年 3 月 31 日，"12331，守护食品药品安全"主题活动当天，执法人员在各大药店开展监督检查

（万传聪 摄）

# 教育·科技

□编辑 黄日辉

## 综 述

【概况】 2017年，建宁教育按照党的十九大以来各次全会和省、市、县委对教育工作的要求，巩固提升创建国家义务教育基本均衡县发展成果，深化课堂教学改革，全面实施素质教育，促进学校内涵式发展，提高教育教学质量。从总体规划出发，致力于补齐两个短板，做好五项工作。两个短板即硬件、软件双重短板。补齐软件短板重点在解决教育质量不高的问题上下功夫，加强校长队伍、教师队伍、教研队伍建设，以及教育教学管理；完善财政投入、家校联动、服务外包等机制，形成尊师重教的浓厚氛围。当年，建宁教育得到较好发展，县教育局全面完成年初部署的各项工作任务，先后获得2017年全国第三届"关爱明天、普法先行"青少年普法教育活动先进单位、2017年度三明市教育系统"五比五晒"三等奖、2017年度全县安全生产先进单位等荣誉称号。

【教育五项工作】 2017年，建宁教育着重落实五项工作：（1）抓实"三项建设"（即学校党的建设、教师作风建设、校园"三风"建设），着力营造良好的教育生态；（2）推进"三项举措"（即深化课堂教学改革，完善教育信息化，形成家校合力），着力提升教育教学质量。（3）实施"三项工程"（即文明礼仪工程，阅读教育工程，汉字书写工程），着力培养学生综合素养；（4）打造"三支队伍"[即校（园）长队伍，教师队伍，班主任队伍]，着力提高城乡师资水平；（5）围绕"三个优化"（即优化学校办学条件，优化校园文化氛围，优化校园安全环境），着力改善校园环境。

【科技发展】 2017年，建宁科技工作紧紧围绕"建设新建宁、再上新台阶"的目标，坚持稳增长、调结构、促转型，实施创新驱动发展战略，创新创业环境得到优化，科技支撑引领供给侧结构性改革和产业转型升级力度增强。推进《全民科学素质行动计划纲要》在建宁的进一步实施，落实《三明市"十三五"科技发展和创新驱动专项规划》，加大农村科技培训、科技推广和科技服务，建设"双创"孵化基地，培育科技型企业。提高专利补助标准，3月中旬，经县政府常务会研究决定，授权发明专利、实用新型专利、外观设计专利补助分别提高到10000元/项、2000元/项、1000元/项。

## 基础教育

【概况】 2017年秋季，建宁县共有各级各类学校53所（点），其中：普通高中1所，职业中学1所，初级中学7所，完全小学12所，农村小学教学点16个，特教学校1所，幼儿园14所（其中民办幼儿园4所），教师进修学校1所。在编教师1487人。在校学生19835人，其中：小学学生8943人，初中学生3570人，普通高中学生1947人，职业高中学生433人（全日制）；特教学生

72 人；在园幼儿 4870 人。小学适龄人口入学率 99.82%，初中适龄人口入学率 98.37%，幼儿园入园率 94.53%，三类残疾人口入学率 96.88%。

**【幼儿教育覆盖率提高】** 2017 年，县教育局做好学前教育 2017—2020 年（三期）建设项目规划，进一步整合教育资源，实现优质教育资源共享。继续深化幼儿园达标创优工作，认真实施省农村学前教育巡回支教试点工作。全县设置中央补助支教点 26 个，招募 27 名志愿者。全年支教点共覆盖幼儿 314 人，有效缓解农村幼儿入园难问题。

**【城关幼儿园通过省级评估】**

2017 年 6 月中旬，省教育厅基教处副处长余志丹、福建师范大学学前教育系主任吴荔红一行，对县城关幼儿园创建"省级示范幼儿园"工作进行评估验收。评估验收组全面查看城关幼儿园教育教学管理和创建工作情况，对该园教育整体工作给予高度评价，并指出：建宁县高度重视、支持学前教育发展，城关幼儿园园务管理科学规范，保教结合落实到位，对幼儿实施全面发展教育成绩显著，促进了幼儿身心和谐发展。一致认为城关幼儿园基本符合"省级示范幼儿园"标准。7 月，福建省教育厅确认建宁城关幼儿园为首批"福建省保教改革建设幼儿园"。

**【义务教育】** 2017 年，建宁县义务教育阶段学校有 34 所，其中初级中学 7 所，完全小学 11 所，教学点 15 个，特教学校 1 所。当年，把"梦想课程"作为小学深化课堂教学改革的重要抓手，尝试把"梦想课程"理论融合到国家课程学科教学中。"梦想团队"粗具规模，"梦想教练团""金铙山沙龙"成立，"梦想教师"主动参与"一星"培训和"二星"提升培训。承办全省"梦想好课"展评活动，实验小学 2 位教师分别获得特等奖、一等奖。一批教师在全国、全省教学竞赛中崭露头角。年内城关小学、第二实验小学和第三实验小学顺利通过省义务教育管理标准化学校评估验收，城关小学被评为"福建省义务教育教研示范学校"；完成了客坊中畲小学、黄埠山下小学等 15 个村级教学点标准化评估验收。9 月，溪口中心小学划归县管，更名为"建宁县第三实验小学"，此举有利于完善流动人口随迁子女入学制度，提高教育公共资源均等化服务效率，进一步缓解城区义务教育入学压力。

**【小学"三项工程"促进学生成长】** 2017 年 3 月，县教育局在县第二实验小学召开建宁县 2017 年学生成长"三项工程"（即文明礼仪工程，阅读教育工程，汉字书写工程）现场推进会，总结"三项工程"建设成效经验。举办建宁首届校园足球联赛，24 支代表队、288 名运动员参赛，实验小学、城关中学、建宁一中等学校取得佳绩，为县校园足球发展开了个好头。组织学生参与"百年追梦·全面小康"第 24 届全国

青少年爱国主义读书教育活动，9 月份在城关小学举办了"兴未来·阅读助学——建宁县教师阅读研习营"培训，提高全县教师阅读指导水平。与"担当者行动"合作，在实验小学、城关小学、第二实小、第三实小四所小学的 103 个班级建设 103 个图书角，在城关小学和第二实小建设 2 个阅读图书角。举办首届小学生汉字听写大会县级比赛，并推选实验小学代表建宁县参加市赛获得三等奖。

**【初中教育】** 2017 年，建宁县建立和完善初中教学质量监控体系，规范初中七、八年级学业水平抽考和教学质量检测制度，从生源入口、过程管理和终端出口三点监测学校教学质量；在初中七、八年级各学科尝试江西金太阳"导学案"课堂教学法，强调学生在课堂中的主体地位，培养和提高学生科学探究能力和创新能力；推进"小片区"教研管理模式，2017 年中学两个片区共开展"同题异构教学"、"教学设计"、"片段教学"和"集体备课"等内容的教研活动 9 次，参与人员 500 余人次。

**【特殊教育】** 2017 年，建宁县特殊教育学校坚持"特殊教育全覆盖，残疾儿童有技能"的教育特色，紧密结合县域实际，完善特殊教育保障机制，充实特教教师队伍，提高特殊教育学校创建标准化特教水平。学校残疾儿童实行随班就读的教育教学工作，学生的生活能力和基本技能得到

训练和提高，全县残疾少儿入学率达到省市要求。学校组队参加三明市第三届特殊教育学校奥林匹克运动会，获得 100 米、200 米、400 米、卧推、提铃、深蹲比赛前三名，铅球比赛第一名。

## 普高教育

【概况】　2017 年，建宁一中围绕创建一级达标学校要求，加快校园软、硬件建设。学校坚持"以人为本"的办学宗旨，全面贯彻党的教育方针，积极推进新课程改革，实施素质教育。软件建设方面，提升文化品位，丰厚办学底蕴，提炼形成以"感恩·孝道"为主题的校园文化建设思路；通过建设孔子雕像、绿色生态科普长廊、《论语》文化艺术长廊及优秀校友宣传栏、名师宣传栏，完善教学区内走廊墙面名言警句设计安装，不断丰富校园环境的文化内涵，形成校园环境建设长效机制，实现人与环境相协调、教学质量提高与学生终身发展相协调的和谐氛围。硬件配置方面，精心规划校园布局，高效利用发展空间，继续绿化、美化校园，努力为广大师生创设更加优美的办学环境。当年，完成地理园、生物园、录播室以及历史、地理专用教室的建设，添置相应的教学仪器及体育器材。为教师们配备标准化写字间、电脑等，为师生打造一个积极向上、美丽幽雅的学习生活环境。

【教育教学成绩】　2017 年高考，建宁一中应届本科一批上线 128 人，其中 985 院校人数 13 人，211 以上院校 41 人。理科第一名 629 分全省排名 335 名。本科二批上线 486 人。当年，教师教育科研成绩斐然：刘春英老师获全省优课比赛一等奖，刘云潮老师获全省片段教学一等奖，刘春英老师和涂逢燕老师获全国中学物理实验创新大赛二等奖；徐祚寿老师获得"三明市杰出人民教师"称号，江竹贞老师获得"三明市劳动模范"称号，王名亮老师被评为三明市优秀教师，黄国强等 19 位教师获"建宁县先进教师"称号。

【省教学研讨会在县一中召开】　10 月 18 日至 21 日，福建省高中物理毕业班教学研讨会在县一中隆重召开。北京大学卢晓东教授，厦门大学杨志林教授，福建省普通教育教学研究室陈松主任、钟春光老师，三明市教科所教研员蔡晨芳，建宁县副县长孙元玲等人出席本次会议，来自全省各地市教研员和各中学高三物理老师共 180 余人参加本次会议。研讨会开幕式由陈松老师主持。孙元玲副县长代表中共建宁县委、建宁县人民政府对本次教学研讨会在建宁县顺利召开表示祝贺，对专家、名师的到来表示欢迎。刘中立校长向与会者介绍县一中的教学情况、办学理念。在为期 3 天的研讨活动中，北京大学卢晓东教授、厦门大学杨志林教授等专家、名师开设 10 场讲座。福州三中邱晓峰等四位教师上了 4 节观摩课。

## 职业教育

【概况】　2017 年，建宁县职业中学学生结构分为全日制在校生和非全日制在校生。当年招生规模：全日制 112 人，非全日制 205 人；在校生规模：全日制 443，非全日制 230 人；2017 届毕业生 162 人，其中全日制 144 人，非全日制 18 人。在校生总数 625 人，学年巩固率 97%。学校教职工 58 人，生师比 10∶1（625∶58）；专任教师 50 人，其中："双师型"教师 20%，本科以上学历 96%，硕士 1 人，高级职称 28%，7 位教师已评到中级职称未能聘任。职业中学整体规划和建设纳入建宁县 2017 年教育补短板项目，运动场项目有序推进，全年完成投资 400 万元。完成模拟导游实训室、电子商务实训室、旅游酒店实训室、会计综合模拟实训室、综合布线和动漫设计实训室建设，实训设备总资产 460 万元，生均 0.7 万元。1 月，经三明市教育局考核评估、省教育厅组织专家复核，认定建宁县职业中学为福建省第六批"达标中等职业学校"。

【教育教学成绩】　2017 年，建宁县高职招考 127 人参考，本科上线 18 人，录取 13 人，专科上线 94 人，录取 67 人。当年，职业中学通过校企合作，不断拓宽学生实训、就业渠道，2 月份成立"西湖宾馆冠名班"，17 名学生赴省西湖宾馆实习。选派学生参加 2017 年福建省职业院校技能大赛，1 人获二等奖、2 人获三等奖。参加三明市职业院校技能大赛，共有 13 人分别获得一、二、三等奖。1 名教师参加市教师技能大赛获一等奖。

**【专业动态调整】** 2017 年，建宁职中按各专业要求开设课程，学校开设了语文、数学、英语、美术、体育、音乐、德育等文化课程，开设了旅游服务与管理、高星级酒店运营与管理、计算机应用、会计电算化等专业课课程，为适应本县经济的发展，设置工艺美术、农学大类专业。突出赛训结合，提升学生技能。

**【学校管理规范】** 2017 年，建宁职中建立和完善学校岗位竞聘制度、年度考核方案、教师绩效管理方案、毕业班教学质量奖励方案、食堂安全管理制度，落实学校各处室工作职责和校长负责制，落实门卫安全管理制度和学生安全信息员制度；严格财经纪律，认真履行财务管理制度，依法规范使用每一笔资金。创新教学常规管理机制，定期召开教学工作会议，及时研究解决学校教学工作中的重大问题。坚持和完善教学常规，开展巡查和听课活动，教学业务每月一检查。加强对学生的管理制度，落实中职生管理手册（中职生日常行为规范和德育量化考评方案等）；严格课堂纪律管理，狠抓学生的行为养成和仪容仪表。开展文明班级、文明宿舍评比，引导学生养成良好的行为习惯。开展和推动教学管理信息化建设，不断提高管理

和服务水平，以信息化促进学校管理现代化。

## 成人教育

**【概况】** 2017 年，建宁县成人教育以建宁电大工作站、教师进修学校、乡镇文技校为平台，以"终身学习、同建家园"为主题，开展全民终身教育活动；初步形成以建宁电大为龙头，以建宁教师进修学校、社区学院、乡（镇）社区学校为骨干，以社区内中小学、居民小区办学点、村民学校为基础的社区教育三级网络，在提升成人学历、做实教师培训、做强家庭教育等方面取得成效。

**【建宁电大工作站】** 建宁电大肩负学历教育、非学历教育和终身教育三大办学职能，是建宁县现代远程教育和继续教育的重要基地。建宁电大工作站以市场人才需求为导向，立足本地经济发展规划，开展学历教育。开放教育开设专业有：法学、汉语言文学、会计、小学教育、学前教育、工商企业管理、劳动与社会保障等；奥鹏远程教育授权的院校有大连理工大学、东北师范大学、四川农业大学等，专业有土木工程、行政管理、农学、林学、环境工程、动物科学、水利水电工程、电气工程及自动化、计算机科学等 30 多个专业。2017 年共招生 178 人。其中，电大开放教育春季招生 87 人，奥鹏远程教育招生 91 人；总招生数比 2016 年多 25 人，同比增长 16.3%。

**【教师培训】** 2017 年，建宁县教师进修学校完成 6 批次教师培训：（1）新教师的三年成长培养培训，对 2016 年、2017 年新招聘教师进行了共 9 期的集中培训。（2）心理健康教师专项培训。在三明学院支持下，县举办心理健康教师能力提升专项培训，培训分两个阶段进行，第一阶段：2017 年 8 月份（8 月 15—20 日），授课地点在县教师进修学校，时间为 6 天。第二阶段：2017 年 11 月 12—18 日，授课地点在三明学院，时间为 6 天。培训内容设 4 个模块：专业基础理论课程、专业技能课程、实践课程、体验活动。有 36 名心理健康教师参加了培训。（3）校（园）长、书记"领导力与课程建设能力"提升培训。2017 年 7 月底，全县中小学幼儿园校（园）长、书记共 34 人赴宁波教育学院进行了为期 7 天的提高培训。（4）教务主任培训。2017 年 11 月 4—6 日，委托厦门市湖里区新方式教育研培中心对教务主任进行提升培训。（5）初中课改教师培训。聘请江西金太阳教育集团专家到县进行现场指导课改工作，通过听取建宁县老师的课改课，进行现场指导，并对导学案和导学测评案的使用进行专门指导。（6）中小学部编教材培训。2017 年，教育部对中小学语文、道德与法治、初中历史进行了重新修订，本县派出相关学科教研员参加省级培训；9 月初，各学科分别进行县级培训。

**【家庭教育与心理辅导】** 2017 年，建宁电大站增设"建宁县社

区学院"，组织开展家庭教育工作。建宁社区学院内设"福源家长成长中心"、"幸福种子学习中心"和"图书馆学习中心"3个学习中心。4月，在城关幼儿园和溪口中心小学分别举办全县家庭教育工作现场推进会，安排教师专场、父亲专场、生理保健专场等24场次的家庭教育专场巡回讲座，参与家长、教师、学生4000多人次。组织开展"千名教师进万家"活动，全县中小学教师1400余人，深入千家万户，与学生家长零距离对话，受到广大干部群众的高度赞誉。在福源家长成长中心的指导下，全县各中小学举办青少年成长夏令营、大型公益课程、各类主题社区宣传活动等100余场次，直接服务4931人次，间接服务15000余人次。11月份，三明市家庭教育座谈会在建宁召开，建宁提供4个观摩点供现场观摩，建宁教育关工委、第三实验小学在会上做典型发言；县未成年人心理健康辅导站从"标""本"兼治两方面开展工作，为中考、高考考生做考前减压辅导4场次，参与人数1200余人。

## 教育管理

【概况】 2017年，建宁教育以习近平总书记对教育工作的重要指示和省、市委全会精神为指导，用"补短板提质量"统领教育教学管理。切实补齐教育短板，提高教育教学质量，着力解决基础设施薄弱和教育质量不高的问题。

2017年8月28日，省教育厅厅长黄红武（中）到建宁调研 （县教育局提供）

努力实现优质教育资源均衡，不断扩大各类教育资源总量。学校党组织建设、德育教育、安全教育得到加强，校园文化形成特色，教育惠民进一步落实。2017年教师节期间，2位教师被评为省级优秀教师，4位教师荣获省"实事杰出教师奖"，13名教师被评为市优秀教师，评选表彰60名县优秀教师和优秀教育工作者。

【教育教学管理】 2017年，县教育局制定实施《2017—2020学年教师职务岗位竞聘方案》《建宁县中小学教学质量绩效考评办法》；协调县公务员局为符合晋级条件的教师办理职称晋级，100余名教师晋升职务，11名教师送评高级、15名送评中级，确保教师队伍稳定。9月份，县委十二届四次全会通过了《关于补短板提质量加快建宁教育事业发展的实施意见》。对全县中小学教师进行各学科课程标准培训和考试；组织召开2017年全县中小学教育教学质量研讨会，明确各类学校

质量提升和学校内涵发展的目标任务。

【学校党建工作】 2017年，县教育局党委定期组织开展"两学一做"专题辅导，组织党员全员参加"党员e家""新福建"平台学习。各支部开展"学习廖俊波，争做合格党员"主题实践活动和"五比五晒"活动，组织教育系统党员干部、职工集中收看《将改革进行到底》《榜样》等电视政论专题片和十九大开幕式，凝聚共产党员的强大正能量，激发教育队伍干事创业的激情。加强组织领导和党员队伍发展。12月份，县教育局党委召开第一次代表大会，选举产生中共建宁县教育局委员会第一届党委委员和纪律检查委员会委员；重视发展优秀青年教师、骨干教师入党，建立健全把骨干教师培养成党员、把党员教师培养成教学管理骨干的"双培养"机制。教育局党委在7月1日前后将符合条件的4名青年教师吸收为预备党员。11

月份，选派 8 名表现优秀的入党积极分子到县委党校参加党员发展对象培训。

**【教师队伍建设】** 2017 年，县教育局落实学校教师"以县为主"管理体制，做到教师工资、编制、招聘、职称岗位设置、考核和退休教师管理的"六统一"。全年新招聘中学、小学、幼儿教师共 55 名，外县调入 2 名，全部充实到教学第一线，其中安排地理、体育、音乐、美术、科学等紧缺学科 13 名，教师队伍的结构性矛盾明显缓解，教师配备基本能够满足开齐开足课程的需要。9 月份，安排校长交流任职 10 人、教师岗位交流 99 人。同时，对接北京立德未来助学公益基金会"美丽中国"支教项目，安排 14 名优秀高校毕业生在建宁 3 个乡（镇）6 所农村学校支教。提升教师业务水平。2017 年共安排 25 名校长参加省级提高培训，组织校长、支部书记赴浙江宁波进行为期一周的学习，全县参加县级以上各级各类培训教师 1533 人次。7 月份完成对 6 个县级名师工作室的考核。全年有 4 名校长（副校长）被确认为省名校长培养对象，2 名校长确认为市名校长培养对象，13 名教师确认为市学科带头人培养对象。

**【德育教育】** 2017 年清明节期间，县教育局组织全县 13000 余名中小学生开展网上祭英烈主题教育活动，1200 余名师生到烈士陵园祭扫，以实际行动表达对革命先烈的感怀。"六一"期间举办全县中小学生文艺会演，各小学开展"童心向党"喜迎十九大系列主题教育活动 10 余场次；依托县青少年法制教育基地，以普法日、禁毒日、安全周（日）等为契机，常态化开展普法教育，全年基地举办法制教育讲座 12 场次，参与人数 3000 余人次，开展送法进校园活动 5 次，参与人数 1000 余人次。举办"模拟法庭"现场会 1 次，参与人数 200 余人。县教育局 2017 年被中国关心下一代工作委员会、中华人民共和国司法部、中央社会综合治理委员会联合评为全国第三届"关爱明天、普法先行"青少年普法教育活动先进单位。7 月份，举办"为荷而来·彩虹行动"夏令营活动，来自美国哈佛大学、波士顿大学、圣罗伦斯大学教育学专家在内的 20 余名导师和大学生志愿者为建宁 60 余名留守儿童开展心理能力建设专题辅导活动，提高他们的团队合作及社会实践能力。

**【校园平安教育】** 2017 年，县教育局把安全工作纳入学校目标责任和教育教学常规管理的考核范畴，明确分工、细化任务，有效保障了校园安全管理工作的顺利开展。截至年底，县综治办、公安局、教育局对建宁一中等 23 所学校进行"平安校园"等级评定，其中 6 所学校平安等级为 5A，16 所学校平安等级为 4A，1 所学校平安等级为 3A，"平安校园"创建率达 100%。修订完善校园安全保卫工作各项制度，严把学校"入口关"，加强学校警卫室建设和安保人员、设备配置，全县中小学幼儿园共有专职保安人员 76 人，配有钢叉 29 件、警用橡胶棍 32 根、强光手电 36 支，提升校园安全防范和管理处置能力；制定学生"一日安全常规"制度，把安全管理工作贯穿于学校日常工作的全过程。3 月，开展第 22 个"全国中小学生安全教育日"活动和第 10 个"福建省学校安全教育周"主题教育活动，持续开展禁止中学生无证驾驶摩托车和电动自行车专项整治、学生上下学道路交通安全宣传教育活动；5 月，集中开展防震减灾宣传和演练活动，增强师生的抗震意识，提高地震逃生本领；组织师生参加三明市中、小学"安全教育精品课程"评选活动，分别获一、二等奖。县教育局被县委、县政府评为"2017 年度安全生产先进单位"。

**【校外教育】** 2017 年，县青少年校外活动中心坚持低收费或不收费开办科技、图书阅览、声乐、器乐、电子琴等 10 余个门类的特专长培训班，为兴趣爱好和专业水平不同的学生提供学习实践舞台。中心与培训班教师签订安全责任书，组织交通、消防等各类安全知识进课堂宣讲活动 20 余次。开展系列公益活动，县青少年校外活动中心坚持每周举办机器人制作、陶艺技能免费培训，全年共接待学生 3000 余人次。与县科协及城区试点校合作，联办科技活动小组，以点带面，使本中心成为中小学生培养科学精神、参与科技活动的重要阵地。当年，建宁青少年活动中心选派的两个队参加"三明市青少年机器人大赛"分获 WER 工程创新赛小学组第一名和第六名,参加省机器人大赛获三等奖。投资 11 万元改造建设县心理健康辅导站。与三明学院音乐与教育学院合作,组织 38 名教师开展为期 2 周的心理健康骨干教师培训。常态化开展社会实践活动,县中小学生社会实践基地全年投入资金 84 万元,建设素质拓展训练基地及基地附属设施。2017 年共组织活动 18 期,1585 人参与实践活动,其中小学生 296 人、中学生 1121 人、职高学生 108 人,组织成人拓展培训 2 期 96 人(含教师、公益组织、社会团体等人员培训)。

## 办学条件

【概况】 2017 年,建宁教育围绕巩固义务教育均衡县发展为目标,以"补齐教育短板,提高教育质量"为重点,努力完善硬件建设,着力解决基础设施薄弱的短板。以项目带动突破重点难点工作,加强关键领域和薄弱环节建设,通过加快落实第三期学前教育三年行动计划、实施中小学扩容和义务教育提升工程、完善高中办学资源配置、加强县职业中学整体规划和建设等项目建设,实现优质教育资源均衡,不断扩大各类教育资源总量。

【教育项目建设】 2017 年,县教育局继续实施教育项目建设:(1)学前教育项目。2016 年省下达公办幼儿园项目 2 个:实验幼儿园项目,建筑面积 6667 平方米,总投资 1730 万元,2017 年春季学期竣工交付使用;新建第二实验幼儿园,用地面积 4755 平方米,总建筑面积 8428 平方米(含地下停车场 3002 平方米),设计 15 个教学班,容纳幼儿 450 人,计划总投资 3134 万元,省下达补助资金 480 万元。该项目已开工建设。(2)长效机制项目 2 个。新建里心中小综合楼,建筑面积 2000 平方米,总投资 500 万元,至 2017 年底正在主体施工;三中教学综合楼,项目建设用地约 3140 平方米,建筑用地约 1700 平方米,总建筑面积 4224.66 平方米。综合楼规划三层框架结构,总投资约 1600 万元。至 2017 年底已立项,建设年限 2018—2019 年。(3)2016 年全面改造薄弱校舍建设项目 3 个。新建伊家中小教学综合楼,建筑面积 1700 平方米,总投资 540 万元,2017 年已投入使用;新建溪源中小学生宿舍楼,建筑面积 1400 平方米,总投资 300 万元,至 2017 年底正在内外装修;均口中小综合楼建设项目,建筑面积 2800 平方米,总投资 710 万元,于 9 月份开工建设,至 2017 年底正在主体施工。(4)2016 年农村教师周转宿舍建设 1 个,即新建溪源中小教师周转宿舍,建筑面积 1750 平方米,总投资 400 万元,至 2017 年底正在内外装修。

【提升教育装备水平】 2017 年,全县县乡两级学校累计投入资金 551.43 万元,用于添置学校教学、办公设备;5 月,县教育局组织相关人员对全县 17 所中小学进行"班班通"基本操作抽查考核,累计抽查考核教师 246 人,优秀率 83%,不合格 2 人。对学校网站、微信公众号等信息平台建设及管理工作进行督促指导,推动学校信息化水平的整体提升;推进"互联网+"图书馆(室)建设,全年建立"心天地"多媒体互动阅读教室 2 间、电子图书馆 1 个、"梦想中心"教室 7 间,为全县中小学图书馆(室)配置了图书自动化管理系统,完成网络接入与带宽提速,实现图书的电子化管理和动态库跟踪。

## 教育精准扶贫

【概况】 2017 年,县教育局制定并实施《建宁县实施教育精准扶贫工作方案》,对家庭经济困难的学生建档立卡,确保建档立卡家庭子女义务教育阶段无辍学。落实教育公平措施,推进"小升初"划片招生改革,落实进城务工人员随迁子女升学考试政策;深化中考招生"阳光工程",全面公开相关信息,提供网上信息咨询服务。全县中考体育所有考生集中到县体育馆考试,参照高考标准在城关中学和建宁三中新建中考标准化考点,中考实行全程监控和回放审看,全县九年级学生全部集中到县城标准化考点参加中考。

【扶贫资金的使用管理】 2017 年,县教育局对扶贫资金的来源、流向、审批、报账等各个环节实行严格监管，确保各项扶贫资金的安全、规范、高效，充分发挥扶贫资金的使用效益。设立政府采购、校安工程、资助中心等专户，做到独立专账，专户管理，独立核算，专款专用，封闭运行，防止和杜绝挪用扶贫资金现象。县财政对义务教育寄宿生和寄午餐生提供免费营养汤，每生每天补助 0.5 元，2017 年补助约 40 万元。对义务教育学校的食堂工作人员给予 1000 元 / 人的工资补助，每年补助约 51 万元。扎实做好驻村帮扶工作，为挂钩村争取项目资金；帮扶贫困户脱贫摘帽，教育局科级领导每人挂钩帮扶一户贫困户，做到一户一法，精准施策。

**【各项补助资金及时拨付】** 2017 年，县教育局对教育资金的各项补助及时拨付：（1）义务教育阶段学校学生营养改善工程。全年义务教育学校寄宿生营养餐及生活费补助共 5272 人，其中低保及建档立卡学生 371 人，寄午餐学生中的低保及建档立卡学生 133 人。（2）学前教育资助。2017 年春季学前教育政府助学金资助共 202 人（其中一档 174 人、二档 28 人）。补助标准为一档每人每年 2000 元、二档每人每年 1000 元。（3）普通高中教育资助。落实普通高中学生助学金 191 人（其中一档 74 人、二档 117 人），补助标准为一档每生每年 3000 元、二档每生每年 1700 元；落实普通高中学生免学费 70 人（其中建档立卡 54 人、低保学生 16 人）。从 2017 年秋季学期

起，免除普通高中建档立卡家庭经济困难学生（含非建档立卡家庭经济困难残疾学生、低保家庭学生、农村特困救助供养学生）学杂费，每生每年 1600 元。（4）中职教育资助。落实中职困难学生助学金补助共 30 人（其中建档立卡 4 人、低保 2 人、其他 24 人），助学金补助标准为每生每年 2000 元。落实免学杂费学生 435 人，学生免学费标准按每生每年 2100 元。

（苏卿南）

# 科 技

**【概况】** 2017 年，建宁县专利申请 425 项，其中发明 107 项，实用新型 135 项，外观设计 183 项；授权 164 项，其中发明 5 项，实用新型 104 项，外观设计 55 项。2017 年兑现 2016 年度授权专利奖励金 12.9 万元，组织小微企业申请 2017 年度三明市小微企业专利发展专项资金 11.3 万元。在推行专利激励政策的同时，县科技局专门邀请专利代理人深入企业，对专利申请进行一对一的专门挖掘、指导。

**【主体创新】** 2017 年，县科技局全面落实企业研发激励机制,大力培育科技型企业。组织禾丰种业申报并认定为 2017 年科技小巨人领军企业；日鑫菌业、汇利丰、绿源果业 3 家企业备案科技型企业；组织日鑫菌业做好高新技术企业的申报。华新食品等 4 家企业申请小微企业科技创新奖励资

金 140 万元；汇利丰、源容生物 2 家企业申报高新企业奖励 40 万元；文鑫莲业等 3 家企业申报科技创新券补助 6.8 万元。组织文鑫的鑫众创客空间、禾丰科技孵化器申报市众创空间、市互联网＋孵化器补助，让企业充分享受到了政策优惠，以此带动了大众创业、万众创新。

**【创新平台】** 2017 年，县科技局全面提升企业创新能力，助推经济转型发展。建设"双创"孵化基地。充分发挥已有星创天地及孵化器的带动作用，继续按照省市众创空间、孵化器认定和管理办法的标准，做好新申报众创空间、孵化器的严格审核、把关。当年，新认定省级星创天地、市级孵化器各 1 家。加大新型研发机构创建。通过政策引导、项目扶持、专项培训等举措，重点做好建宁县禾丰种业科学研究院打造省级新型研发机构的跟踪协调工作；组织耕山队等 7 家企业参加第六届中国创新创业大赛（福建三明赛区）暨第二届三明市创新创业大赛。

**【科技项目】** 2017 年，县科技局大力实施"五新"项目，推动产业转型升级。围绕本县特色产业和重点产业，深入开展调查研究，进一步补充完善项目储备库。筛选出"高光棉纸生产工艺技术研发"等 15 个项目作为市"五新"项目库备案项目；推荐"杂交水稻种质资源创新与新品种选育"申报省农业区域发展项目，推荐"建莲新品种'建选 31 号'

示范推广"申报省星火项目，"新型花茶制作工艺与新产品开发"申报市科技计划项目。

【科技人才】 2017年，县科技局采取多种措施重点做好科技人才引进工作。对接高技术人才，鼓励和引导企业与高校、科研院所开展产学研合作，利用科技优势，为双方提供沟通交流的平台，以便企业与高技术人才的对接，为企业克服生产发展中所遇到的瓶颈提供科技支持，促进企业的转型升级。同时，根据《省级扶贫开发工作重点县人才支持计划科技人员专项计划实施方案》，向上申请9名科技人员下派至乡（镇）、企业，提供技术咨询与服务，为农业产业发展提供强有力的科技支撑。召开各乡乡（镇）分管科技领导工作会，了解各乡乡（镇）需求，并鼓励各乡乡（镇）结合自己的产业对接专家作为本乡乡（镇）的科技特派员，全年共推荐16名科技人员到乡乡（镇）作为科技特派员。

【科技巡展】 2017年9月5日，中国流动科技馆第二轮全国巡展福建省启动仪式在建宁县新图书馆举行，省科协党组成员、副主席林学理、省科技馆馆长王美玲、县委常委、宣传部部长阴晓萍，副县长牛弋出席仪式。阴晓萍在仪式上致辞，林学理宣布"中国流动科技馆第二轮全国巡展"福建省展区活动正式启动。

## 防震减灾

【概况】 2017年，建宁防震减灾工作坚持防震减灾同经济建设一起抓，以提高全民防震减灾意识为目的，扎扎实实开展工作，求真务实，开拓创新，全县防震减灾工作取得较好的成绩。

【应急预案】 2017年初，县政府召开全县防震减灾工作会议，部署全年防震减灾工作任务，与各乡镇分管负责人签订目标责任状。年初，出台《2017年建宁县防震减灾工作要点》，修定下发《建宁县地震应急预案》。全年召开两次防震减灾联席会议，县领导专题听取地震局防震减灾工作汇报，对防震减灾工作进行专项部署；采取多种形式，认真贯彻实施防震减灾法律、法规，推进建宁防震减灾法制建设。

【防震减灾宣传】 2017年，县地震局利用《中华人民共和国防震减灾法》颁布实施日、"5·12"汶川地震纪念日和国际减灾日、"7·28"唐山地震纪念日、法制宣传日、世界地球日、科普宣传周等有利时机，开展丰富多彩的防震减灾集中宣传教育活动。当年，共制作防震减灾知识专栏9期，悬挂宣传标语18条，发送防震彩信8万条，发放防震宣传资料5000余份，制作防震减灾宣传展板6次，发放防震宣传笔1万支。

【防震减灾示范学校建设】 2017年，县地震局认真贯彻实施《中华人民共和国防震减灾法》和《中小学公共安全教育指导纲要》等有关法律法规，县教育部门和县地震办联合开展防震减灾示范学校建设，建宁县城关小学被认定为省级防震减灾示范学校。

【地震预警节点建设】 2017年初，建宁地震预警节点与省市联网，正式投入使用。根据省市地震局要求，建宁地震办深入城关小学、智华中学等公共场所进行预警终端的选址工作。地震预警节点能在地震发生后，依托震中附近的密集地震台网，在震后数秒内快速估算出地震影响范围和程度，抢在破坏性地震波到达目标地之前发布警报，能有效地减少大震人员伤亡。

（陈嘉伟）

# 文化·体育

□编辑 黄日辉

## 公共文化

【概况】 2017 年，建宁县继续着力打造"红色文化""莲文化""闽江源文化""金铙山文化""慈航文化"等一系列文化品牌，推进闽江源国家级生态旅游休闲园、千亩荷花生态旅游观光园等文化产业发展。全县形成以县级文化馆、图书馆、纪念馆"三馆"文化单位为龙头，9 个乡乡（镇）综合文化站为枢纽，92 个行政村和 7 个社区文体活动室为辐射的三级公共文化服务网络。

【创建文化服务新模式】 2017年，建宁县重点培育与创立图书馆建设的"香香姐姐讲绘本"幼儿阅读推广、"我悦读·我担当"、"小小志愿者、建图·大讲堂"、《莲乡信息》四个文化服务品牌，并通过品牌服务活动来增强图书馆的社会知晓度，提升深化公共图书馆的服务能力和服务空间，发挥公共图书馆的社会职能。结合示范区创建工作，广泛开展各

类具有建宁地方特色的文化、民俗、节庆、健身系列文体活动，经常性开展文化进社区进校园、文化下乡、文艺巡演等活动，创新活动内容和形式，更好地提供公共文化服务，满足群众的文化需求。文化馆进行免费培训和场地开放，常年坚持艺术培训。当年共举办 37 期免费培训班，其中，2 期荷声少儿合唱团，5 期少儿舞蹈，3 期书画培训，4 期成人形体培训，3 期吉他培训，4 期二胡培训，4 期成人瑜伽培训，4 期肚皮舞培训，3 期健康操培训，4 期旗袍秀培训，3 期电鼓培训；以上各类培训参与人数达千余人。

【"半台戏"公共文化配送活动】 2017 年，建宁县配合市文化部门开展县、乡（镇）、村三级"喜迎十九大 共建新莲乡""半台戏"公共文化配送活动。举办的系列活动有：廉孝文化新春行活动，2017 新春团拜会，民俗踩街活动，元宵佳节"廉"意弄、元宵灯谜展览会，"悠然三明四

季行"建宁花海跑暨"福源建宁·乐享森林"嘉年华活动，"改革强警庆五四 青春建功新建宁"文化惠民进警营文艺汇演，"创建最美家庭 关爱贫困母亲"母亲节文艺晚会，"传承中华文脉，品味莲乡雅韵"暨庆祝文化遗产日、国际博物馆日主题活动，第46个"六五"世界环境日"同参与，共守护，绿动建宁"活动，乡镇文艺调演活动。这些活动群众喜闻乐见，参与度很高，极大地丰富群众的文化生活。县广电局利用县流动服务演出车，为各类文化活动的开展和送文化下乡提供有力的保障。当年，"半台戏"演出、展览、培训活动分别在全县 9 个乡（镇）村定期举办市、县、乡（镇）、村配送 50 余场，每场演出加入当地特色的民俗文化节目，如宜黄戏、木偶戏、傩舞、龟蚌舞等。

【电影三下乡】 2017 年，莲乡影剧院举办播放主旋律影片"电影三下乡"国产影片展活动，展播一批如《战狼 2》《建军大业》

2017 年 7 月 4 日，福建省炎黄文化研究会、作家协会在建宁县开展采风写作选题活动 （县文广局提供）

《十八洞村》《空天猎》等优秀国产主旋律电影。按照新农村建设要求，为配合新农村建设，按照"生产发展、生活富裕、乡风文明、村容整洁、治理民主"二十字社会主义新农村总体要求，购买了《健康促进疾病预防》《网络诈骗防患常识》《远离毒品，珍爱生命》等科教片，投入"送电影下乡"活动中。莲乡影剧院以"远离毒品、真爱生命"为主题，将购买的科教片送入农村的每个角落，提高农村群众的健康知识。7 月 12 日，红色电影惠民展映活动启动仪式暨《勃沙特的长征》首映式在县宣传文化中心正式启动。

**【图书馆】** 2017 年，县图书馆以迎接、宣传、贯彻党的十九大为主线，努力营造"书香建宁、全民阅读"的文化氛围和社会氛围，贯彻落实年初制定的责任目标，按照公共图书馆免费开放的要求开展工作。新增馆藏图书 32768 多册，共接待读者 21.62 万人次，办理图书借阅证 7133 本（含分馆学生读者证 4772 本），借还图书 58782 册（不含流通点借阅册数），解答咨询 1532 人次。电子阅览室（共享工程支中心）完成全馆免费无线网络全覆盖和全面免费开放，播放 VIP 经典电影 84 部，图书馆网站访问量达 11792 人次。2017 年，县图书馆以"4·23"世界读书日"全民读书月"活动为主，平时长效活动为辅，大力开展形式多样、内容丰富的阅读推广活动。如：举办"香香姐姐讲故事"小达人比赛，与万星影城开展"同读一本书·同看一场电影"亲子阅读活动，开展文化进军营、进校园、进企业系列活动，举办"福建省图书馆学会专家讲师团巡讲（辅导）及农村文化协管员"培训，联合新华书店开展以"悦读·在路上"为主题的"4·23 世界读书日"图片展活动，开展"书香建宁·爱心接力"捐书和"数字阅读推广"活

动，与县科协联合举办"科技驱动社会发展、阅读引领社会文明"科技展，与县职业中学联合举办"喜迎十九大、建书香校园、促全民阅读"大型经典诵读晚会。

**【第二届"舞动莲乡"广场舞大赛】** 2017 年，由县委宣传部、县文广局主办，文化馆承办的"欢庆十九大 共建新莲乡"第二届"舞动莲乡"广场舞大赛于 7 月 19 日在县体育馆进行。来自全县各乡镇 12 支参赛队的 200 多名广场舞爱好者表演了《七彩美云南》《你来了》《太阳出来喜洋洋》《红颜旧》等精彩节目。经过激烈的角逐，县文化志愿者艺术团获得一等奖，溪口镇政府、县公安退休协会英姿舞蹈队获得二等奖，濉溪镇政府、溪源乡政府、县老年大学艺术团获得三等奖，里心镇政府、县红叶舞蹈队、伊家乡政府、黄坊乡政府、黄埠乡政府、均口镇政府获组织奖。

## 红色文化

**【概况】** 建宁县是全国 21 个原中央苏区县之一，是第一次反"围剿"的筹粮筹款地，是第二次反"围剿"的完胜之地，是第三次反"围剿"的决策之地，是第四次反"围剿"的指挥中心，是第五次反"围剿"的重要战场，是中国人民解放军无线电通信的发祥地和炮兵的诞生地。在第二次国内革命战争时期，毛泽东、周恩来、朱德以及十大元帅中的八大元帅都曾在建宁从事过革命

实践活动，为建宁留下了许多革命文物和革命遗址。建宁县委、县政府高度重视革命文物及革命旧址的保护，把革命文物保护工作纳入县委、县政府重点工作，做到"保护为主，抢救第一，加强管理，合理利用"，取得一定的成效；建成了全国首个以中央苏区反"围剿"为主题的专题纪念馆，并获评第六批全国重点文物保护单位、全国爱国主义教育示范基地、国家国防教育示范基地，是国家4A级旅游景区及全国百个红色旅游经典景区之一。

**【弘扬红色文化精神】** 2017年，县文化部门注重文艺创新形式，以出版书籍、舞台剧、图片展等形式为载体，弘扬建宁红色精神。继县文广局与县文联联合编辑出版《莲乡，那片红色的记忆》之后，2017年完成《红色记忆》一书的材料收集整理工作。7月10—14日，先后开展"苏区胜地·红色之约"庆祝建军90周年走进建宁文化之旅系列活动。举办红色题材文学和电影创作研讨会，研讨会期间，著名军旅作家项小米，中国电影家协会秘书长、金鸡百花奖评委饶曙光，中国社会科学院文学研究所《文学评论》副主编、著名评论家曾镇南等知名专家和学者，结合自身工作实际和创作经验，分别从各自专业角度做了主题发言。"红色之约"惠民演出展映电影《勃沙特的长征》和原创客坊水尾红军剧。在文艺表演中将红色文化渗透到具有建宁地方特色的木偶戏、宜黄戏等非遗项目中，结合红色剧目

元素进行创新演绎。

**【红色文化品牌】** 2017年，建宁县做强党性党史教育基地。以做大做强建宁党性党史教育基地和红色文化教育为切入点，打造建宁红色旅游精品，提升建宁红色文化品牌。基地由"一个中心、两个现场点"三大部分组成："一个中心"就是以建宁县委党校教育平台为中心，"两个现场点"即以反"围剿"纪念园、西门莲塘等城区红色景点景区为教育现场点，以客坊水尾党性党史和红色文化教育基地为体验点。大力培育红色文艺精品。以建军90周年为契机，举办"苏区胜地 红色之约"——庆祝建军90周年走进建宁文化之旅系列活动。国内知名作家及电影家共计160余人，齐聚建宁开展红色文化研讨采风。开展《建宁红色文化故事》征集活动。7月，完成长篇历史文化小说《建莲古事》（45万字）的创作出版，并成功举办新书发布暨作品研讨会；由省纪委协调省美术家协会组织20多位知名画家于9月中下旬到建宁客坊水尾等红色文化村和革命老区红色文化基地体验生活，以红色文化为创作元素，创作专题作品80件，并分别在福州和建宁县举行画展，引起了社会各界广泛共鸣。

**【县红色文化研究会成立】** 2017年9月10日，县红色文化研究会成立暨第一届会员大会召开，县领导郑剑波、陈显卿、阴晓萍、吴碧英、孙元玲、杨宗群出席会议。会议介绍了县红色文化研究

会筹备工作情况，酝酿并通过《建宁县红色文化研究会章程（草案）》《建宁县红色文化研究会第一届组织机构选举办法（草案）》，选举产生第一届理事会成员、会长、副会长、秘书长。县委书记郑剑波为当选的县红色文化研究会会长颁发了任命书。县委常委、宣传部部长阴晓萍在会上致辞。红色文化研究会的成立，目的是继续深入学习贯彻习总书记重要讲话精神，把保护、传承和弘扬红色文化作为战略工程、铸魂工程、民心工程来抓，积极推动红色文化品牌战略建设。主要职责是突出时代性，深入挖掘建宁县红色文化资源，研究好、编写好建宁红色历史，修好"红色家谱"，进一步增强红色历史、红色文化的生命力；突出创新性，充分利用现代传媒加大宣传推广力度，营造浓厚的红色文化氛围，讲好"红色故事"，大力提升本县红色文化魅力；突出持续性，开展红色资源的深度研究和精神价值提炼，加强对广大党员、干部、群众和青少年的红色教育，传承"红色基因"，切实增强红色文化的延续力。

**【红色革命遗址修缮】** 2017年，建宁县按照《三明市红色文化遗址保护管理办法》要求，投资1290万元，开展新一轮红色文化遗址保护修缮工作，继续完成客坊水尾红色文化旧址群的保护修缮工程。建宁县客坊乡水尾村红色文化旧址群包括闽赣基干游击队司令部旧址、红军医院、红军兵工厂、红军银行等革命旧址。

截至年底，已完成水尾红军医院修缮复原，闽赣基干游击队司令部修缮复原，红军兵工厂修缮复原，红军礼堂、红军学员楼、停车场、水尾红军故事墙以及部分标识建设。全县类似客坊乡水尾村这样的红色革命遗址共有41处，其中2处被定为国保级，19处县保级。在城关村规划建设建宁西门莲塘红色文化主题公园，该工程包括修复红军莲塘、红军山炮连、红三军团司令部、红一方面军总部电台（青云阁）及总队部等革命旧址，新建周恩来等老一辈革命家九人合影雕塑；该工程总占地面积1500平方米，总投入3000万元；溪口镇枧头红一军团司令部旧址修缮复原工程已启动，正在进行规划设计。年内，完成红一方面军总部电台（青云阁）及总队部旧址修复。

【红色革命遗址保护】 2017年，建宁县组织人员对本县国家、省、县重点文物保护单位、纪念馆文物库房、展厅等重点部位和消防设施进行全面排查，做到不留死角，同时对发现的问题及时责令相关单位进行整改，确保文物安全。对建宁县中央苏区反"围剿"纪念馆等重点保护单位设立保卫部，聘请4名保安人员，制定安全管理制度；完善安全硬件设施，安装了室外消防栓3个，室内消防栓20个，蓄水装置2个，水带水枪20个，干粉灭火器38具，并在红一方面军总司令部、总前委旧址安装37个烟感探测器和1台自动报警器。4月中旬，县长陈显卿先后到溪口镇枧头村红一军司令部旧址、溪口村红军街、溪口镇船厂下陈毅旧居等地就红色文化保护与开发利用进行专题调研。

【全国知名红色文化专家到县考察】 2017年5月上旬，国防大学马列主义研究所原所长、教授、少将黄宏带领数十名专家学者来到建宁县实地考察。考察组一行先后到西门红军莲塘、红一方面军政治部旧址暨周恩来旧居、中央苏区反"围剿"纪念馆等地，通过现场考察、听取介绍和召开座谈会等方式，全面了解革命战争年代毛泽东、周恩来、朱德等老一辈无产阶级革命家在建宁的革命斗争情况。建宁丰富的红色资源、厚重的历史文化底蕴给他们留下了深刻的印象。国防大学马列主义研究所教授黄宏、河北师范大学中国共产党革命精神与文化资源研究中心马克思主义学院教授王玉平先后谈了自己的考察感受。

## 文化市场管理

【概况】 2017年，县文广局依照文化市场监管法律法规，认真开展行政权力事项清理审核工作；依法严格监督管理本县文化市场，依法组织开展娱乐场所、音像市场、出版物市场、艺术品市场、影视市场、网吧市场及校园周边环境的专项治理行动。

【文化市场执法检查】 2017年，县文广局出动执法检查人员600多人（次），检查文化市场经营单位304家（次）。立案4起，办结案件4起，其中，出版印刷（版权）1起，娱乐场所3起。信息报送15条，文化部接收4条，省文化厅接收4条，省文化稽查部队接收采用5条。坚决打击各种盗版行为，分发反盗版宣传资料300余份，开展正版软件使用宣传教育活动1次；加强对印刷包装装潢企业的监管，对没有建立"五项制度"的企业进行立案查处，严查非法盗印、复制、加印和出售标识标签的行为。全年共检查印刷复制行业60余家（次），书面警告1家。

【文化市场安全生产监管】 2017年，县文广局开展经营规范安全隐患排查"安全生产月"专项整治行动3次，日常执法监督检查与安全检查相结合，分片执法与安全责任落实相衔接。提出安全隐患治理意见3条，现场监督整改安全隐患8处，责令存在通道拥挤、线路老化等安全隐患的3家文化经营场所限期整改，并回访整改落实情况。加大宣传力度，提高守法经营意识，在乡镇赶集日和"4·26"世界知识产权日期间，开展《娱乐场所管理办法》和《知识产权保护法》等法规知识宣传活动，发放宣传手册500余份。召开文化企业经营业主会议1次，与网吧业主签订了《守法经营责任书》，提高企业主依法经营、守法经营的自觉性。

【"扫黄打非"专项行动】 2017年，建宁县"扫黄打非"工作力度加大。制定《2017年全县"扫黄打非"工作行动方案》，开展"护苗2017""剑网2017"和"净网2017""清源2017""固边2017"专项行动，始终保持"扫黄打非"工作高压态势。4月份开展以清理出版物市场为重点的集中行动，出动人员28人次，对全县书店、游商地摊全面检查，收缴盗版出版物120余册，取缔地摊1家，有效规范了出版物市场秩序。

## 文物保护

【概况】 2017年，县文广局经县委编办同意，成立文物保护股，加强文物保护。按照"保护为主，抢救第一，合理利用，加强管理"的文物工作方针，与文物单位和各乡镇签订文物保护责任状，确保文物安全和科学管理。当年，协助客坊乡水尾村完成革命旧址申请省级文物保护单位工作；完成《福建省博物馆概览——建宁县纪念馆概览》初稿的编写工作；完成《建宁文物》一书的编撰出版以及《红色记忆》一书的材料收集整理工作；推荐建宁通心白莲制作工艺传承人帅金高、宜黄戏传承人宁建设申报市级非物质文化遗产传承人。

【文物保护与宣传】 2017年5月18日，县纪念馆围绕"博物馆与有争议的历史"的主题，开展"传承中华文脉，品位莲乡雅韵"主题活动和"送课堂进校园"活动，普及文化遗址保护知识，让公众了解红色文化历史，体验民俗文化，为博物馆与公众的沟通互动搭建平台，推动博物馆事业的可持续发展。7月11日，"苏区胜利 红色之约"——庆祝建军90周年走进建宁文化之旅的文艺家们走进建宁县中央苏区反"围剿"纪念馆探访革命历史，开展红色文化采风活动。6月20日，县纪念馆按《建宁县中央苏区反"围剿"纪念馆灭火和应急疏散预案》要求，组织全馆干部职工开展灭火器操作流程、消防安全设施应急操作、火场逃生技巧、消防报警等为主要内容的消防安全应急演练。全年，县中央苏区反"围剿"纪念馆和民俗馆接待前来参观学习的中小学师生、军人、企业工人1万余人次，接待外地游客8000余人次。

【文物收藏展出】 2017年，中央苏区（闽西）历史博物馆和建宁县中央苏区反"围剿"纪念馆于8月1—31日共同举办"'八一'军旗红——纪念建军90周年南昌起义纪实展"。9月，为支持中央苏区（闽西）历史博物馆举办的"八闽遗珍——福建省纪念建军90周年革命文物联展"，严格按照馆藏一级文物的借用审批和备案手续做好一级革命文物——青年实话副刊《少共国际师画报》的借展工作以及归还工作。10月，为促进家乡的红色文化传承，加强爱国主义教育，老红军潘峰、老八路李枫（潘峰夫人）的子女自愿将潘峰、李枫的生前部分遗物无偿捐赠建宁县中央苏区反"围剿"纪念馆收藏，共计22件。11月份，建宁县公安局移交4支鸟铳用于纪念馆收藏。

【红色文化遗址文物普查】 2017年10月，县纪念馆结合第三次全国文物普查和第一次全国可移动文物普查，对全县范围内的革命旧址和革命文物进行全面的普查登记，进一步摸清县境内的革命旧址和革命文物的数量和分布情况，并采集大量的革命旧址和革命文物的数据和照片。截至2017年底，全县共有现存革命旧址26处，其中濉溪镇3处、黄埠乡3处、溪口镇10处、均口镇2处、伊家乡2处、客坊乡4处、黄坊乡2处；馆藏革命文物有246件（其中一级革命文物1件、三级文物145件）。

## 广播电视

【概况】 2017年4月，"三明市广播电视新闻奖（广播与电视类）"评奖活动在建宁县举办，建宁县创作的6件广播电视作品得到与会领导和兄弟台的高度肯定。《"遇冷"的城市公交车》获"三明市广播电视新闻奖（广播与电视类）一等奖，其他5件作品分获二三等奖，为历年来最好成绩。

【新闻报道】 2017年，县广播电视台共播出《建宁新闻》262期，新闻1600多条，《一周新闻纵横》52期。先后制作《天地钟灵秀 妙手出佳品》《在绿水青山中打造闽江源森林养生特色小镇》《鱼水情深绘画卷 军民同心创双拥》等10多个专题片。针对生态文明建设工作，先后推出《打造生态文明 建设建宁样板》《保护建宁生态·我们共同行动》专栏。为持续宣传精准扶贫工作中涌现的亮点特色，推出了《凝心聚力 打赢脱贫攻坚战》《建宁电商平台》等专栏，聚焦各级各部门各行业在扶贫攻坚中的新作为、新业绩。为营造比学赶超、凝心聚力的工作态势，推出《马上就办·真抓实干》《推进建宁发展再上新台阶》《开展"五比五晒"推动建宁发展》《创建省级文明县城 共建共享美好家园》等专栏。2017年，先后完成《"两会"专题报道》《建宁花海跑》《溪源："插秧季"体验农耕文化》《红土地·好客坊之春耕拂晓红客来"活动》《2017为荷而来系列活动报道》《伊家：为荷而来 食尚分家》《福建省炎黄文化研究会、作家协会"走进建宁"采风活动》等20余场活动的宣传报道，较好地传播建宁声音，扩大对外影响。

**【新闻节目提质创优】** 2017年，县广电局创作了一批优秀广播电视节目：《多地降温持续 南方迎来降雪》《福建三明：桃花梨花漫山开 浪漫花海成赛场》《福建建宁：桃红梨白竞相绽放》《福建三明：暴雨红色预警 房屋被洪水淹没》《全国最大梯田莲乡举行文化旅游嘉年华》《福建建宁：做好"莲文章" 打造"全莲"产业链》《厉害了我的国 中国电商扶贫行动 福建建莲》《福建建宁：冷空气来袭 金铙山现雾凇景

观》等8条新闻在中央电视台《新闻联播》《朝闻天下》《晚间新闻》《经济信息联播》等栏目播出。《建宁：修竹荷苑开园 千亩荷花引人醉》《建宁：举行庆祝建军90周年文化之旅系列活动》《建宁"为荷而来"建莲文化旅游嘉年华开幕》等200多条新闻在《福建新闻联播》《福建卫视新闻》《福建农村新闻联播》等省台播出。《三明新闻》《都市全接触》采用建宁广电局稿400多条，被三明市采用稿有较大上升。

（陈燕华）

## 图书发行

**【概况】** 2017年，县新华书店销售码洋589.23万元，同比减少9.10万元，完成预算数570万元的103.37%。其中：教材发行202.10万元，同比增加18.00万，占总码洋的34.30%；教辅发行216.89万元，同比增加12.14万元；一般书发行85.06万元，较上年同期减少46.79万元；非图书商品发行85.18万元，较上年同期增加7.55万。同时，加大政治类读物和有关活动用书的宣传征订力度，全年总计销售政治读物11602册，12.89万元。

**【教材发行】** 2017年，县新华书店教材教辅类发行码洋共计467.42万元，完成年初计划任务409万元的106.68%，其中教材202.10万元，教辅216.89万元，非图书商品46.03万元。目录外

教辅销售码洋16.37万元（写字方阵5.37万元，小学数学教具箱2.87万元，读书活动销售图书3.10万元，高中会考纲要4.63万元，初中指导意见、校园足球、小学生毕业证书等0.4万元）。多次下乡入校，宣传征订第二十四届爱国主义读书教育活动用书，销售码洋3.1万元；7—10月，与县教育局联合举办第二十四届爱国主义读书教育活动征文、评比活动，由县教育局组织征文评比，由公司提供获奖奖品。11月，组团到各乡（镇）中小学校宣传征订第二十五届读书活动用书。截至年底，已收到征订单3647册。

**【图书发行】** 2017年，县新华书店图书发行码洋共计121.81万元，完成年初计划任务133.46万元的91.27%，其中一般书85.06万元（其中包含教辅24.00万元），非图书商品36.75万元（其中包含音像制品0.26万元）。组织开展各类优惠促销活动：元旦、春节期间，开展"书香八闽 阅迎新年"系列营销活动，活动期间销售活动用书121册；1月，参加全县文化科技卫生"三下乡"活动，共销售各类图书43册；组织"世界读书日·海峡读者节暨新华书店成立80周年"图书优惠促销活动，活动期间（4.20—4.27）销售图书9239册，比增20.77%；"六·一"期间举办"童真阅读·放飞梦想"系列活动，活动期间销售少儿类图书103册。

（饶绍华）

## 2017年政治读物销售情况

表6

| 书　名 | 版别 | 定价(元) | 征订数(册) | 销售数(册) | 码洋(元) |
|---|---|---|---|---|---|
| 《胡锦涛文选》 | 人民 | 139 | 189 | 189 | 26271 |
| 《中国共产党廉洁自律准则》《中国共产党纪律处分条例》 | 法制 | 6 | 211 | 211 | 1266 |
| 《中国共产党问责条例》 | 法律 | 4 | 225 | 225 | 900 |
| 《中国共产党章程》 | 方正 | 3.5 | 78 | 78 | 273 |
| 《关于新形势下党内政治生活的若干准则》《中国共产党党内监督条例》 | 法律 | 7 | 25 | 250 | 1750 |
| 《青山绿水忆英魂》 | 鹭江 | 161 | 555 | 555 | 8880 |
| 《全面从严治党面对面》 | 学习 | 19.8 | 692 | 692 | 13701.6 |
| 《关于新形势下党内政治生活的若干准则》 | 人民 | 4 | 122 | 122 | 488 |
| 《党员必须牢记的100条党规党纪》 | 人民 | 49 | 31 | 31 | 1519 |
| 《习近平的七年知青岁月》 | 中央党校 | 76 | 101 | 101 | 7676 |
| 《党的十九大报告学习辅导百问》 | 学习 | 28 | 77 | 32 | 896 |
| 《十九大党章十讲》 | 人民 | 36 | 68 | 16 | 576 |
| 《十九大党章学习手册》 | 人民 | 25 | 68 | 23 | 575 |
| 《中国共产党章程》 | 人民 | 4 | 6886 | 4323 | 17292 |
| 《中国共产党第十九次全国代表大会文件汇编》 | 人民 | 12 | 809 | 560 | 6720 |
| 《十九大报告辅导读本》 | 人民 | 33 | 813 | 553 | 18249 |
| 《十九大报告》(单行本) | 人民 | 6 | 5708 | 3641 | 21846 |
| 合计 | | | 16658 | 11602 | 128878.6 |

# 档　案

【概况】　2017年，建宁县档案馆接收各类档案资料3472卷/册。全年共接待档案利用者1086人次，提供利用档案资料1512余卷，出具证明770卷次；国家档案局经科司到建宁县调研"村档乡管"工作。

【农业农村档案工作】　2017年4月25—26日，国家档案局经科司领导到建宁县调研"村档乡管"工作。调研组一行先后到溪口镇、濉溪镇、里心镇上黎村实地查看"村档乡管"工作模式。调研期间，李晓明司长一行听汇报、查档案、看记录、细访谈，了解镇村档案收集、保管、利用等情况后，认为建宁县"村档乡管"工作模式的做法补齐了基层档案工作的短板。11月，市委办、市政府办对三明市"村档乡管"工作进行督查，建宁县"村档乡管"工作开展率和工作完成率均为100%，位居全市第一。同月，《中国档案报》在报道三明市"村档乡管"工作时，对建宁县"村档乡管"工作做了重点介绍。12月，建宁县财政给予村级档案管理员每人每年600元工作津贴发

放到位。三明市档案局对建宁县第一批7个乡（镇）档案室规范化建设情况进行验收，验收组认为"建宁县的乡（镇）档案室建设工作开展全面，软硬件措施到位，文件材料收集齐全，档案门类丰富，规范化建设水平较高"，7个乡（镇）档案室规范化建设全部获得优秀等次，优秀率100%，为全市第一。

【档案展厅建设】　2017年，县档案馆展厅完成布展，展览内容由古城风韵、苏区岁月、光辉历程、领导关怀四部分组成，以展览图片、声像和实物的形式，综

合展示建宁悠久的历史、优美的环境、丰富厚重的文化和改革开放以来的发展成就。

**【档案编研利用】**　2017 年，县档案馆开展画册编研出版和相关档案数字化工作。根据建宁特色，经过认真搜集、整理，编辑《闽西北中央苏区党的宣传工作》画册，画册选用照片 107 张，共 80 页，内容分为歌谣、漫画宣传画、标语、政策法规、报刊、票证印章等六个部分。同时，为了更好地传承红色基因，把握宣传切入点，经县领导同意，县"两会"期间，给每位人大代表、政协委员和所有参会人员分发画册。

**【档案保管与利用】**　2017 年，县档案馆严格执行法定工作时间对外开放制度，热情接待每一位查档群众，同时通过节假日预约查档、电话咨询、对查阅档案免费复印等措施，方便群众查档。全年县档案馆服务大厅接待查档群众 1086 人次，提供档案查阅 1512 卷次，出具证明 770 卷次。

**【档案资源建设】**　2017 年，县档案馆对县委组织部、县教育局、县水利局等 30 个单位 2005—2010 年档案进行移交接收工作，已接收县教育局、县一中等 28 个单位 3472 卷档案；根据三明市委办、市政府办转发《市档案局关于实施"村档乡管"模式加强农村档案工作的意见》文件精神以及市档案局有关工作安排，从 12 月起，开始接收建宁县各村（居）2008 年以前村级档案，目前已完成滩溪、均口、伊家、里心、黄埠、溪口、溪源等 7 个乡（镇）村级文书档案接收工作；收集重大活动、重点项目建设以及社会保障、医疗保险、婚姻登记、族谱等涉及民生领域的档案。

**【档案执法检查】**　2017 年，县档案局贯彻落实《档案法》和《福建省档案条例》，制定《建宁县档案行政执法检查细则》。11 月，对全县 50 个县直部门开展档案工作执法检查，对检查中发现的问题，督促相关部门及时进行整改。

**【档案数字化扫描】**　2017 年，县档案局实施"存量数字化、增量电子化"战略，加快传统载体档案数字化步伐，继续开展全文数字化扫描工作，全年完成全文数据扫描 60 万页。为加快扫描进度，在原有 4 名外聘扫描工作人员的基础上新增加 1 名扫描工作人员，配齐扫描设备，新购入 2 台快速扫描仪和 2 台电脑。同时，升级服务器系统，扩容存储硬盘，提高网络查档速率。

## 地方志

**【概况】**　2017 年，建宁县地方志办公室（简称县志办）坚持"县委领导、政府主持"的修志体制，认真学习贯彻《地方志工作条例》《全国地方志事业发展规划纲要（2016—2020）》《福建省实施〈地方志工作条例〉办法》，按照县委、县政府关于"清新花乡，福源建宁"的总体定位和《建宁县 2017 年度乡（镇）和部门工作考评办法的通知》要求，围绕"修名志佳志、创精品年鉴"的目标，主动作为，统筹兼顾，创新工作思路，落实工作责任，强化工作措施，较好地完成年初县委、县政府下达的工作任务。

**【年鉴编纂质量提高】**　2017 年，县志办全体编纂人员认真学习《地方综合年鉴编纂出版规定（试行）》《福建省实施〈地方志工作条例〉办法》《福建省年鉴精品工程实施方案》等文件，总结经验，集思广益，并借鉴兄弟县、市年鉴编辑的好经验、好做法，努力向精品上下功夫，突出建宁特色，扎实做好年鉴编辑工作。年初按照年鉴条目和内容要求，建立年鉴编纂责任制，将年鉴的资料分解到个人头上，按委口负责收集与编辑。突出重点，加强指导。为确保年鉴按时、按质完成编审工作，年鉴编辑分阶段、按委口与各单位加强联系，对年鉴撰稿人给以实时业务指导，反馈撰写情况，并由县政府办督查科负责督促各单位及时报送年鉴资料。

**【《建宁年鉴（2017）》出版发行】**　2017 年 12 月，由县政府主办，县方志办编纂的《建宁年鉴（2017）》由方志出版社出版发行，这是《建宁年鉴》创刊以来连续出版的总第七卷。卷首公彩版设置"领导关怀、重要会议、政务活动、经济建设、'5·8'洪灾、社会事业"6 个专题彩版特辑，通过大量图片的形式，突出时效性、实用性和史料性，全面反映建宁县的地方特色和年度特点。全书共设 35 个类目、211 个分目、974 个条目，总篇幅 64 万字，收录统计表 16 张，入鉴黑白照片 28 幅。《建宁年鉴（2017）》当年印刷 700 册。

**【旧志整理点校】** 2017 年，县志办为保护和挖掘建宁的优秀文化遗产，充分发挥志书的"资治、存史、教化"功能，自 2017 年 4 月起，聘请 4 位高级教师，对清·乾隆《建宁县志》进行整理、点校。至 12 月底，完成清·乾隆《建宁县志》共 28 卷 60 多万字的点校初稿，并采取互校的形式完成第一次校对。同时，按市方志委要求收集整理《建宁古八景》，共编辑整理 1 万多字。

**【地情开发】** 2017 年，县志办配合县有关部门做好地情资料的开发。5 月，与县委宣传部、县党史办联合编写《红色建宁》小册子；10 月，与县政协、县文广局等部门领导到实地调查了解城区古塔情况，并提供清乾隆二十四年（1755）及民国八年（1919）版《建宁县志》史料，为古塔调查工作提供了较有价值的依据，并撰写《关于对建宁城区古塔的调研报告》供县领导决策；协同县民政局等部门进一步修改和更新《建宁政区图》和《建宁城区图》；协助广电局、旅游局等部门修改和完善建宁西门莲塘景点简介牌。与县新华书店协商，于 9 月正式签订《建宁县志》与《建宁年鉴》销售合同，全县各届人士均可在县新华书店专柜上购买到《建宁县志》与《建宁年鉴》。

**【方志馆的管理】** 2017 年，县志办对馆藏书籍 2000 余册进行分类整理、登记、造册，全年接待前来咨询、查找资料 82 人（批）次，并完善查询、借阅制度，充分发挥地方志资政教化作用，主动为地方政治、经济、文化和社会建设提供地情信息资料。同时采取购置、交换、征集等方式，当年收集全国各地志书、年鉴、文史资料等共计 120 余册。

# 体 育

**【概况】** 2017 年，建宁县群众体育事业稳步发展，团体队伍继续壮大，有单项体育协会 10 个（体育总会、老体协、钓鱼协会、乒协、羽协、信鸽协会、气排球协会、青少年体育俱乐部、自行车协会、瑜伽协会，足球、跑步协会）；有社会体育指导员 278 人，在全县 8 个晨晚练辅导站、各体育协会实现社会体育指导员配备。群体设施建设日趋完善，完成东山公园健身步道建设，新建健身馆及图书馆项目已完成主体工程和内部装修；人均体育场地面积由 2014 年公布的 1.51 平方米增至 1.6 平方米。城市街道室内外健身设施覆盖率为 100%，农村乡镇体育健身中心覆盖率为 66.6%，行政村农民健身工程覆盖率为 100%。坚持大型体育场所向市民开放。县体育中心田径场、室外篮球场免费向市民开放，体育馆、乒乓球馆制定优惠政策向各体育协会低收费开放，青少年校外体育活动中心免费向青少年开放。县体育中心年接待健身群众 15 万人次以上。

**【群众体育】** 2017 年度，建宁县多次在县委常委会等重要会议上，专题研究体育工作，解决体育事业发展的实际问题。8 月 8 日全民健身日系列活动，县委、县人大、县政府、县政协班子主要领导参加，为全民健身起示范作用，进一步掀起全民健身新高潮。在开展县全民健身运动会的基础上，县文体广电出版局按照市体育局工作要求和县全民健身活动计划安排，先后派员指导濉溪镇气排球赛、均口镇农民运动会等乡（镇）全民健身活动 20 余次，组织开展复兴社区广场舞、新生社区门球赛、水南社区健身腰鼓比赛等社区全民健身活动 10 余次。

**【国家级竞技体育比赛】** 2017 年，建宁县参加国家级体育竞技比赛再获丰收。姜李韵喆获得 2017 年全国少年田径锦标赛（14~15 岁）女子 200 米第一名，400 米第四名。肖庆鸿获得 2017 年全国激流回旋青年赛双人划艇第四名，单人划艇第八名。陈烈旺获得 2017 年全国青少年举重锦标赛 U14 岁 52kg 级抓举第一名，挺举第一名，总成绩第一名。黄自辉获得 2017 年全国青少年举重锦标赛 18~20 岁 56kg 级抓举第二名。艾鹏强获得 2017 年全国青少年举重锦标赛 15~17 岁组 男子

69kg 级总成绩第三名。张衍获得2017 年全国青少年举重锦标赛15~17 岁组 77kg 级总成绩第六名。池文静获得 2017 年全国青少年举重锦标赛 U14 44kg 级总成绩第三名。黄璨获得 2017 年全国青少年举重锦标赛 U14 53kg 级总成绩第四名。

**【省级竞技体育比赛】** 2017 年，建宁县参加省级比赛成绩显著，2017 年福建省青少年跆拳道锦标赛上，李娜获得 52KG 级第一名。2017 年福建省青少年皮划艇激流回旋锦标赛中，肖庆鸿、余强获得激流回旋男子皮艇冠军；张涛获得激流回旋男子划艇冠军；杨嘉斌获得单人皮艇第五名。2017 年福建省青少年射击锦标赛中，艾金秀获得女子丙组 10 米气手枪第四名和女子丙组 25 米手枪（慢射 30 发）第六名。2017 年福建省青少年举重锦标赛中，傅晓萍获得 32KG 级抓举第四名，挺举第二名，总成绩第四名；池文静获得 40KG 级甲组抓举第二名，挺举第二名，总成绩第二名；雷晓洁获得 40KG 级乙组抓举第二名，挺举第二名，总成绩第二名；吴晓薇获得 40KG 级乙组抓举第五名，挺举第三名，总成绩第三名；黄璨获得 58KG 级乙组抓举第三名，挺举第二名，总成绩第三名；陈烈旺获得 52KG 级乙组抓举第二名，挺举第一名，总成绩第二名；艾鹏强获得 62+KG 级乙组抓举第三名，挺举第四名，总成绩第三名；陈高贤获得 62+KG 级乙组抓举第四名，挺举第二名，总成绩第三名；张衍获得 77+KG 级乙组抓举第三名，挺举第二名，总成绩第三名。

**【体育活动】** 2017 年，建宁县承办省级体育活动：8 月份，在县体育馆举办了 2017 年福建省中学生篮球锦标赛初中组和高中组的比赛以及中学生羽毛球锦标赛，共接待参赛者 1000 余人次。本县体育活动：9 月 18 日，县首届迎国庆职工乒乓球邀请赛在县少体中心成功举行，在为期两天的赛事中，来自乡（镇）和县直机关的 19 支代表队参赛，溪口、里心、濉溪分获乡镇组冠亚季军，机关系统队、教育系统队和建宁一中代表队分列县直机关组一、二、三名；4 月 24 日，由县教育局主办，县青少年学生校外活动中心、县第三中学承办的"县首届中、小学生校园足球联赛"在县第三中学举行，本次校园足球联赛，共有 24 代表队，分为小学男子组、初中男子组、中学女子组、高中男子组四个组别，近 290 名运动员参赛；10 月 28 日，由县文广局、奇龙酒行、四特酒有限公司主办的"四特东方韵"杯羽毛球团体赛在县体育中心举行，来自县直机关、社区、企业、学校、乡（镇）的 20 支代表队参加比赛。

**【体育人才输送】** 2017 年，县少体校教练员分别到均口小学、伊家小学、溪口小学、溪源小学四所小学进行基础选才工作，选拔出 53 名运动苗子在寒假期间开展为期十天的集训，成功向市体校输送 4 名运动员。县图书馆为少体校开设流动书屋，丰富运动员的业余文化生活。6 月，县少体校选派 12 名运动小将代表建宁县参加三明市中小学生举重比赛，并获得团体总分第三的好成绩。

**【中国·建宁第二届国际自行车公开赛】** 2017 年 7 月 30 日，由福建省体育局、三明市人民政府、福建省户外运动协会主办，三明市体育局、建宁县人民政府承办的"为荷而来·花海骑行"中国·建宁第二届国际自行车公开赛暨 2017 追 FUN·中国自行车俱乐部联赛在高峰村举行。省体育局局长王维川、省政协科教文卫体委员会副主任徐正国、副市长张文珍、县委书记郑剑波、县长陈显卿、市体育局局长张清水、福建省户外运动协会会长王建华等出席启动仪式。陈显卿在启动仪式上致辞，参赛选手代表和裁判员代表分别进行了宣誓。上午 9 时，省体育局局长王维川宣布比赛开幕。本次赛事共设山地车男子青年组、男子中年组、女子大众组三个组别。吸引 5 个国家和地区，27 个省市，73 家俱乐部或协会的 565 名选手参赛。经过紧张激烈的角逐，来自福建泉州新骑点车队的林炳雨以 35 分 44 秒的成绩获得山地车男子青年组第一名。山地车男子中年组、山地车女子大众组的冠军分别被浙江飞龙体育队选手金招伟、伊诺华和轮胎联盟队选手庄瑾青获得。

（杨丽琴）

# 卫生·计生

□编辑 黄日辉

## 医药卫生体制改革

【概况】 2017年，全县有公立医疗卫生机构13个，其中县直医疗单位4个，乡镇卫生院8个（中心卫生院2个），社区卫生服务中心1个。全县卫生事业单位人员核编共431名，在编人员349名。实有卫技人员623名，其中本科学历101人、大专学历207人、中专学历273人；正高级职称8人、副高级职称45人、中级职称129人、初级职称191人。注册乡村医生196人，聘用在村卫生所医务人员142人。2017年荣获"省计划生育工作先进县"。截至9月30日，全县期末总人口158928人，全县出生人口2245人，出生政策符合率95.5％，出生性别比趋于平衡。当年，建宁县总医院正式成立，县总医院对9个乡镇卫生院人、财、物实现接管。县医院整体搬迁项目启动。

【医药卫生体制改革】 2017年，县乡村三级医药卫生体制改革工作持续推进。县级医院综合改革工作不断完善。通过实行医务人员年薪制、取消药品加成、严控各项指标、药品限价采购和推行住院费用按照疾病诊断相关分组（C-DRG）收付费等改革措施，在调动医务人员工作积极性的同时有效遏制医药费用增长，百姓因病致贫、因病返贫的现象得到有效控制。基层医疗机构综合改革持续推进。强化政府办医责任，按照"硬件投入靠政府，运行管理靠医院"的原则，基层医疗单位的基本建设、设备购置及更新、周转房建设等由县政府负责，人事方面按照人员核编、岗位设置、绩效考核、人员调配、补充招聘、激励保障等"六统一"管理，对核定编制内的临时聘用人员按每人每年3万元列入财政预算。村卫生所改革持续完善。按照"五统一"要求（即：统一行政管理、统一业务指导、统一药械供应、统一绩效考核、统一卫生信息），在全县92个行政村中，规划设置公益性质的村卫生所74家；法人代表均为乡（镇）卫生院院长，收支列入卫生院统一核算管理；全县聘用乡村医生负责人68人，74个村卫生所建成并挂牌运行，医保结算系统全面开通；全年门诊量达5.96万人次，比上年增加3.26万人次，增长率121%。

【组建建宁县总医院】 2017年7月6日，县委书记郑剑波和县长陈显卿为建宁县总医院揭牌，标志着建宁县总医院正式成立。9月初，县总医院基层各分院相继成立，10月份县总医院对各基层卫生院人、财、物进行全面考核和登记；11月21日，县卫计局组织召开县乡医疗机构资源整合交接会议，正式确定基层医疗机构人财物由县总医院统一管理。县总医院的组建为市里组建市级总医院，形成全市横向到边、纵向到底的紧密型医疗服务体系奠定基础。

【县医院整体搬迁项目启动】 2017年3月，县民生事业项目团队召开建宁县医院整体搬迁工作协调会。就如何加快项目推进工作进行研究与协调，对下一步土地征迁所涉及的林地报批、用地报批、征迁方案、项目考察等关键节点工作进行研究安排，对各部门之间相互协作、共同推进等相关任务进行统一部署，明确责任分工。做好用地征迁、土地放样和坟地征迁工作。同时将项目工作落实情况纳入相关单位绩效考核，与本年度评先、评优相挂钩。县医院整体搬迁项目总用地面积 57500 平方米，总建筑面积 58400 平方米；其中包括：建筑面积 46300 平方米。总建筑包括：住院部、医技用房、门诊用房、急诊用房、传染病用房、精神病用房、行政后勤生活用房。项目建成后总床位数 500 张，容积率为 0.81，占地面积 16100 平方米，建筑密度约为 28%，绿化率为 35%，机动车停车位数总计 280 个。项目估算总投资约 46545 万元，其中建筑安装费为 30230 万元，工程建设其他费用 4255 万元。

**【卫生人才建设】** 2017 年，县卫计局共招聘和签约大中专毕业生 22 名。其中通过招聘考试招录 12 人，医学定向委培生定向分配 10 人。县总医院与 3 名全日制本科医学生、乡（镇）卫生院与 6 名全日制专科医学生签订委培协议。选派了 21 名医生到上级医院培训；邀请上级医院专家到县开设讲座 6 次，现场指导手术 56 台。374 人报名参加"华医网"医学远程教育学习，71 人参加福建通讯继续教育。建立县、乡专

技人员定期"上挂下帮"工作机制，通过"传、帮、带"等形式深入开展青年医务人员的业务培训，提升医务工作者医疗技术水平。

## 疾病预防与控制

**【概况】** 2017 年，县卫计局深化全民健康模式改革，针对重点疾病、重点人群、重点场所和重大公共卫生问题开展群众喜闻乐见的健康教育活动。推进全民健康素养促进行动，普及基本卫生知识，倡导健康文明生活方式。全年共报告乙类传染病 5 种 300 例，无重大疫情发生。儿童常规免疫接种率保持在 95% 以上，涂阳病人治愈率达 95.65%，DOTS 覆盖率达 100%，从业人员健康体检完成率 100%，放射个人剂量监测率 100%。水样监测共 112 份，全部合格。

**【健康教育与培训】** 2017 年，县卫计局派专家对基层卫生工作人员作《突发公共卫生应急工作》《健康教育业务技术培训》等讲座，基层卫生院 50 多人参加培训；在建宁三中、建宁城关中学、建宁一中、二中开展学生青春期生理、心理健康教育 4 场，受教育学生 3800 余人。县城区社区卫生服务中心举办居民健康档案管理专题培训，邀请县卫计局专家就《国家基本公共卫生服务规范》健康档案管理部分进行了讲解和培训，同时针对存在的居民健康档案管理工作的薄弱环节和重点人群建档率及居民电子档案使用

率等问题，提出整改意见和措施，以罗列问题清单和整改清单的方式推进问题的整改，进一步提高电子健康档案合格率和居民健康档案使用率。

**【爱国卫生】** 2017 年，县卫计局全面推进城乡环境综合治理工作，水南社区、东溪村均达到省级卫生社区、省级卫生村标准，经市爱卫办考核推荐上报省爱卫办命名。4 月 14 日、9 月 29 日、11 月 30 日，全县开展爱国卫生月活动和秋冬季爱国卫生运动，分别开展以清除"四害"孳生地为主的环境卫生整治专项活动。活动期间，各乡（镇）各单位组织义务劳动 560 次，全县共参加活动 7000 余人次，消除卫生死角 3000 多个，清理乱贴小广告 2850 多张，检查食堂、小吃摊点 800 多家。开展重点区域公共场所环境消杀，使用敌敌畏等杀虫剂 1500 斤，"四害"密度监测结果均在全国爱卫办控制指标范围之内。

## 卫生监督与执法

**【概况】** 2017 年，县卫计局严格卫生计生执法，加大卫生许可、公共场所监管力度，严格执行社会抚养费征收、征缴分离制度。全年共受理发放卫生许可 42 件，经常性卫生监督 283 家次，共排查"两非"案源 18 例，查处 6 例，其中重大案件 2 例，社会抚养费征收共申请法院强制执行 72 例。

【综合监督执法】 2017 年，县卫计局重点开展各项卫生监督执法工作，把好卫生许可准入关，做好传染病防治及消毒产品监督工作，整顿个体医疗市场，开展职业病预防监督，防止公共卫生突发事件发生。截至年底，全县各类被监督单位共 378 家，其中医疗卫生 118 家、建立传染病底档 114 家、职业卫生 1 家、放射诊疗 8 家、公共场所 106 家、生活饮用水 6 家、学校卫生 21 家、餐饮具集中消毒单位 3 家、计划生育 1 家。全年共受理发放卫生许可 42 件，经常性卫生监督 283 家次。其中公共场所 90 家次、职业卫生 1 家次、生活饮用水 12 家次、放射卫生 4 家次、学校卫生 33 家次、医疗机构 53 家次、传染病防治监督 60 家次、药店 15 家次、餐饮具集中消毒单位 15 家次。实现对餐饮具集中消毒单位、中小学校、集中式供水单位监管全覆盖。

【严控各项指标】 2017 年，县卫计局通过对县医院业务收入、检查及化验收入、药品收入、卫生材料收入、住院率、每门诊人次平均收费等指标的严格控制，有效遏制医药费用增长。全年，县医院总收入 6847.09 万元，同比增长 8.77%。其中检查及化验收入 1850.81 万元，占总收入 27.03%；药品收入 1618.22 万元，占总收入 23.63%；卫生材料收入 449.4 万元，占总收入 6.56%；每门诊人次平均收费 120.91 元，同比减少 0.83 元；出院者平均医药费用 3562.85 元，同比增加

169.43 元。

【药品限价采购】 2017 年，县卫计局执行药品限价采购，确保临床合理用药。按照市里的统一要求，严格实行"一品两规""两票制"和药品采购院长负责制，建立专门的采购渠道。全年建宁县药品采购的目录中共有基药 318 个品规 332 种，备案采购0 种；非基药 381 个品规，备案采购 6 种，基本上能够满足患者和医用的需求。同时，对限价药品目录根据临床用药实际需求和药品供货企业配送情况，实时更新采购目录，确保临床用药的需要和价格透明。

## 基本公共卫生

【概况】 2017 年，县卫计局着力提升基本公共卫生服务水平，全县医疗卫生条件明显改善，群众"看病难、看病贵"问题得到有效缓解，社会各界对医疗卫生事业满意度显著提升，健康建宁理念受到广大群众的普遍认同。

【全民健康管理】 2017 年，县卫计局共建立居民电子健康档案 11.32 万份，建档率为 92.4%；0~6 岁儿童健康管理 11567 人，管理率 85.58%；辖区内产妇数健康管理 1466 人，早孕建册率 86.24%，产后访视率 91.82%；65 岁及以上老年人规范健康管理 5883 人，管理率 54.57%；高血压患者规范管理 4304 人，管理率 59.96%，血压控制率 63.68%；糖

尿病患者健康规范管理 1230 人，管理率 68.75%，血糖控制率 67.02%；严重精神障碍患者规范管理 442 人，管理率 76.21%；辖区内经上级医疗机构确诊并通知基层医疗卫生机构管理的肺结核患者 19 人，管理率 100%。

【妇幼健康服务】 2017 年，县卫计局实施母婴健康工程，完善危重孕产妇和新生儿危急重症救治中心和绿色通道建设。实施农村产妇住院分娩、农村妇女"两癌"筛查、孕前优生健康检查、新生儿疾病筛查等妇幼保健项目，加强出生缺陷综合防治工作，提高妇女儿童健康水平。全年累计对农村妇女宫颈癌普查 2043 人、乳腺癌普查 2043 人。出生缺陷儿 11 人，出生缺陷发生率 6.7‰；新生儿疾病筛查采血标本 1617 人，送检筛查率 98.54%，确诊 TSH 数 1 人；新生儿听力筛查 1613 人，筛查率 98.29%。孕产妇住院分娩补助 1030 人。2017 年 10 月份起取消住院分娩补助，全面纳入城镇居民基本医疗保险。

【医养结合工作】 2017 年，县卫计局以城区居委会为单位，采取"公办托管、购买服务"的方式在城区设置社区医养结合卫生服务站，纳入医保定点医疗机构，主要承担基本公共卫生服务、社区家庭签约服务、社区巡回医疗、护理保健服务和老年人服务等，并向高血压、糖尿病和重性精神疾病患者免费提供限定的慢性病药品。复兴社区医养结合卫生服务站和水南社区医养结合卫生服

务站两个医养结合卫生服务站日臻完善。

**【家庭签约服务】** 2017年，县卫计局家庭签约服务工作稳步开展，根据市医改领导小组下发的《加快推进家庭医生签约服务工作实施方案》，结合建宁县实际，组建基本型、标准型的家庭医生团队。截至12月31日，户籍人口签约数44064人、签约率31.54%；重点人群数54200人，签约数35362人，签约率65.24%；建档立卡贫困人口数7482人，签约数7482人，签约率100%。

**【健康扶贫】** 2017年，县卫计局全面推进健康扶贫工作，实施精准扶贫医疗叠加保险，进一步提高贫困人员补偿水平。对13种重大疾病集中救治，同县扶贫办、民政局联合下发《建宁县建档立卡农村贫困人口大病专项救治工作实施方案》，为符合救治条件的建档立卡农村贫困人口建立台账，按照台账对相关病种的救治对象进行动态追踪管理。经基本医疗保险、大病保险、医疗救助和精准扶贫医疗叠加保险补偿后，医疗费用个人负担部分，再由精准扶贫医疗叠加补偿予以补助90%，大大降低患者实际自付费用。全县建档立卡农村贫困人口签约服务实现100%签约。凡是到乡（镇）卫生院及城区社区卫生服务中心就诊的贫困户，一般诊疗费一律给予免除。

**【中医药服务】** 2017年，建宁县总医院健全中医药服务体系，做大做强中医科建设，添置中医诊疗设备和康复器材，规范建设中药房，着力提升中医药服务能力。加强中医药人才队伍建设。在事业单位招聘时，每年拿出一定名额补充县乡医疗机构中医类别人才。加强基层卫生院中医馆建设，截至2017年底，已完成溪口、溪源、黄坊、里心4个卫生院中医馆建设。

# 计划生育

**【概况】** 2017年，建宁县计划生育工作重点落实全面两孩政策，鼓励按政策生育，推进计划生育产、陪假相关规定的落实。改革完善计划生育目标管理责任制，全面推进避孕方法自主知情选择，加强流动人口动态监测，进一步提高全员人口信息质量；健全政府为主、社会补充、覆盖城乡、公平合理的计生家庭发展支持体系，全面落实计划生育家庭奖励扶助制度和特别扶助制度；进一步完善基层卫生计生技术服务综合改革，完善妇幼健康服务模式和落实优生健康检查"一条龙"服务。

**【妇幼健康服务模式】** 2017年，县卫计局实行"七选择、二服务、六随访"妇幼健康服务模式。避孕节育措施"七选择"，即将育龄群众分为七种情形：新婚期不生育夫妇、产后及哺乳期妇女、已有一孩夫妇、希望终止生育的夫妇、更年期夫妇、流动人口中育龄群众、特殊育龄人群等，针对各类育龄群众的特点和差异制定不同的节育措施，开展指导服务工作。免费生殖保健"二服务"，即在常见妇科疾病诊疗中同步开展环情、孕情检查，并将检查结果录入计划生育技术服务信息系统，做到资源共享。妇幼健康服务"六随访"，即新婚随访、孕产妇随访、实施计划生育手术后随访、使用避孕药具随访、计划生育手术并发症对象随访、经病残儿鉴定批准再生育对象随访，扎实做好妇幼健康服务工作。

**【计生优惠政策落实】** 2017年，建宁县实施全面兑现各项优先优惠政策和奖励扶助政策，其中兑现农村奖励扶助561人，共79.32万元；贡献奖励280人，共10.08万元；特别扶助31人，共74.58万元；城镇独生子女奖励扶助223人，共27.36万元；扩大独生子女伤残死亡特别扶助（45~48周岁）16人，共3.84万元。

**【"2964"计生精准扶贫】** 2017年，建宁县继续深化以产业扶持为基础的"2964"精准扶贫，即落实2项资金帮扶、建设9个特色种植基地和6个幸福家庭创业园、实行4个优先政策；通过精准识别、建档立卡，细化帮扶台账，有效实施一对一的产业帮扶、基地带动和幸福家庭创业园的精准帮扶。截至12月底，全县共有605户建档立卡计生困难户实现脱贫。

**【流动人口服务管理】** 2017年，建宁县全面落实流动人口基本公共卫生计生服务均等化。截至9月30日，全县共有流动人口23807人，其中流出20614人，流入3193人。以深化流动人口服务管理"一盘棋"机制建设为核心，建立起"统筹管理、服务均等、信息共享、区域协作、双向考核"的工作新机制，提升流动人口服务管理水平。通过对流动人口网格化服务，实现流动人口100%精准服务全覆盖。坚持流动人口计生信息平台应用情况通报制度，确保信息协查反馈率达100%，通报接收率达100%。把流动人口纳入社区卫生计生服务体系，认真做好流动人口健康档案、健康教育、儿童预防接种、传染病防控、孕产妇和儿童保健、计划生育等基本公共服务，努力为流动人口提供便民服务。

（刘　钰）

母亲的邮包（黄平柳　摄）

# 人力资源和社会保障

□编辑　艾玲朝

## 劳动就业

**【概况】**　2017年，建宁县人力资源和社会保障局（简称县人社局）坚持问题导向，找准劳动就业面临的困难和问题，实施更加积极精准的帮扶政策和措施，扩大就业。新增就业人数1321人，其中城镇下岗失业人员再就业878人，城镇登记失业率稳定在2.32%。乡村实有从业人员60597人（其中男劳动力31799人，女劳动力29220人），比上年增长-1.3%，农林牧渔业劳动力39160人。困难人员再就业203人，农村劳动力转移就业1757人。

**【公共就业服务】**　2017年，县人社局加强公共就业服务，扩大就业。开展"春风行动"、就业援助月、重点企业用工招聘会等活动，为馨悦电子、铙山纸业、明一乳业等"三挂三帮"重点企业招聘劳动力360余人。先后通过"2017年春风行动暨就业援助企业用工现场招聘会""就业创业政策"宣传、"2017年民营企业招聘周"等活动，吸引涉及食品加工、造纸、电子商务等17家企业参会，提供招聘职位400余个。开展旅游、中式烹饪、电商等职业技能培训640人，互联网创业从业人员培训650人，岗位提升培训263人，其他创业培训300人。

**【精准扶贫促就业】**　2017年，县人社局实施精准扶贫劳动力培训计划，将全县1912户5490名贫困人口纳入到省公共就业服务信息系统，实行动态管理，优先推荐就业，同时结合建宁县特色产业发展需求，开设电动缝纫、电工、电焊、果树栽培、食用菌等培训班，扎实做好技术人才储备工作。较好地做到扶贫与扶智同步，输血与造血衔接。

**【创业带动就业】**　2017年，县人社局以"大众创业、万众创新"为契机，充分发挥职业中学的实训基地及电子商务孵化基地作用，开设电子商务培训班。推进专家智力资源、技能大师工作室技术资源与基层需求的有效对接，确定7个发展前景好、带动就业能力强、吸纳就业困难人员和大中专毕业生数量多的项目作为市级优秀创业创新项目进行申报，其中有2个项目申报成功。推荐文鑫莲业有限公司申报设立市级大师工作室；推荐里心社区参与第四批省级充分就业星级社区推荐认定。鼓励和引导农民工返乡创业，对符合条件的创业人员，提供不高于10万元的创业担保贴息贷款，解决创业人员的资金需求。全年发放创业担保贷款2385万元，实现创业带动就业196人。

## 社会保险

**【概况】**　2017年，全县机关事业养老保险参保单位254家，在职参保3779人，参保率达100%；企业参保270家，参保职工10945人；城乡居民参保70475人，缴费48943人，参保率为95.23%，缴费率为94.75%；60周岁以上领取待遇人数为21532

人，待遇发放率100%；工伤保险参保企业403家，参保职工13169人；基金征收263.18万元；失业保险基金征收263.35万元，失业保险基金支出168.36万元，其中失业金134.12万元，代缴职工医保34.24万元。

【工伤保险】 2017年，县人社局紧抓社保扩面征收，改革健全社会保障体系。进一步扩大工伤保险覆盖面，利用"五证合一"（即营业执照、组织机构代码证、税务登记证、社会保险登记证和统计登记证"五证合一"登记制度）的契机，以全面推进建筑企业参保为重点，大力实施"同舟计划"，确保新开工项目全部参保。2017年，养老保险基金征缴比上年增加438.31万元。

【新老农保制度过渡衔接】 2017年，县人社局扎实做好新老农保制度过渡衔接工作。与公安等部门实现数据共享，做好老农保系统封存前的个人对账工作，在上级下达任务时间内顺利完成老农保清零工作。

【社会保障卡制发和应用推广】 2017年，县人社局加大社会保障卡制发和应用推广工作。根据上级的总体工作目标，落实全县社保卡制发服务网络建设，城乡居民到县（市、区）级社保卡制发服务窗口申请制发社保卡的，做到"立等可取"。充分利用信息资源共享平台、异地退管系统，认真做好数据比对工作。开展离退休人员养老金领取资格认证工作，依托乡（镇）人社所、社区主动上门为年老体弱、行动不便的离退休人员进行待遇领取和资格认证。

【全民参保登记】 2017年，县人社局完成全民参保登记。指导各乡（镇）有序推进工作，实现3个百分百，即入户调查率100%，入户登记完成率100%，入库率100%。做好征地审批及失地农民养老保险工作，全年收缴被征地农民社会保险金111.19万元。

【提高农村低保和五保供养标准】 2017年，建宁县提高农村低保兜底保障标准，2017年全县农村低保连续两次提标，1月从原来的年人均2652提高到3000元，7月起再提高到3552元，实现低保和扶贫"两线"合一。2017年7月起，城市低保标准由原来的月人均452元提高到512元。全县农村低保对象1730户3128人，全年累计发放农村低保资金921.47万元，人均补差257.32元。城市低保对象288户393人，全年累计发放城市低保金192.21万元，人均补差432.12元，基本实现精准施救，应保尽保。

## 职工医疗保险

【医保基金平稳运行】 2017年，建宁县职工医疗保险全县参保11812人，基金征收4224.49万元，基金支出3149.85万元，基金当年结余1074.64万元。参保职工享受住院医疗待遇1993人，享受特殊门诊医疗待遇17862人次。城乡居民医保。全县参保126996人，（特殊人群为20448人），筹集资金7619.76万元，补偿支出6096.46万元，基金当年结余1523.3万元。全县参保群众享受住院待遇17300人次，享受门诊待遇217885人次

【医改政策有效落实】 2017年，建宁县职工医疗保险管理中心根据市中心要求，完成全县定点医疗机构和定点零售药店服务协议签订工作。重新核定定点医疗机构住院周转金。完善异地住院大额医疗费用审核实行单笔超过2万元的转外就医的医疗费用电话回访制度，全年共回访130次，有效防止了利用假票据骗保的现象发生。依托医保在线监控系统，突出问题导向，把握稽核重点，全年开展特殊病种免费送药、中药饮片政策、村卫生院即时结报、药品耗材统一配送结算、C-DRG支付方式改革等专项稽核和调查，及时发现和解决问题，确保惠民政策落地，全年共开展对定点医疗机构进行现场稽核35次，调阅病历1568份，针对医疗机构存在的突出的问题组织专项稽核，对全县医养结合卫生服务站和村卫生所进行专项稽核检查，在专项稽核检查中发现的不合理收费等违反服务协议行为，进行全县通报，涉及的违规金额予以扣回。对濉溪镇卫生院1—3月份住院人员进行电话回访300人次，有效防止定点医疗机构弄虚作假行为的发生，年度内处理违规案例9起。涉及违规金

额 128065.30 元。

**【全民医保参保有序推进】** 2017年，建宁县职工医疗保险管理中心城镇职工医保征收任务全面完成。完成 151 个单位年度缴费基数调整工作，办理 275 人退休基数调整，按政策补缴 16 人保费 224508 元。生育保险实现平稳移交，全年参保总人数 8187 人，征收基金 121.41 万元。城乡居民医保缴费参保有序推进。争取县政府出台全体居民缴费文件和召开动员大会，实行缴费周通报制度。试行社保卡代扣代缴和微信缴费办法，满足群众多种缴费方式的需求。部门协调顺利完成包括建档立卡贫困户、残疾人、民政部门以及卫计部门管理在册共计 14120 名特殊对象的收集、核对与导入工作。

**【医保助推精准扶贫】** 2017年，建宁县职工医疗保险管理中心按照县纪委关于落实扶贫领域"1+x"监督机制的要求，主动履职，顺利完成医疗救助职能移交工作，严把信息录入关、数据比对关、财务支出关和医疗稽核关，确保扶贫对象及时享受到相关政策。全年民政救助 4632 人次，支出 1276168.55 元。享受精准扶贫医疗叠加保险 1215 人次（其中第一道精准补助 255 人，第二道精准补助 960 人），补助金 75997.25 元（其中第一道补偿 11558.7 元，第二道补偿 64438.55 元）。

## 劳动维权

**【概况】** 2017年，建宁县人力资源和社会保障局坚持依法行政，加强维权工作，着力构建和谐劳动关系，依法保护劳动者合法权益。全年受理投诉欠薪案 27 起，涉及金额 372 万元，涉及劳动者 236 人次，追发劳动者工资 319 万元。27 起投诉欠薪案中，协调解决 19 起，转其他部门 2 起，移送公安机关立案 1 起，待协调处理 5 起。

**【劳动保障监察】** 2017年，县人社局劳动保障监察大队维权维稳扎实有效。结合专项检查工作，加大日常巡视检查和书面审查等综合执法检查力度。对辖区内的用人单位制定内部劳动保障规章制度情况、订立劳动合同情况、遵守禁止使用童工规定等情况进行监察，全年共检查用人单位 231 户，涉及职工一万余人。规模以上企业建立劳动合同制度覆盖面和劳动合同签订率达到 96%，小企业劳动合同签订率达 84%。强化劳资纠纷风险排查预警。联合多部门开展清理整顿人力资源市场秩序专项行动。在全县范围内组织开展解决企业工资拖欠问题专项检查，对辖区内的建筑施工企业进行重点排查，有效遏制建筑施工企业欠薪案件的发生。及时解决企业工资拖欠问题，维护劳动者合法权益和社会稳定。

**【劳动争议仲裁】** 2017年，县人社局坚持"以防为先""以调为主""以裁为民"的原则，提高对劳动仲裁案件的仲裁效能及审理质量。全年共接到劳动仲裁案件 58 件，案外调解 26 件，不予受理 3 件，立案受理 29 件，其中调解 4 件，裁决 25 件，结案率达 100%，涉案金额 49 万余元。

**【劳动关系总体协调】** 2017年，县人社局建立解决企业拖欠工资问题联席会议制度，并给成员单位签订责任书。实施违法行为社会公布、企业守法诚信等级评价、农民工待遇保障警示、欠薪案件责任制、案件移送查处等措施，有效促进劳动关系的和谐。

## 人事管理

**【人才引进】** 2017年，县公务员局拓宽人才引进渠道，配合卫生、农业等部门采用定向委培的方式培养各类紧缺人才，采取以省内高校为平台，与符合条件的应届毕业生签定定向协议书，招收定向委培生 13 人，其中农业类 3 人，卫生医疗类 10 人。在事业单位工作人员公开招聘中，对紧缺急需的专业技术人才采取直接面试考核录用的方式，录用紧缺急需专业技术人员 7 人。做好引智成果的示范推广，加强对铙山纸业集团、文鑫莲业博士后科研工作站的服务和指导，完善省人社厅在建宁溪口镇设立的"农村实用人才服务站"，鼓励建宁县规模企业引进高层次人才，充分发挥规模企业在吸引、培养、使用高层次人才方面的平台优势，同时利用好本县现有拔尖人才资源，充分发挥拔尖人才的"帮、带、传"作用。按照上级部署，积极落实毕业生创业扶持、就业见习、人才储备等配套政策，在公务员招考中安排2个岗位，专门面向"三支一扶"到基层服务期满考核合格的毕业生招考。

【公务员管理】 2017年，县公务员局坚持"公开、平等、竞争、择优"的原则录用公务员15人（含参公人员3名），进一步充实了公务员队伍。认真落实《福建省政府系统公务员培训"十二五"规划》，规范公务员各类培训，并配合市公务员局组织新录用公务员参加初任培训。认真贯彻落实《行政机关公务员处分条例》，根据本县实际，制定相关措施和实施细则；贯彻《公务员考核规定（试行）》，完善定性考核和定量考核，将年度考核与文明城建设、经济（项目）工作有机结合；贯彻执行中央办公厅国务院办公厅《评比达标表彰活动管理办法（试行）》，做好先进单位和先进个人的评比表彰推荐工作。

【专业技术培训】 2017年，县公务员局进一步提高专业技术人员水平和履职能力，有针对性的开展各种专业知识培训。2417人参加公共课培训，2384人参加专业课培训，培训总学时71773学时。充分利用网络平台，通过网络授课、网络计时、网络考试的方法进行专业技术人员的继续教育培训，有效地解决了工学矛盾，节约了参训人员的费用。

【事业单位岗位设置】 2017年，县公务员局全面推进事业单位岗位设置管理工作。认真贯彻人事部《事业单位岗位设置管理试行办法》等有关规定，本县完成岗位设置248个；岗位聘用人员总数2410人，实现事业单位人员由身份管理转变为岗位管理。

【事业单位人员公开招聘】 2017年，县公务员局完善事业单位人员公开招聘制度。认真执行《事业单位公开招聘人员暂行规定》，严格制定事业单位招聘工作人员的实施方案，在招聘程序上严格把关，在笔试、面试方面严肃纪律，严格掌握政策，着力提高公开招聘的公正性和科学性。当年通过公开招考，公开招聘事业单位（含教育系统）人员122名。同时稳妥做好军转干部安置工作，根据上级精神和县委、县政府的安排部署，积极协助、配合有关部门对本县1名退役士官进行安置，人员服从安置并已到岗到位。

【工资福利管理】 2017年，县人社局严格工资福利管理，稳步推进事业单位绩效工资改革。继续推进工资收入分配制度改革。进一步规范公务员津贴补贴，积极配合上级机关抓好法官、检察官及人民警察工资制度改革方案的落实。稳步推进事业单位绩效工资改革，完善绩效考核和职称制度改革。坚持做到年度考核与绩效考评相结合、定性与定量相结合、内部测评与群众评议相结合，严格优秀指标的审批，实行先批后用。全县机关事业单位3092人参加考核，确定优秀等次509人，占16.46%，称职（合格）2460人，不定等次104人。继续推行专业技术职务评聘分开、竞争上岗制度，全年53名专业技术人员通过全国资格考试取得初、中级职务任职资格。委托省、市评审高、中级专业技术职务80人。严格执行退休制度，做好到龄干部、职工退休工作。全年共办理退休165人。

【高校毕业生"五个一批"措施的落实】 2017年，县公务员局多管齐下，大力促进高校毕业生就业，推进"五个一批"措施的落实。即采取公务员招考一批，录用公务员、参公人员15名（其中大专学历2名，本科以上学历13名）；事业单位招考一批，含教育系统共招聘122名（其中大专学历36名，本科以上学历84名）；为企业推荐一批，本县企业吸收30名大中专毕业生就业；为基层提供一批，12名"三支一扶"高校毕业生到基层服务，协助县民政局推荐3名高校毕业生到社区服务；鼓励一批高校毕业生自主创业，10名毕业生自主创业已经落实创业项目。

# 民政·民族·宗教

□编辑　黄日辉

## 民政工作

【概况】　2017年，建宁县民政局内设7个股室，分别是：办公室（加挂计划财务股）、救灾救助和福利慈善股、城乡低保股（加挂建宁县救助申请家庭经济状况核对中心）、优抚安置股、基层政权和社区建设股（加挂民间组织管理办公室牌子）、社会事务和区划地名股、老区事务股；下设5个事业单位，分别是：县社会福利中心、县殡仪馆、县殡葬管理监察大队、县婚姻登记中心、县救助管理站。挂靠2个单位：县双拥办、县老龄办。机关行政编制11名，实有12名（其中副科级以上9名）；机关工勤人员事业编制2名，实有1名；参公编制2名，实有2名；事业编制14人，实有10人。

【城乡低保】　2017年，建宁县民政局提高农村低保和五保供养标准，全县农村低保连续两次提标，1月从原来的年人均2652元提高到3000元，7月起再提高到3552元，实现低保和扶贫"两线"合一。7月起，城市低保标准由原来的月人均452元提高到512元。全县农村低保对象1730户3128人，全年累计发放农村低保资金921.47万元，人均补差257.32元。城市低保对象288户393人，全年累计发放城市低保金192.21万元，人均补差432.12元，基本实现精准施救，应保尽保；城乡特困人员救助供养为197户203人，全年累计发放供养资金131.53万元，人均补助579.89元。加强农村低保制度与扶贫开发政策的有效衔接，及时开展农村低保对象与建档立卡贫困人口台账比对工作，对符合低保条件的建档立卡贫困人口进行排查认定，充分发挥精准帮扶、扶贫托底功能。

【救助政策落实】　2017年，建宁县民政局医疗救助5728人次，发放救助金183.63万元。全年临时救助共救助265户919人次，发放临时救助金108.8万元。为城乡低保、特困供养人员发放电费补贴，全年共发放电费补贴20.24万元。残疾人两项补贴发放工作，全年共发放困难残疾人生活补贴90.8万元，重度残疾人护理补贴123.37万元。规范流浪乞讨救助和未成年人救助管理。建立县、乡、村三级联动的救助服务网络，扩大救助服务领域，加强生活无着临时遇困流动人员管理，为其提供临时食宿、急病救治、协助返乡等救助服务。全年共救助流浪乞讨人员339人次（其中流浪未成年人5人次），共支出救助专项经费27.9万元。做好流浪危重病人、精神病人救助工作，与公安、卫生、城监等相关部门做好协调工作，明确危重病人、精神病人定点治疗医院，对危重病人坚持"先救治、后救助"的原则，待病情稳定后再按程序护送返乡。当年救治疑似精神病及智障人员19人次，支付医疗费用15.72万元。年内，与公安部门联合采集DNA数据信息4人，通过各种寻亲方式帮助失散人员找到亲人3人。

【救灾救助】 2017年，建宁县民政局提高防灾减灾救灾能力。建立县、乡、村三级报灾体系，充分运用现代科学技术手段，认真做好灾情信息的收集、汇总、分析、评估、上报。修订完善灾害救助应急预案。新建救灾物资储备库（已投入使用），及时下发救灾款物，确保受灾群众能够得到及时全面的救助。加强救灾款物管理和监督，严格审批程序，实行社会化发放。全年共发放救灾资金38万元，下发避灾点建设资金20万元。推进农村住房叠加保险工作；全县共有低保、贫困、有房五保户2942户，参加农村住房叠加保险参保率99%，县级财政补贴70814.5元。协助财险公司做好受灾理赔工作，保险理赔38户12万元。自然灾害救济救助公众责任保险全县投保人数129129人，保费总额为19.36万元，市财政补助20%，县财政承担80%。

【双拥优抚安置】 2017年，建宁县民政局精心筹备，认真完善软、硬件建设，收集整理内业资料，经过实地考核验收，顺利通过省级迎检。7月，建宁县被省委、省政府、省军区命名为"双拥模范县"。落实精准优抚工作。对全县优抚对象进行信息核查，完成年度核查任务150余人，入户100%，确保精准优抚。及时落实抚恤定补标准自然增长机制，按时足额兑现优抚对象生活补助待遇，全年发放抚恤定补369.5万元。全县接收退伍军人37人，其中1名由政府安排在乡（镇）工作，36人自主就业，发放自主就业地方经济补助金67.7万元；发放义务兵家属优待金98人122.8万元，发放立功受奖人员奖金1.5万元。广泛开展"关爱功臣"活动，为丰富重点优抚对象的文化生活，继续为优抚对象配送机顶盒和免收视费。免费为重点优抚对象参加新农合，在新农合和医疗救助的基础上，进一步落实医疗补助政策，每人年发放门诊费180元。全年累计支出医疗补助资金25.1万元。开展春节、八一慰问活动，发放慰问金14.1万元。

【地名与边界管理】 2017年，建宁县民政局对全县范围内需要新命名和更名的地名进行梳理汇总，并报县政府审批。全年，新命名地名34条，更名地名7条，其中包括需整改的不规范习惯性称呼9条。与公安部门通力协作，配合完成全县标准地址二维码编制和安装；继续开展地名普查和成果转化工作，6月底前完成5213条数据上报第二次全国地名普查办，《建宁县地名录》初稿送审稿编纂完成。年底前完成《建宁县政区图》《建宁县城区图》的编制和出版工作。界线管理工作。对省县两级界线联检工作开展"回头看"，对3条省级、4条县级界线界桩管护员进行业务指导和规范管理。6月8日，陪同省勘界和地名档案管理中心主任吴旭东一行对闽赣两省边界平安创建和界线界桩管护进行调研。

【殡葬管理】 2017年，全县累计死亡人数862人，火化862具（其中：僧尼火化7具），火化率达100%。落实殡葬惠民政策，免除困难群众基本殡葬服务费105具14.7万元。

【社会组织登记管理】 2017年，建宁县民政局开展"1+X"社会组织专项督查工作。与有关业务主管部门深入实地分别对县建筑业协会等16家民间组织展开专项督查，占全县行业协会、商会总数的60%。按照"双随机一公开"工作要求，开展社会组织双随机抽查工作，随机抽查社会团体3家，民办非企业1家，基金会1家进行核验。开展社会组织登记工作，全年新登记社会团体3家。

【婚姻收养管理】 2017年，建宁县民政局推进婚姻登记机关标准化建设，做好婚姻登记历史数据实录和部门信息共享。全年共完成结婚登记892对，离婚登记268对，补发结婚证247对，补发离婚证31本。全年开展婚姻辅导咨询服务20余次，成功劝和离（退）婚申请10余对。提高婚姻登记工作人员业务水平，组织婚姻登记员参加省市组织的业务培训2人次。印发并组织实施"勤俭节约、举办文明婚礼"倡议书，将该倡议书分发给办理婚姻登记的群众，共签署《婚事简办承诺书》50余份。年内，县社会福利中心办理儿童收养登记2例，有3名儿童未送养，均存在身体健康问题。

**【养老服务体系建设】** 2017年，县民政局大力发展机构养老，加强养老服务体系建设。做大做强县社会福利中心，完善各项设施建设，推动"生活照料型"向"生活护理型"转变，深化"医养结合"措施，加强养老护理人员岗位培训，总结公营和自营养老服务模式，不断提升服务专业化水平。积极争取省市支持，新建2个农村幸福院，即溪口镇杨林村幸福院已封顶，半源村幸福院已竣工，并投入使用。加强已建农村幸福院管理，着力解决农村幸福院重建轻管问题，真正让农村福利机构为农村老年群体提供居家养老和日间照料服务。至12月底，社会福利中心收住各类老年人97人。强化养老机构安全管理。进一步强化安全责任意识，把县社会福利中心、乡（镇）敬老院、农村幸福院的安全管理作为日常工作常抓不懈，保障入住老人人身安全。继续实施养老机构责任保险，为养老机构住养老人缴纳每人每月180元的保费，进一步提升养老机构抵御风险能力。

**【老龄工作】** 2017年，建宁县民政局落实老年优待政策，全县享受高龄补贴的老人共2757人，其中80周岁以上老年人2513人，90周岁以上老年人242人，百岁老人2人，共发放高龄补贴120万元。认真做好老年人优待证的办理发放工作，截至12月底，全县共办理老年人优待证380本，其中红本287本，绿本93本。

**【全省老年学学会年会在建宁召开】** 2017年8月10日，全省老年学学会2017年年会暨四届三次理事会在建宁县召开。全省老年学学会理事、各县（市、区）老年学学会和老年学研究小组负责人共80多人参加了会议。省老年学学会会长张冀闽作工作报告，省老龄办常务副主任方少雄到会指导。会上，表彰和颁发2017年年会优秀论文奖和优秀组织奖，部分优秀论文作者在会上进行论文成果交流。会后，与会人员参观了建宁县中央苏区反"围剿"纪念园，并实地考察长寿乡村——濉溪镇大源村。

（付春芳）

# 库区移民开发

**【概况】** 2017年，建宁县池潭和合水口2座水库核定移民总人数3161人，移民搬迁安置涉及全县5个乡（镇），18个行政村。建宁县人民政府水电站库区移民开发局（简称县移民局）坚持以项目工作为牵引，以移民解困为重点，扎实推进库区移民开发工作，促进库区经济持续发展，库区社会和谐稳定。当年，共发放直补资金57.72万元；完成后扶项目21个，投资811.74万元（其中后扶资金778.74万元）

**【后扶项目建设】** 2017年，县移民局共完成库区移民后期的扶持项目（简称后扶项目）21个（新增后扶项目15个，结余项目4个，小库项目2个）。其中：（1）

农村环境整治项目7个，投资资金410.94万元（其中后扶资金377.94万元），受益移民2324人；（2）生产开发项目13个，投资资金390.8万元，（其中后扶资金390.8万元），受益移民3843人；（3）社会事业项目1个，投资资金10万元（其中后扶资金10万元），受益移民1232人。

**【项目资金管理】** 2017年，县移民局加强库区移民后期扶持项目资金管理，做到项目建设与库区移民生产、生活及美丽乡村建设整体推进相结合。在项目实施过程中，强化项目前期工作，建立县、乡、村三级负责的项目申报制度，项目申报前公示,项目批复后通告，切实提高项目的可行性和实效性；强化项目实施工作，严格按照福建省大中型水库移民后期扶持项目管理机制规范项目招投标、及时签订项目合同、及时下拨项目资金、及时督促项目实施、及时检查项目验收，确保工程的工期、质量和效益。强化资金管理，提高资金使用效益。严格执行福建省大中型水库移民后期扶持项目资金管理制度,建立在建项目和竣工项目资金使用备查账户，及时掌握资金使用动态，确保资金发挥使用效益。

**【"平安库区"创建】** 2017年，县移民局高度重视库区社会稳定工作，深入开展"平安库区"创建活动。召开全县"平安库区"创建暨水库移民工作会议，由县政府向濉溪镇等5个大中型水库库区乡（镇）政府颁发创建"平安库区"责任书,将"平安库区"创建工作纳入全县综治考核体系,全面融入"平安建宁"建设大局。健全机制,以开展"基层综治信访维稳'1+N'联动在库区"活动为抓手,使"平安库区"创建与当地综治、信访、司法等部门工作有机衔接,形成工作合力。每季度召开一次"平安库区"创建专题工作会,定期研究创建工作;通过分发宣传材料、广播、电视、宣传专栏等方式宣传"平安创建"活动,使创建"平安库区"成为广大移民群众的自觉行动;采取走访座谈、入户调查等方式,加强库区社会治安排查,发现问题及时上报,认真研究解决。落实责任,坚持"谁主管、谁负责"和"条块结合、以块为主、属地管理"的原则,建立库区稳定情况信息报送和稳定形势分析会制度,及时了解库区动态,化解矛盾;建立健全移民信访工作制度,对移民来信、来访反映的问题实行"五定"责任制(即定责任单位、定责任领导、定责任人、定办理要求、定办理时限),确保库区社会安定稳定。2017年,库区没有发生信访事件。

【"三大工程"的实施】 2017年,县移民局在推进库区移民开发中,实施三大工程。(1)移民解困增收工程。以增加移民收入为目标,以维护和促进库区和移民安置区社会稳定和发展为主线,不断完善移民生产、生活条件,提高库区农业生产综合开发能力,引导移民用好后扶资金,将资金更多地投入到生产开发中去,增

强自身造血功能。(2)基础设施建设工程。抓好库区和移民安置区基础设施建设,重点安排解决移民群众最关心、最急需解决的农村道路、饮水、亮化、环境整治和社会事业等基础设施建设,改善库区移民的业余文化需求和人居生活环境。(3)培训就业工程。针对库区移民缺乏生产门路、劳动力就业不广等问题,联合有关职能部门举办一期小车培训班,直补资金资助移民学员45人参加培训。

【三明市移民局稽查建宁县后扶政策实施情况】 2017年8月28日至9月1日,三明市移民局稽查组对建宁县2014—2016年度后扶政策实施情况开展稽查和环境整治项目内审。在听取总体情况介绍后,稽查组逐个项目检查档案资料、会计账表和移民资金拨付情况,兵分两路开展现场查看项目实施管理和标志牌设置情况,并指出存在问题和不足,提出整改建议和措施。

(邹阳明)

## 老区工作

【概况】 2017年,建宁县老区办认真学习、宣传、贯彻党的十八届五中、六中全会和十九大精神,全面完成县委、县政府和省、市老区办下达的各项任务。认真做好革命五老工作,根据福建省财政厅、省老区办闽财社指〔2017〕128号文件及明老区〔2015〕6号文件精神,10月1日

起,将"五老"人员定期生活补助统一提高至1080元/人/月,遗偶定期生活补助300元/人/月。组织"五老"人员到县医院体检,关注"五老"身体健康状况。

【老区宣传】 2017年,县老区办紧紧抓住省、市打老区苏区品牌的机遇,加大宣传建宁老区的力度,营造建宁苏区新的宣传氛围。注重宣传形式上多样化。首先抓好对内宣传,通过与老促会合办的《苏区简讯》,常年宣传建宁老区的变化发展。同时抓好对外宣传,组织稿源,向《中国老区建设》《中国老区网》《福建省老区网》《三明革命老区网》和《红土地》杂志投稿,对外宣传建宁苏区、老区的历史贡献和社会经济发展新面貌。年内,共在国家、省、市级网站发表120篇报道。

【老区扶建】 2017年,县老区办完成老区扶建项目19个,争取上级补助资金92万元,项目主要集中在修路、建桥、人饮工程等事关老区人民生活的民生工程上。其中扶建资金32万元,完成15个项目;60万元用于4个困难老区村基础设施项目建设,即濉溪镇高峰村弓家庄道路及挡墙,大源尾拦水坝新建项目,溪源乡上坪村更新水源头及过滤池、更换全村老旧网管项目,都团村新建生态护岸工程建设项目,客坊乡水尾村4组迟家窠道路建设项目。革命遗址维护项目1个,省级补助资金15万元,用于客坊乡水尾村苏区银行旧址修缮项目。抓住

与省纪委挂钩帮扶的契机，全面启动对革命遗址的抢险修缮工作，确保革命遗址得到最及时的维护，并和美丽乡村建设及红色旅游发展相结合，发挥革命遗址的红色资源作用。

**【老区科技示范基地建设】** 2017年，县老区科技示范项目1个，争取补助资金15万元，用于支持建宁县兴农食用菌专业合作社优良新品种"木耳仿野生916号""香菇936"栽培示范基地建设。合作社在均口镇大坑扩建"木耳仿野生916号""香菇936号"栽培示范基地2.67公顷菇棚及菇棚内部食用菌袋支架，完善示范基地生产车间设施建设。采取"公司+合作社+基地+农户+贫困户"的发展方式运行，实行保护价收购，带动农户发展食用菌产业；并通过收购废弃梨枝条、莲叶、莲梗等农业废弃物，提高资源综合利用率，将资源优势转化为经济优势，进一步增加老区农民的收入。截至年底，合作社实现年产鲜菇200万斤，产值达到1200万元，新增利润220万元。项目带动老区农民发展食用菌产业，直接带动农民增加收入650万元以上，间接带动农户增收超过1000万元。

**【苏区调研项目】** 2017年，市委苏区调研办实事项目2个，补助资金30万元。即均口镇均口村谢坊组至垄源村道路建设项目。该项目主要内容为均口村谢坑元至垄源村路段全程1.8公里，位于均口村境内的为1.2公里，路基拓宽至4.5米，水泥硬化3.5米，厚18厘米，项目总投资为70万元，项目补助资金15万元。项目于2017年2月6日动工建设，10月30日全部完工，受益人口460人，其中精准扶贫户2户，14人；耕地32公顷、毛竹山30公顷。黄埠乡友兰村邓家小组道路硬化项目。该项目主要内容为邓家山小组道路硬化，路面硬化长2400米，路宽3.0米，厚18厘米。项目总投资78万元，项目补助资金15万元。该项目于2017年11月18日动工建设，12月23日全部完工并投入使用。受益人口462人、113户，其中精准扶贫户3户、9人；耕地30.53公顷，果山1.33公顷，毛竹山13.33公顷，其他林地600公顷。

（陈 佩）

## 民族工作

**【概况】** 2017年，建宁县共有畲族、雷族、壮族等少数民族283户，分布在全县8个乡（镇）45个行政村，1个民族行政村和3个少数民族自然村（分别是濉溪镇器村畲族少数民族行政村、濉溪镇长吉村向阳畲族小组、伊家乡伊家村雷家畲族小组、溪口镇半元村唐家湾壮族小组）。当年，县民族宗教工作严格按照党的民族宗教工作基本方针，围绕"民族和睦、宗教和顺、社会和谐"的工作目标，着眼全局，认真履职，扎实工作，为建设"清新花乡·福源建宁"，做好维护全县民族团结宗教和谐稳定工作。

**【少数民族政策落实】** 2017年，建宁县民宗局（简称县民宗局）宣传落实党和国家对民族地区的各项优惠政策，做好民族服务工作，当年审核变更少数民族成分1人，为12名少数民族考生争取到中考加分优惠政策。春节看望慰问少数民族困难家庭及宗教界困难人士16户，每户送去300元慰问金。

**【少数民族文化建设】** 2017年9月，是福建省第十个民族团结进步宣传月，县民宗局围绕"中华民族一家亲，同心共筑中国梦"的主题，开展丰富多彩、形式多样、扎实有效的民族团结进步宣传教育活动，开展宣传教育进社区、进机关、进学校活动，以悬挂横幅、出版墙报、发放民族团结宣传单等形式宣传党的民族政策，进一步巩固和发展平等、团结、互助、和谐的社会主义民族关系。

**【民族地区项目建设】** 2017年，县民宗局向上级争取15万元的少数民族发展资金，重点帮扶民族村发展特色农业产业和实施村庄整治、旧村改造等基础设施建设，促进民族村生产和社会事业的长足发展，改善村容村貌，改善民族村村民的生产生活条件。

## 宗教事务

**【概况】** 2017年，建宁县有佛教协会、道教协会、基督教协会、天主教协会4个宗教团体，登记的宗教活动场所 86 个,其中,佛教 76 个、基督教 3 个、道教 6 个、天主教 1 个。

【宗教团体服务社会】 2017 年,县民宗局发动全县宗教团体开展宗教慈善活动,通过慈善活动筹集慈善资金,开展扶贫、济困、助残、救灾、养老、助学等服务社会。年内筹集宗教慈善捐赠 2 万元,其中佛教协会筹集 1.5 万元,基督教会筹集 5000 元,善款用于年底集中慰问困难群众。其他宗教团体结合自身实际,集中力量开展扶贫、济困、助学等公益慈善活动。当年,建宁县四个宗教团体捐助 10 个贫困家庭,为每个家庭送去慰问金 300 元,展现了本县宗教界乐善好施、关爱社会的慈善传统,受到社会各界的高度关注和好评。

【宗教事务管理】 2017 年,县民宗局根据福建省《关于加强和改进新形势下宗教工作的实施意见》和《关于做好民间信仰工作的实施意见》建立健全宗教活动制度,并将两个《意见》制牌悬挂在宗教活动场所。加强对宗教团体的班子建设,把宗教造诣高、品行服众的宗教界人士充实进宗教团体。年初,基督教通过市基督教引进一名传道老师,解决基督教长期无正式教职人员的问题,加强基督教两会的自我管理能力。10 月 24 日,县民宗局邀请市佛教协会会长释传一法师到濉溪双灵寺讲经弘法,开展教育培训,提升宗教界人士综合素质,全县有 300 多名宗教界人士和信众参加培训。

【宗教活动场所的安全管理】 2017 年,县民宗局加强宗教活动场所的安全管理。按照上级关于开展创建"和谐寺观教堂"活动的有关精神,认真安排部署开展创建活动工作,及时传达省、市、县有关消防安全工作会议精神,年初,向乡(镇)和各宗教团体下发《关于做好民族宗教领域风险隐患排查工作的通知》和《关于加强宗教活动场所安全管理工作的通知》。元旦、春节、元宵、清明、"五一"等重要节点期间,协调公安、安监、城管、消防开展安全工作大检查,及时发现不安全隐患,限期落实整改措施,增强宗教教职人员和信教群众的安全意识,有效遏制各类火灾事故发生,已连续五年建宁宗教领域无火灾事故发生,确保了宗教人士和信教群众的生命财产安全。

【宗教工作法制化】 2017 年,

县民宗局认真审核审批佛教居士死亡火化事宜,并加强火化卫生管理;共查处非法宗教活动和宗教行为 3 起、驱逐外来非法道士班子 2 个、假和尚 8 人;充分发挥县、乡(镇)、村宗教工作网络作用,及时互通信息,掌握宗教领域动态,会同县公安部门依法治理地下组织非法传教活动,依法清理整治私设聚会点。

【慈航文化交流基地扩建项目】 福建省对台慈航文化交流基地扩建项目建设于 2012 年停工,经县委统战部、县民宗局等多方努力,2017 年 8 月邀请广东省海丰县鸡鸣寺监院释耀峰到建宁,重新启动对台慈航文化交流基地的建设管理。至 12 月底,释耀峰法师已投入资金 500 万元,完成对报国寺的整体改造,正式对外开放。

(詹钟坤)

2017 年 7 月 14 日,"为荷而来"桃梨采摘季活动开幕(县旅游局提供)

# 乡镇·农场

□编辑　罗瑞忠

## 濉溪镇

【概况】　濉溪镇地处县境中心偏东，濉溪穿城而过，位于北纬26°49′，东经117°01′。自宋迁治以来，为县政府驻地乡（镇）。于2007年11月由原濉城镇和金溪乡撤并新设，是建宁政治、经济、文化和商贸的中心。东界泰宁县的茅店村，南接均口镇黄岭村，西临城关、连溪口镇高圳和艾阳村，北靠黄坊乡武调村和溪口镇溪口村。辖10个行政村（城关、河东、水南、长吉、水西、圳头、大源、高峰、斗埕、器村）、4个社区居委会（新生、复兴、河东、水南）和1个国有农场（综合农场），总人口3.2万人。全镇总面积231平方公里，其中耕地面积1480公顷，林地面积17220公顷，果园面积900公顷，毛竹面积1847公顷。境内自然生态良好，旅游资源丰富，是"西门莲"的正宗产地和城区蔬菜基地，有闽山之巅——海拔1858米的福建第一高峰金铙山和千年古刹报国寺、石燕岩、高峰古道、坪岗上、东山公园、三不见等旅游景点。境内交通便捷，省道富下线、建文线、建泰高速横贯全镇。是国家级生态乡镇、省级文明乡镇、省级环境优美乡镇、市工业重点乡（镇）、市级平安镇、市级平安先行乡（镇），拥有高峰、水西2个省级生态村和高峰1个市乡村旅游名村、省四星级乡村旅游经营单位。福建建宁经济开发区、闽赣省际物流园、水南休闲文化产业园、闽江源生态旅游景区、高峰村省级乡村旅游示范点、福建对台（慈航）文化交流基地等均在镇辖区内。

【经济建设】　2017年，濉溪镇依托福建建宁经济开发区，重点引导一批有一定科技含量、劳动密集型、环保型、节能型企业落户，逐步形成以矿产开发、绿色食品加工、竹木加工、劳动密集型加工为主的四大主导产业。全年完成投资4.43亿元，完成任务的112.23%。对外招商达成意向项目18个，其中签约项目5个，落地项目3个，意向投资金额达30亿元。引进聚晟源现代农业观光园、同越管件制冷生产线建设等项目15个、总投资11.05亿元，新开工总投资1.50亿元。全年，镇财政总收入1291万元，规模以上工业总值20.87亿元，全社会固定资产完成投资16.49亿元。列入福建省农村产业融合试点示范乡镇创建名单，获批全县唯一的省级功能拓展型试点示范乡（镇）。

【特色旅游】　2017年，濉溪镇通过项目立项投资4000余万元，建成高峰花海休闲娱乐区、坪上梯田莲海度假区和碧溪峡谷嬉水休闲带，新建赏花步道、自行车道、亭台廊、生态停车场、旅游公厕、小海燕夏令营基地、小木屋等一系列基础设施。规划实施"香溪花谷·乐动高峰"建设项目，推进"一心一带三区"（一心：乡村游客服务中心；一带：碧溪峡谷嬉水休闲带；三区：高峰花海休闲娱乐区、坪上梯田莲海度假区、大源乡村运动体验区）建设。实施生态绿化景观提升、大源口立面改造、生态护岸、田园花海内防洪渠等项目。坪上梯田莲海两次上央视，景区的知名度和美誉度不断提升。高峰田园花海被"福建旅游"官方微信公布为"福建最美赏格桑花地"，高峰村先后获评市级生态旅游名村、省四星级乡村旅游经营单位、首批"中国乡村旅游模范村"。濉溪镇被中国林业产业联合会森林休闲体验分会授予"中国慢生活休闲体验区、村（镇）"荣誉称号，是全市唯一获得此殊荣的乡镇。当年接待游客数量超过10万人次，旅游收入达800万元，村民从旅游产业中人均增收3000多元。

【美丽乡村建设】 2017年，濉溪镇按照"一村一品"总体特色布局，大源、高峰美丽乡村提升建设已列入省市拉练备检项目，按照"重点培育、争创亮点、全面推进"的要求，高峰村注重发展特色生态旅游产业，成为首批市级美丽乡村示范村。大源村注重提升美的布局、建的档次和管的水平，成为全县美丽乡村建设示范点，斗埕村成为省级百村示范点；全县工业村，水西村成为省级生态村，河东村；器村畲族村已完成美丽乡村工程建设任务。12月，全镇实现村村通硬化公路，通组道路硬化率达98%。严格执行"三严四限六禁"，落实最严格的生态保护制度，认真抓好禁柴改燃试点工作，高峰、大源完成改灶196户，清理薪柴700多立方米。采取政府购买服务的方式，对城区至高峰沿线卫生保洁实行市场化运作，投入资金40多万元，改造压缩式垃圾中转站，采购密封式垃圾转运车；严格落实"河长制"，开展护岸生态修复，新建高峰村雨污水管网改造及污水处理池项目，添置日处理污水60吨的HMA一体化膜污水处理设施。

【社会事业】 2017年，濉溪镇城镇居民人均可支配收入和农民人均纯收入稳步增长，社会保障体系逐步完善，新农合、新农保等覆盖面持续扩大，城镇登记失业率始终控制在4.1%以内。出生人口政策符合率均达到98%以上。通过精准识别、分类、帮扶，实现全镇151户403个人口全部脱贫，圳头村一个贫困村退出。成立物业委员会4个，河东、新生和水南社区办公场所及老年人日间照料中心场所得到妥善解决。

## 溪口镇

【概况】 溪口镇地处县城北郊，连接县城下坊街，北部与黄坊乡相连，东南与濉溪镇接壤，西南与伊家乡相接，西部与里心镇比邻，西北与江西省南丰县康都交界。为晚清爱国诗人张际亮故里，慈航法师艾继荣祖地。总面积222平方公里，其中林地面积17281.7公顷，占总面积77.8%，森林覆盖率73.64%，耕地面积6501.27公顷。全镇下辖13个行政村、1个居委会、1个农场，143个村民小组，总户数5878户22461人（其中，农业人口19787人）。2017年全镇完成农林牧渔业总产值5.4亿元，比增8.6%；规模以上工业产值18.68亿元，比增9.9%；全社会固定资产投资21.6亿元，比增20%；地方级财政收入1226万元，比增6.7%；农民人均纯收入15319元，比增13.4%，城镇居民可支配收入26480元，比增9.5%。

【特色农业】 2017年，溪口镇利用特色农业和红色文化资源的优势，充分发挥镇域内3333公顷制种、2667公顷果园及林下经济等产业优势，打造"农业强、文旅兴、生态美"的农村产业融合发展示范镇。围绕"清新花乡·福源建宁"旅游定位，田园综合体建设思路更加明确，生态田园和四季花海正在逐步形成，绿源果业、春花农场、欧洲风情园和福晟果业等标准果园示范作用更加突显。主动融入国内知名乡村旅游目的地建设，3月和7月成功举办第二季花海跑和为荷而来采摘季活动。农村电商发展迅猛，全镇实现电商交易1.8亿元，比增28%，溪口村获评省级农村电子商务示范村。全镇以智慧农业园为辐射点，依托鑫锦宏农牧、绿源果业、大川菌业、华信生物、禾丰种业、顺通泡沫等农业龙头企业，形成以休闲旅游、生态农业观光、自助采摘等为主题的田园综合体，农村产业融合发展初具规模。以闽赣农机专业合作社为示范，半源种子仓储服务中心项目落地，在农业专业服务上实现一体化一条龙服务。全镇共有各类新型经营主体113家，涉及种子、蔬菜、养殖、黄花梨、农机植保等特色产业。

【项目建设】 2017年把项目引进作为农村产业融合发展的强大动力，对接县委、县政府实施的五比五晒项目竞赛活动、"2111"行动计划、"五个一批"项目，加强项目策划力度，积极做好项目包装申报，谋划一批投资量大、带动性强的支撑项目。全年共策划项目41个，引进"五个一批"重点项目18个，全年完成项目投资2.9亿元。省重点项目枫源百花乡村主题公园、鑫锦宏农牧在全市千亿农业项目竞赛中分别获得全市二等奖、三等奖；福建省顺通泡沫包装制品生产加工、傲禾测土配方等项目落地投产；上海德升电子商务、台湾冻干食品深加工等项目对接签约，全镇上下抓项目、扩投资，发展后劲持续提升。

【社会事业】 2017年，溪口镇杨渠公路建设9月8日全线开工建设，溪枧线、将马线已着手规划设计。溪口至枫元自来水管网延伸工程全面竣工，农民住宅小区建设进展顺利，地块出让43户，已完成封顶29户。在列入全县的2项解难题、促落实攻坚行动工作方面，纵八线征地工作提前1个月完成，自来水管网延伸改造（长塘段）提前3个月完成，解决一批历年来未解决的历史遗留问题。农村幸福院建设逐步铺开，枫源村、半源村幸福院建设全面完成并投入使用，杨林村幸福院已开工建设。农村医改顺利推进，溪口卫生院正式挂牌建宁县总医院城区社区卫生服务中心分院，全镇10家乡村卫生所对外营业。

【美丽乡村建设】 2017年，溪口镇根据各村主导产业和文化生态资源差异进行分类规划，按照农村产业融合发展思路，将美丽乡村建设类型划分为高效农业型、生态保护型、乡村旅游型3种模式，全面完成溪口村、马源村美丽乡村建设，杨林村美丽乡村建设结合杨渠公路建设已着手实施，458户三格化粪池新建改造全面完成；继续实施第六、第七批土地增减挂钩项目，完成复垦耕地面积10.7公顷，第八批土地增减挂钩项目完成3.3公顷测量设计，极大的提高镇村财政收入，提高了土地利用程度；以创建省级文明县城为契机，对溪口街、青云小区和安置小区开展集中整治，城乡面貌极大提升。实施生态环境保护八大工程，重点对环境卫生、河长制、禁养区猪圈拆除及企业废弃物排放等方面进行全面的整治。开展环保督查专项整治活动，全面完成4个养猪场拆除，拆除面积3471平方米，处理生猪1000余头，对寒坡岭碳厂、瑞星竹木等7家违规企业进行了停产整治；按照河长制要求，对杨林溪、开山溪、溪口小溪等3条河道进行集中整治清理。

【脱贫攻坚】 2017年，溪口镇建立健全"主要领导亲自抓、分管领导具体抓、挂村领导分头抓、扶贫专干专业抓、挂包干部直接抓"的帮扶工作机制，实现入户走访全覆盖、挂包帮扶全覆盖、跟踪服务全覆盖。开展贫困人口动态调整，对上年已脱贫的贫困户跟踪管理，对2017年计划脱贫的贫困户进行重点管理。进一步落实"1+N"系列帮扶政策，通过量化折股、技术"孵化"、基地托管、土地入股等可持续、管长远扶贫模式，带动贫困户增收。并在闽赣省际农机植保服务中心量化折股和高圳村支部引领整村推进等典型培育的基础上，又推广到渠村、半源和艾阳等3个村的种业扶贫。培育鑫锦宏农牧助力基础设施建设和村财增收和欧洲风情园产业扶贫等典型亮点。高圳村、枧头村投资入股闽源电力，枫源村原高速临时搅拌站闲置地块列入全县光伏发电扶贫项目。2017年实现3个贫困村，118户266人脱贫。成功迎接省对县脱贫攻坚成效的第三方评估和市对县扶贫攻坚的考核。

【溪口镇打造生态农牧科技型企业项目】 2017年，溪口镇福建鑫锦宏农牧开发有限公司该公司位于建宁县溪口镇枫源村，注册资金3000万元，公司占地6200亩，是一家专业生猪养殖，生态农业生产经营的科技型企业，规划建设生态农牧科技产业园，经营农、林、牧、渔产业，农林种植5000亩，养殖母猪5000头，总投资2.5亿元，年出栏生猪10万头，年产值3.5亿元。第一期已完成投资1.2亿元，2017年12月存栏母猪2000头，年出栏商品猪4万多头，经营林果5000亩，年产值

1.2 亿元。该公司建立完善猪场生物安全控制体系和农产品质量安全体系，建立与科研院校合作机制，坚持农牧结合、种养平衡、生态循环的生态发展模式，按照粪污减量化、资源化、无害化原则，大力推进养殖废弃物资源化综合利用。该公司是三明市 2017 年重点建设项目，三明市 2016 — 2018 年市级农业产业化重点龙头企业，先后被评为省级生猪养殖标准化示范场，全国畜牧总站安佑杯南方区美丽猪场，福建省无公害农产品基地，福建畜牧业协会副会长单位，福建省畜禽养殖废弃物综合利用技术创新联盟会员单位及建宁县现代农业产业园区建设单位。

## 里心镇

【概况】　里心镇地处闽赣边界，与江西南丰、广昌两县毗邻，镇域面积 253 平方公里，其中耕地面积 4333.55 公顷，林地面积 20201 公顷，森林覆盖率 79.7%，辖 13 个行政村 1 个社区，总人口 2.4 万人。2017 年全镇完成农林牧渔业生产总值 7.97 亿元，比增 5%；完成规模以上工业企业产值 18.72 亿元，比增 18%；完成全社会固定资产投资 26 亿元，比增 19%；实现农民人均纯收入 16268 元，比增 12%。

【特色农业】　2017 年，里心镇完成调整优化果树品种结构 200 公顷，引进推广种植双溪黄桃 333.3 公顷、猕猴桃 200 公顷，继

续做大做强 3333 公顷杂交水稻制种、4000 公顷黄花梨、333.3 公顷莲子、153 公顷烟叶、67 公顷茭白、6.7 公顷葡萄；完成土地整理 163 公顷；实施国家农业开发里沙溪流域高标准农田建设项目及 3333 公顷高标准农田建设项目，建成高标准农田 784 公顷，完成投资 2470 万元。

【商贸经济】　2017 年，里心镇加快边贸市场建设，整合粮食、莲子、黄花梨、种子、小商品交易等特色市场资源，提升市场功能与层次；引导规范村淘、顺丰、园通、申通、邮政 EMS 等网点管理服务；国内投资最大的农资电商平台——"农商 1 号"正式入驻建宁县供销社电商里心服务站，为里心农民提供优质农资、农技专家服务、金融小额贷款、订单生产信息和农产品代售等一站式服务。打造"互联网 + 智慧乡镇"，构建农副产品销售平台，已招募 16 家电商加盟入驻，孵化新型业态。公共服务中心交易额约 1236 万元，其中线上交易额达 681 万元。

【乡村旅游】　2017 年，里心镇实施农业 + 休闲观光 + 文化创意产业，全力配合县"清新花乡·福源建宁"全域赏花地战略。以花排为点，打造十里梅花、百亩花海、千亩莲塘、万亩梨园，新建主题餐厅，特色民宿；圆满举办"第二届传统花朝节""为荷而来·殷果香莲"桃、梨、莲品牌区域评选大会和首届里心稻草艺术节等系列大型活动；以花排为面，

打造莲蓬鱼、荷花蟹养殖示范区及休闲度假、垂钓、科普、养生于一体的水乡渔村。

【城镇建设】　2017 年，里心镇列入县"五个一批"重点项目 26 个，完成投资 4.98 亿元；推进镇区开发，将堆火墩商住小区打造为精品住宅小区；依托造福工程易地搬迁政策，推进尊上排集中安置区建设，引导边远村庄、地质灾害点群众向镇区聚集；实施集镇美化工程，全面启动里沙溪美丽乡村景观带和集镇夜景工程建设。实施农业综合开发中型灌区节水配套改造项目，建成 11 个水坝及 14 条水渠；九华山水库、自来水厂二期改扩建、污水处理厂等基础设施项目有序推进。

【美丽乡村建设】　2017 年，里心镇按照"点上精彩、线上风景、面上美丽"的总体要求，围绕《建宁县里心田园旅游发展总体规划》，重点推进花排美丽乡村建设，立足花排村乡村田园风光旅游资源和旅游项目，依托"乡村旅游 +"模式，探索农村环境卫生整治新模式，实行环境卫生外包，形成"政府购买、企业服务、百姓参与"的高效环境清洁新模式；探索垃圾分类有效利用模式（生产有机肥），上黎村在全县率先实施垃圾分类和无害化处理，强力拆除非法炼油厂 1 家，拆除禁养区内养猪场 5 个；深入推进环境整治和"河长制"工作，在上黎村实施"禁柴改燃"试点工作，250 户完成验收；聘用 8 名生态护林员，加强生态公益林管

护；启动里沙溪水质治理1500万工程包，使里沙溪水质达Ⅱ类。

**【精准扶贫】** 2017年，里心镇组建"精准扶贫工作指导队"，推动贫困户脱贫、贫困村脱帽。继续做强做大"量化折股"的体量，通过"电商扶贫"和就业扶贫模式更加充分地拓展贫困群众的就业渠道，结合干部一对一帮扶、社会力量帮扶、金融帮扶、社会保障帮扶等措施，充分体现叠加效能，让每个贫困户都有两个以上增收项目，让多项措施作用于每个贫困户，达到"N+1"精准扶贫的效果。汪家村、戴家村、滩角村3个贫困村实现退出，全镇414个贫困人口全部脱贫。

**【里心镇举办首届建宁稻草艺术节】** 2017年9月30日上午，首届建宁里心稻草艺术节在里心烟草站前的稻田正式拉开帷幕。该活动以现有农田为基础，利用杂交水稻制种收割后的稻草编织和搭建的农人犁地、小黄人、西游记、熊出没等景观栩栩如生，个个惟妙惟肖。游客可通过观赏稻草雕塑、创意手机摄影、品尝当地农特产品等系列活动享受田园乐趣，领略田园艺术之美。稻草艺术节的举办，旨在用稻草景观展示里心的本土文化，进一步充实里心的旅游内涵，宣传里心创新、绿色、开放新形象，使之成为继花朝节、采摘季之后的又一个凝聚人气的旅游活动，推介里心旅游品牌。本次稻草艺术节从9月30日开始，历时半个月。

**【里心镇举办第二届传统花朝节】** 2017年3月28日，第二届传统花朝节在里心镇花排村花果山举行，活动吸引了来自福建各地及部分省外的千余名游客前来观赏。活动开始举行了隆重的开幕仪式，期间表演了优雅的梨花妆、12名"梨花仙子"祭花神、千人"梨花宴"等丰富的节目。

## 黄埠乡

**【概况】** 黄埠乡地处建宁县西南部，距离县城40公里，位于北纬26°45′，东经116°39′，西北部与江西省广昌县毗邻，为闽赣两省三县（建宁、宁化、广昌）五乡（里心镇、客坊乡、伊家乡、宁化县安远乡、广昌县水南圩乡）结合部。乡境内地势平坦，四周山峦起伏，南北最大距离27.6公里，区域面积137平方公里，山地面积1.1万公顷，耕地面积1600公顷，森林覆盖率81%。全乡辖10个行政村、104个村民小组，有3205户、12539个人口。其中非农业人口370人。2017年，全乡完成规模以上工业企业产值3.8亿元，同期增长17.89%；完成全社会固定资产投资3.66亿元；完成财政收入990万元，比增13%。

**【经济建设】** 2017年，农业方面。全乡落实粮食种植面积1319公顷,其中优质水稻347公顷，发放农资综合三项补贴158.26万元；种植烤烟（云烟87）356公顷；种植优质建莲305公顷；完成低产无公害果园改造43公顷，新植猕猴桃20公顷，新开发油茶林29.5公顷；桂阳萝卜、食用菌等特色产业及规范传统养殖减量增收，荷蟹养殖实现新突破，全乡确立荷蟹养殖点2个，已养殖荷蟹1.67公顷2000余斤。工业方面。加大山风公司、渔家洲木粉厂、鑫泰竹业等三家规模企业的技改投入力度，2017年规模企业达到4家，实现产值3.8亿元。第三产业方面。乡域交通、教育、卫生、通讯、商旅设施日益完善，乡村游、古迹游、红色游趋势逐步形成，9月15日在桂阳成功举办大型民间民俗文化艺术节；从事第三产业的大户、能人不断增加，新增个体工商户25个，新引进综合购物超市1家，新成立全日制幼托机构1家，新建快递点5个，新开辟了宁化、江西南丰快递专线2条，完成鑫埠小区三期建设项目，第三产业在全乡经济的比重不断提升。

**【项目建设】** 2017年，黄埠乡完成竹薮生态牧场166.5公顷、友兰片区生态牧场229.7公顷和桂阳风电场升压站建设用地征迁工作；石（舍）清（明寨）公路13.2公里晋级改造项目一期工程于12月10日动工；桃路际电站技改项目全面完成，已着手并网运营；投入1912万元完成桂客灌渠、竹薮片区亿斤粮食产能项目、罗封山水保等治理项目；投入183.45万元建设烟田基础设施项目。工业企业项目建设，共收集招商引资信息120余条，外出招商8次，洽谈项目19个，6个项目已正式签约；9 月 15 日成功举办"福源建宁·民俗荟萃"文化招商活动；9 月 25 日至 27 日，黄埠乡应邀参加了国家林学会组织的上海"中国森林旅游节"，并获评全国森林文化小镇评选前 30 名。

【社会事业】 2017 年，黄埠乡累计发放各类救助金 61047 元；9 个行政村全部完成医疗卫生所升级改造，实现家门口就诊扣费；投资 144 万元完成了乡卫生院住院部和中医馆改造建设；投资 53 万元完成中学体育操场标准化建设；投入 92 万元打造乡村两级居家养老服务中心，进一步提升居家养老服务水平；投入 50 万元建设黄埠乡室内群众健身场馆，丰富群众业余文化生活；完成 6 个"一事一议"财政奖补项目；中心幼儿园、中学护坡挡墙工程已开工建设；投入 150 余万元完成集镇立面改造，拆除沿街乱搭乱建等 26 处，规划停车位 40 余个，解决群众出行难、停车难和集镇卫生脏乱差等问题；投入 11 万元对集镇进行绿化美化，进一步提高了集镇对外形象；投资 26 万元完成农贸市场二期项目建设，新增设摊位 50 余个；投资 14.8 万元完成集镇至竹数主村路灯亮化工程；大力推进美丽乡村建设，做好农村污水治理，建设改造三格化粪池 522 个。

【精准扶贫】 2017 年，黄埠乡对照扶贫开发重点乡退出的贫困发生率、农民人均可支配收入等五大指标，细化分解、补缺补漏，新农合、新农保应参保率均达到 100%，其余指标均在标准之上，通过乡属电站技改及量化折股的办法，7 个贫困（空壳）村年末村财收入达 10 万元以上；并采取聚焦靶位、精准发力、盘活资产、金融助力的办法，完成易地搬迁 78 户 284 人，建成两栋集中安置楼；247 人以土地入股的形式加入全乡 32 个合作社；完成"福林贷"、扶贫小额信贷 699.4 万元；为 83 人提供公益性服务岗位，人均月增收 1500 元。

# 客坊乡

【概况】 客坊乡地处县境西南部，距城关 50 公里，位于北纬 26°38′，东经 116°32′，东北与黄埠相连，西南与江西省广昌县的尖峰、塘坊、大株等乡村毗邻，南面与宁化县安远乡接壤，为闽赣两省三县六乡结合部，历史上是建宁与江西往来的主要门户之一，过往客商多在境内过夜歇息，客栈林立，故名"客坊"。全乡总面积 110.6 平方公里，其中耕地 1233 公顷，林地 9000 公顷。辖 8 个行政村，116 个村民小组，有居民 3029 户，13654 人。

【特色农业】 2017 年，客坊乡全年种植水稻 1189 公顷，政府补贴 142.71 万元；种植莲子 467 公顷，品质优、口感佳，选送的莲子获 2017 "为荷而来"中国建莲文化旅游嘉年华系列活动银奖；制种标准化核心示范基地 66.7 公顷；种植烟叶 221 公顷，产量 8669 担。采用"企业 + 基地 + 农户"、"五羊开泰"等模式进行黑山羊养殖带动脱贫，共完成主厂区 3 期厂房建设，存栏达 3000 头。高山茶种植，依托淘农客生态发展有限公司，盘活茶山资源，改造茶园 33.3 公顷，育苗 70 多万株。荷蟹试点养殖 5 公顷，并获得"蟹蟹你来"荷味大赛第三名。张溪、水尾荣获福建省农村电子商务示范村。

【特色旅游】 2017 年，客坊乡以"红 + 绿"推动旅游快速发展，打造"春之旅、夏之宴、秋之丰、冬之韵"四季旅游品牌，成功举办"春耕拂晓红客来""夏日迎年红运来"等活动。推出红色体验"十大套餐"、野外 CS 模拟战、打靶体验、射箭比赛等项目。全年共吸引游客、学员 17000 余人次，"红土地·好客坊"品牌影响力不断攀升。水尾村被列为全国旅游扶贫示范村、省级文保单位、省级党性教育基地，全市第二批"中央红军村"命名大会和央视"美丽中国"栏目首次走进福建，先后在客坊水尾村举行。

【精准扶贫】 2017 年，客坊乡按照"1+N"扶贫工作机制，以产业扶贫为总推手，继续抓好易地扶贫搬迁、小额扶贫信贷、雨露计划等重点工作，红色水尾"旅游 + 扶贫"，全年共解决了贫困户 17 户 31 人的"家门口就业"问题，带动了 80 户农户增收，实现村财增收 8.7 万元，兜底贫困户分红股金 3.7 万元；"五羊开泰"带动 96 户贫困户养殖黑山羊脱贫；高山云雾茶产业带动 19 户贫困户增收。完成易地搬迁 6 户 28 人，超额完成任务数；完成造福工程 2 户；完成小额信贷 125 户 616 万元。通过政府补助、社会帮扶、贫困户入股三种方式，全乡共筹集资金 72 万元（扶贫专项补助 30 万元、扶贫开发协会支持 10 万元、社会募集 21 万元、贫困户入股 11 万元），全乡已建立 10 个集中托养孵化基地。

**【美丽乡村建设】** 2017 年，客坊乡投入项目资金 280 万元完成集镇第一期工程建设，打造集休闲、娱乐、健身于一体的新去处；完成集镇污水处理厂建设前期工作；投资 300 万元，完成集镇自来水厂新建和管网改造，解决了多年来的集镇用水难题。采取"1+N"治理模式，购买社会化服务，健全环境保护整治队伍，以视频、照片、文件通报等方式"比"和"晒"，持续整治农村环境。全面推进"三严四限六禁"，严控畜禽规模养殖，依法拆除禁养区养猪场 9 个；开展河道综合治理，依法取缔非法采砂点 4 处；完成"三格化粪池"改造 562 个。

**【基础设施建设】** 2017 年，客坊乡实施"走出去、引进来"战略，先后在天津、南京、泉州等地举办专场招商推介会 5 次，召开乡贤座谈会和政策宣讲会等 6 次，促使水尾红色旅游、龙辉生物科技等大项目先后落地，全年共实现招商引资项目 8 个，招商引资额度 8000 多万元。投入 380 万元实施国家专项建设高基金项目；投资 430 万元土地综合治理；一事一议村级公益项目 5 个建设资金 222 万元；完成旧村复垦 91.02 亩；投资 75.53 万元完成 2017 年农村饮水安全拾遗补缺工程；修复湾—龙线、客—中线水毁公路等。

**【社会事业】** 2017 年城乡居民养老保险 5120 人参保，参保率 97%。核准低保家庭 191 户 360 人，特困户 11 户 12 人，累计发放低保（含特困）106.11 万元、残疾人补贴 19.41 万元、优抚对象 37.46 万元、高龄补贴 27.89 万元、自然灾害补助 10.84 万元等。发放计生小额贴息贷款 93 万，幸福工程款 32 万。客坊乡社会福利中心、龙溪村"幸福院"等养老场所已建成。完成"福林贷"497 万元；发放生态公益林补助金 16.23 万元。

**【客坊乡启动"五羊开泰"新模式助推扶贫工作】** 2017 年，客坊乡通过实施"个十百千万工程"（即每个支部推选一名致富能力强、热心扶贫工作的党员作为领头人，由 1 名党员致富能手带动 10 户贫困户发展黑山羊养殖产业，共同养殖黑山羊 100 头，每头黑山羊增收 1000 元，每户农户增收 10000 元，实现每批次羊增收 10 万元，带动 10 户贫困户脱贫），带动贫困户"整村推进、全乡铺开"发展黑山羊特色养殖，取得了良好的效果，全乡 8 个村已建立 10 个集中托养孵化基地，可带动 100 户贫困户脱贫增收。

## 黄坊乡

**【概况】** 黄坊乡位于建宁县北部，东临溪源乡和泰宁县大田乡，西南面接本县溪口镇、濉溪镇，北与江西省黎川县毗邻，乡政府驻地于 2016 年 12 月 9 日由黄坊村搬迁至武调新集镇，距县城 13 公里，总面积 218 平方公里。全乡辖 8 个行政村，93 个村民小组，总户数 2671 户，总人口 10181 人，其中农业人口 9990 人。全乡党员总数 427 人，基层党组织 11 个。全乡山林面积 16000 公顷，其中速生丰产林 8667 公顷；竹林面积 2800 公顷，果山面积 467 公顷。森林覆盖率 80%，全乡耕地面积 1600 公顷。

**【经济建设】** 2017 年，黄坊乡种植水稻 800 公顷，落实订单制种面积约 400 公顷，引进无人机对水稻进行统防统治，实现粮食产量 60 万公斤，扶持发展黑山羊、荷蟹、藏香猪等特色种养业，推广"公司＋基地＋农户"、"农民专业合作社（协会）＋基地＋农户"等模式，培育壮大毛坊家庭农场、兴源农牧等新型经营主体 6 家；完成农林牧渔业总产值 2.72 亿元，比增 5%；完成工业企业总产值 3.2 亿元，比增 7%；完成全社会固定资产投资 8 亿元，比增 11%；乡财政总收入实现 840 万元，比增 12.7%；农民人均纯收入实现 15059 元，比增 12%。

**【项目建设】** 2017 年，黄坊乡全年共引入市"五比五晒"迎检项目 7 个，省、市、县重点建设项目 21 个，总投资 15.6 亿元，铙山慧天转型升级项目、恒源商业贸易等 11 个项目竣工投产；突出导向性、产业链招商，共开展招商对接 9 场次，完成福州飞通制冷设备有限公司等 8 家企业意向签约，厦门军行户外用品、金禾里百叶、十字排建材有限公司等 5 家企业落地建设、投产，全部项目建成投产可实现投资上亿元。

【基础设施建设】 2017 年，黄坊乡投入项目资金 500 万元完成环集镇二期道路建设，启动仍田至将上三级公路新建工程、安寅至将上农村四级公路扩建工程，完成芦岭岭头至江西西城乡道路硬化；投资近 200 万元实施武调村罗坑、将上村一队、大东坑、仍田塘面等小组道路硬化；新建通自然村水泥路 8 公里，农村公路通畅率达 98.67%。完成了投资 1200 万元的毛坊溪生态水系一期项目建设，芦岭村水土保持项目基本完工；完成总投资 360 万元的高标准农田项目建设；完成压缩式垃圾中转站建设、6 个行政村污水处理设施修复和 413 户三格化粪池新建改造等建设项目；实施农村电网升级改造工程，新建和改造输变电线路 3 公里，完成通讯设施建设投资近 100 万元，移动 4G 网络实现全覆盖。

【集镇建设】 2017 年，黄坊乡依托建宁县北站设立在新集镇区位优势，围绕打造由赣入闽"第一眼"，着力提速新集镇建设。投资 1000 万元完成 6000 平方米农民休闲公园、80 个停车位的公共停车场及环集镇道路二期建设；投资 260 万元的职工文体活动中心已顺利封顶；完成集镇自来水二期工程建设，新建农村安全饮水工程 4 处，解决了 1600 人的饮水安全问题；启动环集镇道路三期建设，已完成沿河景观轴及集镇绿化景观工程概念方案设计。

【现代服务业】 2017 年，黄坊乡深入挖掘邱家隘、将军殿、平寮等前沿保卫战红色文化，邀请沿海客商考察投资曹家地、白云峰等极具开发价值的农旅观光体验地，多元化壮大乡村旅游经营主体；农村电商突破发展，培育农村淘宝示范点 8 个，培育兴源农牧等农村电商 96 人，依托阿里巴巴等电商平台，实现黑山羊、红菇、明笋等农副产品线上交易，累计交易额近 500 万元，当年黄坊村被评为省级农村电子商务示范村；成功承办首届三明"明台"房车旅游交流会；着力培育家政服务机构和加快家政服务人才培养，引进成立盛清家政服务有限公司，组织 126 人参加全县家政服务培训，向沿海家政服务公司输送家政服务从业工作者 26 名，多渠道助农增收致富。

【生态环境建设】 2017 年，黄坊乡启动乡村环境卫生管理市场化探索，实行政府向社会购买垃圾清运服务，将全乡包含河道、公路、居民点在内的环境卫生保洁工作整体外包给服务公司，提升农村环境整治水平；整合队伍力量，成立乡城监中队，组织开展以迎接省级文明县城创建为主题的"整脏治乱"专项行动 8 次，铲除突击种菜 4 处，拆除违章建筑 500 余平方；推广"户分类、村收集、乡转运、县处理"的垃圾处理模式，加大对农村私搭乱建、柴草乱放、垃圾乱倒、污水乱流、畜禽乱跑等陋习整治力度，引导群众生态环境理念提升。深入开展严控畜禽养殖和打击非法采沙、非法电鱼毒鱼行动，拆除养猪场 8 家，取缔非法吸沙泵（采沙船）、拆除洗砂平台 2 处，收缴小型电鱼机 3 台；完成水土流失治理面积近 2000 亩，深化矿山、笋竹等加工企业整治，大力发展绿色、低碳、循环经济，巩固省级生态乡创建成果。

【精准扶贫】 2017 年，黄坊乡全面实施"六抓六送"帮扶措施，致力打赢脱贫攻坚战。大力扶持建莲、制种、电商、特色养殖等扶贫产业发展，落实贫困户帮扶增收项目 212 个，确实增强"造血"功能。充分用好政策，推广量化折股，筹集村财脱贫资金 75 万元，投资闽源电力，每年将上、仍田可增加村财收入 2 万元，陈岭村可增加村财收入 3.5 万元。充分发挥县级扶贫担保基金，助力精准扶贫工作，采取"政府＋贫困村＋扶贫担保基金＋贫困户"经营模式，筹集贫困户信贷资金 185 万元、村财脱贫资金 308 万元，实施分布式光伏发电扶贫项目，实现摘帽脱贫整乡推进，可实现贫困户年均增收 3000 元，贫困村村财年均增收 5 万元。全面实现每个贫困（空壳）村有 1 个以上稳定增收项目，贫困户有 2~3 个增收项目。落实 129 人造福工程扶贫搬迁，完成 40 人"雨露计划"培训，发放扶贫小额信贷资金 191 万元。顺利完成 2 个建档立卡贫困村和 126 个贫困人口退出的年度脱贫任务。

【社会事业】 2017 年，黄坊乡落实水稻种植保险 1.2 万亩，上缴保费 3.68 万元，完成粮食直补 1.72 万亩，直接发放农业支持保护补贴 137.6 万元，新农合参保率 99%，新农保完成 94%；扎实推进农村土地承包经营权确权登记颁证，全面完成 8 个村 93 个小组 2122 户 15344 亩任务；循序渐进开展土地流转工作，流转土地面积 7618 亩，流转率 46.5%,培育 100 亩以上的规模主体 5 个；扎实推进"福林贷"工作，放款 43 笔，授信 516 万，放款 396.5 万元，完成县下达任务的 107.5%。

【三明首届"明台"自驾房车旅游交流会在黄坊乡召开】 2017 年 12 月 17 日，由建宁县旅游局、黄坊乡政府、三明市自驾车旅游协会主办，三明市自驾车旅游协会成员单位、城市自驾旅游协会联盟成员协会协办，CFCC（中国汽车房车露营联盟）厦门分会成员单位承办的"福建三明首届'明台'自驾房车旅游交流暨建宁县黄坊乡生态旅游项目推介会"在黄坊乡召开。来自各地的自驾车旅游协会 160 多人参加巡游发车仪式。福建省自驾车旅游协会会长向建宁县旅游局局长授"自

驾车友露营地"旗，建宁县委常委、政府副县长陈华伟向房车自驾绕城车队授"要露营到建宁"旗，并共同点亮启动球。活动还组织参会人员到黄坊乡旅居康养实地考察以及自驾旅游产品踩线考察。此次活动的成功举办，充分展示了黄坊乡乡村农家生活方式，体验农家农耕生活，将生态、休闲旅游与房车露营元素有效融合，推动建宁"全域旅游"发展。

## 溪源乡

【概况】 溪源乡地处闽赣边界，距县城 32 公里，东临泰宁县新桥乡，西与本县黄坊乡接壤，南与泰宁县大田乡相连，北与江西黎川县毗邻。溪源是革命老区基点乡、生态之乡、明笋之乡、信用之乡、文旅之乡，是乡愁体验之地，也是党员信誉管理的发源地。内辖 9 个行政村，86 个村民小组，总户数 2100 户，8663 人。当年，实现农林牧渔业总产值增长 5% 达 3.55 亿元，农民人均纯收入 16166 元，乡财政本级收入 358 万元。

【特色农业】 2017 年，全乡粮食播种面积 1097 公顷，产量 690.5 万公斤；建成笋竹两用速生丰产基地 400 公顷；落实烟叶种植面积 299 公顷，实现产量 1.2 万担，产值 1770 万元，上等烟比例达 62.08%，均价 28.93 元 / 公斤；发展林下金线莲、黑灵芝、黄精等经济作物 67 公顷。

【工业经济】 2017 年，全乡固定资产投资增长 28%，达 6.4 亿元，规模企业产值增长 21%，达 8.5 亿元。溪源明笋获评国家农产品地理标志保护认证，成为建宁县首个获得农业部地理标志登记保护的农产品；富源笋业合作社获评国家农民合作社示范社，东溪村被确定为"国家产业融合发展示范村"；8 月，都团生态农业旅游专业合作社获评省级示范社；新引进了旻盛、闽建、百益、天远等农业龙头企业，全乡笋制品加工业产值突破 2 亿元。启动"溪源明笋现代产业园"项目建设。

【项目建设】 2017 年，溪源乡全年共实施"五个一批"项目 37 个，总投资 5.7 亿元。实施大岭村道路拓宽、鲇坑风水路硬化、教师周转房、集镇自来水改造、桐荣村部建设、都团桐荣美丽乡村建设、中低产田改造、乡卫生院改造、三格化粪池改造等重点项目，年底开工新建粮食产能、烟基等多个项目，完成上坪旅游公路、楚溪安全生态水系、高标准农田建设、集镇污水处理厂等重点项目前期工作。

【特色旅游】 2017 年，溪源乡以传播民俗文化为主题，开展上坪"晏神节"、大岭"糯糍节"活动；以乡愁农事体验为主题，开展"闽江公社"插秧季第三季活动，完成闽江公社田园体验区、竹海旅游区、亲水体验区、食养民宿区及游山古道四区一线多节点的规划；以廉孝文化传播为主题，开展"颂扬廉孝文化，增强

党性教育"主题活动，成为省委党校廉孝文化教学点；以传播美食文化为主线，配合县委宣传部开展"味解之谜"活动；同时丰富旅游产品，通过提升项目节点，成为省委党校美丽乡村经验推广教学点；通过挖掘上坪历史文化，开发系列文化产品，实现商业化、产业化；通过收集茶、莲、笋、米等地道特色产品制作溪源特色旅游伴手礼；都团生态农业种植基地已成功获得有机可转换证书，打造都团高端精品有机农业。传播旅游文化，与福州大学建筑学院和东南大学合作，拍摄《上坪古建筑保护宣传片》；与海峡卫视合作拍摄《福建文化记忆微视频》。

**【农村金融改革】** 2017 年，溪源乡先行先试推进"福林贷"试点工作，全年发放贷款 73 笔 805 万元，占任务的 144%，率先完成任务目标；溪源村级融资、合作社、村级扶贫及笋竹产业链四类担保基金在保余额达 4000 多万元，到期贷款本息全部如期归还，不良贷款率为"0"；乡政府挂牌设立金改办，与各金融机构建立战略协议，各村设立村级金融便民服务点，开展"转账汇款，缴纳支付、社保卡缴费、领取养老金"等不出村的金融业务；乡政府注入专项资金 30 万元建立风险补偿基金，严控金融风险，维护金融稳定。

**【民生事业】** 2017 年，溪源乡完成卫生院病房楼改造，设立溪源乡分院，方便群众就医就诊；

落实"全面二孩"生育政策，出生人口政策符合率 93.8%；举办科技、卫生、文化"三下乡"启动仪式、开展"味解之谜"活动、"插秧季"第三季等活动；落实产业扶贫、金融扶贫、社会扶贫三个"全覆盖"，完成造福工程易地搬迁 5 户 36 人，6 个贫困村中 3 个村脱贫脱帽，39 户 109 个贫困人口全部提前脱贫。全面落实"三严四限六禁"，实施桐荣、都团村美丽乡村建设及乡村环保公益示范基地、生态水系建设项目，落实三格化粪池 303 个，取缔非法采砂点 6 个。成功入选"2017 年森林中国·发现森林文化小镇"。

**【上坪古村保护开发项目】** 2017 年，溪源乡与福州大学、东南大学合作，开展木构传统建筑原位抢救性加固 4 幢。投资 3500 万元实施上坪古村落再生计划，完成村口区域（廊桥、烤烟房、咖啡屋）及大夫第、杨家学堂节点建设，实施上坪古建筑病害防治及古村明水绕村工程，突出生态观水、听水、嬉水和文化传承，打造书香水村宗族之书、授业之书、演忆之书文创衍生品。

**【"溪源明笋"获农业部地理标志登记保护农产品】** 2017 年 8 月 24 日，农业部在北京召开 2017 年全国农产品地理标志登记专家评审会。建宁县溪源乡提交的"溪源明笋"以其鲜明的地域特色，突出的产品品质特点及浓厚的人文历史等，成功通过了国家农业部专家评审，成为建宁县首个获得农业部地理标志登记保护

的农产品。

## 均口镇

**【概况】** 均口镇地处建宁县南部，位于建宁、泰宁、宁化、明溪四县交界处，与县内滩溪镇、伊家乡毗邻，距县城 25 公里，省道 205 线和 306 线穿境而过。2017 年，集镇规划面积 3.3 平方公里，建成区 1.1 平方公里，集镇人口突破 7200 人，全境总面积 306 平方公里，现辖 13 个行政村、1 个社区居委会，144 个村民小组，215 个自然村，总人口 1.92 万人，全镇耕地面积 1833 公顷，山地 25933 公顷。主要河流 7 条，全长 124.3 公里，全镇森林覆盖率达 85%，居全县首位。旅游资源优势丰富，修竹荷苑是全市首个国家级农业旅游示范点、省级农民创业（莲子）示范基地和莲文化主题公园，闽江正源在境内。是首批国家级生态乡镇、省级"环境优美乡镇"、全省绿色乡镇、省级旅游休闲集镇。

**【经济建设】** 2017 年，均口镇立足绿色生态，大力推进工业转型升级，引导富强石材企业在生态环保的基础上开发石雕工艺产品，鹏程竹业新上技改项目两个，自主研发专利正在审批，新上规模企业 2 家，5000 万以上项目入库 4 个。当年工农业生产总值达到 27.6 亿元，比增 10.6%；农林牧渔业总产值 3.7 亿元，比增 8.3%；规模以上工业总产值 23.2 亿元，比增 15.3%；全社会固定

资产投资 24.5 亿元，比增 20.3%；公共财政收入 1539 万元，比增 5.05%，其中镇本级一般预算收入 633.2 万元；农民人均纯收入 15344 元，比增 12%。

**【基础设施建设】** 2017 年，均口镇完成高标准农田、小农水建设等项目，闽江源头及台田溪安全生态水系建设、国家湿地公园、闽江源拜水溯源等项目已开工实施，完成浦梅铁路、莆炎高速征地 267 公顷，第七批土地增减挂钩 6.3 公顷建设任务全部完成，已启动第八批 6.7 公顷建设，9.3 公顷耕地开发已完成测量设计，投入 580 余万元完成了洪均线、垄谢线、生花线等道路建设。完成集镇内街新建、农贸市场周边整治、丽景小区基础设施配套、洪均线公路新建以及公路沿线净化、亮化、美化等项目，有序推进依山小区集中安置区、集镇污水处理厂等项目建设，同时还实施了一批集镇排洪管网、防洪堤工程，解决了集镇汛期易内涝问题。岭腰村、台田村两个美丽乡村建设基本完成，修竹老街节点整治已动工实施，农村脏、乱、差现象得到有效遏制，试点推进的卫生环境长效机制建设取得初步成效。

**【特色旅游】** 2017 年，均口镇主动融入县全域旅游格局，突出"一园一湖两线"赏花布局，旅游配套设施不断完善，全力协办"为荷而来"中国建莲嘉年华等系列活动，主办"蟹蟹你来"暨爱的表白风车节系列活动，引发国内媒体、网站集中报道，乡村旅游建设氛围愈发浓厚。

**【社会事业】** 2017 年，均口镇坚持教育优先发展，拨付教育专项经费 48 万元。投资 600 万元建设均口中心小学教学综合楼。各项惠民政策全面落实，新农合、新农保参合参保率可分别达到 100%、95%，完成新型金融产品"福林贷"980 万元。扶贫攻坚扎实推进，实现脱贫 168 户 568 人、3 个贫困村脱帽，累计发放扶贫小额信贷资金 274 万元，落实造福工程扶贫搬迁 19 户 54 人，176 名贫困户参加"雨露计划"培训，引导镇规模企业帮扶贫困户 45 户 122 人，完成高标准农田、小农水建设项目等，实施闽江源头及台田溪安全生态水系建设、国家湿地公园、闽江源拜水溯源等项目。投入 580 余万元完成洪均线、垄谢线、生花线等道路建设。

# 伊家乡

**【概况】** 伊家乡位于县境南部，距县城 27 公里，居北纬 26°41′，东经 116°47′，东与均口镇相邻，南至宁化县安远乡，北界里心和溪口镇，西靠黄埠乡。境域面积 118 平方公里，森林覆盖率 74%，土地总面积 11202 公顷，其中耕地面积 1247 公顷，林地面积 9335 公顷，毛竹 1466.67 公顷，油茶 1066.67 公顷。2017 年，全乡辖 8 个行政村，99 个村民小组，103 个自然村，3321 户 14059 人。这里地质古老——地质结构形成于 26.8 亿年前，是八闽大地的起源地，地质学以伊家乡东风村天井坪命名，定名为天井坪地貌，是福建境内最古老的陆地。境内有伊米、红菇、稻花鱼、茶油、田螺、豆腐、熏鱼干等特产。

**【经济建设】** 2017 年，伊家乡按照"一村一品、一村一基地"的产业发展之路，在稳定烟叶、莲子、种子、水稻等传统产业规模的基础上，着力抓好生态食材产业，建立生态食材基地 5 个，成立生态食材合作社 5 家，公司及农场各 1 家，发展特色田螺、稻花鱼养殖 500 多亩，农家土猪 200 头，种植"伊米"、红米 100 公顷，开展荷蟹养殖试点 43 亩。2017 年，全乡农林牧渔业总产值实现 1.96 亿元，同比增长 5%；财政收入 783 万元，同比增长 10%；全社会固定资产投资 5.4 亿元，同比增长 25%；农民人均纯收入可达到 1.3821 万元，同比增长 12%。

**【项目建设】** 2017 年，伊家乡列入县重点项目 9 个，其中，谋划项目 3 个、签约项目 4 个、开工项目 2 个。投资 230 万元，先后完成伊家村大石坡水坝、水渠，隘上村严坑水库、道路、水坝，兰溪村水龙泵水坝，笔架村高岭水渠，东风村猪牯嵊水渠的建设；投资 260 万元，完成五万亩高标准农田建设（国家专项建设资金）；投资 320 万元，完成新增千亿斤粮食产能项目建设；投资 320 万元，完成双坑、伊家村土地整理项目；完成第七批73亩旧村复垦项目；投资50万元，完成新街排水沟、集镇停车场、市场公厕改造、沿街绿化美化等；投资1500万，完成"伊水家人"小区（一期）项目新建住宅26户（套）建设；伊均公路全面完工；境内莆炎高速启动建设，完成伊家段三集中用地、控制性工程征地工作，协调高速总监办、8标项目部办公场所用地，主线建设用地征迁工作全面展开；完成东风村至连家山、白沙坑、陈家村至兰溪村德星桥，笔架村至灵峰山、刘家坪等多条通组道路硬化；启动兰溪至沙洲单改双通村公路提升以及沙洲金坑入户路、塞前桥至土楼通组路硬化等。投资730万元，新建伊家乡中心幼儿园，完善附属设施；投资360万元，新建中学综合楼；投资140万元，新建伊家乡卫生院病房综合楼；投资60多万元对伊家乡卫生院旧楼进行改造，完善附属设施；投入30万元试点卫生、计生资源整合项目；投入50万元，对伊家乡敬老院进行了改造，添置了部分养老设施。

【美丽乡村建设】 2017年，伊家乡投资70多万元，组织实施东风村十八坑美丽乡村建设，完成路灯、宅间道、排水沟、操坪硬化等项目建设；投入18万元，采取向社会购买服务的方式开展集镇一级环卫；投资60万元，新购置垃圾车、垃圾桶等环卫设施，同时完善二级环卫队伍，让环卫经费有保障。

【社会事业】 2017年，伊家乡发放种粮大户、种莲、烤房烤干种子等补贴共计28万；享受城乡居民最低生活保障的对象232户385人，新增8户21人，核减11户16人，帮助贫困户申请医疗救助63人，发放补助金额5.5万元，开展临时救助5人，发放补助金2万元；医保、社保缴费全面完成，积极推进"福林贷"试点工作，全乡8个村均已成立林业专业合作社并开设担保基金专户，累计放贷42笔490万元；发放建莲等产业发展扶贫资金64.6万元；完成造福工程易地扶贫搬迁64户，发放建房补助413.2万元；开展雨露计划培训60人；发放扶贫小额信贷114万元，同时，按照县统一部署，落实61户贫困户贷款305万元，入注闽源电力建设光伏发电，每户贫困户年可增收3000元；发放计生小额贴息贷款42户185万元，幸福工程贫困母亲帮扶款11户26万元，新增各类奖励扶助对象22人；调解各类矛盾纠纷53起，涉及人数130余人，调解成功52起，调解成功率达99%以上。

【特色旅游】 2017年，伊家乡充分利用伊均路省道开通和修竹荷苑市场拓展的契机，积极主动融入县"为荷而来"嘉年华系列生态旅游活动，成功举办"稻花香鲤说丰年""为荷而来.食尚伊家"等旅游活动，吸引游客2000多人。成功开展生态食材专场招商会、为全县贫困学生捐赠一双跑鞋、食材丰收体验及千人食材宴等活动。申请注册了"稻花香鲤说丰年""天井坪古陆""伊佬爷""伊大婶"等旅游及生态食材品牌，与县农业局、市场监督管理局定期合作开展生态食材检测，提升伊家生态食材市场公信力和美誉度。通过在建宁城区建设"伊家生态食材"展示馆，把展示馆建成集中"游、购、娱"为一体的特色场馆，延伸辐射全乡生态食材基地，形成有窗口、有基地的产、供、销格局，进一步提高伊家生态食材知名度和市场占有率。

【举办稻花香鲤食材招商会】 2017年7月2日，伊家乡举办稻花香鲤说丰年之食材招商会，该乡按照打造"闽地之母·食尚伊家"的战略部署，因地制宜、挖掘优势，采取"一村一品、一村一基地"的形式，培育"伊米"、稻花鱼、田螺、豆腐等原生态食品基地、品牌。招商活动现场各地企业客商与伊家食材商务合作等框架协议完成签约投资额达1.3亿人民币。当日中午，还举行了一场别开生面的千人宴，用伊家最纯正的"伊米"、稻花鱼、田螺、游浆豆腐等招待远道而来的客人，现场品尝原生态食材烹调出来的美味。

【天坪扶贫开发基金会】 2017年，伊家乡天坪扶贫开发基金会成立于2016年7月，是在建宁县民政局注册，由伊家乡人民政府主管的扶贫公益组织，是建宁县第一家由乡、村两级共同成立的扶贫基金。基金会通过各种渠道累计筹集扶贫资金400多万元，通过各种方式帮助贫困人口 1930 人次，累计发放帮扶资金 30.57 万元，其中 2017 年基金会发放扶持、慰问贫困群众资金 21.6 万元。基金会的收益支出分三大类：第一类是专项教育基金的支出，主要用于贫困学生及家庭的帮扶，部分用于奖学奖教。5 月基金会与伊家乡中心小学签订为期 3 年、每年 2 万元的扶贫助学协议。第二类是各村的投资支出，主要用于各村扶贫项目建设及部分兜底贫困户分红，2017 年底各村分红收益共计约 35 万元。第三类是其他扶贫事业支出，开展"精准扶贫我们在路上"文化扶贫活动，为全乡 146 户贫困户免费赠送机顶盒，并捐助 2 年收视费；6 月开展产业扶贫物质发放活动，对发展生态养殖的 76 户贫困户免费发放鸡鸭苗；7 月开展了"为爱行走——给贫困学生一双奔跑的鞋子"公益活动，为全县所有建档立卡的 403 名贫困学生免费发放一双品牌运动鞋。

## 综合农场

【概况】　建宁县国有综合农场下辖 5 个茶果场，6 个农业生产队，场属企业有农工商公司、机砖厂、精制茶场、大东坑立体养殖场。农场地域面积 3.5 平方公里，总户数 264 户，总人口 1045 人，实有土地面积 207 公顷，其中：耕地面积 44 公顷、果园面积 56 公顷、茶园面积 18 公顷、水产养殖面积 2 公顷、林地面积 13.33 公顷、其他土地面积 73.67 公顷。

【农业生产】　2017 年，县国有综合农场制种面积 13.7 公顷；种植莲子 12.06 公顷，通过高接换种等技术措施推广优质早熟梨品种"翠冠"10.25 公顷；利用环境地域优势发展淡水养殖面积 1.3 公顷；利用塑料膜保温法，种植反季节大棚蔬菜 1.3 公顷。

【基础设施建设】　2017 年，县国有综合农场完成浦梅铁路征地任务 0.04 公顷、纵八线征地任务 16.8 公顷、县医院整体搬迁征地任务 5.8 公顷，为重点项目和城市建设提供用地保障。

【社会事业】　2017 年，县国有综合农场全场城乡居民基本医保完成率 99.73%，城乡居民社会养老保险 90.91%。认真落实全面二孩政策和奖扶政策，着力提高计生服务水平。加强社会治安综合治理，深入开展矛盾纠纷排查化解稳控，落实信访路线图，全力确保重要节点期间的社会安全稳定。

2017 年 8 月 24 日，建宁县举行平安志愿者行动启动仪式　（县政法委提供）

# 人物·名录·荣誉榜

□编辑 肖建泰

## 2017年入选"福建好人榜"好人

### 刘长秀：
### 逆境中的顶梁柱

刘长秀，1971年10月出生，建宁县客坊村村民，多年来，她用瘦弱的肩膀承受着生命之重、生活之痛，以拳拳的孝心，宽厚的善心，伟大的爱心，坚毅的恒心，谱写了一曲当代女性孝老爱亲的奉献之歌、真爱之歌、生命之歌。

早年刘长秀居住在山羊坑小组，交通极为不便，老公为了生计，买了部小四轮跑运输，常年在外奔走。家里的两个老人，嗷嗷待哺的女儿，一大片的田地，大大小小的事全落在长秀一个人肩上，但她从未有过怨言。1994年山洪爆发，山羊坑发生了严重的泥石流地质灾害。苦心经营的家园变成了一片废墟，该小组村民集体搬迁，长秀家因丈夫投资不善，在负债的情况下建起了新居。为了还债她上山割松脂，下地种烤烟，长年累月为这个家任劳任怨地奉献着。

天有不测风云，人有祸福旦夕。2013年2月，刘长秀74岁的公公突然中风，送入医院抢救，落下了瘫痪的后遗症。为了减轻公公的病痛，安慰老人坚强生活下去，除了起早摸黑地到田地里劳作外，还时时陪伴在老人身边聊天，每天坚持把公公从楼上背下来，放到轮椅上，与邻里的老人们聊天、晒太阳……自公公生病以来，她没有睡过一个安稳觉，邻居看在眼里，怜在心里，没有一个人不夸奖她的。

祸不单行，时隔一年，刘长秀的老公邹昆方因身体不适去医院体检被查出患有直肠癌。丈夫作为家里的顶梁柱突然就倒下了，刘长秀在背地里流尽了眼泪，却把坚强的一面留给家人，因为她明白，如果这时候她退缩了，那她的家就真的站不起来了。她硬是靠着自己的一双手重头揽起了这个家，勇敢坚强地面对生活给与她的种种磨难。在丈夫住院期间，她撂下家里的农活，无微不

至的照顾生病的丈夫。由于丈夫治病花了三十几万加之两个女儿读书，刘长秀家欠下了巨额的债务。丈夫出院后，刘长秀只能更拼命的劳作，每天穿梭在田间地头，早上四五点起床要先把家里收拾妥当，为家人做好早饭，随后，把公公背下楼抱到轮椅上，自己就下地了。快要中午了，她要赶回家做午饭，饭好了先给老人把饭端过去，伺候完老人，自己草草吃点就又走了。直到傍晚的时候，刘长秀拖着疲惫的身子回家，吃完饭，陪丈夫看看电视，和婆婆、公公聊聊天，像陀螺一样不停旋转的她，终于可以休息下了。就这样春天播种、夏天除草，秋天收获，刘长秀瘦弱的身影始终在田间地头忙碌着，无怨无悔。

刘长秀没有文化，吃过很多亏，所以她希望孩子们一定要学业有成，因为她坚信一句话："知识可以改变命运。"不论家境多么困难，刘长秀都不会耽误孩子们的教育，所以她更加的拼命劳作，省吃俭用，竭力供养孩子

读书。每当孩子们跟她聊起学校里的事时，她总是乐呵呵的，饱经沧桑的脸上溢满了难以言表的喜悦。虽然生活很无情，但是并没有压垮这个坚强不屈的农村妇女。这么多年来她扮演着多重角色，既是慈爱的母亲，又是孩子们做人的良师益友；既是公婆的贴心保姆，又是家庭的顶梁柱。每天忙得像上紧了弦的发条，无论多累她都咬牙坚持着毫无怨言，因为她的心中有个坚定的信念，那就是一定要孝顺父母、体贴丈夫、培养好孩子。在村里，刘长秀和睦乡邻、乐于奉献。在生活中她热心、善良，与邻居和睦相处，常怀爱心，邻居有困难积极帮助解决；谁家的红白事都会去热心帮助；只要是能给别人帮上忙的她都不推辞。整个村知道她的人都说：她是孝媳、是贤妻、是良母。

现如今刘长秀公公已经 78 岁，她依然坚持每天把公公从楼上背下来，抱到轮椅上，让他在楼下和邻里的老人们聊聊天，拉拉家常。为了增加收入，她依然每天穿梭在田间地头，不仅种着烤烟，还栽着莲子，起早贪黑任劳任怨不停地劳作。在她的悉心照料下，公公的脸上也时常漾着微笑，逢人便说："我家多亏有个好媳妇，待我比亲闺女还亲。"如今，老人精神舒畅，邻居说他有福气，他却说，都是儿媳妇照顾的好。老公动了两次大手术，但在她的精心护理下已在逐渐恢复。刘长秀的丈夫说到："这些年，如果不是刘长秀，这个家也许早就散了，我打心眼里感激她，但她也真正的受苦

了，对她我亏欠太多，没有她，便没有我们这个家！"

面对生活给与她的种种磨难，刘长秀选择的是坚强和坚持。一路风风雨雨，一路坎坎坷坷，流过汗、流过泪，但她一直勇敢地走来。她用坚强的意志，吃苦耐劳的精神，用自己实实在在的行动诠释出大贤大孝的真谛。

2017 年 5 月，刘长秀入选"福建好人榜"孝老爱亲好人。

## 林丽华：
## 弱女子 9 年照顾两代四老人

2016 年，林丽华入选了福建"好人榜"孝老爱亲类好人，2017 年入选为第五届福建省道德模范。先进事迹见《建宁年鉴 2017》人物·名录·荣誉榜。

（孙文艳）

# 历史人物（补遗）

## 张 录

张录（1059—1140），字录四，福建建宁县城关人，宋元丰八年（1085）考中进士，因勤奋进取，由一般官员升至吏部尚书。

张录出生于诗书世家，天资聪颖，记忆超群，3 岁能背诵古诗文，8 岁能写诗作文，被称为神童。张录从小志向远大，16 岁开始走出建宁，遍访名师。26 岁考中进士，位列第四。张录从部属历官做至吏部尚书，实属不易。这除了他具有济世安邦之才外，

还与他的勤奋进取、廉洁从政有关。在吏部尚书任上，他兢兢业业，选拔官员特别注重德、才、绩，他说："德为立官之本，才为立官之源，绩为立官之责。"他认为无德的人，如果为官，小则害民，大则害国，无才的人如果为官，只能是误国误民，无绩的为官是庸官、昏官。张录在封建时代，能有这样的从政选才见识实有远见，很不容易。他在自己的职权范围内，凡是德、才、绩不达标的官员一律不用。当时，有一地方官拜见张录请他为自己在京城谋一官职。张录没有会见他，并派人传话给那位地方官，叫他安心工作，作出成绩，自然会提升。于是，这个地方官员便用重金贿赂张录的供奉官童贯，请童贯出面在张录面前替他美言一番，叫张录下一纸调令让其进京为官。张录婉言拒绝，因此得罪了这位童贯。事后，张录被童贯参了一本，朝廷以张录"年事已高，宜颐养天年"为由，让其回家养老。张录回到老家建宁后，热心于教育事业，办起了东山书院，许多人慕名向他求教。

张录享年 81 岁。

## 刘 冀

刘冀（1074—1155）字伯广，建宁客坊人，北宋大观三年（1109）登进士，宣和元年（1119）任开封府尹。靖康之难，参加北门溃围、镇江平叛、越州勤王大小七十战。南宋绍兴戊午（1138）联袂胡铨上《高宗封事》，

反对向金人屈膝称臣，提出废和议、杀秦桧的政治主张。被罢去翰林院承旨后，愤而归隐客坊。死后谥"精忠"，庙号"有宋真儒""精忠世遗"，入祀开封"名宦祠"和"乡贤祠"。刘翼知晓闽学源流，临终犹望子孙继续努力，叮嘱前往同门师弟朱松儿子朱熹门下从学。尤其以一句"抚心有恨辜君国，学道无成愧子孙"的遗愿，表达出作为一代真儒心忧天下的博大胸怀。1155年殁，葬客坊严田。刘翼一生创作了大量诗文，留传于后世的有《云峰集》《墨田赋》《科目送行序》等。

## "州司马"徐嗣曾

溪口镇杉溪村秦楼山自然村有一座叫"州司马"的古建筑，单层砖木结构，宽约18米，进深9米。大门正上方嵌有一块青砖雕刻的匾额，匾额长约2.1米，宽约0.6米。匾额正中用楷书镌刻"州司马"三个大字，字幅为30×30厘米。房屋的主人徐嗣曾。

"州司马"的右边刻："兵部侍郎兼都察院右副都御史，巡抚福建等处，地方提督军务兼理粮饷加三级，徐嗣曾为千吉"。左边刻："候选州同宁时良立。皇上乾隆己卯亥月吉旦"，即立匾额的时间为乾隆六十年（1795）十二月。尚存一块条石（长约3米）上刻有"乾隆六十年十二月"为证。

据《中国名人大辞典》（民国十年（1921）六月初版）载："徐嗣曾，清海宁人，本姓杨。乾隆进士，累擢福建巡抚。台湾林爽文之乱，嗣曾赴台湾办理善后，悉臻妥协。后入京祝嘏，回任道卒。"

## 夏鸣雷

夏鸣雷（1707—1755），字平斋，别名亦峰。出生于建宁黄埠桂阳夏家山。幼年丧父，靠母张菊娘养大。其母选择远村的私塾给儿就读，并每晨送他至枫门岭，晚上到岭上接他回家，风雨无阻，感动村人，称此岭为"望子岭"。更引起当地一位德高望重的古稀老人夏立裳的注意。他认定平斋是可塑之才，常给他说："举人不过枫门岭。"故意激励他。平斋听后，暗忖："我不信这个邪，一定要打破它！"。学成之后，他决定回村办学，以减轻母亲负担。平斋一边教学，一边勤奋研读《四书》《五经》《史记》等经典之作，常常是读到深夜。他满怀信心应试清雍正壬子（1732）科考，得中举人。并通过吏部选考，荣获"文林郎"称号.但他仍不满足，于1737年，参加乾隆丁巳（1737）恩科会试，一举夺得副甲第三名，跨入进士行列。当年，以夏氏长辈夏立裳为主倡建的桂阳"夏氏家庙"落成，得到吏部尚书蔡新赐予夏鸣雷的"进士"匾额，悬挂于祠堂正中，彻底打破了"举人不过枫门岭"的神话。平斋挥毫："灿灿彩旗拭开世间欺人眼，咚咚鼓声打动农家教子心。"悬挂祠堂，至今激励着夏氏后裔奋发上进。

夏鸣雷历任福宁府福安县教谕，湖南学政总裁等职。1755年，夏鸣雷因病去逝。吏部尚书蔡新为其墓碑题字，并刻碑立于夏家山水口要道，以志永恒。

## 夏蔼士

夏蔼士，字立言，世居建宁县桂阳村。生于清顺治甲申年（1644）四月。童年入泮，列儒学庠生。因家贫辍学，持家农耕，勤俭度日。母亲身患重病，长期医治罔效。在救母孝心殷切，而又万般无奈下，他突然想到古有割股治愈母病之例，于是他毅然持刀割股炖汤，奉母喝下。母问他："这是什么肉？"答曰："是市上买的新鲜猪肉。"母甚欣慰。事情也巧，母病就慢慢好起来了。这一行为引起亲叔夏文耀的怀疑，他发现侄儿腿部长期扎着白布，血脓外露，遂再三盘问，无奈说出真情。此事被叔叔传开，风靡朝野，传至时任建宁县令韩琮，感其孝行，特制"孝友流芳"匾额，亦惊动了太学蔡新，也制"孝行可师"匾额赠予，均悬于夏氏宗祠，名垂千古。

夏君，不仅孝行可嘉，还十分致力于社会公益事业，长期在山道凉亭里，每至炎夏施茶。如发现道路坑洼，他主动去维修。村内外的联云石亭、长生石桥也是他牵头捐资建起来的。他一生不求荣禄做好事，村里人以他为自豪。他一生尽孝，乐善好施。虽一介布衣，却履德言行一致，蜚声卓群。其割股治疗母病之举，足以县史志之。

## 江作宇

江作宇（1922—1990），古田县凤都际面村人，就读于永安省立师范学校。1930年加入中国共产党。1944年4月加入古田武工队。至1949年间，江作宇历任中共南平、古田、建瓯工委书记、闽浙赣游击纵队第二大队政委、中共闽东地委副书记、南（平）顺（昌）（建）瓯工委书记等职。1949年6月，江作宇任福建省第二行政督察专员公署专员。1950年2月11日，建宁正式解放，江作宇任建宁县委书记。

解放前夕，建宁土匪猖獗。江作宇一到建宁，根据实情部署剿匪。大力发动全县群众，进行全民剿匪。组织农民参加民兵，各区成立区中队，由各区武装部负责组织，采取武装镇压与政治瓦解相结合，大力宣传立功受奖政策；以"青年联谊社"为主，团结爱国人士，成立劝降组织，在宽大政策感召下，土匪分队长饶仕端首先投诚缴枪，并影响原国民党县国大代表余遇时、县参议长丁美学弃暗投明，一些土匪自愿下山交出枪械弹药，虽取得良好的效果，但还是有些土匪潜伏下来。有一次，均口区伊家荷岭土匪埋伏丛林，打死去伊家湾赶集的解放军战士2名，伤2名，随后被赶来的解放军战士包围。无独有偶，里心土匪袭击甘家隘，打死2名干部，击伤1名，后被解放军抓获。江作宇平易近人，经常深入群众。有一天清晨，江作宇逛至东山的坳鱼亭，遇上一个年青人，鬼鬼祟祟，感觉可疑，立刻将他叫住。发现他口袋露出一个信封，拆开一看，上面写着："王区委某月某日会去大源坪上……"经过调查，信的内容是通知藏匿在大源坪上、朱家坳一带的匪特计划暗杀王春阳区委，江作宇立即派出干警将计就计，把他们一网打尽。

1951年，建宁刚解放不久，里心区发生流行性肺炎，造成数十人死亡并波及均口等地。江作宇一面向省里请求支援，一面组织医务人员送医送药，对相应区域进行打扫卫生、消毒、消灭蚊蝇孳生地。省里也及时派来一支抗疫队伍和大批药物、消毒器材，经过积极奋战，疫情很快得以控制，打了一场抗疫灭病的歼灭战。在推进各项革命事业中，江作宇十分注重宣传教育工作，组织青年联谊社，会同南下服务团，在城隍庙搭台演"白毛女"话剧；建立县城各机关学习制度，他自己参与讲课，讲马列主义、大众哲学、时事报刊等；每周开展党团组织生活会，自我检查，互相批评。建立党团支部，吸收党团员，对工农干部开扫盲班，并在全县展开扫盲运动。

1953年2月，江作宇调离建宁。

## 邓喜来

邓喜来（1916—1984），山西省平顺人，父母早逝，出身雇农。1944年11月，参加平顺县地方武装，并加入中国共产党。1948年8月，任平顺县第二区区委员和农会主席。在解放军渡江胜利后，参加长江支队随军南下进驻福建。1950年2月任建宁县（里心）区公所副区长。

1951年4月至1955年3月，先后任第三区（均口）区公所区长、区委书记。在这期间出现一个现象，大部分干部不敢吃四类分子家的茶饭。邓喜来在区干部会上指出："共产党的宗旨是消灭封建制度，改造封建思想，不是消灭人，如果都不敢接近他们，又怎么去改造他们？接近是为了改造，并非立场问题，而是工作的需要。"从此这种观念得到理解。

1962年10月，邓喜来任县委监委会副书记。此时，正值全县物质紧张时期，当他下乡走访时了解到开展"统销补课，再购余粮"工作中，许多干部都纷纷反映农民手头确实没有余粮，有的农户甚至连口粮都成问题。他立即将此情况汇报给县委领导，经县委同意后，即刻停止"统销补征余粮"工作。1969年至1970年，邓喜来下放县"五七"干校学习，后派驻建宁县被服社宣传队。1971年11月被批准退休。1982年4月，由三明地区行署老干局批准为离休。1984年7月，因病逝世，享年68岁。

# 2017 年荣获市厅级以上表彰的先进集体和个人名录

## 先进集体

表 7

| 获奖单位 | 奖励名称 | 颁奖单位 |
|---|---|---|
| 建宁县 | 双拥模范城（县） | 福建省委、省政府、省军区（闽委〔2017〕33 号） |
| 建宁县 | 2017 年度全省平安县 | 三明市委、市政府（明委〔2018〕6 号） |
| 建宁县 | 2017 年"五比五赛"项目竞赛活动先进单位 | 三明市委、市政府（明委〔2018〕7 号） |
| 濉溪镇 | 省级农村产业融合试点示范乡（镇） | 省发改委（闽发改〔2017〕206 号） |
| 濉溪镇 | 福建省第二批特色小镇（建宁贡莲小镇） | 省政府 |
| 建宁县武装部 | 福建省征兵工作先进单位 | 省军区 |
| 建宁县人民法院 | 全国文明单位 | 福建省委（闽委文明办〔2017〕32 号） |
| 建宁县人民法院 | 全省十佳法院 | 福建省高级人民法院 |
| 建宁县人民法院 | 全省法院系统第八届（2015—2017 年度）文明行业创建竞赛活动先进集体 | 福建省高级人民法院 |
| 建宁法院刑事审判庭 | 全省法院刑事审判工作先进集体 | 福建省高级人民法院 |
| 福建铙山纸业集团有限公司 | "全国厂务公开民主管理"先进单位 | 中华全国总工会 |
| 中国农业银行股份有限公司建宁县支行营业部 | 福建省"工人先锋号"集体 | 福建省总工会（闽工〔2017〕54 号） |
| 福建铙山纸业集团有限公司十二车间 | 福建省"工人先锋号"集体 | 福建省总工会（闽工〔2017〕54 号） |
| 国网福建建宁县供电有限公司团委 | "省级五四红旗团委标兵" | 共青团福建省委 |
| 建宁县公安局刑侦大队 | "省级青年五四奖章集体标兵" | 共青团福建省委福建省青年联合会 |

续表7

| 获奖单位 | 奖励名称 | 颁奖单位 |
|---|---|---|
| 建宁县物价局 | 省价格系统信息工作优秀单位 | 省物价局 |
| 溪口中心小学六(1)中队 | "福建省优秀少先队集体" | 共青团福建省委、中共福建省委教育工委、福建省教育厅、福建省少工委 |
| 实验小学 | 全国第三届"关爱明天、普法先行"青少年普法教育活动"零犯罪学校" | 国家关工委、综治办、司法部 |
| 城关小学 | 全国第三届"关爱明天、普法先行"青少年普法教育活动"零犯罪学校" | 国家关工委、综治办、司法部 |
| 职业中学 | 全国第三届"关爱明天、普法先行"青少年普法教育活动"优秀组织奖" | 国家关工委、综治办、司法部 |
| 客坊中学 | 全国第三届"关爱明天、普法先行"青少年普法教育活动"优秀组织奖" | 国家关工委、综治办、司法部 |
| 城关中学 | 全国校园足球特色学校 | 教育部 |
| 城关小学 | 首批福建省义务教育教改示范性建设学校 | 省教育厅 |
| 城关幼儿园 | 福建省示范性幼儿园 | 省教育厅 |
| 城关幼儿园 | 福建省保教改革建设园 | 省教育厅 |
| 濉溪镇城关村 | 第二批农村社区建设省级示范单位 | 省民政厅 |

# 先进个人

表8

| 姓名 | 工作单位 | 奖励名称 | 颁奖单位 |
|---|---|---|---|
| 艾美龄 | 建宁县公主电子商务有限公司 | 福建省劳动模范 | 福建省委、省政府（闽委〔2018〕20号） |
| 熊自华 | 建宁县林业局 | 福建省造林绿化工作先进工作者 | 福建省委（闽委〔2017〕20号） |
| 林丽华 | 溪口镇杨林村 | 省级道德模范 | 福建省委 |
| 吴李全 | 福建铙山纸业集团有限公司 | 福建省"五一劳动奖章"荣誉称号 | 福建省总工会（闽工〔2017〕54号） |
| 谢建军 陈建新 | 建宁县人民法院 | 全省法院系统先进工作者 | 福建省高级人民法院 |
| 罗新荣 刘华钦 | 建宁县人民法院 | 全省法院"五好文明家庭" | 福建省高级人民法院 |
| 杨铖 | 建宁县人民法院 | 全省法院执行工作先进个人 | 福建省高级人民法院 |

续表8

| 姓　名 | 工作单位 | 奖励名称 | 颁奖单位 |
|---|---|---|---|
| 谢建军 | 建宁县人民法院 | 党的十九大和厦门会晤期间全省法院涉诉信访安保维稳工作先进个人 | 福建省高级人民法院 |
| 翁金荣 | 建宁县公安局森林分局 | 省森林公安局个人三等功 | 福建省森林公安（闽森公局〔2018〕53号） |
| 范毓刚 | 建宁县政法委 | 全省社会治安综合治理先进工作者 | 福建省政法委 |
| 陈　健 | | "第十四届福建省青年五四奖章个人" | 共青团福建省委、福建省青年联合会 |
| 谢承熙王邦拯 | 溪口中心小学、建宁县实小 | "福建省优秀少先队员" | 共青团福建省委、福建省教育厅、福建省少工委 |
| 林晓春 | 建宁县教育局 | "福建省优秀少先队志愿辅导员" | 共青团福建省委、福建省教育厅、福建省少工委 |
| 代云 | 检察院 | 全省检察机关先进个人 | 福建省检察院 |
| 杨哲平张　斌朱国勤 | 检察院 | 全国检察机关侦防能手人才 | 福建省检察院政治部（闽检政〔2017〕119号） |

2017年，建宁县申报的"保护闽江源·关爱母亲河"志愿服务项目，荣获全国最佳志愿者服务项目（县文明办提供）

# 建宁县 2015—2017 年度全国、省、市、县级精神文明先进和 2017 年县级文明单位名单

## 一、全国文明先进

1.全国文明单位（1 个）

（文件：《关于我省全国文明城市和文明村镇、文明单位、文明校园名单的通报》，闽委文明办〔2017〕32 号）

☆建宁县人民法院

## 二、省级文明先进

（文件：《关于表彰 2015—2017 年度省级文明城市、文明村镇、文明单位、文明校园、文明家庭的决定》，闽委〔2018〕31 号）

1.文明单位（11 个）

建宁县国家（地方）税务局、国网福建建宁县供电有限公司、建宁县公安局、建宁县人民检察院、建宁县烟草专卖局（分公司）、三明农业银行建宁县支行、中国邮政集团公司福建省建宁县分公司、福建铙山纸业集团、三明市公路局建宁分局、☆建宁县交通运输局、☆建宁县气象局

2.文明学校（2 所）

建宁县第一中学、☆建宁县职业中学

3.文明乡镇（2 个）

建宁县濉溪镇、建宁县里心镇

4.文明村（1 个）

建宁县客坊乡龙溪村

5.文明家庭（1 个）

☆聂清华家庭 建宁县濉溪镇高峰村

## 三、市级文明先进

1.文明单位（44 个）

中共建宁县委办公室、建宁县人大常委会机关、建宁县人民政府办公室（信访局、机关事务管理局）、建宁县政协机关、中共建宁县纪律检查委员会（监察委）、中共建宁县委政法委员会（网格中心）、中共建宁县委组织部、中共建宁委统战部（工商联、侨联、民宗局、中华职教社）、中共建宁县委宣传部（社科联、文联、报道组）、福建闽江源国家级自然保护区管理局、中共建宁县委县直机关工作委员会、中共建宁县委精神文明建设办公室、共青团建宁县委、建宁县统计局、建宁县市场监督管理局、建宁县卫生和计划生育局（计生协会、红十字会）、中国电信股份有限公司建宁分公司、建宁县民政局、建宁县经济和信息化局（二轻联社）、建宁县发展和改革局、建宁县旅游局、建宁县水利局、建宁县残疾人联合会、福建省建宁国有林场、建宁县人力资源和社会保障局、建宁县公务员局（编办）、建宁县总医院、建宁县财政局、福建省建宁安置管理站、建宁县经济开发区管理委员会、建宁县环境卫生管理所、福建文鑫莲业股份有限公司、☆建宁县国土资源局、☆建宁县科学技术协会、☆建宁县文体广电出版局、☆建宁县农业局（农办）、☆建宁县安全生产监督管理局、☆建宁县审计局、☆中国移动通信集团建宁分公司、☆建宁县司法局、☆建宁县森林公安分局、☆建宁县行政服务中心管理委员会、☆建宁县城市建设监察大队、☆建宁县百家惠超市

2.文明村镇（10 个）

建宁县伊家乡、建宁县溪源乡、建宁县黄埠乡、建宁县客坊乡

☆建宁县濉溪镇高峰村、☆建宁县溪口镇枫源村、☆建宁县里心镇芦田村、☆建宁县均口镇修竹村、☆建宁县溪源乡上坪村、☆建宁县客坊乡水尾村

3.文明校园（9 个）

建宁县实验小学、建宁县城关小学、建宁县第二中学、建宁县第三中学、建宁县溪口中心小学、建宁县里心中心小学、☆建宁县城关中学、☆建宁县城关幼儿园、☆建宁县均口中学

4.文明社区（3 个）

建宁县濉溪镇复兴社区、建宁县濉溪镇水南社区、建宁县里

心镇里心社区

5.文明家庭（5个）

艾述富、李长莲家庭 建宁县黄埠乡黄埠村

熊纬辉、付樱家庭 建宁县濉溪镇水南社区

兰小明、虞美娥家庭 建宁县中山南路2号莲兴广场

杨 军、黄黎鑫家庭 建宁县水南林业新村27号

张建炜、尤佳丽家庭 建宁县濉溪镇新生社区

6.精神文明建设工作先进集体（1个）

建宁县公安局交警大队

7.精神文明建设工作先进个人（3人）

许少燕 建宁县濉溪镇复兴社区居委会书记。邓万明 建宁县住房和城乡规划建设局局长。刘方贵 建宁县教育局干部

（以上注"☆"为新创）

**四、县级文明先进**

（文件：《关于命名表彰2015—2017年度县级文明校园、村、社区和2017年县级文明单位的决定》，建委〔2018〕8号）

（1）2015—2017年度县级文明校园（13所）

特殊教育学校、教师进修学校、实验幼儿园、第二实验小学、黄埠中学、客坊中学、溪源中学、均口中心小学、黄埠中心小学、客坊中心小学、黄坊中心小学、溪源中心小学、伊家中心小学

（2）2015—2017年度县级文明村（74个）

濉溪镇（8个）：器村畲族村、水西村、大源村、水南村、斗埕村、长吉村、圳头村、城关村

溪口镇（9个）：半元村、高圳村、马元村、桐元村、艾阳村、溪枫村、杉溪村、枧头村、高山村

里心镇（11个）：双溪村、里心村、大南村、宁源村、新墟村、汪家村、滩角村、花排村、上黎村、靖安村、戴家村

均口镇（9个）：隆下村、均口村、岭腰村、龙头村、台田村、官常村、洋坑村、芰坑村、垅源村

溪源乡（8个）：溪源村、东溪村、鲇坑村、桐荣村、楚尾村、都团村、大岭村、蒋坊村

黄坊乡（6个）：黄坊村、将上村、陈岭村、安寅村、武调村、毛坊村

伊家乡（7个）：隘上村、伊家村、笔架村、陈家村、东风村、沙洲村、兰溪村

黄埠乡（10个）：黄埠村、山下村、桂阳村、友兰村、大余村、陈余村、封头村、竹薮村、罗元村、贤河村

客坊乡（6个）：里源村、严田村、中畲村、张溪村、客坊村、湾坊村

（2）2015—2017年度县级文明社区（4个）

濉溪镇新生社区、濉溪镇河东社区、溪口镇溪口社区、均口镇均口社区

（4）2017年县级文明单位名单

党群口（12个）：建宁县人民武装部机关、建宁县妇女联合会、建宁县县直机关托儿所、建宁县科学技术协会、建宁县总工会、建宁县档案局、中共建宁县委党校、中共建宁县委老干部局、建宁县关心下一代工作委员会、中共建宁县委党史研究室、建宁县老区建设促进会（扶贫开发协会）、建宁县客家联谊会

政府口（19个）：黄坊乡人民政府机关、溪口镇人民政府机关、建宁县住房和城乡规划建设局、建宁县行政服务中心管理委员会、建宁县城市管理办公室、（含城市监察大队）、建宁县机关事务管理局、建宁县科技局、建宁县地方志编纂委员会办公室、建宁县物价局、住房公积金管理中心建宁管理部、建宁县审计局、建宁县信访局、建宁县国土资源局、建宁县移民开发局、建宁县安全生产监督管理局、三明市医管中心建宁管理部、建宁县国有土地房屋征收办公室、建宁县城市建设投资经营有限公司、建宁县园林管理所

政法口（5个）：建宁县革命老根据地建设办公室、建宁县司法局、建宁县公安局森林分局、建宁县消防大队、建宁县社会福利中心

宣教口（15个）：建宁县文体广电出版局、建宁县闽江源网络有限公司、福建新华发行（集团）有限责任公司建宁分公司、疾病预防控制中心、卫生监督所、妇幼保健所、里心镇中心卫生院、均口镇卫生院、黄埠乡卫生院、溪口镇卫生院、客坊乡卫生院、溪源乡卫生院、黄坊乡卫生院、伊家乡卫生院、濉溪镇卫生院

经贸口（13个）：建宁县商务局、建宁县粮食局、建宁县二

轻集体工业联社、建宁县农村信用合作联社、建宁县闽源电力有限公司、工商银行建宁支行、建设银行建宁支行、中国银行建宁支行、移动建宁分公司、联通建宁分公司、动车建宁县北站、闽通长运建宁汽车站、建宁县天马彩印包装实业有限公司

农林口（13个）：建宁县农业局（农办）、建宁县供销合作社联合社、建宁县农业机械管理中心、伊家林业站、溪源林业站、里心林业站、黄坊林业站、均口林业站、溪口林业站、黄埠林业站、客坊林业站、林业建设投资公司、木材检验中心

2017年11月，建宁县法院获得2015—2017年度全国文明单位荣誉称号 （县法院提供）

# 2017 年建宁县副科级以上在职领导名录

## 中共建宁县委

书　记：郑剑波
副书记：陈显卿
　　　　许家源
常　委：钱　超（2 月离任）
　　　　王　楠
　　　　陈华伟
　　　　余传贵
　　　　邓军安
　　　　林大茂（2 月离任）
　　　　阴晓萍（女）
　　　　林金明
　　　　黄立辉（2 月到任）
　　　　陈一龙（2 月到任）
　　　　林　雄（10 月到任）

## 建宁县人大常委会

主　任：吴国根
副主任：谢忠喜
　　　　许银燕（女）
　　　　吴碧英（女）
　　　　何志高

## 建宁县人民政府

县　长：陈显卿
副县长：林大茂（2 月离任）
　　　　陈华伟（2 月到任）
　　　　王　楠
　　　　沙陈龙

黄立辉（2 月离任）
连云进
孙元玲（女）
牛　弋
钟宏华（2 月到任）

## 建宁县政协

主　席：陈海涛
副主席：杨宗群
　　　　陈华秀（女）
　　　　陈朝利

## 中共建宁县纪律检查委员会
## （县监察局）

县纪委
书　记：邓军安
副书记：何升高
　　　　谢鸿福
常　委：杨建明
　　　　夏金旺
　　　　廖兆堃
　　　　林徐莲（女）
县监察局
局　长：何升高
副局长：李道前
　　　　艾建斌
县委巡察办副主任：付胜和
县委巡察组正科级巡察专员：
　　　　朱荣贵
县委巡察组正科级巡察专员：
　　　　林国平（12 月到任）

县委巡察组副科级巡察专员：
　　　　艾建斌（12 月到任）
县纪委组织和宣传部部长、县委
巡察组正科级巡察专员：
　　　　李继祥（8 月离任）
县纪委正科级纪检监察员：
　　　　林圣龙（8 月离任）
县纪委党风政风监督室
主　任：谢春贵
县纪委办公室
主　任：林义相
县纪委第一纪检监察室
主　任：黄远征（8 月离任）
县纪委第二纪检监察室
主　任：刘晓晨
县纪委案件监督管理室
主　任：张镜琪
县纪委信访室（监察局举报中心）
主　任：许伟
县纪委案件审理室
主　任：钟磊
县纪委纪检监察干部监督室
主　任：江代辉
县纪委派驻机构
县纪委驻县委组织部纪检组
组　长：李继祥（正科级纪检监
　　　　察员，县委组织部部务
　　　　会成员，8 月到任）
县纪委驻县委宣传部纪检组
组　长：刘沐良（正科级纪检监
　　　　察员，县委宣传部部务
　　　　会成员，8 月到任）

县纪委驻县委宣传部纪检组

副组长：温兆骍（正科级纪检监
察员，8月到任）

县纪委县直机关工作委员会

书　记：林圣龙（正科级纪检监
察员，8月到任）

县纪委县直机关工作委员会

副书记：陈国强（正科级纪检监
察员，8月到任）

县纪委驻县发展和改革局纪检组

组　长：胡玉华（县发展和改革
局党组成员，8月到任）

县纪委驻县经济和信息化局纪检
组

组　长：张昌煜（县经济和信息
化局党委委员，8月到任）

县纪委驻县农业局纪检组

组　长：黄宗根（正科级纪检监
察员，县农业局党委委
员8月到任）

县纪委驻县农业局纪检组

副组长：廖培发（副科级纪检监
察员，8月到任）

县纪委驻县人民法院纪检组

组　长：上官步岗（正科级纪检
监察员，县人民法院党
组副书记8月到任）

县纪委驻县人民检察院纪检组

组　长：王伟刚（县人民检察院
党组成员8月到任）

县纪委驻县公安局纪检组

组　长：杜建兴（正科级纪检监
察员，县公安局党委委
员8月到任）

## 建宁县人民法院

县法院党组

书　记：陈　晶

副书记：罗新荣

上官步岗

院　长：陈　晶

副院长：宁金德

　　　　谢华强

　　　　潘华东

纪检组长：上官步岗（8月离任）

副组长：王益毅

执行局

局　长：孔新光

教导员：郑玉平

政治处主任：尤佳丽（女，县人
民法院党组成员）

审判委员会

专职委员：包东明（执行庭庭长、
正科级审判员）

　　　　　赵建敏（女，民一庭
庭长、正科级审判员）

里心法庭

庭　长：刘云华

副庭长：姚以跃

创建办主任：陈　坤

审判庭庭长：罗国栋

监察室主任：许爱珠（女）

刑事审判庭庭长：吴秀英（女）

立案庭庭长：陈　琳

司法警察大队

大队长：欧梓耀

政　委：吴凤鸣

审监庭副庭长：钟声圻

民事审判第二庭副庭长：谢建军

后勤装备科科长：汤延彬

司法管理办公室主任：陈华粦

## 建宁县人民检察院

检察长：许秀婷（女）

副检察长：温素成

　　　　　姚建辉

　　　　　应学军

党组成员、纪检组组长：

　　　　王伟刚（8月离任）

党组成员、副检察长：

　　　　陈上赟（3月到任，挂职）

党组成员：谢文英（政治处主任）

反贪污贿赂局

局　长：杨哲平

反渎职侵权局

局　长：朱国勤（12月离任）

检察技术科科长：温永平

控告申诉检察科科长：邱建明

办公室主任：纪福利

司法警察大队大队长：

　　　　朱琼艳（女）

法律政策研究室主任：

　　　　朱晓英（女）

案件管理办公室主任：姚永雷

民事行政检察科科长：夏志坚

公诉科科长：梁达潘

侦查监督科科长：代　云

控告申诉检察科科长：廖兆健

生态环境检察科科长：宁绍荣

监所检察科科长：

　　　　林国平（12月离任）

## 闽江源国家级自然保护区管理局

局　长：陈炳云

书　记：余贵龙

副局长：陈雪华（女）

　　　　谢道松

纪委书记：杨　帆

办公室主任：郑志英（女）

计财科科长：李建文

资源保护科科长：陈良辰

经济发展科科长：江贵印

科技宣传科科长：黄建兰（女）

金铙山管理站站长：刘建平

黄岭管理站站长：张显兴

## 中共建宁县委综合部门

### 县委办公室

主　任：钟宏华（2月离任）

　　　　邱树青（2月到任）

副主任：冯国绍

　　　　刘云忠（8月到任）

　　　　王银河（8月到任）

县委机要局（密码管理局）局长：

　　　　郑建华

县委督查室主任：董黎斌（8月开始，黄坊乡党委副书记(挂职)）

### 信访局

局　长：周立华

副局长：黄碧英（女）

　　　　何金发

### 县委组织部

部　长：陈华伟（2月离任）

　　　　陈一龙（2月到任）

副部长：熊居财

　　　　张宇东

县委非公企工委常务副书记

组织科科长：池华金

干部科科长：余义先

### 县委编办

主　任：李健

县事业单位登记管理局

局　长：杨晨（2月到任）

### 县委统战部

部　长：钱超（2月离任）

　　　　黄立辉（2月到任）

副部长：龚其根

　　　　黄渊兴（兼县工商业联合会党组书记、常务副主席，9月到任）

　　　　谢建中（兼县工商业联合会党组书记、常务副主席，8月离任）

詹钟坤（兼县宗教局局长）

### 老干局

局　长：陈建文

副局长：陈长灿

### 档案局（馆）

局　长：张党恩

副局长：廖志英（女）

　　　　吴东文

### 县直机关党工委

书　记：陈华伟（2月离任）

　　　　陈一龙（2月到任）

常务副书记：黄诚毅

副书记：邹学辉

人武部部长：邓茂祥

### 县委党校

校　长：陈华伟（2月离任）

　　　　陈一龙（2月到任）

常务副校长：陈国钊

副校长：艾运龙

　　　　何小乔（女）

副科级组织员：胡文娟（女，2月到任）

### 党史研究室

主　任：陈忠奋

副主任：肖华伟

## 建宁县人民团体、群众团体

### 县总工会

主　席：钱超（2月离任）

　　　　黄立辉（2月到任）

常务副主席：杨建平

副主席：黄思潮

谢冬英（女）

党组成员：何平昌

### 团县委

书　记：张晓雁（女，9月到任）

副书记：张晓雁（女，9月离任）

　　　　余福旺

　　　　曹周明（9月到任）

　　　　黄梅香（女，9月到任，挂职）

　　　　艾美龄（女，9月到任，兼职）

　　　　李进（9月到任，兼职）

### 妇联

主　席：虞美娥（女）

副主席：黄燕华（女，8月离任）

　　　　雷芹秀（女，8月到任）

### 科协

主　席：黄渊兴（2月离任）

　　　　郭忠双（2月到任）

副主席：吴琦梅（女）

　　　　陈刚

### 侨联

主　席：姚永峰

### 残联

理事长：鄢泽良

副理事长：林国忠

　　　　黄忠水（10月到任）

### 社科联

主　席：温兆坚

### 工商联

党组书记常务副主席：

　　　　谢建中（9月离任）

　　　　黄渊兴（9月到任）

**红十字会**
常务副会长：胡润英（女）

**计生协会**
会　长：王登远
常务副会长：丰永胜（兼秘书长）

**文学艺术界联合会**
主　席：肖方妙

**关工委**
主　任：谢冬林
常务副主任：钟琼奎
常务副主任兼秘书长：冯耀荣

**老促会、扶贫开发协会**
会　长：徐水泉
常务副会长兼秘书长：陈宝发

**老年大学**
校　长：李良臣
常务副校长：冯耀荣

**客家联谊会**
会　长：王登远
常务副会长：何绍贤

**退休干部协会**
会　长：廖光朗

**老体协**
主　席：陈凤生
常务副主席：钟琼奎（兼）

## 建宁县人大常委会工作部门

**办公室**
主　任：黄文锋（党组成员）
副主任：廖兆祥
县人大常委会人事代表工作室

主　任：杨贵斌
县人大常委会内务司法委员会
主　任：张旭明
县人大常委会教科文卫委
主　任：吴家勋
县人大常委会农村经济委员会
主　任：黄必荣
县人大常委会环境与城乡建设委员会
主　任：谢运仔
县人大常委会财政经济委员会
主　任：黄立胜
县十七届人大常委会
委　员：黄镜辉
　　　　洪日升
　　　　陈平华
县人大常委会信访室
主　任：聂惠莲（女）

## 建宁县政府工作部门

**县政府办**
党组书记、主任：黄允健
副主任：郭忠双（2月离任）
　　　　王泽云
　　　　魏成伟
　　　　谢建平（兼县效能办副主任）
　　　　张圣源（8月到任）
　　　　温永胜（8月到任）
**机关事务管理局**
局　长：刘方万
县政府办党组成员兼金融办
主　任：邓福根

**行政服务中心**
主　任：陈丽萍（女）
副主任：张光伟

**公务员局**
局　长：陈克明

副局长：黄春林

**发展和改革局**
局　长：邱玖园
副局长：柯兆荣
　　　　江金荣
　　　　万　冲

**县铁办**
主　任：谢毅（兼）

**财政局**
局　长：郑文
副局长：吴建明
　　　　黄思彭
　　　　林晓娟（女，8月到任）
局长助理：
　　　　陈海涛（1月到任，挂职）

**公积金管理中心**
主　任：杨孝言

**审计局**
局　长：宁邦清
副局长：陈长星
　　　　曾水玲（女）
　　　　林涛

**住房和城乡规划建设局**
党委书记、局长：
　　　　邹晓英（女，2月离任）
　　　　邓万明（2月到任）
党委副书记：杨金辉
副局长：黄建强（8月离任）
　　　　杨军
　　　　林其辉
　　　　熊昌明（8月到任）
　　　　张智林
　　　　林升文
纪检组长：胡玉华（8月离任）

**县城市建设投资有限公司**

总经理：刘 晖

**城建监察大队**

大队长：魏志平

**城市管理委员会办公室**

主 任：黄银才

**人民防空办公室**

主 任：林升文

**国土资源局**

局 长：邱春祥

副局长：谢 毅

　　　　揭福清（2月离任）

　　　　谢世元

　　　　邹先进（兼不动产登记

　　　　局局长）

　　　　廖春福（2月到任）

纪检组长：陈国强（8月离任）

执法监察大队

大队长：吴国春

**县不动产登记中心**

主 任：周丽萍（女）

**移民局**

局 长：杨荣华

**人力资源和社会保障局**

局 长：孔祥忠（2月离任）

　　　　姜景魁（2月到任）

副局长：付建建

　　　　周文祥

　　　　纪 霞（女）

**县机关事业单位社会保险管理中心**

主 任：王 斌

**物价局**

负责人：谢代安（县发展和改革

　　　　局党组书记）

**粮食局**

副局长：阮承忠（县发展和改革

　　　　局副局长）

**旅游局**

局 长：张美娥（女）

副局长：丁 斌

　　　　谢建安

　　　　官长春

党支部书记：

　　　　陈常明（福建闽江源国

　　　　家级自然保护区管理局

　　　　党委委员）

**环境保护局**

局 长：黄炜宇

副局长：黄贻进

　　　　李仕军

　　　　张武盛

**统计局**

局 长：艾炳隆

副局长：林治山

县农村社会经济调查队

队 长：程建东（2月离任）

县城市经济调查队

队 长：柯良贵

**市场监督管理局**

局 长：洪 浏（2月离任）

　　　　邹晓英（女，2月到任）

党组书记：曾进发（2月离任）

副局长：林建平（2月离任）

　　　　李长兴

　　　　黄贵春

　　　　曾启雄

　　　　李道智（8月到任）

　　　　徐志勇（8月到任）

纪检组长：张昌煜（8月离任）

党组成员：曾启雄

城关市场监督管理所

所 长：李道智（8月离任）

　　　　代希荣（8月到任）

里心市场监督管理所

所 长：陈 晓

均口市场监督管理所

所 长：胡 斌

溪口市场监督管理所

所 长：谢启富

食品药品监管执法大队

大队长：黄敬玮

**县志办**

主 任：肖建泰

副主任：艾玲朝

**民族与宗教事务局**

局 长：詹钟坤

## 建宁县政协工作部门

县政协办公室

主 任：谢金龙（8月离任）

　　　　杨培先（8月到任）

副主任：肖 蓉（女，8月到任）

党组成员：谢金龙（8月到任）

经济和港澳台侨委员会

主 任：邱锦辉

副主任：凌新平

提案和法制委员会

主 任：施建英（女）

文史学习和民族宗教委员会

主 任：杨进龙

社会事业委员会

主 任：杨培先（8月离任）

　　　　黄 翔（8月到任）

## 建宁县政法部门

### 政法委
书　记：余传贵
副书记：范毓刚（兼综治办主任）
　　　　梅德生
维稳办主任：杜建华
政治处主任：王源文（12月离任）
　　　　　　黄允青（12月到任）

### 县城乡网格化服务中心
副主任：邹先明
　　　　林　承（2月到任）
　　　　陈晓星（8月到任）

### 公安局
党委书记、局长、督察长：
　　　　江长青
党委副书记：邓润春
副政委：刘建忠
　　　　林成金
副局长：余跃文
　　　　廖京东
　　　　庄金斌
　　　　李新福（7月离任）
纪委书记：杜建兴（8月离任）
政工室主任：帅　彬
城关派出所所长：
　　　　王东凯（7月离任）
　　　　戴伟民（7月到任）
教导员：戴伟民（7月离任）
　　　　黄　胜（7月到任）
指挥中心主任：叶　翔
教导员：傅明祥
纪检监察室主任：
　　　　揭建国（8月离任）
法制大队大队长：陈　云
国内安全保卫大队大队长：
　　　　曾鲁平
教导员：万雯辉

经济犯罪侦查大队大队长：
　　　　林道斌
教导员：邱万荣（7月离任）
交通警察大队大队长：修国发
教导员：郭建勇
副大队长：廖永健
治安管理大队大队长：
　　　　徐建文（7月离任）
　　　　王东凯（7月到任）
教导员：廖华明（7月离任）
　　　　邱万荣（7月到任）
刑事侦查大队大队长：张居龙
教导员：谢善忠（7月离任）
　　　　林艺宾（7月到任）
警务保障室主任：杨庆华
出入境管理大队大队长：何志明
网络安全保卫大队大队长：
　　　　林银斌
教导员：赵忠球（7月到任）
县看守所所长：汪启文
县拘留所所长：杨思明
教导员：廖华明（7月到任）
里心派出所所长：邓珍良
客坊派出所所长：李永雄
　　教导员：熊纬辉
黄坊派出所所长：张景煌
　　教导员：刘小平
溪源派出所所长：刘瑞巍
均口派出所所长：朱盛龙
伊家派出所所长：刘帝顺
黄埠派出所所长：龚阳平

### 森林公安分局
局　长：艾贵成
教导员：冀庆平
闽江源森林派出所所长：吴光华
教导员：林家新（8月到任）
溪口森林派出所所长：刘全亮
教导员：胡信春
里心森林派出所所长：余传斌

均口森林派出所所长：翁金荣
武调森林派出所所长：
　　　　林家新（8月离任）

### 消防大队
大队长：董高吉
教导员：王汉华

### 司法局
局　长：吴登峰
副局长：林成勇
　　　　黄建强（8月到任）
濉溪司法所所长：刘中龙
溪口司法所所长：
　　　　李艳虹（女，5月离任）
　　　　李凤华（8月到任）
里心司法所所长：
　　　　肖凤庆（8月到任）
客坊司法所所长：谢国武
溪源司法所所长：谢洪日
均口司法所所长：宁金根

### 民政局
局　长：陈可辉
副局长：刘道玄
　　　　艾章荣

### 老区办
主　任：林金昌

### 安置管理站
站　长：饶建平
副站长：曾成才

## 建宁县宣教部门

### 县委宣传部
部　长：阴晓萍（女）
副部长：邹金良
　　　　王华耀

报道组
负责人：陈晓星

精神文明办公室
主　任：孙世民
副主任：余福文
　　　　陈建明

教育局
局　长：丁　升
副局长：姜松南
　　　　廖海成
　　　　冯　毅（2月到任）
党组成员：温兆骈（8月离任）

县电大工作站
副站长：鄢建明
　　　　朱鹏飞

进修学校
校　长：刘方钦

建宁一中
校　长：刘中立
副校长：黄福森
　　　　徐祚寿
　　　　曾春柏

城关中学
校　长：朱鹏飞

职业中学
校　长：杨永平

文体广电出版局
负责人：刘中宏（兼县教育局党
委副书记、副局长）
副局长：黄　翔（8月离任）
文化市场综合执法大队大队长：
　　　　陈安宁（8月离任）
　　　　周思兴（8月到任）

广播电视台
台　长：熊健华（聘任）

福建广电网络集团建宁分公司
总经理：廖健鹰

纪念馆
馆　长：曹建新

卫生和计划生育局
党组书记、局长：吴良森
党组副书记：谢惠明
纪检组长：刘沐良（8月离任）
副局长：修炳厚
　　　　应道香（女）
　　　　冯　毅（2月离任）
　　　　帅细祥（2月到任）

县总医院
院　长：郑世文
党支部书记：陈　林
副院长：何林盛（8月到任）
　　　　艾远光（8月到任）
　　　　刘方智（8月到任）
总会计师：
　　　　邓建芳（女，8月到任）

疾控中心
主　任：黄卫胜

卫生监督所
所　长：李冬贵

妇幼保健院
院　长：刘时汉

## 建宁县农林部门

县委农办、县农业局
局长、主任：揭重阳

副局长、副主任：高　岱
　　　　　　　　王　丰（女）
农业局（县委农办）党组成员、
副局长：胡国兴
农业局副局长：洪　渊
纪检组长：黄宗根（8月离任）
农技推广中心主任：黄得裕
建莲推广中心主任：魏英辉

林业局
局　长：吴建清
党组副书记、机关党委书记：
　　　　吴跃盛
纪委书记：柯国豪（2月离任）
副局长：董德兴
　　　　罗志坚
　　　　谢金良（8月到任）
　　　　王福根（兼林业科技推
　　　　　　　广中心主任）

水利局
局　长：姜景魁（2月离任）
　　　　柯国华（2月到任）
党委书记：徐德云（8月到任）
副局长：黄思华
　　　　张金星
　　　　陈芳洪

福建省建宁国有林场
场　长：叶远昌
书　记：蔡世锋

农业机械管理中心
主　任：徐明庚
副主任：吴家清
　　　　谢良济（2月到任）

供销社
主　任：廖明东
副主任：刘时传（2月离任）
　　　　余忠文

柯洪珠（1 月到任）

## 气象局

局　长：廖才科

副局长：何　磊

气象台台长：李　江

## 水文局

局　长：刘荣岸

# 建宁县经贸部门

## 经济和信息化局

局　长：罗辉武

党委副书记：刘火根

纪检组长：付昔文（8 月离任）

副局长：陈永远

付昔文（8 月到任）

## 科技局

负责人：吴发明

副局长：江家勇

## 经济开发区管委会

主　任：钟贵明

党委书记：周新闻

副主任：苏建生

谢辅钦

## 安全生产监督局

局　长：吴跃仁

副局长：吴聪明

廖立平

彭茂潘（2 月到任）

## 交通运输局

党委书记局长：曾进发

党委书记：陈明生（2 月离任）

纪委书记：余贵彪（2 月离任）

副局长：巫晓华

吴有华

王振利

## 交通综合行政执法大队

大队长：陈建忠（兼运输管理所所长）

## 商务局

局　长：黄渊兴（9 月离任）

谢建中（9 月到任）

副局长：刘云忠（8 月离任）

代文明

江　永

黄燕华（女，8 月到任）

党组成员：陈子添

## 二轻联社

主　任：廖天忠

副主任：揭恭民

杜建安

## 供电公司

总经理：吴景德

书　记：陈伟鹏（3 月到任）

副总经理：肖继华

吴立斌

纪委书记兼工会主席：王　剑

## 国税局

局　长：罗朝焰

副局长：刘赛香（女）

卞永民

纪检组长：徐　可

## 烟草局（公司）

局长、经理：曾志宏

副局长：张文安

副经理：艾运来

邓新发

纪检员：王克秋

## 公路分局

局　长：刘德进

副局长：谢有坤（兼党支部书记）

王振礼

张　斌（6 月到任）

## 邮政局（邮政集团建宁县分公司）

局长（总经理）：

郭阜宁（7 月离任）

雷贤升（7 月到任）

副经理：吴世福（7 月离任）

夏盛平（7 月到任）

## 电信局

局　长：黄家能

副总经理：魏克新

## 移动公司

总经理：刘少青

副总经理：兰其寿（8 月离任）

俞承琳（8 月到任）

## 联通公司

总经理：赖建华

# 金融保险部门

## 中国人民银行建宁县支行

行　长：邱文辉

副行长：王晓莉（女）

周金根

## 中国农业银行建宁县支行

行　长：张朝荃

副行长：冯　斌（4 月离任）

刘贤章（4 月到任）

戴晓冬

纪委书记：池英銮（10 月离任）

黄锡彬（10 月到任）

**中国建设银行建宁县支行**

行　长：易赟峰

副行长：罗春贵

**工商银行建宁县支行**

行　长：刘协英（女）

副行长：洪文鹏

　　　　罗兴平（8月到任）

**中国银行建宁支行**

行　长：张裕裕

副行长：王　丽（女）

纪检书记：黄小英（女）

**县农村信用合作联社**

理事长：黄水波

主　任：黄长才

监事长：董淑华（女，3月离任）

　　　　张恩宽（3月到任）

副主任：黄盛安

　　　　阙韵生（4月到任）

　　　　章清泉

督导员：江笔岫

**县邮政储蓄银行**

行　长：谢　嵩（8月离任）

　　　　刘宗杆（8月到任）

副行长：陈玉明

**建宁刺桐红村镇银行**

执行董事：杨哲明

行　长：吴晓宏

执行监事：吴明东

副行长：杨明光

**中国人民财产保险股份有限公司建宁支公司**

经　理：张晓强

副经理：赖　力

**中国人寿保险股份有限公司建宁支公司**

副经理：张春华（主持工作）

经理助理：张烨斌

## 乡　镇

**濉溪镇**

党委书记：柯良发

党委副书记、镇长：饶桂发

人大主席：邓万明（2月离任）

　　　　　薛　军（11月到任）

党委副书记：薛　军（11月离任）

　　　　　　徐　铨

　　　　　　罗建斌（挂职，8月到任）

纪委书记：余小青（女）

党委宣传、统战委员，政府副镇长：林天生

党委委员、人武部部长：王寒春

组织委员：徐建兴

副镇长：黄敬玮（挂职）

　　　　黄黎鑫（女）

　　　　曾海良

**溪口镇**

党委书记：姜炜根

党委副书记、镇长：周　斌

人大主席：黄克胜

党委副书记：谢明锋

　　　　　　邱国东

　　　　　　王　平（8月到任，挂职）

纪委书记：黄宗祥（8月离任）

　　　　　黄远征（8月到任）

组织委员：陈俊飞

党委宣传、统战委员，政府副镇长：谭民安

党委委员、人武部部长：何方刚

副镇长：甘宝爱（女）

　　　　陈志斌

李凤华（8月到任兼溪口司法所所长）

**里心镇**

党委书记：徐　冉

党委副书记、镇长：饶黎明

人大主席：

　　　谢金良（8月离任）

　　　郭　英（女，9月到任）

党委副书记：

　　　郭　英（女，9月离任）

　　　黄　强

　　　罗章贵（8月到任）

纪委书记：罗章贵（8月离任）

　　　　　夏安平（8月到任）

组织委员：王银河（8月离任）

　　　　　林耀华（8月到任）

党委委员、人武部部长：

　　　黄立平（8月离任）

　　　李宏云（8月到任）

党委宣传、统战委员，政府副镇长：徐丽贞（女）

副镇长：熊昌盛（12月离任）

　　　　谢凤金（8月到任）

　　　　刘建平（8月到任）

　　　　肖凤庆（9月到任，兼里心司法所所长）

**黄埠乡**

党委书记：胡宽华

党委副书记、乡长：余道勇

人大主席：宁克功

党委副书记：罗建斌（8月离任）

　　　　　　李明锋

　　　　　　刘云强（8月到任）

纪委书记：刘云强（8月离任）

　　　　　黄立平（8月到任）

组织委员：夏安平（8月离任）

　　　　　周文兴（8月到任）

党委委员、人武部部长：
黄央江（8月离任）
党委宣传、统战委员，政府副乡
长：周文兴（8月离任）
　　　曾艳蓉（女，8月到任）
副乡长：曾艳蓉（女）
　　　余文美（女，12月到任）
　　　柯洪珠（12月到任，挂职）

## 客坊乡

党委书记：祝俊元
党委副书记、乡长：林　珊（女）
人大主席：刘帝云
党委副书记：陈锦州
　　　　　李浩榕
纪委书记：刘懿华（8月离任）
　　　　　孔补兰（8月到任）
组织委员：刘荣权
党委委员、人武部部长：
　　　吴东文（挂职）
党委宣传、统战委员，政府副乡
长：吴泉生
副乡长：罗清平

## 黄坊乡

党委书记：李仕鹤
党委副书记、乡长：余云山
人大主席：杨全良
党委副书记：黄允青（8月离任）
　　　　　陈承国（挂职）
　　　　　黄靖文（8月到任）

　　　董黎斌（8月到任）
纪委书记：黄荣光（8月离任）
　　　吴　燕（女，8月
　　　　　到任）
组织委员：吕诗强
党委委员、人武部部长、县司法
局黄坊司法所所长（兼）：黄运龙
党委宣传、统战委员，政府副乡
长：吴　燕（女，8月离任）
　　　黄文强（8月到任）
副乡长：刘兆贵

## 溪源乡

党委书记：陈俊铭
党委副书记、乡长：刘　涵
人大主席：陈建松
党委副书记：邱仙才
　　　　　杨麟祥（挂职）
纪委书记：陈　宁
组织委员：黄靖文（8月离任）
　　　　　刘燕青（8月到任）
党委委员、人武部部长：郑伟敏
党委宣传、统战委员，政府副乡
长：刘元平
副乡长：邱燕玲（女）

## 均口镇

党委书记：吴建辉
党委副书记、镇长：江代文
人大主席：谢淑萍（女）
党委副书记：吴裕财

　　　　　张　俊
纪委书记：柯建华
组织委员：
　　　罗　晨（女，8月离任）
　　　潘伟峰（8月到任）
党委宣传、统战委员，政府副镇
长：潘伟峰（8月离任）
党委委员、人武部部长：
　　　甘传学（挂职）
副镇长：谢凤金（9月离任）
　　　付延安
　　　余友成
　　　熊昌盛（12月到任）

## 伊家乡

党委书记：黄国荣
党委副书记、乡长：曾明星
人大主席：陈建红
党委副书记：熊开明（4月离任）
　　　　　聂洪亮（挂职）
　　　　　刘懿华（8月到任）
纪委书记：黄宝泉
组织委员：张圣源（8月离任）
　　　　　黄央江（8月到任）
党委宣传、统战委员，政府副乡
长：肖伟华（挂职）
党委委员、人武部部长：陈家仁
副乡长：李明珠（女）

（县委组织部供稿）

附 录

□编辑 肖建泰

# 经济统计资料

## 2017 年建宁县国民经济和社会发展情况表

表 9

| 项　　目 | 单　位 | 2017 年 | 增长（%） |
|---|---|---|---|
| **一、综合** | | | |
| 建宁县生产总值（GDP） | 亿元 | 95.31 | 8.3 |
| 其中：第一产业 | 亿元 | 15.15 | 5.4 |
| 第二产业 | 亿元 | 48.67 | 4.2 |
| 第三产业 | 亿元 | 31.49 | 16.8 |
| 三次产业结构 | % | 15.9：51.1：33 | |
| **二、农业** | | | |
| 农林牧渔业总产值 | 亿元 | 26.82 | 5.5 |
| 其中：农业产值 | 亿元 | 14.17 | 3.1 |
| 林业产值 | 亿元 | 7.44 | 9.99 |
| 牧业产值 | 亿元 | 1.62 | 7.2 |
| 渔业产值 | 亿元 | 1.33 | 6.8 |
| 农林牧渔业服务业 | 亿元 | 2.26 | 5.1 |
| **三、工业** | | | |
| 规模以上工业增加值 | 亿元 | 32.66 | 8.5 |
| 规模以上工业总产值 | 亿元 | 138.21 | |
| **四、固定资产投资（不含农户）** | 亿元 | 131.52 | 17.4 |
| **五、社会消费品零售总额** | 亿元 | 24.12 | 11.8 |
| **六、财政、金融** | | | |
| 1.公共财政收入 | 亿元 | 4.28 | 9 |
| 2.地方公共财政收入 | 亿元 | 3.18 | 6.1 |

续表9

| 项　　目 | 单　位 | 2017 年 | 增长（%） |
|---|---|---|---|
| 3.公共财政支出 | 亿元 | 18.69 | |
| 4.金融机构本外币存款余额 | 亿元 | 75.59 | 7.2 |
| 5.金融机构本外币贷款余额 | 亿元 | 36.16 | 15.2 |
| 七、外径 | | | |
| 1.实际利用外资（验资口径） | 万美元 | 1107 | 8.7 |
| 2.出口总值 | 万美元 | 12885 | 3 |
| 八、居民收入 | | | |
| 1.全体居民人均可支配收入 | 元 | 18733 | 9.7 |
| 2.城镇居民人均可支配收入 | 元 | 26647 | 9.7 |
| 3.农村居民人均可支配收入 | 元 | 14094 | 9.7 |

## 2017 年各县（市、区）党委、政府绩效考评得分表

表10

| 序号 | 单　位 | 指标考核得　分 | 公众评议得　分 | 五比五晒得　分 | 正向激励和效能督查综合分 | 总分 | 等次 |
|---|---|---|---|---|---|---|---|
| 1 | 沙　县 | 50.62 | 35.82 | 2 | 2.75 | 91.19 | 优秀 |
| 2 | 建宁县 | 49.41 | 36.13 | 2 | 1.75 | 89.29 | 优秀 |
| 3 | 泰宁县 | 50.67 | 36.80 | 0 | 1.7 | 89.17 | 优秀 |
| 4 | 明溪县 | 49.59 | 35.86 | 1 | 2.1 | 88.55 | 优秀 |
| 5 | 尤溪县 | 49.71 | 36.18 | 1 | 1.6 | 88.49 | 优秀 |
| 6 | 梅列区 | 49.67 | 35.02 | 1 | 2.4 | 88.09 | 良好（降档） |
| 7 | 大田县 | 48.38 | 36.22 | 0 | 2.85 | 87.45 | 良好 |
| 8 | 将乐县 | 49.45 | 35.25 | 1 | 1.55 | 87.25 | 良好 |
| 9 | 清流县 | 49.09 | 35.22 | 2 | 0.8 | 87.11 | 良好 |
| 10 | 永安市 | 47.96 | 35.77 | 0 | 2.45 | 86.18 | 良好 |
| 11 | 宁化县 | 47.90 | 35.36 | 1 | 1.3 | 85.56 | 良好 |
| 12 | 三元区 | 48.49 | 35.73 | 0 | 1.1 | 85.32 | 良好 |

## 2017 年各县(市、区)主要经济指标对比表(一)

表 11

| 建宁县 | 地区生产总值(GDP)(亿元) | | | | 农林牧渔业总产值(亿元) | | | | 规模以上工业增加值(亿元) | |
|---|---|---|---|---|---|---|---|---|---|---|
| | 绝对值 | 位次 | 增幅(%) | 位次 | 绝对值 | 位次 | 增幅(%) | 位次 | 增幅(%) | 位次 |
| | 95.31 | | 8.3 | 4 | 31.57 | 7 | 5.19 | 1 | 8.5 | 3 |

## 2017 年各县(市、区)主要经济指标对比表(二)

表 12

| 建宁县 | 工业经济效益指数(1-11月,%) | | | | 全社会工业用电量(亿千瓦时) | | | | 社会消费品零售总额(亿元) | | | |
|---|---|---|---|---|---|---|---|---|---|---|---|---|
| | 绝对值 | 位次 | 增减(百分点) | 位次 | 绝对值 | 位次 | 增幅(%) | 位次 | 绝对值 | 位次 | 增幅(%) | 位次 |
| | 342.44 | 11 | 28.53 | 9 | 2.03 | 10 | 21.1 | 3 | 24.12 | 9 | 11.8 | 2 |

## 2017 年各县(市、区)主要经济指标对比表(三)

表 13

| 建宁县 | 限上批发业销售额(亿元) | | | | 实际利用外资(验资口径,万美元) | | | | 公共财政总收入(亿元) | | | | 地方公共财政收入(亿元) | | | |
|---|---|---|---|---|---|---|---|---|---|---|---|---|---|---|---|---|
| | 绝对值 | 位次 | 增幅(%) | 位次 | 绝对值 | 位次 | 增幅(%) | 位次 | 绝对值 | 位次 | 增幅(%) | 位次 | 绝对值 | 位次 | 增幅(%) | 位次 |
| | 22.80 | 7 | 30.4 | 1 | 1107 | 11 | 8.7 | 5 | 4.28 | 11 | 9.0 | 5 | 3.18 | 10 | 6.1 | 8 |

## 2017 年 1-12 月各县(市、区)主要经济指标对比表(四)

表 14

| 建宁县 | 金融机构本外币存款余额(亿元) | | | | 金融机构本外币贷款余额(亿元) | | | | 城镇居民人均可支配收入(元) | | | | 农村居民人均可支配收入(元) | | | |
|---|---|---|---|---|---|---|---|---|---|---|---|---|---|---|---|---|
| | 绝对值 | 位次 | 增幅(%) | 位次 | 绝对值 | 位次 | 增幅(%) | 位次 | 绝对值 | 位次 | 增幅(%) | 位次 | 绝对值 | 位次 | 增幅(%) | 位次 |
| | 75.59 | 8 | 7.2 | 8 | 36.16 | 8 | 15.2 | 4 | 26647 | 11 | 9.7 | 2 | 14094 | 10 | 9.7 | 3 |

(县统计局)

# 重要文件选编

## 中共建宁县委　建宁县人民政府
## 关于印发《建宁县打赢生态文明建设攻坚战的实施方案》的通知

各乡（镇）党委和人民政府，县直有关单位：

　　经研究，现将《建宁县打赢生态文明建设攻坚战的实施方案》印发给你们，请认真组织实施。

中共建宁县委

建宁县人民政府

2017 年 7 月 18 日

## 建宁县打赢生态文明建设攻坚战的实施方案

　　为贯彻落实《福建省生态文明建设目标评价考核办法》和《关于加快打造生态文明建设建宁样板的实施方案》（建委〔2017〕17 号），全面落实中央环保督察整改要求，进一步发挥建宁生态优势，加快打造生态文明建设建宁样板，特制定本实施方案。

　　**一、指导思想**

　　全面贯彻党的十八大和十八届三中、四中、五中、六中全会精神，深入学习习近平总书记系列重要讲话和对福建工作重要指示精神，全面落实党中央、国务院和省委省政府、市委市政府关于生态文明建设和体制改革的决策部署，牢固树立创新、协调、绿色、开放、共享的发展理念，以体制机制创新为动力，以绿色循环低碳发展为途径，以正确处理人与自然关系为核心，以解决生态环境领域突出问题为导向，协同推进新型工业化、信息化、城镇化、农业现代化和绿色化，推动形成绿色发展方式和生活方式，着力构建产权清晰、多元参与、激励约束并重、系统完整的生态文明制度体系，努力建设"生态优美、农业精致、产业发达、文旅兴旺、城市靓丽"的福源建宁。

　　**二、工作目标**

　　坚持闽江源头生态屏障守护地、闽江源头绿色发展先行地、闽江源头环境治理示范地、闽江源头生态评价实践地的发展定位，经过积极探索、开拓创新，力争到 2017 年，打造生态文明建设建宁样板初见成效，在部分重点领域形成一批可复制、可推广的生态文明体制改革试验成果。到 2020 年，资源节约型和环境友好型建设取得重大进展，经济发展质量和效益显著提升，绿色低碳的生产方式和生活方式初步形成，生态环境质量保持省市前列，生态文明体制改革取得突破性进展。

　　——生态环保理念进一步树牢。加大生态环保宣传力度，坚决执行"三严"（严控畜禽规模养殖、严控小水电开发、严控森林采伐指标）、"四限"（限制河道采砂、限制使用化肥、限制使用催长素、限制矿产开发）、"六禁"（禁用含磷日用品、禁用化学除草剂、禁油烟污水直排、禁焚烧秸秆、禁止黄标车上路、禁止薪柴交易），让生态环保理念深植于广大干部群众中。

　　——生态制度体系进一步健全。基本形成源头预防、过程控制、损害赔偿、责任追究的生态文明制度体系、差异化考核评价体系、资源环境保护与管理制度、资源有偿使用和生态补偿制度等关键制度建设取得突破。各类生态指标达到福建省绿色发展指标体系和福建省生态文明建设考核目标体系要求。

——生态环境质量进一步改善。全县流域内水环境水质达到Ⅲ类以上，省控交接断面水质达到Ⅱ类，彻底消除流域内Ⅳ类水质；县域内空气环境质量优良天数达标率保持100%，2017年空气质量在全省排名不低于2016年，继续保持全省前列；全县土壤环境质量总体保持稳定并趋好，农用地和建设用地土壤环境安全得到基本保障，土壤环境风险得到基本管控；森林覆盖率保持在79%以上，水土流失面积占土地面积比重控制在12.5%以内。

——生态产业体系进一步形成。围绕供给侧结构性改革，推进国家级农村产业融合发展试点示范县建设，大力发展绿色生态、精细高效、观光休闲特色现代农业，加快打造杂交水稻制种、建莲、"两桃一梨"、乳业、无患子、绿色食品加工、特种纸等竞争力强的优势主导产业，推进观光休闲度假旅游、互联网经济、电子商务等新兴产业发展，加快打造"闽赣省际生态产业集聚区"。

**三、开展生态环境治理八大行动**

1.开展畜禽养殖污染专项整治行动。统筹考虑环境承载能力及畜禽养殖污染防治要求，严格控制总量，一律不再审批规模化畜禽养殖，到2020年全县生猪年出栏总量控制在8万头以内。2017年全面完成禁养区内生猪养殖场拆除工作和可养区内250头以下生猪养殖场改造工作；建立健全巡查工作机制，防止已拆除生猪养殖场异地新建。全面完成可养区内生猪规模养殖场标准化升级改造，提高养殖废弃物资源化利用水平，基本实现达标排放。落实养殖环节病死猪无害化处理全覆盖补助政策到位率100%，全县基本实现病死猪无害化处理。

责任领导：沙陈龙

责任单位：县农业局、环保局、国土局、林业局、水利局、财政局、供电公司、各乡（镇）人民政府

2.开展城区扬尘综合整治专项行动。对建筑业施工现场设置连续封闭围墙或围挡，配齐配全防尘设施。加强对建设施工单位以及运输车辆的日常巡查特别是节假日和清晨夜间等重点时段的监控密度，防止带泥出场，污染路面。每周开展1-2次联合执法，对违法违规运输车辆实行严管重罚，对未整改到位的施工工地暂行渣土运输。对全县蜂窝煤生产及使用情况进行深入摸排，建立档案，坚决取缔非法生产蜂窝煤生产单位，对使用蜂窝煤的商家店铺占道经营行为进行严管重罚。

责任领导：连云进

责任单位：县住建局、公安局、环保局、经信局、市场监督管理局交通局、城管办、交警大队

3.开展河道采砂专项整治行动。落实采砂船只审批许可制度，在船只建造、船只用途、经营范围等方面严格把关。对现有的非法开采船只，实行登记造册，建立管理档案，掌握动态，长效管控，严禁以罚代管。进一步修订完善《建宁县河道采砂规划（2015-2018年)》，严厉打击无证采砂、运砂，以及在河道管理范围内未经许可乱设洗砂排污口等违法行为。结合全县河道采砂的实际情况，全面整治未按规划审批沿河乱设堆砂场，河道采砂后尾碴处理不及时，在河道管理范围乱堆放弃碴弃石等违法行为。坚决拆除不符合开采条件开采点设备，以及非法侵占河道的采砂作业违章建筑物、构筑物；逐步回收现有采砂证，探索建立更加科学规范的采砂管理新机制。

责任领导：沙陈龙

责任单位：县水利局、公安局、交通局、安监局、国土局、市场监督管理局、各乡（镇）人民政府

4.开展餐饮油烟污染专项整治行动。建立由县环保局牵头，城监、市场监督管理局、公安等部门配合的联动机制，开展夜间集中检查、延时执法、定岗固守、专门队伍办案等，集中整治餐馆油烟和夜市烧烤等问题。落实对餐饮经营单位油烟净化整治补助措施，加快推进县城区饮食服务场所高效油烟净化设施全覆盖。合理规划餐饮布局，科学划定城区露天烧烤经营区，规范流动烧烤摊点管理。建立健全餐饮服务单位营业户诚信体系，将油烟达标排放情况记入诚信档案，落实长效监管。

责任领导：陈华伟、连云进

责任单位：县环保局、住建局、公安局、市场监督管理局、城管办

5.开展水土流失专项整治行动。加强水土保持，从严查处破坏水土资源行为，重点开展茶园、果园过度开发整治行动，特别在水土流失较严重的乡（镇）禁止开发新果园、新茶园。加强老旧果园的改造，并对果园冬季"三光"措施造成水土流失的危害进行大力宣传，引导农户走生态农业模式；强化道路修建水土流失治理，坚决遏制人为水土流失。到2020年综合治理水土流失面积11.89万亩，其中：减少水土流失面积3.96万亩，实现水土流失区流失强度明显下降7.93万亩，治理区林草覆盖率增加10%以上，土壤侵蚀量减少50%以上，综合防治措施保存率达80%以上。2017年治理水土流失面积3.49万亩，其中水利部门2.89万亩、林业部门0.6万亩。

责任领导：沙陈龙

责任单位：县水利局、林业局、国土局、环保局、发改局、财政局、科技局、住建局、交通局、农业局、铁办、高速办

6.开展矿山生态修复专项整治行动。严把矿业权入口关，对不符合国家政策和矿产资源规划，以及对地质环境破坏严重的矿业权申请一律不予报批。严厉打击非法违法采矿，坚决取缔无证非法开采矿产资源。加强矿山生态建设，做好生态环境恢复治理保证金催缴和征收工作，督促矿山企业按照治理方案进行边开采边治理，防止"青山挂白"现象发生。对持证矿山"边开采、边治理"成效进行第三方监测评估，并对评估报告中存在的问题进行整改，在没有完成整改前不得恢复生产。

责任领导：连云进

责任单位：县国土局、财政局、环保局、林业局、水利局、里心镇、均口镇、濉溪镇、溪口镇、黄坊乡

7.开展非法采伐杂薪柴专项整治行动。取缔各乡镇非法薪柴交易市场，加强对批证采伐山场的巡查管理。加大木材加工企业整治力度，巩固木材加工企业清理整顿、打击非法侵占集体林地等整治成果，加大福城、河东、溪口、水南、黄舟坊等市场巡查

力度，严厉查办涉林违法犯罪。

责任领导：王楠

责任单位：县林业局、公安局、市场监督管理局、各乡（镇）人民政府

8.开展高毒、高残留农药化肥清理专项整治行动。加快转变病虫害防控方式，实现病虫害专业化统防统治覆盖率达40%以上，高效低毒低残留农药应用覆盖率95%以上。开展对县农资市场进行拉网式检查，加大禁限用农药的质量抽检和巡查力度，严格限制高毒、高残留农药化肥，特别是草甘膦除草剂在县内的销售。大力倡导绿色、生态、循环农业生产模式，限制化肥、农药使用量，着力打造生态有机农产品品牌。

责任领导：沙陈龙

责任单位：县农业局、环保局、国土局、供销社、各乡（镇）人民政府

**四、实施生态环境保护八大工程**

1.山水林田湖生态保护修复工程。以"山水林田湖是一个生命共同体"的重要理念为指导，加快山水林田湖生态保护修复，到2019年实现格局优化、系统稳定、功能提升。推进山地系统恢复治理。实施水土流失治理，重点开展生态护岸、造水保林、坡改梯、无患子基地改造、果山水土流失治理等，减少水土流失。实施流域废弃矿山生态保护修复，开展对废弃矿山、非法采矿点、临时采石塘口的整治，及时进行生态修复，减少裸露地。推进水体系统恢复治理。实施闽江源水源地保护，重点开展万里安全生态水系建设、中小河流治理、节水改造、饮用水源保护等，提升水环境质量。实施小流域水环境综合整治，开展杨林溪和里沙溪小流域综合整治，重点对河道疏浚、岸线整治、生态护岸、亲水景观、河流生态保育、河滩地保护等开展治理，提升流域水质。推进林地系统恢复治理。实施生物多样性保护与建设，对闽江源自然保护区实施综合治理，重点开展封禁、道路绿化、边坡绿化、挡土墙、排水沟等。实施国家森林公园建设，加强闽江源国家级自然保护管理，完善闽江源国家森林公园总规修编和项目的策划与申报，争取将森林公园建设项目纳入"十三五"时期文化旅游提升工程项目库，并列入中央预算内投资计划。推进农田系统恢复治

理。实施金溪流域土地整治与污染修复，重点开展耕地土壤改良、土地整治、农田生态保护、高标准农田建设、耕地保护与质量提升、测土配方施肥等，有效改善土壤环境质量。推进湖泊系统恢复治理。实施闽江源金湖生态保护修复，重点开展县城区、黄埠乡、黄坊乡武调、均口镇、客坊乡、里心镇、溪口镇、伊家乡等集镇污水处理及配套管网工程，新建管网 43.6 公里，新、改、扩建污水处理设施 17 座。实施国家湿地公园建设，加快申报、建设国家湿地公园，统筹推进湿地生态系统保护利用，不断提升湿地生态功能。

责任领导：王楠、沙陈龙、连云进

责任单位：县发改局、闽江源国家级自然保护区管理局、环保局、水利局、市场监督管理局、国土局、林业局、住建局、农业局、旅游局、各乡（镇）人民政府

2.大气清洁工程。深入实施《建宁县大气污染防治行动计划实施方案》，全域禁焚烧秸秆。强化日常巡查，严肃查处露天焚烧秸秆、生活垃圾等行为。大力开展秸秆还田和秸秆肥料化、饲料化、基料化、原料化和能源化利用，到 2020 年全县农作物秸秆综合利用率达到 95% 以上。加快淘汰黄标车。严格执行黄标车和老旧机动车强制报废制度，开展成品油专项整治。加强路面巡查和查缉力度，严格查处黄标车违法通行和违反限行标志的违法行为。推广清洁能源。推进风力发电、光伏、农村沼气、生物质燃料等清洁能源应用，大力推广新能源汽车，科学规划设置新能源汽车充电桩，开展私人购买新能源汽车补贴试点。实施城乡公交一体化，采取"企业自主经营 + 政府监管"模式引进共享单车，满足市民"最后一公里"短途出行需求。淘汰落后燃煤锅炉。鼓励企业实施锅炉节能技术改造，年内基本淘汰建成区每小时 10 蒸吨及以下燃煤锅炉，引导企业使用燃气、油等清洁能源锅炉。对整治范围内已停用的燃煤锅炉一律不得重新启用，新引进项目需增加锅炉一律使用清洁能源锅炉，对已按规定程序实施技术改造后验收合格的非燃煤锅炉，必须办理变更使用登记手续，并及时更新质监系统数据库状态。

责任领导：陈华伟、沙陈龙、钟宏华

责任单位：县经信局、农业局、环保局、交通运输局、商务局、财政局、发改局、市场监督管理局、交警大队、各乡（镇）人民政府

3.农药化肥减量化工程。深入实施《建宁县土壤污染防治行动计划实施方案》，开展土壤污染状况详查，实施土壤风险状况评估，对主要农产品的产地进行环境质量跟踪监测，实时掌握产地环境现状。推广化肥和化学农药减量化技术。推广测土配方施肥 35 万亩、有机肥 6 万亩、秸秆回填 6 万亩，高效低毒新农药、生物农药示范推广 6 万亩，太阳能多功能杀虫灯 1200 台覆盖 1.8 万亩。试点生物防治新技术。禁用化学除草剂。开展农业投入品的登记检查，推广可替代的低毒、高效、安全农药品种。开展执法检查，严格限制使用对象和使用范围，督促经营网点严格执行"农药登记备案、实名制购买"制度，禁止各农资经营店购进和销售草甘膦等化学除草剂。

责任领导：沙陈龙

责任单位：县农业局、环保局、安监局、国土局、经信局、水利局、市场监督管理局、供销社、各乡（镇）人民政府

4.城乡绿化彩化工程。强化森林资源培育。严格落实《关于落实"三严四限六禁"加强森林资源保护工作的实施意见》，加强林地、林木资源保护，努力提升森林数量和质量。至 2020 年，全县完成人工造林更新面积 3.5 万亩。加快推进林分改造。完成森林抚育面积 18 万亩，封山育林面积 16 万亩。多培育阔叶长绿树种、色叶树种，对果园实行生态景观改造。鼓励不炼山造林，严格落实上年商品材生产采伐迹地必须造上林，上年火烧迹地、林业有害生物采伐迹地和盗砍滥伐迹地必须造上林，上年占用征收林地特别是重点项目占用征收林地使用备用定额需要占补平衡，必须通过等面积的荒山或非规划林地造林补充进来。对采取不炼山造林的，造林补助标准为 200 元/亩。推进城乡花化彩化提升。按照"突出重点、体现特色、以点带面"的总体要求，推进向莆铁路、建泰高速、浦梅铁路、莆炎高速、国省道等交通干道路旁及沿线山体彩化，加强城区至枫源、城区至高峰、金铙山景区，城区至均口修竹荷苑道路路旁及沿线山体彩化，提升濉溪镇高峰村、均口镇修竹村、溪口镇枫源村等重点旅游村庄及周

边山体花化彩化，不断提高城乡环境美化亮化水平。

责任领导：王楠

责任单位：县林业局、闽江源国家级自然保护区管理局、住建局、森林公安、各乡（镇）人民政府

5.城市环境综合整治工程。完善市政基础设施。实施地下配套综合管网建设项目，完成县主城区22条市政道路的地下配套综合管网新建或改造。完成生活垃圾填埋场三期建设，新建改造城区排水（污）管网25公里以上，推进雨污分流，提高污水处理厂进水浓度。完善城区绿道系统，增加绿地覆盖率，加快城区休闲健身慢道建设和夜景工程提升。加强城市景观综合改造。提升城区夜景广告，投资1500万元，实施濉溪河两岸沿街房屋立面夜景改造提升项目，提升进城入口第一印象，重新设计高速出口、闽江源路、荷花东路、荷花西路广告牌，提升改造沿路路灯，做靓从高速出口至城区"第一眼"。科学规划城市公园布局，不断完善城市公园绿地分布，有效拓展市民生活空间。推进城区油烟、噪音治理。开展餐饮单位油烟问题治理情况专项督查，勒令违规单位立即停止油烟直排行为，并责令限期拆除直排油烟的排气扇。禁止机动车在城区主要居民点、医院、学校等公共服务区域鸣喇叭，确保城区区域环境噪声、交通噪声、功能区噪声全年监测达标率达100%。加强城市交通秩序整治。在城区内新增停车泊位、车行道中线、菱形减速线、箭号指示线等，规范行车、停车行为。开展溪口红军街专项整治，由职能部门与挂包责任单位、溪口镇相互配合，联合执法，坚持治标与治本、治乱与治差、突击抓与经常抓相结合。规范车辆停放、流动摊点、沿街店铺、落地广告等违法违规行为，加强沿街红军铜像的修复和管理。规范城市垃圾转运。加快推进餐厨垃圾收运处置中心建设，建立和完善覆盖全县的餐厨废弃物管理网络，杜绝餐厨废弃物随意丢弃或私自出售，实现餐厨废弃物和废弃使用油脂的规范收运，提高餐厨废弃物资源化利用水平。改造提升城区垃圾收集点，新增果皮垃圾箱，转变城区垃圾转运站职能为垃圾收集点，新建物流园垃圾转运站，承担城区垃圾收集功能。强化小区物业管理。加强对新建小区物业的监管，项目审批报批时附加物业管理功能。恢复新旧小区物业委员会、物业管理职能，计划年内实施成立江源水都、文庭雅苑、健翔佳苑物业委员会，并引进物业管理公司，加强小区物业管理，做到卫生有人打扫、公用设施有人维护、小区安全有人负责。

责任领导：许家源、陈华伟、连云进

责任单位：县住建局、城管办、公安局、市场监督管理局、发改局、财政局、各乡（镇）人民政府

6.乡村生态环境建设工程。推进美丽乡村建设。继续实施"千村整治、百村示范"工程，加快新一轮美丽乡村建设。推进中心集镇和美丽乡村"串点成线"，重点打造河东经圳头至高峰、大源清新花乡赏花带、城区经修竹至岭腰闽江正源特色景观带。整治农村环境卫生。推进农村环境"五整治、五提升"，重点实施高速公路、铁路沿线、连片村庄整治，推进雨污分流、人畜分离、垃圾分拣、路无浮土、墙无残壁。继续实施农村环境综合整治，加快乡村污水收集、处理设施建设，2017年建成里心、均口、黄坊污水处理厂及配套管网，启动其他4个乡镇污水处理设施建设，完成3846个三格化粪池改造。通过三年整治，至2019年，全县实现农村垃圾污水处理全覆盖。健全卫生处理长效机制。鼓励各乡（镇）探索PPP和第三方治理等农村生活污水治理新模式，健全农村生活污水垃圾长效管护机制。完善乡镇垃圾收集系统，建立健全农村垃圾转运机制。

责任领导：许家源、连云进

责任单位：县住建局、环保局、农业局、发改局、财政局、各乡（镇）人民政府

7.生态产业提升工程。打造绿色有机农产品示范基地。以绿色生态产业标准化建设、"三品一标"推广、绿色生态品牌创建等为抓手，不断扩大有机、绿色和无公害等农产品种植基地，丰富黄花梨、黄桃、猕猴桃、笋干等产品种类、提升农产品质量，逐步打造全省乃至全国重要绿色农业基地。打造生态工业示范基地。实行产业准入负面清单，严控新上高污染、高耗能、高排放、低效益项目；推进供给侧结构性改革，加快传统产业改造升级，大力推广节能先进技术和新产品，在重点耗能企业和重点

行业企业中推行锅炉、余热利用和电机系统变频节能技术改造。加快打造田园综合体。重点围绕打造里心镇花排村田园综合体的建设目标和功能定位，抓好生产体系、产业体系、经营体系、生态体系、服务体系、运行体系等六大支撑体系建设。注重以市场投入为主体，积极创新财政支持方式，鼓励社会资本规范、有序、适度参与建设田园综合体。以创建国家全域旅游示范区为目标，加快闽江源生态旅游区、枫源百花乡村主题公园、修竹荷苑、香溪花谷等景区提升改造，推进坪上梯田莲海、鸳鸯湖、梅花圳等赏花地建设,进一步开发花海骑行、山乡田园自驾等旅游产品，全力打造"四季赏花"经济。

责任领导：余传贵、沙陈龙、钟宏华

责任单位：县发改局、农业局、经信局、商务局、旅游局、林业局、国土局、水利局、经济开发区管委会、各乡（镇）人民政府

8.生态文化提升工程。开展生态文明创建活动，巩固国家级生态县、国家生态旅游示范县、省级园林县城、省级森林县城等创建成果，积极开展省级文明县城和生态文明示范县、生态文明示范乡镇、生态文明示范村等创建活动，力争每年获批1个国家级生态文明示范乡镇、村。培育特色生态文化。充分挖掘、保护、培育以莲文化、红色文化、闽源文化、客家文化、闽越文化和慈航文化等文化品牌，加强文化遗产的保护和传承。开展生态文化提升工程，推进生态文化创新和宣传教育，积极开发体现建宁自然山水、生态资源特色和倡导生态文明、普及生态知识的图书、音像等文化产品。倡导低碳生活方式。充分发挥环保志愿者作用，大力开展绿色出行、限塑等低碳生活宣传教育活动。积极培育生态文化、生态道德，推进全民健身，形成简约适度、绿色低碳、文明健康生活方式。

责任领导：阴晓萍、孙元玲

责任单位：县委宣传部、环保局、住建局、林业局、农业局、教育局、旅游局、国土局、文明办、文广局、各乡（镇）人民政府

**五、保障措施**

1.强化责任。"八大行动"和"八大工程"由县生态文明建设领导小组办公室统一调度，领导小组办公室负责抓好本实施方案的协调落实，跟踪掌握进展情况，及时提出工作建议。"八大行动"和"八大工程"的牵头单位必须成立相应专项整治工作组，并制定具体整治方案，进一步细化目标，分解任务，明确整治任务、整治时限、整治要求以及相关单位职责及责任人，确保各专项整治任务的落实。各责任单位要大力弘扬"马上就办、真抓实干"精神，注重协调配合、齐抓共管，主要领导要亲自抓、负总责，把生态文明建设列入重要议事日程，与经济社会建设同部署、同推进、同考核，确保生态文明建设攻坚重点任务落到实处。

2.强化考评。县委组织部要进一步细化《建宁县党政领导干部年度差异化工作考评方案》，加强环保目标责任书中环境质量目标、污染控制目标、生态保护目标、环境监管能力目标的完成情况考核，加大环境损害、生态效益等指标权重，形成体现不同区域和部门特点差异化考评机制，引导广大干部牢固树立"绿色政绩观"。进一步突出考评结果运用，作为干部提拔任用、评先评优、地区生态补偿资金和项目分配的重要依据。

3.强化督查。各乡（镇）、各部门要根据本实施方案，认真抓好"八大行动"和"八大工程"工作的落实，牵头单位需在每月初把工作进展情况、存在问题、经验成效等及时报送县生态文明建设领导小组办公室。县纪委、县委督查室、县政府督查室、县效能办要会同县生态文明建设领导小组办公室定期开展专项整治任务落实情况的督查，及时向县委、县政府报告。对贯彻落实生态文明建设攻坚决策部署不力，或推诿扯皮，不担当、不作为，致使本地区、本领域生态环境问题突出，造成严重后果的，要追究乡镇党政主要领导和部门负责人责任。

# 中共建宁县委办公室 建宁县人民政府办公室
# 关于印发《建宁县促进总部经济发展实施办法》的通知

各乡（镇）党委和人民政府，县直各单位：

《建宁县促进总部经济发展的实施办法》已经县委、县政府研究同意，现印发给你们，请结合实际认真贯彻落实。

中共建宁县委办公室
建宁县人民政府办公室
2017 年 7 月 6 日

## 建宁县促进总部经济发展实施办法

### 第一章 总 则

**第一条** 根据福建省财政厅《关于印发进一步促进总部经济发展指导意见的通知》（闽财税〔2017〕6 号）文件精神，为大力扶持和加快建宁县总部经济发展，推动有效投资、加快产业转型升级，现结合我县实际，特制定本实施办法。

**第二条** 本实施办法所称总部企业、总部企业子公司，是根据本实施办法认定，并经规定程序确认的总部企业、总部企业子公司。经认定的总部企业及总部企业子公司可享受本实施办法相应扶持政策。

### 第二章 机构资金

**第三条** 成立建宁县总部经济发展工作领导小组，由县政府分管领导任组长，县直相关部门、各乡（镇）政府主要领导为成员。领导小组负责总部经济政策制定、扶持政策兑现等重大问题的协调工作。领导小组下设办公室，挂靠县财政局、商务局，负责具体日常工作。

**第四条** 设立总部经济发展专项资金，并列入年度财政预算。

**第五条** 总部经济发展专项资金主要用于：兑现新引进的省市县外总部企业和在我县设立子公司（或将分支机构改制为子公司）、县内原认定总部企业等扶持补助资金，补助资金专项用于企业技改、品牌创建、扩大再生产、基础设施建设等。

### 第三章 扶持政策

**第六条** 对新引进的省市县外在建宁县新注册设立、具有独立法人资格并依法开展经营活动，符合以下情形之一的可认定为总部企业：①年产值5000 万元以上的企业；②年纳税额地方实得 100 万元以上的企业；③年出口交货值 1000 万美元以上的企业；④省级以上高新技术企业、农业产业化龙头企业；⑤建筑资质三级及以上的建筑企业；⑥符合建宁县产业发展导向，经县总部经济发展工作领导小组认定的新兴行业的领军企业等。对经认定新引进的总部企业，根据企业年度纳税情况分两档给予经营贡献奖励，一是年纳税额地方实得在 100 万元－500 万元（含 500 万元）的企业，从第一个完整纳税年度起 5 年内，前 2 年按年度税收地方实得部分的 60% 给予经营贡献奖励，第 3 年开始按年度税收地方实得部分的 40% 给予经营贡献奖励；二是年纳税额地方实得在 500 万元–1000 万元的企业，从第一个完整纳税年度起 5 年内，前 2 年按年度税收地方实得部分的 80% 给予经营贡献奖励，第 3 年开始按年度税收地方实得部分的 60% 给予经营贡献奖励（以上为流通型出口贸易企业地方实得税收扣除退税部分，获得年度出口奖励的不再重复享受）。

**第七条** 对"母子"公司制、总部在省、市、县外的企业，鼓励其在我县新设立子公司（或将分支机构改制为子公司）；对在我县新设子公司或将分支机构改制为子公司的企业根据年度纳税情况分两档给予经营贡献奖励。一是年纳税额地方实得在 100 万元–500 万元（含 500 万元）的企业，从第一个完整纳税年度起 5 年内，前 2 年按年度税收地方实得部分的 60% 给予奖励，第 3 年开始按年度税收地方实得部分的 40% 给予奖励；二是年纳税额地方实得在 500 万元–1000 万元的企业，从第一个完整纳税年度起 5 年内，前 2 年按年度税收地方实得部分的 80% 给予奖励，第 3 年开始按年度税收地方实得部分的 60% 给予奖励。

**第八条** 对在建宁县开展企业股东股权转让缴纳个人所得税地方实得部分在 100 万元以上的（含境内外上市企业自然人股东限售股持有者到我县证券公司办理个人限售股解禁交易），其缴纳的个人所得税按地方实得部分一次性给予 80% 奖励。对企业高管在建宁县缴纳工资、薪金个人所得税的，其缴纳的个人所得税按地方实得部分一次性给予 80% 奖励。

**第九条** 新引进的省、市、县外总部企业新建或购置房产用于总部自用办公用房的，自新建或购置之月起 3 年内，可按该房产实际入库房产税和契税的 40% 予以补助，在城区范围内购买商品房用于员工住房可按购房契税的 40% 予以补助。总部企业在我县租赁总部自用办公用房且租期在三年以上的，可按房屋租金市场指导价以下的实际租金价格的 40% 给予一次性补助 18 个月，或在园区入住的企业办公用房免收租金，每个总部企业享受办公用房补助原则上不得超过 100 万元。

**第十条** 对新引进的省、市、县外总部企业登记注册时，除依法律、行政法规和国务院有关规定外，各部门一律不得设置前置性审批事项，属于县级及县级以下审批的行政事业性收费三年内予以全部减免。

**第十一条** 鼓励乡（镇）加大总部经济的招商力度。对乡（镇）引进的总部企业所产生的地方实得部分税收全部返还乡（镇），并按照"谁受益、谁负担"的原则，由受益乡镇按规定兑现业主相应奖励后，剩余资金用于补充乡镇工作经费。

**第十二条** 对引进的在国内外同行业中具有规模优势和领先水平的大中型总部企业，且地方实得部分税收贡献 1000 万元以上的，具体扶持政策实行"一事一议"。

### 第四章　认定程序

**第十三条** 新引进的总部企业（总部企业子公司）的认定工作原则上于每年 3 月份进行认定，每年认定一次。引进总部企业责任单位组织企业向相应行业主管部门申报，并由行业主管部门进行初审。申报时应提交以下材料：

1.法定代表人签署的《建宁县总部企业（总部企业子公司）认定申请表》；

2.营业执照，金融业还应提交金融业务经营许可证；

3.税务部门出具的一个完整年度在本县的纳税证明。

（上述各类证照、证明均收复印件、验原件）

**第十四条** 行业主管部门对企业申请材料初审后，对符合条件出具初审意见并同拟认定总部企业名单报送县总部经济发展工作领导小组办公室；对不符合条件的，应以书面形式答复并说明理由和依据。

**第十五条** 县总部经济发展工作领导小组办公室汇总各行业主管部门报送的名单后，组织相关部门进行复审后，将总部企业名单上报县总部经济发展工作领导小组审定。

**第十六条** 经县总部经济发展工作领导小组审定的总部企业名单，报县政府常务会研究确定后在建宁县政府门户网站和电视台等媒体上公示，公示期为 10 个工作日，根据公示结果，由县政府按标准兑现奖励。

## 第五章　其他事项

第十七条　本实施办法涉及的扶持奖励，与我县出台的其他优惠政策类同的，企业可以按照就高的原则申请享受，也可自愿选择一项享受，但当年不得重复享受。选定后，原则上 5 年内不得更改。

第十八条　对已认定的总部企业，上年度因涉税及其他违法行为受到行政或刑事处罚，或经年度复核不再符合认定条件的，取消其总部企业资格，停止享受相关优惠扶持政策。

第十九条　经认定的总部企业发生更名、增资或减资、主营项目变动、迁移、合并分立等重大调整的，应在办理相关手续后 10 个工作日内将相关情况报送行业主管部门及县总部经济发展工作领导小组办公室备案。

第二十条　企业上报的申请材料和内容必须真实可靠。提供虚假材料的，经核实后，三年内不再具备申请认定总部企业资格，已认定为总部企业的，取消其总部企业资格。

## 第六章　附　则

第二十一条　本实施办法由县财政局、商务局负责解释。

第二十二条　本实施办法自发文之日起执行，执行期暂定五年。原《建宁县关于扶持总部经济的实施意见》不再执行。

建宁反"围剿"纪念园　（刘　玲　摄）

# 建宁县人民政府
## 关于公布建宁县第一批历史建筑名单的通知

建政文〔2017〕141 号

各乡（镇）人民政府，县直各单位：

为推进我县历史文化保护工作，完善我县历史文化保护体系，进一步加强对具有一定历史、科学、艺术等价值的历史建筑的保护与管理。经研究，确定濉溪镇姜家岭 2 号民居等 28 处建筑为建宁县第一批历史建筑，现予以公布。

各级、各部门要严格按照历史文化保护相关规定，各司其职，加强对我县历史建筑的保护、管理和宣传，积极研究历史建筑的保护利用措施，共同做好我县历史文化保护工作。

附件：建宁县第一批历史建筑名单

建宁县人民政府

2017 年 7 月 31 日

# 附件

## 建宁县第一批历史建筑名单

| 序号 | 乡镇/街道 | 名　称 | 位　置 | 年代 | 类型 |
|---|---|---|---|---|---|
| 1 | 濉溪镇 | 姜家岭 2 号民居 | 建宁县濉溪镇民主街姜家岭 2 | 建国后 | 历史建筑 |
| 2 | 濉溪镇 | 复兴街 73 号民居 | 建宁县濉溪镇复兴街 73 号 | 清 | 历史建筑 |
| 3 | 濉溪镇 | 河东村民居 | 建宁县濉溪镇河东村 | 建国后 | 历史建筑 |
| 4 | 濉溪镇 | 河东村民居 | 建宁县濉溪镇河东村 | 建国后 | 历史建筑 |
| 5 | 濉溪镇 | 河东村民居 | 建宁县濉溪镇河东村 | 建国后 | 历史建筑 |
| 6 | 濉溪镇 | 校上村 52 号民居 | 建宁县濉溪镇校上村 52 号 | 建国后 | 历史建筑 |
| 7 | 濉溪镇 | 校上村 55 号民居 | 建宁县濉溪镇校上村 55 号 | 建国后 | 历史建筑 |
| 8 | 濉溪镇 | 校上村 60 号民居 | 建宁县濉溪镇校上村 60 号 | 建国后 | 历史建筑 |
| 9 | 濉溪镇 | 校上村 68 号民居 | 建宁县濉溪镇校上村 68 号 | 建国后 | 历史建筑 |
| 10 | 濉溪镇 | 校上村 30 号民居 | 建宁县濉溪镇校上村 30 号 | 建国后 | 历史建筑 |
| 11 | 濉溪镇 | 校上村 26 号民居 | 建宁县濉溪镇校上村 26 号 | 建国后 | 历史建筑 |
| 12 | 溪口镇 | 二王庙福慧寺万寿宫 | 建宁县溪口镇船厂下 | 清 | 历史建筑 |
| 13 | 溪口镇 | 高家岭 1 号民居 | 建宁县溪口镇高家岭 1 号 | 建国后 | 历史建筑 |
| 14 | 溪口镇 | 付氏民居 | 建宁县溪口镇青云街 28–30 号 | 建国后 | 历史建筑 |

续附件

| 序号 | 乡镇/街道 | 名　称 | 位　置 | 年代 | 类　型 |
|---|---|---|---|---|---|
| 15 | 溪口镇 | 青云街 31 号、32 号民居 | 建宁县溪口镇青云街 31 号、32 号 | 民国 | 历史建筑 |
| 16 | 溪口镇 | 谢氏民居 | 建宁县溪口镇青云街 31 号、32 号 | 民国 | 历史建筑 |
| 17 | 溪口镇 | 青云街 7 号民居 | 建宁县溪口镇青云街 7 号 | 民国 | 历史建筑 |
| 18 | 溪口镇 | 青云街 4 号民居 | 建宁县溪口镇青云街 4 号 | 民国 | 历史建筑 |
| 19 | 溪口镇 | 邓家宅 | 建宁县溪口镇花墩桥 13 号 | 清 | 历史建筑 |
| 20 | 溪口镇 | 吴家宅 | 建宁县溪口镇花墩桥 17 号 | 清 | 历史建筑 |
| 21 | 溪口镇 | 花墩桥 25 号民居 | 建宁县溪口镇花墩桥 25 号 | 民国 | 历史建筑 |
| 22 | 溪口镇 | 宾家宅 | 建宁县溪口镇 | 建国后 | 历史建筑 |
| 23 | 溪口镇 | 枧头村民居 | 建宁县枧头村 | 明 | 历史建筑 |
| 24 | 黄埠乡 | 黄埠乡某祠堂 | 建宁县黄埠乡黄埠村黄埠街 | 建国后 | 历史建筑 |
| 25 | 里心镇 | 余氏家庙 | 建宁县里心镇里心村 | 清 | 历史建筑 |
| 26 | 里心镇 | 徐氏老宅 | 建宁县里心镇里心村 | 清 | 历史建筑 |
| 27 | 里心镇 | 曾氏老宅 | 建宁县里心镇上街 90 号 | 清 | 历史建筑 |
| 28 | 里心镇 | 何氏老宅 | 建宁县里心镇上街 90 号北面 | 清 | 历史建筑 |

建宁金针花　（县旅游局提供）

# 建宁县名胜古迹选录

## 建宁古"八景"

（肖建泰　黄日辉收集整理）

　　建宁古八景，又名濉阳八景、濉江八景。明嘉靖丙午年（1546年）《建宁县志》已有"濉阳八景"的记述，并在附录遗文中录有"濉江八景"诗15首；随后清乾隆、康熙《建宁县志》和民国《建宁县志》，对建宁古"八景"均承明嘉靖《建宁县志》记载略有添减。明《邵武府志》也载有描写建宁古"八景"的诗。综合以上四部《建宁县志》和明《邵武府志》，建宁古"八景"可见端倪。

### 金铙晴雪

　　金铙晴雪，又名金铙霁雪，其景位于金铙山南麓黄杨坪（即今黄坪栋）到石燕岩，距濉城约三十里。有溪曰'灵溪'，有潭曰'龙潭'。今濉城饮用水皆源于黄坪栋之灵溪。

　　明·嘉靖丙午年（1546年）《建宁县志》载："邑之南三十里曰金铙山，亦名大历山，山有八十四面，周亘四百余里，高不可量。常有云气，蒙其上则晴，蒙其腰则雨。下界雪，其上或晴；下界晴，其上或雪。南有黄杨坪，坪之东有龙潭，亦名龙湫，广数尺，深不可测。俗传潭中有龙，岁旱祷于此则云立起。下有瀑布，泉飞洒空翠，望之如练，濉阳八景此即金铙霁雪云"。

　　清·乾隆四十八年《建宁县志》载"岭有流泉如涌下，曰黄洋坪。中有龙坪寺，坪之中有龙潭，潭之上有岩，曰石鼋。"

　　清·康熙《建宁县志》载："南折而下有黄杨坪，坪之东有龙潭，广数尺，深不可测。俗传潭中有龙，岁旱祷于此则云立起。引之为瀑布，万丈飞洒横空如雪如练，八景中'金铙晴雪'即此也"。

　　民国《建宁县志》载："龙潭，在黄杨坪之东。潭广数尺，深不可量，中有神物，岁旱祷于此则云立起。常时泛滥，瀑布万丈，飞洒横空，如雪如练。八景中'金铙晴雪'即此也"。

　　明·嘉靖《建宁县志》附录遗文《铙山晴雪》诗：

　　其一："巍巍圣石倚霄汉，障断濉南山一半。荒郊水柱尽消融，霁日琼崖尚璀璨。鹤仙剪木飞云端，玉女弄月坐石磬。可怜射猎人物远，瀑凌万壑弓旌寒。"

　　其二："金铙漫道齐霄汉，晓觉峰仍高一半。野色空濛瑞气分，层崖错落瑶光灿。天工施巧千万端，雕琼刻玖玉堆盤。飘然我欲观梅去，高处犹疑玉宇寒。"

　　郡司农柳文标诗："翠积金铙胜地偏，巧妆六出拥山巅。层崖剩有琼花佈，乱石翻疑鹭羽悬。瀑布晴光飞万丈，松拖寒影傲千年。寻幽不必披茸去，只此峨嵋列眼前。"

　　里人廖用贤诗："飞流绝巘碧层层，入望寒光逸思增。云际浪堆千片玉，山腰幻结四时冰。几回对酒摇银海，何日寻源策瘦藤？不用梅花长作伴，晴空掩映色偏澄。"

　　邑人谢圣纶《灵溪行》其序曰："溪在金铙山紫云、石燕二岩间，中分三峡，亘底皆石，夹岸尤玲珑瑰玮，然险绝，人迹不到。丁巳初冬，余偶携徒辈游紫云岩，道经山半小涧，异光照人，望之如林表霁雪，余讶焉。翌午更提壶从涧口入，益怪丽不可状。余以人间异境，荒霿空山中者，千万年矣，至今日乃露其奇，盖山川之灵也；又以其灵境悃悯，足以沃濯尘障，疏瀹灵根，因名之曰灵溪。顾恐遂荒翳，爰赋其概，冀得如柳州辈纪诗溪石，俾盛迹不至终沉云。其诗曰：'金铙郁律岚光彻，势与雁荡匡庐争恢杰。千岩竞秀百神栖，协灵通气山情谲。就中何处最雄尊？紫云石燕相颜颉。石燕燕飞飞不过，紫云直与青云埒。'时在阳月中浣初，我行恰到山半截。异光照人如招呼，因之索险相携挈。但见亭亭两峰仰参天，两岸沉沉气?飖。中有悬流落千寻，洪涛呀呷危石咽。危石狰狞相倚倾，熊奔虎跳争一决。嘘风吸露生清辉，光照壁间如秋月。水帘洞口水沦涟，上有石扉中自裂。长澜潗淈绕其前，迤延石底似霙雪。峰寒石瘦苍波洌，但觉心头冷冷散宿热。洒然意境两相通，造物诡秘疑尽抉。何图一泻翻高峡，浪花飞空散玉屑。轰轰直射鲛人馆，奔扬转腾如电掣。批岩忽地吼怒雷，蛟龙逃藏况鱼鳖。又有层崖俯瞰势欲摧，古藤倒挂声磨臬。幻境苍茫迷万转，衔杯憩坐萧疏列。崖畔清风生暗谷，渊深时有云出穴。天和窈窕山桃藻，松竹纷披如将折。兰蕙蓊郁芳射越，阴冈泉流波泌㴉。已乃狂澜渐息寂无声，山光倒映莹而彻。玲珑万窍相吐吞，欲断更续如蠡啮。疑是鬼斧神斤巧斫镂，或云乃由女娲锻石补天缺。不然五色何烂熳，贝紫金黄玉光洁。嗟哉灵异境，海外三神惊，一觇霾沉空山里，千年万年奇忽泄，乍胆悸以魄动，旋心旷而神悦。人间何处得此境，梦耶真耶彷徨不能别。携酒重过三叹息，转恐山灵更单孑。君不见，永州染溪溪石上，当年何人加镌锲？试歌柳子《八愚》诗，山川菁华恣揽撷。古人愚溪溪不辱，我今灵溪溪逾谍。安得旷代生花笔，长使铙溪灵如揭。"

## 何潭秋月

何潭秋月位于濉城东山之下的万安桥东侧。

明·嘉靖《建宁县志》载："邑之前曰濉江，……其下为南门滩，滩之西导城内洋池之水汇为何潭，潆洄东山、平山之下，渐若斗角。古云："何潭流斗角，此地状元生。"岸壁峭立，渟膏浸碧，每秋夜泛舟壁下，景象奇绝，人以拟诸赤壁云，"濉江八景"此为第一。"

清·乾隆《建宁县志》载："东有小溪从容驷桥流出，绕学宫前，下万安石桥，汇而为何潭，俗呼

为俞家湾，潆洄东山、平山之下，势若斗角。谚云："何潭流斗角，此地状元生。"岸壁峭立，渟膏浸碧，每秋夜泛舟壁下，觉水色天光，迷离无际，此'何潭秋月'，为八景中之殊绝者。"清·康熙《建宁县志》载同。

明·嘉靖《建宁县志》附录遗文《何潭秋月》诗二首：

其一，黄元实诗："苍崖倒浸太阴黑，倾动变化在倏忽。玉盘一夜出龙宫，金波万顷涵蟾窟。木犀香湿露满山，斗角光动风生澜。何人拔剑插桥柱？直通银河上广寒。"

其二，邑令何孟伦诗："潭深百丈沧波黑，潭底明珠生恍惚。混漾寒生兔魄秋，陆离光动蛟龙窟。涟漪倒影浸孤山，玻璃千顷碧潺湲。临流午夜恣闲玩，参斗横斜风露寒。"

民国《建宁县志》载郡司农柳文标诗："露白金铺秋色垂，长空倒影泛沧漪。鼍宫雾锁渟膏处，蟾窟寒生浸碧时。傍岸鱼灯光断续，临流斗角势参差。茫然望际思何极？杨柳依依漏正迟。"

邑绅陈恂诗："西风吹得碧潭清，入夜波涵一鉴平。露冷骊龙眠正稳，秋高桂子落无声。乍离海面轮犹湿，若到天心魄愈明。几点渔灯依蓼岸，宛同星汉灿三更。"

## 洋背春烟

洋背春烟位于濉城（建宁县城）水南。

清·乾隆《建宁县志》载："关之内，为水南街，长亘数里，比屋鳞叠，巷陌横斜，肩摩趾错，所谓水南十八衕也。街之东，曰云谷，为宋俞侍郎丰读书处。谷外平畴广陌绿水环流者，曰洋背墩，每当春时，菜花麦浪，晴烟如抹，志称"洋背春烟"，为八景之一。"

民国《建宁县志》载："桃峰之麓为洋背墩，云谷踞其南畔，宋侍郎俞丰之别业也。旧有怡云、来薰、浮香、舒啸诸亭，今俱不存。谷外平畴广衍，绿水环流，古称"洋背春烟"，为八景之一。"

清·乾隆《建宁县志》载宋侍郎俞丰《云谷冬夜作》诗："向夕增暮寒，严风吹户牖。孤灯掩青辉，四壁暗如黝。起行月色中，翘企看星斗。旷野冻云

开，霜威转峭抖。旋步坐虚堂，静以斯理叩。妙悟契黄中，万物夫何有？冬乃岁之余，双丸日夜走。鼎鼎百年间，闻道犹恐后。古人获我心，神者其先受。臭味草木同，刍荛共悦口。体仁在在春，谁谓遵阳九？欲知天地心，试折梅花嗅。"

明·嘉靖《建宁县志》附录遗文《洋背春烟》诗二首：

其一："平芜百亩敞南郭，四散人家隐篱落。翳翳桑麻晓色浓，霏霏竹树晴光薄。大厦微茫垂柳边，残烧香霭苍山前。侍郎故园渺何许，玉涧日暖流寒泉。"

其二："修陇长阡亘东郭，荒村三月桐花落。淡淡晴霏翳绿芜，依依迟日分林薄。古渡长闲野水边，几家鸡犬夕阳前。女儿相逐竹溪去，笑折金樱汲晚泉。"

民国《建宁县志》载郡司农柳文标诗："一望郊原遍绿芜，烟笼大幕丽城区。平铺雾縠浓还淡，横绕云鬟有乍无。篱舍霏微春色霭，亭台缥缈水痕孤。四垂寥廓欣行部，引我恬情入画图。"

## 迎釐午磬

迎釐午磬位于濉城凤山之下。

清·乾隆《建宁县志》载："在县治西。状若飞凤，或传有樵者见五色禽翔集其上，故名。夫既状若飞凤，则五彩九苞，山形具备，奚必以见文禽假樵夫而得名？山麓有东岳行祠、迎釐观、极乐寺，曲径幽折，花木深藏，俗谓之"三不见""迎釐观，在凤山谷口。宋政和元年建；四年赐额。旧志云：'降勅之明日，观内有祥光见于大树之杪，如曳通帛，山间尽明，观者异之。'为道士王文卿修真处。明嘉靖二十年，道士方中募众重建。旧志标为八景之一，曰'迎釐午磬'。"

清·康熙《建宁县志》载："西一里为凤山，势如飞凤。其麓有石笋二，高可六、七尺；又有井甘冽，名玉泉，为邑中冠。山藏寺一、观一、庙一，最为幽邃。庙名双忠，祀张巡、许远；俗名东岳专祀巡，寺名极乐；观名迎釐，'迎釐午磬'为八景之一。"

民国《建宁县志》载："迎釐观，在凤山谷口。

宋政和元年建；四年赐额。旧志云：'降勅之明日，观内有祥光见于大树之杪，如曳通帛，山间尽明，观者异之。'为道士王文卿修真处。明嘉靖二十年，道士方中募众重建。旧志标为八景之一，曰'迎釐午磬'。清道光二十五年，李捷三子重修一次，同治庚午复修。"

邑令何孟伦诗："门锁洞云深不见，清彻磬声闻古殿。午倦闲庭伴鹿眠，昼长垩壁看蜗篆。炉烟不动篆纹凉，瑶光琪草座生香。步虚隐隐朝元去，重领檀那礼九光。"

邑绅谢黻诗："高台伊昔来凤凰，于今凤去台亦荒。苍苍竹实有霜露，飒飒梧桐生秋凉。西风斜日开晴色，闲步瑶阶访仙迹。道人诵罢《蕊珠经》，老鹤一声山月白。"

邑太学生谢汝聘诗："散步叩玄关，松篁四壁环。清冷泉漱玉，紫气凤鸣山。孤磬随风度，丹房伴鹤闲。尘氛吾欲谢，长此驻苍颜。"

明·嘉靖《建宁县志》附录遗文《迎釐午磬》诗："凤山胜绝三不见，竹木苍苍隔台殿。仙宫云构接丹梯，清昼璆声袅香篆。步虚讽彻瑶草凉，朝真斋罢紫芝香。侍宸白日骑鹤去，雷符绕壁余神光。"

## 东山梵宇

东山梵宇位于濉城东山之巅。

明·嘉靖《建宁县志》载："东城外曰东山，又名何山。循山而上石蹬嵌其巅，巅有跨鳌亭，西俯邑中一目可竟。亭废，今建东山书院。"

清·乾隆《建宁县志》载："过武真岭，出凤翼山，为东山，一名何山。上有跨鳌亭，旧有梵宇，志所谓"东山梵宇"为八景之一也。其下又有眺濉亭。"民国《建宁县志》载同。

清·康熙《建宁县志》载："东城门外对立曰东山，又名何山。巅有跨鳌亭，旧有"东山梵宇"为八景之一。后改为书院，明万历间废。峰顶有凤鸣阁，明天启五年，邑令王公都以邑治与学于此。地俱属巽方，宜建高阁，以发其秀。乃捐俸倡建，阁成名凤鸣阁。嗣后主治者联翩跻台，省横舍诸生亦科甲相望。历新朝阁，久且怀登者，每徘徊伤之。稍下有眺濉亭。"

邑人谢觖诗："东山一何高，他山不足论。其间有玫石，乃是世人珍。时与我数友，登高看嶙峋。悠然叹黄鹄，飞及下山云。我友今年归，寂绝车马尘。问言家何许，正与此山邻。想为隽蜡屐，自往穷朝昕。斯游孰可陪，有意徒殷勤。门前一溪水，清澈多游鳞。安得入素书，问汛情所亲。四时且终穷，明日是青春。便作隔岁别，感怀意未伸。郊原共游地，我独行逡巡。重来望东山，晤语焉可闻。"

明·嘉靖《建宁县志》附录遗文《东山梵宇》诗二首：

其一："碧空直耸石桥杪，一径林间几萦绕。下窥城市入境中，上睇宫殿出尘表。潮师咸道雁搭高，三公留记龟石牢。此地令人忆谢傅，何当携手同游遨。"

其二："岿然古刹云林杪，门栽松桧参差绕。纡曲旁通上界幽，岩峣屹峙濑东表。红尘不到梵宫高，安禅老衲闭关牢。乘闲我有登山屐，何日重期一醉遨。"

## 长吉晓钟

清·乾隆《建宁县志》载："长吉寺，在南门。伪闽永隆二年建，明嘉靖十年毁而复建。国朝顺治初兵毁，顺治甲午僧文华独建一殿，制不复古。旧志标为八景之一，曰长吉晓钟。乾隆二十五年，邑绅徐时作仰体母宜人命一力鼎建。"

民国《建宁县志》载："长吉寺，在迎薰门内。五代晋天福间建，后改为濑阳古刹，明嘉靖十年毁而复建。清顺治初兵毁，顺治甲午僧文华独建一殿，制不复古。乾隆二十五年，徐时作重建，后经兵燹复废。今石额尚存，改为南离殿。旧志标为八景之一，曰长吉晓钟。"

邑令何孟伦诗："珂林隐隐依南阜，老禅夜坐披星斗。归定长惺慧觉生，砉然万户闻鲸吼。断续随风长短声，旅瑰闺思不胜情。唤回晓梦人千里，瓦上微霜残月明。"

里人谢国枢诗："无数城乌已乱鸣，钟敲星斗渐移明。铿铿响自风中出，隐隐声从野外平。一榻乍催闺梦觉，半肩时惹客魂清。窗余恰是僧栖处，几度披衾听五更。"

明·嘉靖《建宁县志》附录遗文《长吉晓钟》诗："沉沉绀宇据城阜，屹屹云楼把星斗。画廊风静木鱼闲，青山日出华鲸吼。满山满谷俱闻声，随扣随应何容情。唤回迷途有归客，一滩月色浮空明。"

## 南涧渡船

清·乾隆《建宁县志》载："下为杨家洲，洲左为水南，滩水清冽，游鳞可数。上二里为何园，由此而下近城，则为紫云滩，滩上为南涧渡，为八景之一。"民国八年《建宁县志》载同。

清·康熙《建宁县志》载："印石潭下而近城则为南门滩，滩上即南涧渡，为八景之一。今建浮桥。"浮桥取名万年桥。

清·乾隆《建宁县志》"津梁"卷载："城南迎薰门外曰万年桥，旧名利涉，又名利济，俗名浮桥。宋绍定二年(己丑)，知县事赵纺夫架木为梁，后复为渡。明宏治十三年(壬戌)，知府夏英命县丞郎珍倡造。查原桥簿载，当时捐资募建，并制铁链系舟者吴南津。"又载："崇祯五年(壬申)，邑人黄开先募众置田以赡，改易今名。议定三年一修，五年一造。同里十数人倡众义助，更番值首，以襄其事。如是者有年。国朝康熙五十五年(丙申)，邑人邹启宣独力捐造全桥一间，又捐田租十石，仍交原桥首管理。乾隆元年(丙辰)，徐光标捐造全桥一间。十四年(己巳)，宁凤鸣捐造全桥一间。十八年(癸酉)，宁际辉室人徐氏，命男明章等捐造全桥一间。更加铁链竖表于岸，曰：南浦安澜。"

明《邵武府志》载："邑南之桥曰南浮桥，宋绍定二年，令赵纺夫架舟为梁，匾曰'利涉'后废为渡，曰上渡。"即南涧渡。

清·乾隆《建宁县志》载邑教谕蔡春记曰：

建宁属邵武郡，居八闽上游，踞山水最胜，濑阳江旋绕县南如环带然。出南门可百步许，有津路，近通汀、剑，达于三山，远邻江右，以至东粤。冠盖舆骑之经行，农商旅之辐辏，接踵旁午，诚一邑要津也。旧志有浮桥，涉者甚便，因名曰"利涉"，不知毁自何代。舟航往来兼济。然山涧易盈，一遇雨潦，则弥漫迅急，舟横野渡莫克有济，吁叹之声，两矶相闻。因循百数载，未有能复其旧。岂时亦应有待耶？

邑之父老目击心恻，睥睨久之。一日图于邑丞郎侯珍，曰："是谋非吾与子所敢专。吾闻郡守夏公，仁人也，自下车，凡为子民计事，罔不图成，矧桥梁非子民事乎？盍往诉焉。"乡老即匍匐请于公，果俞其议，遂决意成之。不费于官，不扰于众，募民殷实者各输羡余。计划经营既有定制，乃鸠工伐石为两矶，矶各植两柱，并舟二十艘于中流。长短广狭如度，贯以长杠，跨以巨板，左右翼以栏槛，两旁又范铁为大索联之，而维于两矶之柱。经始于岁己未秋九月，辍工于冬腊月。桥成，往来如履坦途，无复曩时济渡覆溺之虞矣。

明·嘉靖《建宁县志》附录遗文《南涧渡船》诗："宏博坊前望溪曲，沙平岸阔水深绿。孤舟妥帖若乘槎。短棹咿哑如转毂。行人憧憧风雨忙，济川滚滚流泽长。谁谓江河渺空阔，半篙一苇俱可航？"

邑令何孟伦《南涧渡船》诗："滩流左折溪南曲，两崖断隔烟波绿。印涉凭谁泛柏舟？济盈直恐濡轮毂。行人北岸唤声忙，舣舟南岸溪流长。会应大作连江筏，共济宁须一苇航。"

## 川岩仙灯

明·嘉靖丙午《建宁县志》载："凤山而西曰大岭，为县治接脉之处，上有天仙岩。"

清·乾隆《建宁县志》载："经西坑上长嵊，至天仙岩，横列开嶂，展护邑治之后，又名天灯岩，下为凤山。"

清·康熙《建宁县志》载："天仙岩，在庆丰门外。有岩可容数十人，'川岩仙灯'为八景之一。戊子寇毁。正德间邑人重建。"

民国《建宁县志》载："天仙岩，在庆丰门外大岭之巅，跨县治来脉。其顶平坦，可以眺望，岩下旧构精舍为积善堂，八景中'川岩仙灯'是也。今止存故址。"

里人余梦吕诗："峭壁张红炬，仙岩入画图。

一珠悬法界，长夜照迷途。真境非明灭，烟中乍有无。何当称绝眺，霁月与同孤。"

附：明《邵武府志》"形胜"所载"建宁古八景"，其胜亦有八，曰：

洋背春烟　泰宁黄延美诗："平芜百亩敞南郭，四散人家隐篱落。翳翳桑麻晓色浓，霏霏竹树晴光薄。大厦微茫垂柳边，残烧香霭苍山前。侍郎故园渺何许，玉涧日暖流寒泉。"

河潭秋月　"苍崖倒浸太阴黑，倾动变化在倏忽。玉盘一夜出龙宫，金波万顷涵蟾窟。木樨香湿露满山，斗角光动风生澜。何人拔剑插桥柱，直通银河上广寒？"

金铙晴雪　"巍巍圣石倚霄汉，障断滩南山一半。荒郊冰柱尽消融，霁日琼崖尚璀璨。鹤仙剪木飞云端，玉女弄月坐石磐。可怜射猎人物远，瀑凌万壑弓旌寒。"

湖嶂夕阳[①]　"溪西诸峰萃且壮，一峰秀出横屏嶂。晴川落日漾余波，碧树红霞闪清涨。青山咫尺常相望，阳谷万里昭回光。谁能乘风度绝顶，空凌倒影观扶桑。"

迎鳌午磬　"凤山胜绝三不见，竹木苍苍隔台殿。仙宫云构接丹梯，清昼璆声袅香篆。步虚讽彻瑶草凉，朝真斋罢紫芝香。侍宸白日骑鹤去，雷符绕壁余神光。"

长吉晓钟　"沉沉绀宇据城阜，屹屹云楼挹星斗。画廊风静木鱼闲，青山日出华鲸吼。满山满谷俱闻声，随扣随应何容情。唤回迷途有归客，一滩月色浮空明。"

南涧渡船　"宏博坊前望溪曲，沙平岸阔水深绿。孤舟妥帖若乘槎，短棹咿哑如转毂。行人憧憧风雨忙，济川滚滚流泽长。谁谓江河渺空阔，半篙一苇俱可航？"

东山梵宇　"碧空直耸石桥杪，一径林间几萦绕。下窥城市入境中，上睇宫殿出尘表。潮师咸道雁搭高，三公留记龟石牢。此地令人忆谢傅，何当携手同游遨。"

---

① 现有的四部古代《建宁县志》，均未将"湖嶂夕阳"列入建宁八景，仅在明嘉靖《建宁县志》附录遗文中有《湖嶂夕阳》诗二首。

# 金铙八景

（清·乾隆《建宁县志》载）

金铙之麓，梁龙德间建佛寺：有白莲池、红芍圃、虎溪桥、蟾窟井、龙鳞松、铁线梅、翠蒲涧、白玉峰诸胜，今寺既颓败，八景荒湮，无复存者。

# 建宁民间乡土文化

——方言讽刺性小品（普通话与建宁城关方言对照）

## 先生一腹介屎

（谢安民收集整理）

### 建宁城关方言（客家语系）

咯是一个满朝年介古事。某子在坊上学堂学书，坊邻请了个半老卅岁介先生教学。某子娘挂意崽唔用功，想叫先先多用子心思教，就成日多熬（ā）得菜让某子带呗先生食。日子一久，先先以为某子娘对斯有意；便间工不间日问某子：翁哝（nōng）娘姥有哇叫倕几时去翁哝（nōng）么。某子转到屋厦问娘姥："先先成日叫倕问翁，几时叫斯来俺哝。"娘姥一听愣了一刻，忖想一下就哇："囝（jian）伩，翁和先先哇明朝上昼就叫斯来俺哝。"翌日，先先老早就换过新介长衫马褂，撩整头发，带上扇子一摇一摆来到某子哝。某子娘见先先来到便以礼相待，筛了泡茶，喔斯上坐。才定定贴贴哇："先先，翁来学堂咯样久，也盲（máng）请翁来屋厦食餐饭，嘟阵天。翁教咯夥细人个个都顽头纠脑又唔会学书；务得翁劳神，真是要献谢翁……"。某子娘还冇（mǎo）哇完，先先即刻把凳子勒（tōng）就某子娘身边哇："俺呔都和自家哝一样，有天只

管嘟，莫拘礼。"边哇又把凳勒（tōng）拢滴子。某子娘用眼角殁（wén）了斯一下，哇："今朝喔先先过来是有几介谜语倕想探下翁，请先先赐教：两头脔尖是什的，下乌上白是什的，层层叠叠是什的，零零散散是什的，打四样东西"。先先一听完就忍唔住把手上扇子拾拢在左手心一拍，边摇头揎（xún）脑边哇："两头脔（luán）尖是老鼠屎，下乌上白是鸡嫲（mā）屎，层层叠叠是牛屎，零零散散是羊子屎。"哇完抿拢嘴一笑，又把扇子打开慢慢煽，一副高斋介样式。某子娘听后忍笑唔住，接着就哇："先先真是荧火子聪明透屎窟。两头脔尖是五谷星，下乌上白是秤上星，层层叠叠是金刚经，懒懒散散是天上星。倕桓（dǒu）哇先先满腹诗经，才高八斗。原来是饭撑脓包一腹介屎。"先先一听满面匡红，跌鼓连天一幅尴尬像只好矜（qìn）倒脑栽出门外，扇子都唔要，差滴子被门槛绊丼（dàn）……

# 先生一腹介屎

（谢安民收集整理）

## 普通话译文

这是一个很多年前的故事。某子在村里的学校上学，村里人聘请了一位三四十的先生来教书。某子娘担心儿子不用功读书，想让先生多花点心思教他，便常常煮些菜让某子带给先生吃。日子一久，先生误认为某子的娘对其有好感，便时常问某子："你娘有说啥时让我去你家吗？……"某子回到家里后就问母亲："娘，先生成天叫我问你，你啥时叫他来咱家。"某子娘一听，愣了一刻。思索一会即刻就说："孩子，你对先生说明天上午就请他来咱家。"

第二天，先生老早就换上新的长衫、马褂，头发梳得油亮，带上扇子一摇一摆来到某子家。某子娘见先生来到，即刻以礼相待，斟上好茶，请他上坐，才慢条斯理地说："先生，你来这学校这么久，从未请你到舍下吃餐饭，聊聊天。你教这群孩子人人都笨头笨脑不会念书，劳驾你费神，真是要感谢你……"某子娘还没说完，只见先生立刻把椅子移向某子娘身边，说："咱们像自家一样，有啥话尽管说，别客气。"说着，再把椅子又靠近点。某子娘用厌恶的眼睛瞥他一眼，说："今天请先生过来是有几则谜语向你讨教。两头尖尖是什么，下黑上白是什么，重重叠叠是什么，零零散散是什么，打四样物品。"先生听完就忍俊不禁地合拢扇子往左手心一拍，边摇头摆脑边说："两头尖尖是老鼠屎，下黑上白是母鸡屎，重重叠叠是牛屎，零零散散是山羊屎。"说完抿嘴一笑，又把扇子打开慢慢扇着，一副得意非凡的样子。

某子娘听后忍笑不住地说："先生真是萤火虫聪明透屁股；两头尖尖是五谷星，下黑上白是秤杆星，重重叠叠是《金刚经》，零零散散是天上星。我以为先生是满腹诗经，才高八斗，原来只是饭撑脓包满腹的屎。"

先生一听满脸通红，狼狈不堪的尴尬像，低着脑袋冲出门外，扇子都不要，差点在门槛上绊得摔了一脚……

# 卖油郎

（谢安民收集整理）

## 建宁城关方言（客家语系）

早年，晤管是官马大道还是街头弄尾介路面都用溪边麻（鹅卵）石绷铺，年代一久路面石头就磨得挺光；一到南风回潮或打霜作扣天个个硱（kūn）圆介石头就更打溜光溜滑；故所凡是劳作之人或肩担商贩都愿着双草鞋行动伸脚。

一工宕（dán刚）落过雨，有个油郎客肩担油瓮手槛（ke）竹筒边行边唱边打麻哇：肩挑油担开口唱，随路撞见媌（tāo漂亮）妇娘……沿路眼望四天晤看脚下，盲想到脚下踩在一块奇光滑介石头上蹚了一脚，丼（dān）得翘翘，那听谛"哗啦"一声两介油瓮丼得百炀（shi）消烊，看着一担油淌的一地；像涨大水一样；古来哇"倒了豆子可捡哩，倒了油就无法治"。宕刚伤心着急，腹里麻椒火辣想啼都没眼涕，就那会站（qiē）着发楞……那听谛背后有人哇："哇哈，咯呢天晴嗷嗷还涨大水呀，务的路上淌淌落……"油郎客撷（xiè）转脑一看，那见有介戴笠帽、着草鞋担碗碟介老几亓在边上，面上一副高哉像。油郎客本来就一腹倒霉气没消囊

（nāng），再一想不如諮（bēi）斯介教训，叫斯学会做人。边忖想边用着草鞋介双脚拚（pàn）命在倒了介油里又擦又搵。担碗碟介见斯一门心思用双脚搵油不得其解便问："老伯哥，倒了豆子可捡哩，倒了油就无法治，翁用双脚拚命搵油做什的。"油郎客听谛后就当打当真应道："老伯哥，隈偓就告睍（xiàn）翁；油泼都泼了又捡不起，用油沾过介草鞋一双着得十双过，翁就晤晓的。"边哇还是在边搵。

担碗碟介一听，觉得很在理，并且今朝撞着好运气，咯介油晤揩白晤揩。接（qiè）着就担着担子更是用草鞋踩到油里去，何啰油多就践到何啰生怕吃亏。当践得入神时，盲想到脚板下油泥太滑把脚晤住重重蹬了一脚，那听到"嘭唥"声下，连人带碗碟丼（dàn）了介奆（ruán）又天。那听谛（dì）油郎客哇了一句："天晴嗷嗷哩何能会响雷公。"

咯就叫：见人危难莫取笑，取笑就会有变报。

# 卖油郎
（谢安民收集整理）
## 普通话译文

早年，不管是官马大道还是街头巷尾的人行小路，路面都用河边鹅卵石铺砌的，年代一久，路面石头就磨得挺光滑，每到南风回潮或冬季结冰，路面石头更是滑溜溜的。所以赶脚路人或肩挑商贩都爱穿着草鞋行走。

雨后的一天，有个卖油郎肩挑油缸，手敲竹筒（打油用的），边走边唱：肩挑油担开口唱，随处撞上美娇娘……眼睛只管四处张望，不看脚下，不料，脚在一块特光滑的石头上滑了一脚，跌得四脚朝天；只听得"哗啦"一声，两个油缸摔得粉碎；眼看两缸油倒得满地流淌，像涨大水一样。古话说："撒了豆子难捡拾，倒了油就无法治。"正在暗自伤心，欲哭无泪，站着发愣之时，只听得后面传来："哇哈，这朗朗晴天咋涨大水呀？搞得满地淌水……"卖油郎转头一看，只见有位头戴斗笠，脚穿草鞋，挑着一担碗碟的商客站在身旁，脸上一副幸灾乐祸样子。卖油郎原本就满肚子窝囊气无处发泄，转念一想；不如给他个教训，教他学会如何做人，说着就边想边用穿着草鞋的双脚不停地在地上的油里又蘸又擦。挑碗碟的商客见他一门心思地用双脚蘸油，不明就里地问道："老兄，古时都说撒了豆子难捡拾，倒了油就无法治。你用双脚拚命蘸油干吗？"卖油郎听后假装一本正经地应道："老兄，那我就真心告诉你，油泼就泼了又捡不起来。但是用油蘸过的草鞋可是一双顶十双耐穿，这你就不知道吧。"说着，双脚还是不停地蘸油。挑碗碟的商客一听觉得有理，而且今天我算好运气碰上了，这油不揩白不揩，便　毫不犹豫地挑着担子用穿着草鞋的双脚往油里踩，哪儿油多往哪踩，生怕吃亏。正当全神贯注踏着油垢时，没想到脚板下油太滑把不住而狠狠地滑了一跤，只听得"哐唥"一声，连人带碗碟摔了个人面朝天。只听到卖油郎说了句："哇哈，晴天朗朗咋会雷声霹雳。"

这就叫：见人危难莫取笑，取笑就会有报应。

# 索 引

## 说 明

一、本索引采用主题分析索引法，按主题词首字的字母顺序排列；

二、索引后面用阿拉伯数字标明内容所在的页码；

三、特载、专记、大事记、先进个人和集体、附录不做索引。

## E

## F

## G